ARCHIVES HISTORIQUES

DU POITOU

X

POITIERS
IMPRIMERIE OUDIN
4, RUE DE L'ÉPERON, 4

1881

SOCIÉTÉ

DES

ARCHIVES HISTORIQUES

DU POITOU

LISTE GÉNÉRALE

DES MEMBRES

DE LA SOCIÉTÉ DES ARCHIVES HISTORIQUES DU POITOU

ANNÉE 1881.

Membres titulaires :

MM.

Arnauldet (Th.), bibliothécaire de la ville, à Niort.
Barbaud, archiviste de la Vendée, à la Roche-sur-Yon.
Barthélemy (A. de), membre du Comité des travaux historiques, à Paris.
Beauchet-Filleau, correspondant du Ministère de l'instruction publique, à Chef-Boutonne.
Beaudet (A.), docteur en médecine, à Saint-Maixent.
Bricauld de Verneuil, attaché aux Archives de la Vienne, à Poitiers.
Briquet (Apollin), homme de lettres, à Chasseneuil (Vienne).
Chamard (Dom), religieux bénédictin, à Ligugé.
Chasteigner (Cte A. de), membre de plusieurs Sociétés savantes, à Ingrandes (Vienne).
Clervaux (Cte de), membre de plusieurs Sociétés savantes, à Saintes.
Delisle (L.), membre de l'Institut, à Paris.
Desaivre, docteur en médecine, à Niort.
Favre (L.), à Niort.
Fillon (Benjamin), à Saint-Cyr-en-Talmondais (Vendée).

MM.

Frappier (P.), ancien secrétaire de la Société de Statistique des Deux-Sèvres, à Niort.
Gouget, archiviste de la Gironde, à Bordeaux.
Ledain, membre de l'Institut des provinces, à Poitiers.
Lelong, archiviste-paléographe, à Angers.
Lièvre, pasteur, président du Consistoire, à Angoulême.
Marque (G. de la), à la Baron (Vienne).
Ménard, ancien proviseur, à Poitiers.
Ménardière (de la), professeur à la Faculté de Droit, à Poitiers.
Montaiglon (A. de), professeur à l'Ecole des Chartes, à Paris.
Musset (G.), bibliothécaire de la ville, à la Rochelle.
Palustre (Léon), directeur de la Société française d'archéologie, à Tours.
Port (C.), archiviste de Maine-et-Loire, à Angers.
Rédet, ancien archiviste de la Vienne, à Poitiers.
Richard (A.), archiviste de la Vienne, à Poitiers.
Richemond (L. de), archiviste de la Charente-Inférieure, à la Rochelle.
Rochebrochard (L. de la), membre de la Société de Statistique des Deux-Sèvres, à Niort.
Tourette (L. de la), docteur en médecine, à Loudun.

Membres honoraires :

MM.

Babinet de Rencogne, à Angoulême.
Bardonnet (A.), membre de plusieurs Sociétés savantes, à Niort.
Bouralière (A. de la), secrétaire de la Société des Antiquaires de l'Ouest, à Poitiers.
Boutetière (Cte de la), membre de la Société des Antiquaires de l'Ouest, à Chantonnay (Vendée).
Cars (Duc des), à la Roche-de-Bran (Vienne).
Clisson (l'abbé de), à Poitiers.
Corbière (Mis de la), à Poitiers.

MM.

DESMIER DE CHENON (Mis), à Domezac (Charente).

DUBEUGNON, professeur à la Faculté de Droit, à Poitiers.

FERAND, ancien ingénieur en chef du département de la Vienne, à Poitiers.

GUÉRIN (P.), archiviste aux Archives Nationales, à Paris.

GUIGNARD, docteur en médecine, à Poitiers.

HORRIC DU FRAISNAUD DE LA MOTTE, à Goursac (Charente).

LECOINTRE-DUPONT père, membre de plusieurs Sociétés savantes, à Poitiers.

ORFEUILLE (Cte R. D'), membre de la Société des Antiquaires de l'Ouest, à Versailles.

OUDIN, avocat, à Poitiers.

ROCHEJAQUELEIN (Mis DE LA), ancien député des Deux-Sèvres, à Clisson (Deux-Sèvres),

ROCHETHULON (Mis DE LA), ancien député de la Vienne, à Beaudiment (Vienne).

ROMANS (Bon Fernand DE), à la Planche d'Andillé (Vienne).

TRANCHANT (Charles), ancien conseiller d'État, ancien conseiller général de la Vienne, à Paris.

TRIBERT (G.), ancien conseiller général de la Vienne, à Marçay (Vienne).

TRIBERT (L.), sénateur, à Champdeniers.

Bureau :

MM.

RÉDET, président.
RICHARD, secrétaire.
LEDAIN, trésorier.
BARDONNET, membre du Comité.
BOUTETIÈRE (DE LA), id.
MÉNARDIÈRE (DE LA), id.
LECOINTRE-DUPONT, id.

EXTRAIT

DES PROCÈS-VERBAUX DES SÉANCES DE LA SOCIÉTÉ DES ARCHIVES

PENDANT L'ANNÉE 1881

Dans le cours de l'année 1881, la Société a tenu ses quatre séances ordinaires les 20 janvier, 28 avril, 18 juillet et 17 novembre.

MM. Tranchant et de la Boutetière, membres honoraires, conformément à l'art. IV des statuts, sont passés membres titulaires.

Durant cette année, la Société a perdu trois membres :

1° M. Fillon (Benjamin), décédé à la Cour de Saint-Cyr en Talmondais, le 23 mai 1881. Numismate, archéologue, historien, artiste, M. Fillon laisse une œuvre considérable, dans laquelle nous signalerons surtout ses *Considérations sur les monnaies de France*, l'*Art de Terre chez les Poitevins* et *Poitou et Vendée*. La Société lui doit : *Extraits des Archives historiques de Fontenay-le-Comte* (tome I des Archives, p. 117).

2° M. Briquet (Apollin), décédé à Levallois-Perret, le 17 août 1881. Fils de l'historien de la ville de Niort, dont il a continué les recherches, et surtout bibliographe, M. Briquet nous a donné : *Enquêtes faites en Aunis par ordre d'Alphonse de Poitou en 1260* (tome VII, p. 191), et les *Lettres de Jean Besly* (tome IX).

3° M. Rédet. La notice sur notre regretté président se trouve en tête de ce volume.

Correspondance. Lettres : 1° de M. Tamizey de Laroque, du 29 novembre 1880, annonçant qu'il donnera un compte-rendu du tome IX (lettres de Besly) dans la *Revue critique* ; il a paru dans le numéro du 16 mai 1881.

2° De M. le ministre de l'Instruction publique, du 25 juin 1880, au sujet des publications des *pouillés* à faire par la Commission de géographie de l'ancienne France : la Société se réserve de publier le pouillé de l'évêché de Poitiers du commencement du XIV° siècle, qui fait partie du volume connu sous le nom de Grand-Gauthier, dont une partie composera le tome X des Archives. La copie collationnée, due à M. Rédet, est déposée par lui sur le bureau ; il se chargera d'en préparer la publication pour le tome XII des Archives.

3° Du même ministre, du 11 juillet 1881, demandant un historique de la Société : MM. Rédet et Richard sont chargés d'y répondre.

4° Du même ministre, du 18 juillet 1881, relative à la modification apportée aux concours de la Sorbonne.

Communications : Par M. Lecointre-Dupont, des délibérations du corps consulaire de Poitiers de 1782 à sa suppression, et de deux pièces manuscrites, l'une de 1616, concernant la famille de Hautefois, l'autre de 1623, relative à la seigneurie du Bouchet, commune de Thurageau ;

Par M. Tranchant, au nom de M. de Maulde, de la copie des pièces du procès de Gilles de Raiz qui se trouvent aux Archives de Nantes. Ce document, quelque intéressant qu'il soit, concernant spécialement la Bretagne, ne peut entrer dans le cadre des publications de la Société ;

Par M. Richard, d'une charte en français de 1280, appartenant à M. de Monjou ; elle est adoptée pour les miscellanées ;

Par M. Ledain, qui propose de faire copier aux Archives de Luçon une visite ecclésiastique du milieu du XVIe siècle, laquelle pourrait être jointe à celle de l'archiprêtré de Parthenay de 1598, communiquée par M. l'abbé Drochon, dont la publication a été admise en principe.

Travaux en cours d'exécution. Tome X (Cartulaire de l'Evêché), publié par M. Rédet ; lors de sa mort, l'impression était arrivée à la fin du texte. M. Richard, suivant le désir du défunt, terminera le volume, en tête duquel sera placée une notice sur M. Rédet que M. Richard est aussi chargé de rédiger.

Tome XI. (Trésor des Chartes), publié par M. Guérin. M. Richard reverra la publication en 2° épreuve et donnera le bon à tirer.

Travaux en préparation. Le tome XII, dû à M. Ledain, comprendra uniquement les lettres adressées à MM. du Lude, gouverneur du Poitou au XVIe siècle. Les copies du manuscrit de D. Housseau seront augmentées par diverses pièces recueillies en divers lieux par M. Ledain, par une communication d'originaux due à M. Thibaudeau, de Londres, etc.

M. de la Marque continue l'annotation des lettres adressées à MM. de Boisguérin, gouverneur de Loudun, au commencement du XVIIe siècle. M. de la Lande, possesseur des originaux, a envoyé quelques pièces qui n'avaient jamais été transcrites jusqu'ici.

M. Bricault de Verneuil annonce qu'il sera prêt, dans le courant de l'année 1882, à éditer le *Journal de Denesde*, qui pourrait entrer avec des miscellanées dans la composition du tome XIII.

Renouvellement du bureau. A la séance du 17 novembre, ont été nommés pour 1882 : MM. RICHARD, président ; LEDAIN, secrétaire ; BRICAULT DE VERNEUIL, trésorier ; BARDONNET, DE LA BOUTETIÈRE, DE LA MÉNARDIÈRE, LECOINTRE-DUPONT, membres du Conseil.

NOTICE

SUR M. RÉDET

Au mois d'octobre 1824, le lieutenant de maire de Delémont délivrait à un élève du collège de cette petite ville, se rendant à Paris pour compléter ses études, un certificat portant qu'il s'était de tout temps distingué par sa piété et ses bonnes mœurs, qu'il avait mérité l'estime et la bienveillance de ses supérieurs par sa docilité et son bon comportement, enfin, qu'il avait été le modèle de la jeunesse. Cet élève était Rédet, à qui on peut rendre ce témoignage que, pendant tout le cours de son existence, il ne cessa de justifier le jugement porté jadis sur l'enfant.

Louis-François-Xavier Rédet est né le 30 novembre 1807, à Delémont, chef-lieu de canton du département du Haut-Rhin, que les événements de 1814 ont réuni à la Suisse. Son père, alors juge de paix de cette ville, descendait d'une vieille famille de bourgeoisie, originaire de Cluse, en Savoie. Sa mère appartenait à la famille lorraine de Reiset.

Bachelier en 1825, Rédet se fit ensuite recevoir licencié en droit à la Faculté de Paris, le 31 janvier 1829. Pendant les quatre années qui suivirent, tout en se livrant avec ardeur à l'étude de l'histoire, qui avait toujours attiré ses préférences, il chercha à se créer une position. Mais une difficulté naturelle à parler en public, mise à tort sur le compte d'une grande timidité qui n'était nullement dans son caractère, l'éloignait de beaucoup de carrières ; aussi, dans le monde lettré où vivait sa famille maternelle, ayant entendu parler de l'École des Chartes, dont les cours venaient de se réorganiser, il sentit que là était sa vocation, et au mois de janvier 1823, il passa l'examen d'élève-pensionnaire. Ses maîtres avaient pour noms Guérard et Champollion-Figeac ; sous la direction de ces hommes éminents, il s'appliqua avec zèle à l'étude ardue de la diplomatique bénédictine, dont son esprit si lucide et si méthodique saisit rapidement toutes les difficultés.

Il suivait les cours de seconde année lorsque la place d'archiviste se trouva vacante à Poitiers. Jusqu'à ce jour les titulaires de ce poste pouvaient plutôt s'intituler les gardiens du dépôt qui leur était confié que prétendre à un titre qui, avec la signification que nous y attachons aujourd'hui, emporte l'idée de connaissances totalement étrangères à la plupart des archivistes du temps. Un homme lettré, M. de Jussieu, initié au grand mouvement historique qui comptait à sa tête Michelet, Augustin Thierry et Guizot, était alors préfet de la Vienne. Entrevoyant le parti que l'on pouvait tirer des archives départementales dont il avait saisi le double caractère historique et administratif, il demanda au ministre de l'Instruction publique un élève de l'Ecole des Chartes pour mettre à la tête des archives de sa préfecture. Le choix du ministre, M. Guizot, se fixa sur Rédet, qui, au mois d'avril 1834, fut installé dans ses fonctions. Il fut le premier archiviste de département emprunté à l'École des Chartes et ouvrit cette série de patients travailleurs auxquels on doit la résurrection de tant de titres précieux, la mise en ordre de matériaux si utilisés depuis cinquante ans, tant pour nos histoires locales que pour l'histoire générale de notre pays.

Rédet retourna à Paris au mois de juin 1833, pour conquérir son diplôme d'archiviste-paléographe, et de ce jour il se consacra tout entier et sans esprit de retour au pays où le hasard des circonstances l'avait amené.

Bien qu'une extrême modestie présidât à toutes les actions de sa vie, il n'a pas laissé de jouer un rôle considérable dans les milieux où pouvaient se produire les qualités qui le distinguaient. Comme savant, on le vit mettre son érudition à la disposition de tous, dirigeant avec un tact extrême, dans la voie qui lui semblait la meilleure, ceux qui avaient recours à ses lumières, sans pourtant chercher à imposer sa manière de voir, n'épargnant ni son temps ni ses peines, pour que l'œuvre qui lui était soumise arrivât à bonne fin. Avant lui, Poitiers comptait des hommes instruits, zélés pour l'étude de l'histoire, mais ils vivaient isolément, se cachant en quelque sorte les uns des autres, jaloux de cette science qu'ils avaient acquise à grand'peine. Rédet, par ses façons d'agir libérales, dues autant à son caractère qu'à la doctrine qui se dégageait de l'enseignement de l'École des Chartes, ouvrant à chacun les trésors de ses archives à mesure qu'il en découvrait les voiles, fit naître d'autres sentiments, et l'on peut dire qu'on lui doit en grande partie cette urbanité, cette bonne confraternité dont les travailleurs poitevins n'ont cessé d'user entre eux.

Comme fonctionnaire, il a donné l'exemple de l'assiduité à ses devoirs, abandonnant les travaux qui étaient le plus de son goût pour se livrer pendant de longs mois à des besognes d'ordre inférieur qu'il savait utiles, ne se laissant point rebuter par les difficultés d'une installation insuffisante, réussissant, à force de persévérance, à surmonter les obstacles que rencontre toute carrière administrative, étant en tout et toujours le même, sans zèle extrême, mais aussi sans défaillance.

C'est ainsi que nous le retrouvons dans la vie privée. Réservé, mais non austère, il fréquentait peu le monde, quoiqu'il ne le dédaignât pas ; il lui reprochait de prendre trop de temps et de déranger l'économie de cette existence si bien réglée, où chaque heure avait son emploi. Sa grande distraction, distraction salutaire dans une vie dont le travail accaparait la plus grande part, consistait dans des courses pédestres, où apparaissait son tempérament de montagnard, et qui lui firent parcourir en tous sens et avec grand fruit pour ses études nos trois départements du Poitou. D'autres heures aussi, à l'emploi desquelles il ne regardait pas, c'étaient celles qu'il consacrait à la visite des malades et des indigents. Membre de la Société de Saint-Vincent-de-Paul dès son installation à Poitiers, successivement trésorier et vice-président de cette association de bienfaisance, il remplit avec zèle les obligations qui lui étaient imposées ; mais il faut chercher ailleurs que dans l'accomplissement de ses devoirs de sociétaire les mobiles de cette charité, dans laquelle il se complaisait et dont nul ne pouvait soupçonner l'étendue, tant elle était discrète : ils prenaient leur source dans cette piété vive, dans cette foi profonde en la religion catholique, dont il pratiquait les enseignements avec la conscience qu'il mettait en toutes choses. A ces convictions si respectées de tous, tant on les sentait sincères, il savait allier une grande tolérance à l'égard de ceux qui ne pensaient pas comme lui; parmi ceux-là, il a compté des amis et encore plus d'obligés.

Au mois d'avril 1834, ainsi que nous l'avons dit, Rédet vint prendre possession des archives de la Vienne. Les instructions qu'il emportait, et qui avaient été spécialement rédigées pour lui par M. Guizot, s'appliquaient à trois objets: 1° rapport général sur l'ensemble du dépôt, à tous les points de vue; 2° catalogue des volumes manuscrits de toute nature qu'il renfermait; 3° inventaire des titres, en insistant particulièrement sur ceux qui pouvaient intéresser l'histoire de la province ou du royaume.

C'est avec ce programme si élastique, sans plan arrêté, sans cadres, que Rédet se mit à l'œuvre. On ne lui indiquait aucun modèle à suivre; tout était donc à créer.

Il commença par mettre de l'ordre dans l'amas confus de papiers réunis à la fin du dernier siècle, et qui composait ce que l'on appelait alors les archives. Il rassembla les titres par fonds, c'est-à-dire par lieux de provenances, et put ainsi répondre aux deux premières demandes qui lui avaient été faites. Ce travail de débrouillement lui prit trois années, et ce n'est qu'en 1837 qu'il entreprit les inventaires du Bureau des finances de la généralité de Poitiers, de l'Intendance et de l'Assemblée provinciale du Poitou. Il sentait que, fonctionnaire de l'ordre administratif, il était pour lui comme un devoir d'en rechercher sur place l'origine et les précédents, et ce fut comme le préambule du travail auquel il consacra toute l'année 1838, à savoir : le classement des archives administratives. Celles-ci n'avaient pas encore 50 ans d'existence, et la paperassie était loin d'être arrivée au degré où elle est successivement montée; aussi put-il en quelques mois terminer cette besogne qu'il reprit quelques années après, pour se conformer aux instructions de 1841, qui réglementèrent le service des archives départementales, et y établirent des cadres de classement uniformes.

Après avoir payé cette dette du fonctionnaire, l'élève de l'École des Chartes reparut en 1839. Nous voyons alors Rédet s'attaquer au fonds le plus ancien, et peut-être le plus important des archives de la Vienne, celui de l'abbaye de Nouaillé. A partir de ce jour, son temps fut exclusivement partagé entre la mise en ordre méthodique des papiers versés par les diverses administrations, et dont les répertoires, tenus constamment à jour, n'ont cessé de faciliter la besogne administrative départementale, et le classement, puis l'inventaire analytique des ·divers fonds des archives anciennes. Quelques rapports sur ces derniers travaux ont été lus par lui à la Société des antiquaires de l'Ouest ; ils concernent les abbayes de Saint-Hilaire de la Celle, de la Merci-Dieu, de Saint-Cyprien, de Nouaillé et de Moreaux, les chapitres de Saint-Pierre-le-Puellier, de Saint-Pierre de Chauvigny, et donnèrent une idée des précieux renseignements que l'on pouvait recueillir dans ces titres jusque-là inexplorés.

Jusqu'en 1854 il poursuivit sans arrêt ces précieux inventaires, sur lesquels nous devons spécialement appuyer, car cette œuvre, à laquelle Rédet a imprimé le cachet de sa personnalité, est la plus importante, et surtout la plus utile de celles qu'il a laissées.

Les registres manuscrits qui la contiennent sont terminés par un relevé de tous les noms de personnes et de lieux dont il y est fait mention ; or l'on ne saurait dire quels services ces résumés, rédigés avec la sobriété de style et la précision qui caractérisent les productions de Rédet, ces tables contenant des milliers de noms, ont rendus à l'histoire du Poitou, aux recherches dans l'intérêt des familles, à tous ceux, un en mot, qui ont à recourir à des titres anciens et de lecture difficile [1].

---

1. Voici la liste des fonds dont il a dressé l'inventaire analytique :

Série C. Intendance de Poitiers, Bureau des finances de la généralité, Assemblée provinciale. 1 vol. avec tables.

Minutes du greffe du Bureau des finances de Poitiers et des registres de provisions d'offices. 1 vol. avec tables.

Hommages et aveux rendus au roi à cause de son comté de Poitou. 1 vol. avec tables.

Série D. Université et facultés de Poitiers, collèges. 1 vol. avec tables.

Série G. Evêché de Poitiers, chapitre cathédral, chambre ecclésiastique du diocèse, séminaires. 1 vol. avec tables.

Chapitre de Notre-Dame-la-Grande. 1 vol. avec tables.

Chapitres de Sainte-Radégonde et de Saint-Pierre-le-Puellier de Poitiers. 1 vol. avec tables.

Chapitres divers. 1 vol.

Série H. Abbayes de Saint-Cyprien, de Saint-Hilaire de la Celle et de Montierneuf. 1 vol. avec tables.

Abbayes de Nouaillé et de Fontaine-le-Comte. 1 vol.

Abbayes diverses. 1 vol.

Abbayes de Sainte-Croix et de la Trinité de Poitiers. 1 vol. avec tables.

Commanderies du Grand-Prieuré d'Aquitaine et de l'ordre de Saint-Antoine de Viennois. 1 vol. avec tables.

Mais cette œuvre est restée inachevée et ne se reprendra sans doute plus, car une direction nouvelle donnée aux travaux des archivistes, leur a tracé un cadre dont il ne leur est guère permis de s'écarter. En 1853, M. de Persigny prescrivit l'inventaire-sommaire des archives de la France. Cette mesure qui avait pour but de donner une vive impulsion aux études historiques, était excellente ; malheureusement la mise en pratique fut défectueuse, et ce n'est qu'avec peine que des travailleurs qui, comme Rédet, avaient su aboutir à un résultat fructueux, abandonnèrent leurs méthodes pour s'atteler à une œuvre dont ils sentaient toutes les lacunes, et qui, malgré des améliorations successives, n'a peut-être pas encore atteint la perfection.

Il lui fallut, malgré de justes réclamations, reprendre sous une autre forme l'analyse de la section des archives civiles de son dépôt, et tout en poursuivant, mais bien plus lentement, ses inventaires des archives ecclésiastiques, il fit paraître, de 1855 à 1868, l'inventaire-sommaire des séries C, D et E ; un quart environ de la série G était achevé, lorsqu'il abandonna les archives de la Vienne, le 1er novembre 1868.

Plusieurs causes contribuèrent à lui faire prendre cette détermination, qui ne fut pas sans étonner ceux qui l'approchaient et le voyaient toujours aussi assidu à ses chères occupations que par le passé. Il se trouvait seul, sans enfants, venant de perdre, après vingt ans de mariage, sa femme, Mlle Turpault, à l'affection de qui il devait l'assurance d'une honorable aisance ; au besoin intime de concentration en soi-même et d'isolement, auquel un tel événement porte invinciblement, se joignait chez lui le désir de se consacrer de plus en plus à ses œuvres charitables, celui d'achever une besogne de longue haleine, depuis longtemps entreprise et à laquelle ses occupations journalières ne lui permettaient pas de mettre la dernière main, l'ennui enfin que lui causait la nécessité de plus en plus urgente de changer sa méthode de travail et d'abandonner celle qu'il pratiquait depuis si longtemps. Mais avant de rentrer dans la retraite, il tint à accomplir un acte dans les mobiles duquel on reconnaît toutes les qualités qui le distinguaient. La préfecture changeait de place, il fallait aussi déménager les archives ; or, il consacra plusieurs mois à faire une révision attentive des milliers de liasses qu'elles contenaient, et ce ne fut que lorsqu'il les eut transportées et installées avec soin dans leur nouvelle demeure qu'il fit au successeur qu'il s'était choisi la remise de son service, dans lequel celui-ci s'attache à maintenir comme un pieux héritage les traditions de travail et de serviabilité qu'il lui a léguées.

Rédet ne restreignit pas son activité aux seules archives du département. Il mit encore en ordre celles des établissements hospitaliers de Châtellerault et de Poitiers ; mais là où sa science et son dévouement se donnèrent pleine carrière, ce fut dans l'organisation des archives municipales de cette dernière ville. Retrouvées, au mois d'août 1837, par M. Nicias Gaillard et par lui, elles étaient dans ce désordre qu'offraient partout alors les dépôts d'archives. Rédet entreprit la tâche ardue d'y introduire de la lumière, et dans l'espace de six ans, de 1837 à 1842, il acheva leur dépouillement. L'inventaire, rédigé suivant le plan qu'il avait adopté pour les archives départementales, forme un gros volume in-folio, conservé à la bibliothèque de la ville. Si nous avons un regret à exprimer, c'est celui de voir qu'il n'existe de cette œuvre magistrale qu'un seul exemplaire, qui, par suite de quelque circonstance néfaste, pourrait être aussi bien détruit que les titres dont il contient la substance.

La municipalité de Poitiers, reconnaissante, décerna à l'auteur, en 1844, une médaille d'or, récompense bien méritée, et dont Rédet témoigna en maintes circonstances sa gratitude par les soins qu'il ne cessa de donner tant à la bibliothèque qu'au musée de la ville.

C'est ainsi que ces établissements lui doivent, sans rappeler d'autres travaux moins importants :

1° La table chronologique des chartes contenues dans les volumes 1 à 27, 27 *bis* et 27 *ter*, du Recueil des manuscrits de D. Fonteneau, conservés à la bibliothèque, qui a été publiée en 1838 par la Société des antiquaires de l'Ouest ;

2° Les tables manuscrites alphabétiques de ces 29 volumes, faites avec le concours de quelques membres de cette même Société, de 1837 à 1841 ;

3° L'inventaire des chartes et autres pièces manuscrites appartenant à la bibliothèque, dressé en 1843 et maintenu à jour à mesure de l'entrée de nouveaux documents ;

4° Le classement et l'inventaire des sceaux du musée en 1854.

Suivons maintenant Rédet à la Société des antiquaires de l'Ouest. Il en fut un des fondateurs en 1834 et ne cessa de faire partie de son bureau. Il y a rempli pendant 21 ans les fonctions de trésorier, et pendant 48 ans celles de bibliothécaire-archiviste, dont le titre perpétuel lui fut conféré en 1845, par un vote unanime de ses confrères, lorsqu'il refusa d'occuper le fauteuil de la présidence auquel ils venaient de l'appeler. Nous ne nous appesantirons pas sur la situation que par ses services, sa science, son urbanité, ses bons conseils, il occupa dans le sein de la Société ; nous ne pouvons mieux faire que de renvoyer au tableau qu'en a tracé d'une touche si fine et si délicate la plume autorisée de notre dernier président [1]. Le travail qu'il y a accompli a été considérable. Il ne s'est pas contenté de maintenir dans un ordre parfait les collections de la Société dont il publia, dès 1847, un catalogue toujours depuis tenu au courant, il lui a encore fait quarante-sept communications, dont trente-six ont eu les honneurs de l'impression ; parmi celles-ci, nous citerons, outre les notes sur les établissements religieux ou autres, dont il inventoriait les titres, et que nous avons déjà relatées, sa *Notice sur des établissements industriels formés à Poitiers au XVe siècle* (Mém. 1842), un *Mémoire sur les halles et foires de Poitiers* (Mém. 1845), *Poitiers au moyen âge, les tours, les remparts* (Mém. 1851), et surtout ses *Observations sur les noms de lieux du département de la Vienne* (Mém. 1846), qui ont été le point de départ de travaux de même nature, et au mérite desquelles a rendu hommage un maître bien digne d'en apprécier la valeur [2]. Enfin, il lui donna deux volumes de *Documents pour l'histoire de l'église de Saint-Hilaire de Poitiers* (Mém. 1847 et 1852), spécimen qui n'a pas été surpassé de publications de cette nature, aussi bien comme pureté de texte, que critique des dates et annotations sobres et précises. C'était le précieux avant-propos d'un historique de cet important établissement, dont les circonstances ont arrêté la mise au jour.

Il est une autre Société à laquelle Rédet a apporté un concours

---

1. M. de la Marsonnière. *Bull. de la Soc. des ant. de l'Ouest*, 4e trimestre de 1881, p. 358.
2. M. Quicherat. *De la formation française des noms de lieux*, 1867, p. 10.

encore plus absolu, s'il est possible, qu'à la Société des antiquaires de l'Ouest. Lorsque, au mois de novembre 1871, nous conçûmes le projet de créer à Poitiers, à côté de cette compagnie dont la notoriété et la valeur ne cessaient de s'accroître, une autre association venant en quelque sorte la compléter, nous ne faisions que réaliser, tout en adoptant un autre plan, l'idée qu'il avait émise en 1844 dans son *Rapport sur le projet de publication de documents inédits relatifs à l'histoire du Poitou* [1]. Rédet avait prêché d'exemple en publiant ses deux volumes de chartes de Saint-Hilaire, mais cette tentative, qui faisait sortir la Société des antiquaires de la voie que ses fondateurs lui avaient tracée, n'eut pas de suite, malgré son incontestable utilité.

Elle répondait pourtant à un besoin, ainsi que l'a prouvé le succès de la Société des Archives historiques du Poitou, succès dont peut revendiquer une grande part celui que du premier jour elle mit à sa tête et à qui revenait de droit l'honneur de la diriger : les scrupules qui, dans pareille circonstance, avaient, à la Société des antiquaires, retenu notre vénérable ami, ne lui semblèrent pas alors de mise ; il se sentait au milieu de travailleurs partageant absolument ses goûts, d'élèves en quelque sorte au service de qui il avait bien souvent mis sa science paléographique et sa connaissance approfondie de notre histoire provinciale ; il accepta, profondément touché de cette marque de sympathie qui, pendant 10 ans, n'a cessé de se renouveler. Aucun de nous n'oubliera ces réunions intimes où chacun, venant apporter sa pierre à l'édifice commun, était à même d'apprécier les qualités de prudence, de sagesse, de fermeté, dont il donna si souvent la preuve aux Antiquaires, et auxquelles s'ajoutait encore le relief de son autorité de président. Cette dernière charge n'était pas pour lui une sinécure ; telle qu'il l'avait comprise, elle comportait un travail presque journalier de correction de textes et de révision d'épreuves ; mais ce labeur ne lui sembla pas suffisant, il voulut aussi être compté parmi les membres les plus actifs de la Société. Celle-ci doit deux volumes entiers sur les onze qu'elle a publiés jusqu'à ce jour, le tome III, *Cartulaire de Saint-Cyprien de Poitiers*, et le

---

1. *Bulletin de la Société des antiquaires de l'Ouest*, 1844-1846, p. 18.

tome X, *Cartulaire de l'évêché de Poitiers* ou *Grand-Gauthier*. Ces œuvres de longue haleine, dignes sœurs des *Documents pour servir à l'histoire de Saint-Hilaire,* ne sont pas les seules dont il pensait enrichir la collection des Archives ; le Pouillé du diocèse de Poitiers au xive siècle et le Cartulaire de l'abbaye de la Merci-Dieu devaient les suivre, mais il n'a pu qu'en reviser les textes.

La Société des Archives historiques de la Gironde, la Société archéologique de la Charente, la *Bibliothèque de l'École de Chartes*, la *Revue des provinces de l'Ouest,* enfin la *Revue des Sociétés savantes* doivent aussi à Rédet communication de nombreux documents originaux.

Tout en se livrant à cette besogne multiple, il poursuivait dans le silence du cabinet l'achèvement de l'œuvre de prédilection pour laquelle, pendant sa longue carrière d'archiviste, il n'avait cessé de recueillir des matériaux ; il s'agit du *Dictionnaire topographique du département de la Vienne,* qu'il a pu faire paraître quelques mois avant sa mort, au commencement de l'année 1881. Ce magnifique travail, indispensable désormais à toute personne qui voudra s'occuper de l'histoire du Poitou, et dans lequel on retrouve à chaque ligne la conscience et la savante critique de l'auteur, restera comme un modèle, bien que Rédet ait, là encore, fait abnégation de son initiative personnelle et renoncé, pour se conformer au type officiel, au plan qu'il avait conçu et qui se rapprochait beaucoup de celui qu'a si hardiment exécuté notre savant collègue de Maine-et-Loire, M. Port.

Il concourut encore activement aux publications du ministère de l'Instruction publique, particulièrement à celles dirigées par le Comité des travaux historiques, qui, dès sa création en 1835, l'avait choisi comme correspondant. C'est en cette qualité qu'il vit récompenser les services qu'il avait rendus à la science et qu'il reçut, sans les avoir jamais briguées, les hautes distinctions de chevalier de la Légion d'honneur en 1869, d'officier d'académie en 1875, et enfin de membre non résidant du Comité en 1877.

Rédet, dans sa retraite studieuse, s'acquérait de nouveaux titres à une récompense plus élevée, lorsqu'il fut frappé au milieu de ses labeurs (il corrigeait alors les épreuves du *Grand-Gauthier*), sans avoir senti les glaces de l'âge venir affaiblir son intelligence ni même son corps. Il s'est éteint après quelques jours de maladie, le 30 septembre 1881, ayant jusqu'au dernier moment conservé cette lucidité d'esprit, cette énergie de caractère, qui, avec sa foi de chrétien, lui donnaient le courage de voir sans faiblir s'approcher sa dernière heure. Il ne s'était pas du reste laissé surprendre par elle ; depuis longtemps, de minutieuses dispositions avaient réparti les livres qui lui avaient servi pour ses travaux, les notes qu'il avait recueillies et qu'il pensait pouvoir être encore utilisées, entre les établissements auxquels il avait consacré ses soins et quelques amis, qui conserveront pieusement ce souvenir de l'homme de bien qui n'a cessé de leur inspirer par son exemple l'amour de l'étude et le désir de pratiquer la vertu.

A. RICHARD.

CARTULAIRE

DE

L'ÉVÊCHÉ DE POITIERS

OU

GRAND-GAUTHIER

PUBLIÉ

PAR M. RÉDET

INTRODUCTION

Le cartulaire que nous publions aujourd'hui est connu sous le nom de *Grand-Gauthier*. Il est désigné en ces termes dans un acte de notoriété du 7 février 1507 (v. st.)[1] : *Quamdem librum antiquum in archivis thesauri episcopatus Pictavensis existentem pro fideli et tutiori custodia repositum, in pergameno scriptum, Galterius vulgariter nominatum, pro eo quia a quodam episcopo Pictavensi Galterius nominato, ut communiter fertur, compositus fuit, qui pro lege et regula in tota diocesi Pictavensi habetur, tenetur et reputatur de omnibus et singulis que in ipso libro scribuntur et continentur.* Besly le cite souvent et de différentes manières : *codex Galteri episcopi, Gauthier de l'évêché, registre de l'évêché compilé par Galterus*, etc., assez explicitement pour qu'on ne pût le confondre avec un autre manuscrit du même nom contenant les aveux rendus à Jean, duc de Berry, par ses vassaux de son comté de Poitou. Le cartulaire de l'évêché, dit-il [2], « s'appelle de son nom *le grand Gauthier*, comme encores
« on nomme ainsi le registre des adveus et dénombremens de
« fiefs de Poictou rendus sous le duc Jean de Berry, comte de
« Poictou. » Ce dernier manuscrit est désigné par Thibaudeau sous le nom de *Grand-Gauthier du Bureau des finances de Poitiers, Grand-Gauthier des archives de la tour de Maubergeon*[3], parce

---

1. Recueil de dom Fonteneau, t. II, p. 373.
2. *Remarques sur les Mémoires de la France et Gaule aquitanique*, à la suite de l'histoire des comtes de Poitou, p. 174.
3. *Abrégé de l'histoire du Poitou*, 1re édition, t. III, p. 438 et 507.

qu'il était conservé au palais, dans la tour de Maubergeon, au greffe du Bureau des finances de la généralité de Poitiers [1].

Ce même nom de Gauthier fut attribué, par analogie sans doute, au cartulaire de l'abbaye de Montierneuf, que le *Gallia Christiana* cite souvent en ces termes : *Galteri codex*.

Le Grand-Gauthier devrait aujourd'hui se trouver aux archives du département de la Vienne, réuni au fonds de l'évêché de Poitiers, dont il faisait encore partie en 1808 ; mais, après cette époque, il en a été distrait par une main infidèle, comme le cartulaire de l'abbaye de Saint-Cyprien. Tandis que celui-ci était recueilli par la bibliothèque nationale, celui-là, sans sortir de Poitiers, tomba en la possession d'un amateur éclairé, qui le garda jusqu'à sa mort. Ses héritiers le cédèrent ensuite à la ville de Poitiers, de sorte qu'en 1841 le précieux manuscrit prit place sur les rayons de la bibliothèque publique, où il figure maintenant sous le n° 37 (ci-devant n° 294).

C'est un petit in-folio, de 0. 345 de hauteur sur 0. 241 de largeur, formé de 27 cahiers de parchemin d'inégale épaisseur, et orné, sur quelques feuillets seulement (22 à 35, et 19 principalement), de lettres initiales enluminées. Sa reliure délabrée a été restaurée convenablement depuis qu'il est entré à la bibliothèque ; elle consistait en deux fortes planchettes recouvertes de basane noire ; deux courroies servaient à fermer le volume.

Le dernier feuillet est coté 228 ; mais les feuillets 17, 43, 44, 181, 205, 208, 209, 212, 213 et 214 ont été enlevés, de sorte que le nombre de ceux qui existent est réduit à 218, y compris le 211°, dont il ne reste qu'un lambeau. Ce numérotage en chiffres arabes paraît avoir été exécuté au XVIII° siècle ; mais il en existe un autre qui lui est antérieur de deux siècles au moins. En les conférant ensemble, on constate que les feuillets numérotés VII^{xx} et VII^{xx}I dans le plus ancien étaient déjà perdus lorsque le dernier a été effectué. Il faut noter encore qu'un certain nombre de feuillets sont restés en blanc en tout ou en partie [2].

---

[1]. Il est conservé aujourd'hui aux archives du département de la Vienne, avec les papiers du greffe du Bureau des finances.

[2]. Ce sont les feuillets 18 r° et v°, 32 moitié du r° et v° en entier, 38, 45, 46 et 47 v°, 48 r° et v°, 109 v°, 110 r°, 127 r°, 180 r° et v°, sauf quatre lignes au r°, 202 r°

— XXVII —

Quoique le cartulaire ait pris le nom de Gauthier, c'est-à-dire de Gauthier de Bruges, qui fut évêque de Poitiers de 1278 à 1306, il n'a été formé qu'après la mort de ce prélat, comme on le verra ci-dessous. Les documents dont il se compose sont de diverses sortes, et ne consistent pas seulement en chartes relatives à l'évêché et aux domaines qui en dépendaient. Il faut signaler d'abord le pouillé du diocèse de Poitiers, composé par Gauthier, et qui remplit presque le quart du manuscrit; puis un inventaire des archives de l'évêché et la liste des évêques de Poitiers; mais le tout est classé sans ordre. Le pouillé ne commence qu'au f° 129, précédé et suivi des actes imprimés ci-après, pages 1 à 256. Ce document est d'autant plus précieux qu'au temps de Gauthier, le diocèse de Poitiers n'avait pas encore été démembré, et comprenait le territoire qui, en 1317, a formé les diocèses de Maillezais et de Luçon. Son étendue ne nous permet pas de lui donner place dans le présent volume; il fera l'objet d'une publication ultérieure.

L'inventaire de titres occupe les seize premiers feuillets, formant le premier cahier du cartulaire [1]. Rédigé en latin, il énumère successivement les actes concernant les domaines d'Angle, Chauvigny, Celle-l'Evêcault, la Tour-d'Oiré, Thuré, Saint-Christophe, Chasseneuil, Vendeuvre, Dissay, Villefagnan, Sainte-Pezenne, Vautebis, Chiré, Mirebeau, et, à la fin, les titres divers qui ne se rapportent pas à ces localités; le tout distribué en seize

---

et v°, sauf huit lignes au r°. En outre, un procès-verbal dressé le 9 mars 1613 par un sergent (Archives de la Vienne, évêché, 1, procès entre M. de la Roche-Posay, évêque de Poitiers, et Marie de Bourbon, duchesse de Montpensier et de Châtellerault) fait connaître que les feuillets perdus, 17, 43, 44 et 181, étaient aussi en blanc, de même que les quatre derniers. Le même document nous apprend que le cartulaire se composait alors de XII^{xx} 1 ou 241 feuillets, et se terminait par la liste des évêques de Poitiers, dont le dernier était Geoffroy de Saint-Belin. Or, cette liste commence au f° XI^{xx} VII et se continue sur les quatre f°^{s} suivants, XI^{xx} VIII, XI^{xx} IX, XI^{xx} X et XI^{xx} XI, qui est présentement le dernier. Il y en avait dix de plus jusqu'au XII^{xx} I^e ; comme les quatre derniers étaient en blanc, il en résulte que les six f°^{s} XI^{xx} XII à XI^{xx} XVII contenaient la suite des évêques de Poitiers, depuis Chalon, successeur de Gilbert de la Porée, jusqu'à Geoffroy de Saint-Belin.

1. La composition du cartulaire, cahier par cahier, a été indiquée dans un mémoire sur ce manuscrit, que nous avons présenté à la Société des antiquaires de l'Ouest en 1835, et qui a été imprimé dans le 1er volume des Bulletins de cette Société, p. 128 de la 2e édition.

layettes. Malheureusement, aucun article de l'inventaire n'est daté, ce qui diminue singulièrement l'autorité d'un pareil document ; néanmoins, il n'est pas sans valeur, à défaut des actes mentionnés. Gauthier, *frater Galterus*, y est souvent nommé, et c'est probablement par ses ordres que ce travail a été exécuté.

Tout l'espace compris entre l'inventaire et le pouillé est rempli par des actes des XIIe, XIIIe, XIVe et XVe siècles, qui se suivent sans ordre chronologique ; un seul, du 7 mars 1505, transcrit au f° 42 r°, appartient au XVIe siècle. On distingue toutefois, dans ce pêle-mêle, deux groupes de pièces qui méritent d'attirer l'attention. L'un (f°s 49 à 66) se compose de 23 bulles du pape Clément V en faveur du siège métropolitain de Bordeaux, qu'il avait occupé avant d'être élevé à la papauté ; bulles qui témoignent de la vive sollicitude de ce pontife pour les intérêts du diocèse et de toute la province ecclésiastique dont il avait eu le gouvernement [1]. Un des premiers actes de sa souveraine autorité fut d'exempter l'Eglise de Bordeaux de la primatie de l'archevêque de Bourges. Par ses autres lettres apostoliques, il accorda divers privilèges aux archevêques de Bordeaux, et régla plusieurs points de juridiction et de discipline ecclésiastique. A la suite est transcrite la bulle par laquelle il fixa la juridiction respective de l'évêque et du chapitre cathédral de Poitiers ; l'intervention du Souverain Pontife avait été provoquée par de nombreux conflits qui furent assoupis pour quelque temps, mais qui se renouvelèrent encore fréquemment dans la suite. L'autre groupe de documents que nous avons à signaler (f°s 110 à 116) consiste en 27 lettres du roi Philippe le Bel, adressées en 1293, 1308, 1303, 1309 et 1310, au sénéchal de Poitou et à d'autres officiers royaux, pour réprimer leurs empiétements sur l'autorité et la juridiction ecclésiastique [2].

Les actes des XIIe et XIIIe siècles sont transcrits à partir du

---

1. Ces bulles sont datées de 1305, 1306 1307 et 1308. Quelques autres, dont deux intéressent encore l'Église métropolitaine de Bordeaux, sont disséminées dans le cartulaire, f°s 34, 46, 84, 120 et 128 (n°s 51, 52, 56, 69 et 96 ci-après). Au f° 47 r°, se trouve une table des vingt quatre bulles de Clément V et des onze pièces qui suivent (du f° 69 au f° 74 v°).

2. Au nombre de ces vingt-sept lettres, sont comprises celles par lesquelles le roi Philippe le Bel reconnaissait devoir à l'évêque de Poitiers l'hommage pour le château et la châtellenie de Civray, transcrites au f° 115 r°, après l'avoir déjà été au f° 90 v°.

f⁰ 69 jusqu'au f⁰ 83, puis mélangés avec ceux du xɪvᵉ siècle jusqu'au f⁰ 129, où commence le pouillé. Dans cette dernière série (fᵒˢ 83 à 1287), indépendamment des lettres de Philippe le Bel, on trouve l'acte par lequel Hugues de Lusignan, comte de la Marche et d'Angoulême, reconnaît, en 1236, l'obligation qui lui était imposée de porter, avec trois autres barons du Poitou, l'évêque de Poitiers, le jour de son intronisation dans l'église cathédrale; la prise de possession du siège épiscopal par Arnaud d'Aux, le 7 mai 1307; l'opposition formée, le 4 juin 1363, par l'évêque Aimeri de Mons, à l'enlèvement de sa vaisselle, le jour de son entrée solennelle dans Poitiers, par les fondés de pouvoir du seigneur de Laval; le traité conclu, le 17 novembre 1364, entre le même évêque et Guillaume l'Archevêque, seigneur de Parthenay, au sujet des nappes qui avaient servi au repas donné le jour de la même solennité, et qui étaient le partage de ce seigneur; la fondation de la psallette de l'église cathédrale, par Simon de Cramaud, patriarche d'Alexandrie, auparavant évêque de Poitiers, etc.

Les écrivains qui ont mis si peu d'ordre dans le classement de leurs copies ont fait preuve de la même négligence dans la transcription des pièces dont se compose cette partie du cartulaire. Les mots défigurés et les omissions fourmillent [1]. Lorsque le sens des phrases était clair, nous avons corrigé ces fautes; mais, dans les cas contraires, nous avons transcrit textuellement, en ajoutant le mot *sic* entre parenthèses. Dom Fonteneau a sans cesse signalé ces incorrections dans les notes du tome ɪɪɪ de son recueil [2]; sa

---

1. Comme exemple de grave altération, on peut citer un acte du 7 mars 1281 (v. st.), où l'on a écrit *fratri Guillelmo, episcopo Pictavensi*, au lieu de *fratri Galterio, episcopo Pictavensi* (f⁰ 108 r⁰).
2. La plus grande partie de ce volume se compose de pièces extraites du Grand-Gauthier. Toutefois dom Fontenean n'a pas copié tout ce que renferme le cartulaire. Les nᵒˢ 14, 38, 50, 54, 61, 65, 66, 67, 70, 83, 104, 112, 115, 116, 118, 120, 128, 131, 137, 138, 139, 140, 142 et 144 de la 1ʳᵉ partie de notre publication sont omis, de même que les aveux de la 2ᵉ partie, l'inventaire de titres et la liste des évêques. Le pouillé est transcrit dans le 59ᵉ volume (pages 247 à 365), ainsi que les deux bulles imprimées ci-après, nᵒˢ 17 et 33. La première pièce (t. III, p. 269), donnée comme la plus ancienne du cartulaire, est placée sous la date du 9 mars 1061. Ce sont des lettres pontificales que dom Fonteneau a par erreur attribuées au pape Nicolas II; elles sont datées du 7 des ides de mars, 2ᵉ année du pontificat; elles seraient donc du 9 mars 1060, et non 1061,

copie nous a souvent servi à amender les passages corrompus. C'est par l'effet de la même négligence que onze pièces, entre autres huit bulles de Clément V, ont été copiées deux fois.

A la suite du pouillé, f⁰ˢ 182 à 210, sont transcrites 68 pièces, dont 66 aveux rendus à l'évêque de Poitiers par ses vassaux des châtellenies de Chauvigny, Angle et Thuré, de 1307 à 1311. La plupart sont en français, en bonne écriture du temps, avec titres à encre rouge. Le dernier se lit au f⁰ 207 dont le v⁰ est en blanc ; les f⁰ˢ 208 et 209 manquent ; les suivants jusqu'au 223 contiennent divers documents, et notamment trois actes relatifs à la déposition du pape Jean XXIII au concile de Constance (mai 1415).

La dernière partie du manuscrit, composée de cinq feuillets, contient une liste des évêques de Poitiers, commençant à *Nictarius* et finissant à Gilbert de la Porée. Elle est écrite en grosses lettres gothiques du commencement du xvᵉ siècle, et donne simplement le nom de chaque évêque, suivi des mots en abrégé *Pictavensis episcopus* ; quelques-uns seulement de ces noms sont suivis de dates ou de courtes notes ajoutées postérieurement. Il n'y a que six noms sur chaque page. Cette liste a été mutilée, par suite de l'enlèvement des derniers feuillets du cartulaire ; elle avait été tenue au courant depuis l'époque de sa transcription primitive, car en 1613, d'après le procès-verbal cité ci-avant, elle se terminait par *Godofredus de Saint-Belin, Pictavensis episcopus*, qui siégea de 1577 à 1611 ; de sorte que tous les noms inscrits depuis 1154 jusqu'à 1612 manquent.

Besly a donné toute la série des évêques jusqu'à Gilbert de la Porée, telle que la présente le cartulaire, si ce n'est qu'il y a ajouté deux noms au ixᵉ siècle, *Fridebertus* entre *Sigirannus* et *Ebroinus*, et *Froterius I*, qui ne fut qu'administrateur de l'évêché, entre *Ingenaldus* et *Hegfridus*. En outre, il a identifié *Nictarius*, le premier évêque, avec *Victorinus*, conformément à une note

---

Nicolas II ayant été élu le 28 décembre 1058 et couronné le 18 janvier 1059. Le roi du nom de Philippe mentionné comme régnant ne pourrait être que Philippe Iᵉʳ ; mais Henri Iᵉʳ, son prédécesseur, n'est mort que le 29 août 1060. Cet acte n'est donc pas émané de Nicolas II, mais bien de Nicolas III, contemporain de Philippe le Hardi, et doit être rapporté au 9 mars 1278.

écrite tardivement en regard du nom de *Nictarius* dans la liste du cartulaire. Mais cette opinion, adoptée par plusieurs autres écrivains, a été réfutée dans le *Gallia christiana* (t. 2, col. 1137). Victorin, *episcopus Petabionensis, Pittabionensis, Petavionensis*, a été évêque de Pettau en Styrie, et non de Poitiers [1]. Les auteurs du *Gallia christiana* ont fait quelques modifications à la liste des évêques ; la plus notable consiste dans l'élimination des huit prédécesseurs de saint Hilaire, dont l'existence ne leur a pas semblé appuyée sur des documents assez certains.

Quelques-uns des actes contenus dans le Grand-Gauthier ont déjà été publiés, notamment dans les *Evesques de Poictiers* de Besly, dans le *Gallia christiana* et dans l'*Abrégé de l'histoire du Poitou* de Thibaudeau. Nous n'avons réédité que ceux dont la rédaction était plus correcte ou plus complète dans le cartulaire.

En ouvrant un recueil attribué à l'évêque dont il porte le nom, on s'attend à y trouver un grand nombre d'actes relatifs à l'existence si troublée de ce vénérable prélat ; mais, en passant en revue ceux qui sont compris entre les années 1278 et 1307, on constate à regret qu'il en est très peu qui l'intéressent personnellement ou qui se rapportent à son administration. C'est qu'en réalité, ainsi que nous l'avons dit, ce n'est pas lui qui a présidé à la composition du cartulaire ; le pouillé même, dont il est l'auteur incontestable, n'a été écrit qu'après 1315. Une intercalation portant cette date se trouve au folio 156 v°. Tous les autres documents qui précèdent ou suivent celui-là paraissent n'avoir été copiés que postérieurement à son épiscopat. Outre le pouillé et l'inventaire de titres, c'est encore au XIV° siècle qu'appartient l'écriture des aveux qui occupent les f°s 182 à 210, et celle des actes qui remplissent les f°s 49 à 128, de sorte que les trois quarts au moins du cartulaire sont l'œuvre du XIV° siècle ; le surplus doit être attribué au XV°.

Les éléments dont se compose ce recueil étant si confus, nous n'avons pas cru devoir nous astreindre à les présenter dans le même ordre. Le pouillé mis à part, nous les avons distribués comme suit : I. Bulles des papes, lettres des rois de France et

---

[1]. Voir le Mémoire de dom Chamard : *Saint Victorin, évêque et martyr, et Saint Victor, évêque de Poitiers*, imprimé dans le tome XIV des Bulletins de la Société des antiquaires de l'Ouest (3° trimestre de 1876).

actes divers ; II. Aveux rendus à l'évêque de Poitiers de 1307 à 1311, à raison des fiefs relevant des châtellenies de Chauvigny, Angle et Thuré ; III. Inventaire des archives de l'évêché ; IV. Liste des évêques de Poitiers.

CARTULAIRE

DE

L'ÉVÊCHÉ DE POITIERS

I

BULLES DES PAPES ET LETTRES DES ROIS DE FRANCE.
ACTES CONCERNANT
LA JURIDICTION DES ÉVÊQUES DE POITIERS
ET LEUR DOMAINE TEMPOREL.
ACTES DIVERS.

---

1. Lettres du pape Luce III, adressées à l'évêque de Poitiers, concernant la répression de plusieurs abus, la collation de la prévôté de l'église cathédrale de Poitiers et le droit de nommer à un canonicat dans les églises collégiales du diocèse, ainsi que dans celle du Dorat (f° 83 v°).
13 mars 1185.

Lucius, episcopus, servus servorum Dei, venerabili fratri Guillelmo, Pictavensi episcopo, salutem et apostolicam benedictionem. Cum sit in Lateranensi concilio constitutum, ad immoderatam quorumdam avaritiam coercendam et tollendam materiam jurgiorum, ne beneficia ecclesiastica, donec vacaverint, promittantur : grave nobis est et molestum quod in diocesi tua abbates et priores instituta salubria surda aure transire et ejusmodi promissiones illicitas facere perhibentur. Unde, ne hec enormitas, que salubri fuerat constitutione prescisa, vires ex dissimulatione resumens, perniciosa licentia denuo innolescat, fraternitati tue presentibus litteris indulgemus ut, hujusmodi promissionibus irritatis, si, occasione dissensionum que exinde frequenter emergunt culpa illorum qui presentationem habere noscuntur, ultra sex menses ecclesias vacare contigerit, liceat tibi de auctoritate apostolice sedis, omni contradictione vel appellatione cessante, de personis ydoneis, sine prejudicio tamen eorumdem, in posterum ordinare. Nolumus autem ut ex hoc majoribus ecclesiis vel debita reverentia minuatur. Ut etiam injunctum tibi officium tanto liberius exequaris quanto apostolicum tibi videris adesse presidium, sollicitudini tue presenti auctoritate concedimus ut abbatissas et alias mulieres que in episcopatu tuo domibus religiosis preesse noscuntur, per quarum insufficientiam et negligentiam Deo devote femine observantiam religionis exorbitant, cum consilio dilectorum filiorum nostrorum Sancti Cypriani et de Pinu abbatum corrigere valeas, et, si invente fuerint contumaces, absque appellationis diffugio disciplina ecclesiastica coercere, ut que remediorum fomenta non sentiunt, putrida ferro vulnera resecentur : salvis ecclesiis que nullo mediante Romano pontifici sunt subjecte. Ad hec autem preposituram ecclesie tue, cum vacaret, ydonee assignandi persone cum assensu majoris et sanioris partis capituli liberam tibi tribuimus facultatem ; quod si super ea vel super alio ecclesie tue beneficio cuilibet conferendo tue devotioni scripserimus, artari te nolumus mandatum apostolicum adimplere, nisi honesta persona et beneficio digna extiterit, pro qua litteras apostolicas contigerit emanare. Hoc autem propter futuram ecclesie tue que vacaret proponitur ydonee assignandi [1] tuis nobis litteris intimetur, ne forte per ignorantiam veritatis denuo tibi scribere

---

1. Ce passage, visiblement altéré, est reproduit littéralement.

compellamur. Cum vero de jure et consuetudine ad episcopum Pictavensem qui pro tempore fuerit pertinere dicatur in conventualibus ecclesiis clericorum in dyocesi Pictavensi, et nihilominus in ecclesia Dauratensi, unum canonicum facere, presenti pagina prohibemus ne quis, appellationis pretextu, jus quod tibi competit in hac parte debeat impedire. Sane, cum quidam viri religiosi, qui ad unum prioratum regendum vix sufficiunt, plerumque duos ambitione damnabili appetant et detinere presumant, discretioni tue precipimus ut hanc presumptionem compescas, et tam abbates quam archipresbyteros, decanos, per tuam dyocesim constitutos, ad suscipiendum ordinem sacerdocii, si ydonei fuerint, appellatione remota compellas. Nulli ergo omnino hominum liceat hanc paginam nostre concessionis et prohibitionis infringere, vel ei ausu temerario contraire. Si quis autem hoc attentare presumserit, indignationem omnipotentis Dei et beatorum Petri et Pauli se noverit incursurum. Datum Verone, III idus martii.

---

2. Notice d'un don fait à Guillaume, évêque de Poitiers, par Arnaud Malechapse, chevalier, du fief de Landraudière et de Pisay, relevant de Hugues Brun, seigneur de Lusignan, et de l'investiture qui fut donnée de ce fief à B., curé de Pranzay (f° 97 v°).

Vers 1195.

Noscat tam presentium quam futurorum universitas, presentis pagine testimonio roborata, quod Arnaudus Malechapse, miles, concessit Willelmo, episcopo Pictavensi, feodum et hominium de Landraudere et de Pisai, sicuti domina Ainordis dedit in helemosinam episcopo Pictavensi, et precepit ipse Arnaudus Willelmo Rorgoni in presentia B., capellani de Pranzai, ut Willelmo, episcopo Pictavensi, hominium de predicto feodo faceret et eidem per omnia responderet, sicuti et ipsi fecerat. Hoc audivit

Johannes de Cursai et B., capellanus de Pransi, et Johannes Ralinis, presbiter, Willelmus Abiezez. Postea predictum B. investivit Arnaudus idem pro episcopo de predicto feodo et hominio in manu Hugònis Bruni, domini Lezigniaci, et ipse Hugo Bruni sic concessit episcopo Pictavensi ipsum feodum [et] hominium, sicut predictus Arnaudus habebat. Et ut res ista firma et inconvulsa in perpetuum haberetur et ne aliqua calumpnia posterorum successione in hoc de cetero oriretur, ipse Hugo Bruni, dominus Lezigniaci, fecit hanc cartulam sigilli sui inpressione signari. Hoc audierunt et viderunt G. de Luchec, Hugo, capellanus de Linambia [1], qui hoc scripsit. Hugo Jorginus.

---

3. Traité entre Maurice, évêque de Poitiers, et l'abbé et les religieux de Maillezais, par lequel ceux-ci, renonçant au privilège d'immunité qu'ils prétendaient leur avoir été accordé par le Saint-Siège, se soumettent à perpétuité, tant en chef qu'en membres, à la juridiction de l'évêque de Poitiers (f° 128 r°).

1200

Mauricius, Dei gratia Pictavensis episcopus, G., decanus, et capitulum ejusdem ecclesie, Clemens, abbas, et capitulum Malleacense, omnibus presentem paginam inspecturis salutem in perpetuum. Cum inter nos controversia verteretur, proponentibus nobis abbate et capitulo Malleacensi monasterium nostrum tam in capite quam in membris a juridictione Pictavensis ecclesie liberum penitus et immune, et hoc quibusdam privilegiis apostolice sedis instruere nitentibus; nobis vero episcopo respondentibus ex adverso quod, si qua essent privilegia, longissimi temporis prescriptio

---

1. Il est nommé dans un acte de 1203, qu'il a aussi rédigé : *Hugo, capellanus de Enjambia, qui hoc scripsit* (D. Fonteneau, t. 23, p. 617). Guillaume Tempier a été évêque de Poitiers de 1184 à 1197; il a eu pour successeur en 1198 Adémar de Peirat.

quo non fuerant usi, ipsis vero in hac parte silencium imponebat, et insuper compositio inter dominum Johannem, quondam episcopum Pictavensem, archiepiscopum postea Lugdunensem, et abbatem Malleacensem cum voluntate sui capituli celebrata et fidei interpositione roborata, quam nos posse probare dicebamus : tandem, lites et contentiones hinc inde propter hoc suscitatas sopire in perpetuum cupientes, inter nos amicabiliter composuimus in hunc modum. In primis itaque cassamus et refuttamus omnia instrumenta ab utraque parte, que sive privilegiis, indulgentiis vel cujuscumque generis documentis aut aliis probacionibus consistunt, tam in antea quam in posterum quacumque machinatione impetranda, in eo quod ad hanc causam pertinent et materiam litis prestant; pariter concedentes quod episcopus Pictavensis et ministri ipsius et ecclesia Pictavensis plenum jus episcopale tam in capite quam in menbris Malleacensis monasterii habent et in perpetuum habebunt sicut in aliis Pictavensis diocesis monasteriis. Siquidem, deffuncto abbate Malleacensi vel eo cedente, electus a conventu juxta morem aliorum abbatum benedictionem ab episcopo Pictavensi accipiet, et Pictavensi sedi in presentia episcopi professionem faciet subscriptione propria roboratam, et de mandato episcopi per archidiaconum terre vel per alium, si archidiaconus non fuerit presens, honorifice collocabitur in sede Malleacensi secundum Lateranense concilium gratis et absque pactione. Sane semel in anno ad synodum Pictavensem veniet, et in ea sicut alii abbates sedebit ; in alia vero, si voluerit, sedebit. Si autem noluerit, non veniet, sed excusationem suam litteratorie ad sedem episcopalem per aliquem suum monachum destinabit, cujus excusationem episcopus conniventibus oculis pertransibit, dicens : abbatem volumus remansisse [1]. Semel

---

1. Le détail qui suit, jusqu'à ces mots : *Ad hec archidiaconus Briocensis,* a été reproduit par une autre main au f° 77 v° du cartulaire.

in anno, quando placuerit episcopo Pictavensi, Malleacense monasterium visitabit, et in adventu suo unicam procurationem eidem impendent. Apud Lugudiacum semel in anno ejusdem loci prior unicam episcopo procurationem debitam faciet. In prioratu de Larmenaut lxx^{ta} solidorum currentis monete in vendendo et emendo summam [episcopus][1] non excedet in expensis; [quod si fecerat, de suo solvet quod predictam summam excedet.] Similiter in prioratibus infra scriptis : in prioratu de Volvento lxv solidos; in prioratu de Champdener lxv solidos; apud Monsolium lx^{ta} solidos; apud Xanton xl^{ta} solidos; apud Sanctum Stephanum de Niorto xl^{ta} solidos; apud Sanctum Michaelem Clausum xl^{ta} solidos; apud Ardunum xxxv solidos; apud Sanctum Hilarium de Fonteniaco xxxv solidos; apud Mayreventum xxx^{ta} solidos; apud Sanctum Moricium xxx^{ta} solidos; in prioratu de Praeco, ubi sacerdos ejusdem loci terciam partem confert in procuratione, ejusdem portione non computata, xxx^{ta} solidos; similiter in prioratu de Foresta et de Cloenayo et de Basogiis, quoniam sibi et non capellanis suis in hac parte monachi vigilaverunt. Ad hec prior Sancti Remigii prope castrum Haiam episcopo etiam non visitanti xx^{ti} solidos currentis monete nomine procurationis singulis annis persolvet. In prefatis vero expensarum summis paleas et hujusmodi vilia, variam domus superlectilem, que in vasis, culcitris, linteaminibus et similiter consistit, priores nullatenus computabunt. Ad hec archidiaconus Briocensis integram juridictionem suam super abbatiam et menbra que sunt in suo archidiaconatu habet in perpetuum, et habebit in abbatia unicam procurationem debitam; similiter in prioratu de Legudiaco habebit; in quinque prioratibus, videlicet Larmenaut, Monsolio, Xancton, Volvento et Champdener summam xv solidorum currentis monete. In vendendo et emendo non excedet in aliis x;

---

1. Les mots entre crochets se trouvent dans l'extrait, au f° 77 v°.

quod si fecerit, quod supererit de suo solvet; si minus, in utilitate prioris cedet. Archipresbyteri locorum, si fuerint canonici Pictavenses, cum tribus equis; si non, cum duobus. Itaque nullos alios invitabunt. Apud priores recipientur tam in capite quam in membris. Preterea decanus et canonici Pictavenses sicut consuetum fuit hactenus apud eos recipientur. Hoc autem concessimus nos Mauricius, Pictavensis episcopus; G., decanus, W., Briocensis archidiaconus, J. Butembaudi, capicerius, J. Arnaudus, archipresbiter Ardunensis, qui mandatum a capitulo toto Pictavensi super hoc acceperant, hoc idem in manu nostra fidei interpositione in osculo pacis firmaverunt. Pro me vero abbate et capitulo Malleacensi id idem in manu dicti domini Mauricii Pictavensis episcopi fide interposita et pacis osculo concesserunt W., prior abbatie Malleacensis, Arnaudus, prepositus, Petrus, aquacions[1] Malleacensis, prior Ardunensis Si., camerarius abbatie, prior de Larmenaut, et W., prior de Xancton, qui eodem modo a me abbate et capitulo Malleacensibus super hoc mandatum acceperant. Actum Pictavis, apud Sanctum Cyprianum, per manum P., decani Montisacuti, notarii nostri, anno Domini m° cc°, presentibus Petro Aureevallis et A. de Sancto Leodegario abbatibus, et magistro W. Blandin, canonico Cellensi. Preterea presentes fuerunt, et se id posse suo bona fide servaturos fide religionis interposita promiserunt magistri Guillotus, canonicus Pictavensis, Asianensis decanus, W., prior Legudiaci, Clemens, cantor Malleacensis, Willelmus, prior de Basogiis...., monasterii Malleacensis. Ut autem hoc in perpetuum firmum et inviolabile perseveret, presentem paginam sigillorum nostrorum munimine fecimus roborari.

---

1. *Sic,* peut-être au lieu d'*aquarius.*

4. Bulle du pape Innocent III, terminant les difficultés qui s'étaient élevées entre l'évêque de Poitiers et l'abbaye de Montierneuf au sujet de l'exemption de la juridiction épiscopale (f° 127 v°).

24 février 1212.

Innocencius, episcopus, servus servorum Dei, dilectis filiis Cluniacensibus et Monasterii Novi Pictavis abbatibus et conventibus salutem et apostolicam benedictionem. Causam que vertebatur inter vos ex parte una et venerabilem fratrem nostrum episcopum et dilectos filios capitulum Pictavenses ex altera super exemptione Monasterii Novi Pictavensis diversis judicibus nos recolimus commisisse; super qua, licet diversis temporibus fuerit multipliciter laboratum, testes tamen ex mandato nostro ab utraque parte recepti fuerunt et demum depositiones eorumdem apud sedem apostolicam publicate. Verum, quia pars vestra privilegia sua tunc pre manibus non habebat, partibus postmodum nostris dedimus litteris in mandato ut super eadem causa minute privilegiis et aliis racionibus que ad ipsius decisionem spectabant per se vel sufficientes procuratores in festo beati Martini proxime preterito nostro se conspectui presentarent, tam super predicta causa quam super aliis articulis equitatis judicium dante Domino recepture. Demum igitur dilectis filiis Petro Salaticle ac Johanne, monachis vestris, et magistro Johanne ac Hugone, canonico Sancte Radegundis Pictavensis, predictorum episcopi et capituli procuratoribus, in nostra presencia constitutis, audivimus diligenter que voluerunt proponere coram nobis, et cum hinc inde super premissis fuisset diucius disputatum; tandem idem negotium de consensu partium nobis mediantibus taliter est sopitum. Quod abbas et conventus Monasterii Novi, ut Pictavensis episcopus favorabilior sit eis et efficacior ad justiciam de suis malefactoribus faciendam, semel in anno per diem unum cum moderato equitaturarum numero, prout in Lateranensi concilio est statutum, eundem excipiant et procurent. In ceteris vero idem monasterium ab ejus juridictione sit liberum et exemptum, nisi quod crisma, oleum sanctum, consecraciones altarium, dedicationes basilicarum, ordinationes monachorum seu clericorum qui ad sacros ordines fuerint promovendi, nec non et benedictionem abbatis sine professione aliqua recipiant ab episcopo memorato, si quidem catholicus fuerit et gratiam sedis apostolice habuerit, ac ea ipsis gratis et sine pravitate aliqua voluerit exhibere; alioquin liceat eis quemcumque maluerint catholicum adire antistitem, gratiam et communionem apostolice sedis habentem, qui nostra fretus auctoritate ipsis quod postulatur impendat, sicut in auctenticis privilegiis continetur, que nos ipsi perspeximus et examinavimus diligenter. Cum autem Pictavensis episcopus in civitate Pictavensi generale posuerit interdictum, iidem illud servabunt, et quod illo durante non celebrabunt divina nisi clausis januis, non pulsatis campanis, suppressa voce, interdictis et excommucatis exclusis, quos caute vitare curabunt. Ad synodum quoque Pictavensis episcopi abbas Monasterii Novi secundum generalem consuetudinem regionis accedet ratione capellarum vel ecclesiarum suarum que ipsi episcopo sunt subjecte. Sed si forsitan capellani ea que statuta fuerint in synodo neglexerint aut contempserint observare, non in abbatem vel monasterium, sed in ipsos capellanos episcopus poterit canonicam exercere censuram. Ne igitur quod nobis mediantibus est statutum valeat ab aliquo temere violari, illud auctoritate apostolica confirmamus et presentis scripti patrocinio communimus. Nulli ergo omnino hominum liceat hanc paginam nostre confirmationis infringere vel ei ausu temerario contraire. Si quis autem hoc attemptare presumpserit, indignationem omnipotentis Dei et beatorum Petri et Pauli apostolorum ejus se noverit incursurum. Datum Laterani, vi kalendas martii, pontificatus nostri anno quindecimo.

5. Traité entre l'évêque de Poitiers et l'abbé de Vendôme au sujet d'une *procuration* que l'évêque prétendait lui être due sur le prieuré d'Olonne, dépendant de cette abbaye (f° 77 v°).

22 août 1217.

Notum sit omnibus tam presentibus quam futuris quod, cum episcopi Pictavenses in prioratu Vindocinensi de Olona usque ad tempus Guillelmi, episcopi Pictavensis, successoris felicis memorie Mauricii, Pictavensis episcopi, procurationem debitam habuissent, contigit quod, cum idem Guillelmus, episcopus Pictavensis, pro tempore suo dictum prioratum racione suscepti officii visitaret, prior loci procurationem ei pro sue voluntatis arbitrio denegavit; unde inter ipsum episcopum et Hamelinum, tunc abbatem Vindocinensem, et prefatum priorem questio postea auctoritate apostolica fuit mota et in Lateranensi concilio ultimo celebrato ad apostolicam sedem delata, ibique tantum coram magistro Beneventano, tunc Sancte Marie in Aquizo diacono cardinali, auditore concesso, in ipsa causa fuit processum quod idem abbas, interrogatus, in jure confessus est coram eo quod episcopi Pictavenses in supradicto prioratu Vindocinensi de Olona interdum procurationem habuerant, vel ad rectam estimationem precium pro eadem. Tandem vero viris venerabilibus Michaele, abbate Salmuriensi, et Philippo, decano Pictavensi, et aliis utique bonis viris interponentibus partes suas, fuit inter episcopum et capitulum Pictavense, et abbatem et conventum Vindocinenses sepedictos pax in hunc modum in perpetuum reformata. Videlicet quod episcopus Pictavensis de cetero habebit in prescripto prioratu Vindocinensi de Olona pro sua procuratione LX solidos usualis monete, apud Olonam episcopo Pictavensi vel suo mandato annuatim reddendos in festo sancti Luce evangeliste a priore ejusdem loci qui pro tempore fuerit, quando ab episcopo Pictavensi vel suo mandato super hoc fuerit requisitus. Hec autem pax facta fuit in ecclesia Sancte Crucis de Loduno, in octabis Assumptionis beate Marie, anno ab Incarnatione Domini m° cc° xvii°. Quia hec pax stabilis permaneret in posterum atque rata, placuit eis ut utraque pars suam haberet super premissis cartulam, eorumdem scilicet episcopi et capituli Pictavensium, abbatis et conventus Vindocinensium sigillorum munimine roboratam.

---

6. Traité fait en présence de Philippe, évêque de Poitiers, entre Guillaume de Faye, chevalier, et Hugues Boson, chevalier, conjointement avec Lisoye sa femme, pour terminer leurs différends au sujet de la terre de l'Orme d'Oiré, près Châtellerault (f°s 100 r° et 103 v°).

1226.

Philippus, Dei gratia Pictavensis episcopus, universis Christi fidelibus presentes litteras inspecturis salutem in auctore salutis. Ad universorum noticiam volumus pervenire quod, cum inter dominum Willelmum de Faya, militem, ex una parte, et dominum Hugonem Bosonis, militem, et Lisoyam, uxorem ejus, ex altera, controversia verteretur super tenemento et pertinentiis Hulmi de Auriaco juxta castrum Airaudi, tandem per Dei gratiam inter ipsos amicabilis compositio intervenit in hunc modum. Dominus Hugo et uxor ejus Lisoya tenementum predictum cum pertinenciis suis quamdiu vixerint in pace tenebunt, et nullum servicium domino Guillelmo inde facere tenebuntur, nec heredibus ejusdem Guillelmi. Si forte idem Guillelmus premoriatur, idem Hugo quamdiu vixerit predictum tenementum simili modo tenebit. Si vero premoriatur dominus Hugo, Lisoya uxor ejus predictum tenementum quamdiu vixerit tenebit; et si L. uxor ejusdem Hugonis premoriatur, idem H. quamdiu vixerit predictum tenementum simili modo tenebit. Verum dominus Willelmus de predicto feodo faciet hominium nobis et successoribus nostris, et reddet unum bisancium nobis et successoribus nostris semel et non amplius pro servicio feodi supradicti, quamdiu vixerint prenominati H. et L. uxor ipsius. Idem vero Willelmus pro bono pacis est in possessione istius hominii, nec potest nec debet a predictis H. vel ejus uxore L. vel a feodo ipso propter possessionem hujusmodi, quamdiu vixerint idem H. et ejus uxor L., aliquid extorquere seu accipere vel habere. Preterea idem Willelmus tenetur... nobis et successoribus nostris, quod predicti H. et L. ejus uxor reddent quamdiu vixerint illud bisantium nobis et successoribus nostris pro servitio illius feodi singulis tertiis annis, nec pro delicto predicti Willelmi, si forte quod absit delinqueret, nos isti feodo manum nostram apponeremus. Post mortem vero predictorum Hugonis et Lysoie uxoris ejus, idem Willelmus, vel ejus heredes post mortem ipsius Willelmi, faciet hominium et reddet bisancium nobis et successoribus nostris singulis tertiis annis. Ad hec post mortem predictorum H. et L. uxoris sue, heredes ipsorum, si forte de carne sua heredes habuerint, habebunt in avantagium totum herbergamentum Ulmi de Auriaco, secundum quod clausura porte atque murorum circum cingit modo tempore compositionis facte. Si vero de carne sua heredes non habuerint, illi quos heredes suos instituerint, ipsi vel alter eorum, predictum herbergamentum, sicut predictum est, in avantagium habebunt. De omnibus autem rebus aliis predicti tenementi, tam in vineis quam viridariis, terris et possessionibus aliis, idem Willelmus, vel ejus heredes si dominus Willelmus mortuus fuerit, unam medietatem habebit, et heredes predictorum H. et L. uxoris ejus, si forte de carne sua habuerint, vel, si non de carne sua procreaverint, illi quos ipsi vel alter eorum heredes instituerint, aliam medietatem habebunt. De predicta vero portione predictorum heredum H. et L. uxoris ejus, ipsi heredes qui predicti sunt prefato Willelmo, vel ejus heredi si Willelmus decesserit, hominium facient, et singulis tertiis annis eidem

Willelmo, vel heredi suo si idem Willelmus decesserit, tenebuntur solvere quinque solidos monete currentis in castellania pro servitio feodi memorati. Hiis factis dicti heredes nullum aliud servicium tenebuntur facere de prenominato feodo domino Willelmo vel heredi suo. Porro utraque pars prestito corporali juramento firmavit quod predictam compositionem de cetero bona fide et inviolabiliter observabit. Nos autem pro bono pacis compositionem istam approbamus et, ut perpetua gaudeat firmitate, ad petitionem partium ipsam in scriptum redigi et sigilli nostri fecimus munimine roborari, et eam faciemus tamquam dominus debet facere inviolabiliter observari. Actum anno gratie M° CC° vicesimo sexto.

---

7. Érection de l'église paroissiale de Tusson par Philippe, évêque de Poitiers, à la requête de Berthe, abbesse de Fontevrault, et du prieur de Tusson (f° 72 r°) [1].

1227.

Philippus, Dei gratia Pictavensis episcopus, universis presentes litteras inspecturis salutem in auctore salutis. Ad universorum noticiam presencium litterarum volumus pervenire quod concessimus Berte, abbatisse monasterii Fontisebraudi, et Flori, priorisse, et Petro, priori de Tucione, licentiam construendi ecclesiam parrochialem in villa nova de Tucione, ita quod priorissa et prior de Tucione presentabunt nobis et successoribus nostris ad ipsam ecclesiam... fratrem sui ordinis ibidem inst... et nos... presentato trademus et dabimus curam animarum.... tamen presentatus ab ordine... religione Fontisebraudi propter hanc presentationem non erit exemptus, sed ipsa abbatissa, quocienscumque necesse fuerit, eum, si

---

1. Le feuillet 72 ayant été rogné par le relieur, il en est résulté plusieurs lacunes dans le présent acte, écrit en marge.

voluerit in alium locum transferre et ab hujus cappellanie administratione amovere, tanquam fratrem domus pro voluntate sua amovebit, et alium ydoneum predicti priorissa et prior Tucionis episcopo Pictavensi ad curam animarum suscipiendam presentabunt. Capellanus vero institutus ibidem duos bizancios solvet singulis annis episcopo Pictavensi, unum videlicet in synodo Pentecostes et alium in synodo sancti Luce, et hac sola censiva ab omni exactione et consuetudine libera erit et quieta predita ecclesia ville nove Tucionis, et singulis annis recipiet cappellanus absque aliqua contradictione crisma et oleum ab archipresbitero Roffiacensi. Hanc autem concessionem fecimus cum dicta villa de novo esset constructa, et nullam certam parrochiam haberent homines ibidem manentes; sine reclamatione alicujus factum est istud. Actum anno gratie M° ducentesimo vicesimo septimo.

Fuit hujusmodi littera sana et... et sigillo antiquo curie offic... ut prima facie apparebat, per nos officialem Pictavensem in presentia notarii et Fra... fratris Aymerici de Cruce, p... de Bralo, archipresbiteratus Faye, Johannis Villotelli, subd... rectoris Sancti Martini de P... predicte Pictavensis diocesis, et Johannis Mosnerii, rectoris de Tucione [alias] de Tussonio, die... mensis marcii, anno Domini M^{mo} quadringentesimo undecimo. AYMER, pro visione et collatione predicte littere.

---

8. Hommage lige du château de Civray fait par Raoul d'Eu, chevalier, à Hugues de Lusignan, comte de la Marche (f°s 101 v° et 104 r°).

28 mars 1228.

Universis has litteras inspecturis Radulfus de Elloduno, miles, salutem. Notum vobis facio sub harum testimonio litterarum quod, cum predecessores mei ab antecessoribus domini mei nobilis viri Hugonis de Lezigniaco, comitis

Marchie, cognati mei, castrum de Sivraico tenuerunt in ligiantiam et habuerunt, inde facientes eisdem homagium ligium, promittentes eisdem sub debito fidelitatis eos terramque eorum juvare ac defendere de isto tenemento contra omnes homines qui possint vivere atque mori, nec dictum castrum eis vetare irati seu paccati : ego Radulfus, cum dictum castrum de Sivrayco a domino meo et cognato nobili viro Hugone de Lezigniaco, comite Marchie, reciperem, inherendo predecessorum nostrorum vestigiis, ei pro dicto castro feci homagium ligium, promittendo libere et spontanee tam pro me quam pro heredibus meis qui pro tempore fuerint, tactis sacrosanctis evangeliis, dictum dominum meum Hugonem de Lezigniaco, comitem Marchie, et heredes juvare terramque eorum defendere de isto tenemento contra omnes homines qui possint vivere atque mori, nec castrum Sivraici ei vel eis vetabimus, prout dominis nostris, irati videlicet nec paccati; supplicando reverendo patri meo Philippo, Dei gratia Pictavensi episcopo, a quo dominus comes dictum castrum Sivraici habet in feodo et ego a domino comite, ut supra est expressum, [ut] contra me seu meos, si contra supradicta, quod absit, in aliquo seu in aliquibus veniremus, monitione premissa, ad castrum Sivraici tantum, sive ibi fuerimus sive non, nisi statim post quadraginta dies emendatum fuerit, per excommunicationis sententias in personas nostras et interdicti in terris compellere nos valeat, tam ipse quam successores ejus qui pro tempore fuerint, ad servanda supradicta. Et ut hec habeant in futurum majorem firmitatem, reverendus pater meus Philippus, Dei gratia episcopus, et capitulum Pictavense, in quorum presentia a me acta sunt supradicta, ad petitionem meam, una mecum hanc cartam sigillis suis pariter sigillarunt in testimonium premissorum. Actum apud Pictavis, in domo domini episcopi, quinto kalendas aprilis, anno Domini M° CC° XX° octavo.

9. Acte par lequel Hugues de Lusignan, comte de la Marche et d'Angoulême, reconnaît être obligé, à cause de son domaine de Lusignan, de porter l'évêque de Poitiers le jour qu'il prend possession de son église (f° 97 v°).

1236.

Hugo de Lezigniaco, comes Marchie et Engolisme, universis has litteras videntibus salutem. Noveritis quod nos ratione dominii Lezigniacensis debemus portare dominum episcopum Pictavensem, salvo jure nostro, quod pro hoc faciendo debemus habere et percipere ab eodem prima die qua recipitur et intronizatur Pictavis in ecclesia cathedrali. Datum anno gratie m° cc° tricesimo sexto.

---

10. Don fait à l'abbaye de l'Étoile par Guillaume d'Angle, du consentement de Marie, sa femme, de rentes en argent à percevoir sur les revenus du donateur à Chauvigny et à Angle (f° 196 v°).

Août 1237.

Willelmus de Anglia, nobilis vir, universis presentes litteras inspecturis salutem in Domino. Noveritis quod ego, laudante uxore mea Maria, dono et concedo Deo et ecclesie beate Marie de Stella in puram et perpetuam elemosinam, pro remedio anime mee et dicte uxoris mee et filiorum et antecessorum meorum, quadraginta solidos currentis monete, percipiendos singulis annis, videlicet viginti solidos in redditibus meis de Archinec in festo apostolorum Petri et Pauli, et viginti solidos in prepositura mea de Englia in Natale Domini, de dicta elemosina pie et juste collata Willelmum, abbatem de Stella, nomine dicte ecclesie investiendo ; volentes etiam tam ego quam uxor mea ut quicumque fuerit prepositus noster de Englia teneatur solvere viginti solidos predicte ecclesie, et quicumque ceperit redditus nostros de Archinec teneatur solvere jam dicte ecclesie similiter viginti solidos terminis prenotatis. Tenemur jam dictam elemosinam prefate ecclesie contra omnes tam nos quam heredes nostri in perpetuum deffendere et garire. In cujus rei testimonium et munimen presentibus litteris sigillum nostrum duximus apponendum. Actum anno Domini millesimo cc° xxx° septimo, mense augusti.

---

11. Confirmation par Rorgue d'Angle du don d'une rente de quarante sous, que Guillaume d'Angle, son père, avait fait à l'abbaye de l'Étoile (f° 196 v°).

Juillet 1239.

Rorgo de Anglia, nobilis vir, universis presentes titteras inspecturis, salutem in Domino. Noveritis quod ego volo, laudo et concedo, pro salute anime mee et omnium amicorum meorum, ecclesie Sancte Marie de Stella, Cysterciensis ordinis, donum illud quod bone memorie Willelmus de Englia, pater meus, dicte ecclesie de Stella fecerat, videlicet quadraginta solidorum currentis monete, annis singulis percipiendorum talibus terminis : scilicet viginti solidos in festo apostolorum Petri et Pauli in redditibus meis de Archiniaco, et alios viginti solidos ad Natale Domini in prepositura mea de Englia ; de dicta elemosina pie et juste collata Willelmum, abbatem dicte ecclesie de Stella, nomine ipsius ecclesie investiendo ; ita quod quicumque fuerit prepositus meus de Englia, predicte ecclesie viginti solidos solvere teneatur, et quicumque receperit dictos redditus de Archiniaco, teneatur solvere jam dicte ecclesie similiter viginti solidos terminis prenotatis. Teneor etiam tam ego quam heredes mei post me dictam elemosinam sepe dicte ecclesie ab omnibus in perpetuum deffendere et garire. In cujus rei testimonium et munimen, sigillum meum duxi presentibus litteris apponendum, ut perpetue robur obtineant firmitatis. Actum anno Domini m° cc° xxx° nono, mense julio.

12. Retrait fait par Guillaume de Senon, chevalier, héritier d'Audebert de Chalepic, écuyer, de Guillaume, son frère, et d'Agathe, leur mère, d'une rente de dix-sept mines et demie de froment sur l'abbaye de l'Étoile, vendue par ces derniers à Gauthier Frociet, chevalier, pour la somme de 42 livres et demie, et vente par les mêmes Audebert et consorts au même Guillaume Frociet d'une rente de onze mines de seigle sur la même abbaye pour la somme de 22 livres et demie (f° 72 v°).

22 octobre 1239.

Omnibus presentes litteras inspecturis, Guillelmus, humilis abbas de Englia, et Henricus, archidiaconus Pictavensis, salutem in Domino. Noverint universi quod, cum Audebertus de Chalepic, armiger, de consensu et voluntate Agathe, relicte Josberti de Decalopi, matris sue, et Guillelmi, filii ipsius Agathe, fratris dicti Audeberti, vendidisset Galtero Frociet, militi, decem et septem minas et dimidiam frumenti quas habebant singulis annis annui redditus in abbatia de Stella prope Calvigniacum, ad veterem mensuram ejusdem abbatie, pro quadraginta et duabus libris et dimidia turonensibus, in festo beati Martini yemalis annuatim apud Cavigniacum persolvendis, Guillelmus de Senon, miles, coram nobis institutus, Audeberto, Agatha et Guillelmo presentibus coram nobis, idem G. miles, dicens se esse heredem ipsorum Audeberti et Guillelmi fratrum et Agathe, et se debere preferri in dicta vendicione, dictam vendicionem, factam in modum superius annotatum, pro dicto precio vendicionis revocavit et retraxit coram nobis. Qui fratres et Agatha, confitentes ipsum Guillelmum, militem, esse heredem ipsorum et ipsum debere preferri in dicta vendicione, dictum retractum eidem Guillelmo pro dictis quadraginta et duabus libris et dimidia concesserunt, voluerunt et laudaverunt. Preterea idem Audebertus, de consensu et voluntate Agathe, matris sue, et Guillelmi, fratris ipsius Audeberti, vendidit coram nobis eidem Guillelmo militi undecim minas siliginis quas ipsi fratres et Agatha habebant singulis annis annui redditus, ad predictam mensuram, in dicta abbacia, reddendas singulis annis apud Calvigniacum termino supradicto, pro viginti et duabus libris et dimidia. De retractu predicti frumenti, et de dictis viginti et duabus libris et dimidia de vendicione dicte siliginis..... sibi fuisse plenarie a dicto Guillelmo milite, et penitus satisfactum; renunciantes exceptioni non numerate et non tradite sibi pecunie, et etiam omni juri quod in predictis rebus venditis et retractatis habebant vel habere possint et poterint ratione hereditatis, acquisitionis vel alio quocumque modo; fiduciantes idem Audebertus et Guillelmus fratres et Agatha quod contra dictum retractum et vendicionem per se vel per alios non venient in futurum, nec aliquid in posterum reclamabunt in retractu dicti frumenti et vendicione dicte siliginis vel faciant reclamari; promittentes per dictam fidem et sub ypotheca rerum suarum, mobilium et immobilium, quod ipsi fratres et Agatha predictas res dicto Guillelmo militi liberabunt, garientet defendent erga omnes, et quod dictam vendicionem et retractum ab Aenaldi, sorore ipsius Audeberti, concedi facient et laudari. Ipsa vero Agatha et Guillelmus, filius ipsius Agathe, fiduciaverunt quod hec omnia voluerunt et concesserunt sponte, provide, sine metu, sine violentia et absque aliqua circumventione, prout superius sunt expressa. In cujus rei testimonium presentes litteras ad petitionem parcium sigillorum nostrorum munimine fecimus roborari. Actum apud Jadres, die sabbati post festum sancti Luce evangeliste, anno gratie M° CC° tricesimo nono, mense octobri.

13. Vente faite à l'évêque de Poitiers par Guillaume de Senon, chevalier, Aénalde, sa femme, et Jean et Chanalie, leurs enfants, de deux rentes en blé dues par l'abbaye de l'Étoile, l'une de dix-sept mines et demie de froment, et l'autre de onze mines de seigle, pour la somme de soixante-cinq livres tournois (f° 73 v°).

Novembre 1239.

Omnibus presentes litteras inspecturis, Guillelmus, humilis abbas de Englia, et Henricus, archidiaconus Pictavensis, salutem in Domino. Noverint universi quod in mea presentia constituti Guillelmus de Senon, miles, et Aenaldis, ejus uxor, et Johannes et Chanalia, liberi eorumdem Guillelmi et Aenaldis : idem Guillelmus miles de Senon decem et septem minas et dimidiam frumenti, quas Audebertus de Calopi, armiger, et Guillelmus, fratres, et Agatha, mater ipsorum Audeberti et Guillelmi, habebant singulis annis annui redditus in abbatia de Stella prope Calvigniacum, ad veterem mensuram ejusdem abbatie, reddendas singulis annis apud Calvigniacum in festo sancti Martini hiemalis, quas minas ipsi Audebertus et Guillelmus et Agatha mater ipsorum vendiderant Galtero Focier, militi, et quas minas frumenti idem Guillelmus miles retraxerat a dicto Galtero Focier jure hereditario, et undecim minas siliginis, quas idem Guillelmus miles emerat a dictis Audeberto et Guillelmo fratribus et Agatha matre ipsorum, quas minas siliginis ipsi fratres et Agatha habebant singulis annis annui redditus in dicta abbatia, ad veterem mensuram ejusdem abbatie, reddendas apud Calvigniacum in festo beati Martini hyemalis memorato, vendidit venerabili patri episcopo Pictavensi pro sexaginta et quinque libris turonensibus quitis et jam solutis, et de quibus se idem Guillelmus miles tenuit se pro pagato; renuncians exceptioni non numerate et non tradite sibi pecunie; fiducians idem Guillelmus miles quod contra venditionem istam per se vel per alios non veniet in futurum, nec aliquid in predictis rebus venditis in posterum reclamabit vel faciet reclamari; promittens idem Guillelmus dictam fidem et sub ypotheca omnium rerum suarum, quod dictas res venditas eidem venerabili episcopo Pictavensi liberabit, gariet et defendet erga omnes. Ipsam vero venditionem ipsa Aenaldis, Johannes et Thomassia sponte, providere *(sic)*, sine metu et violentia voluerunt, laudaverunt et concesserunt, renunciantes omni juri quod in dictis rebus venditis habebant vel habere possunt vel poterant ratione hereditatis, acquisitionis vel alio quocumque modo; fiduciantes quod contra predicta, prout superius sunt expressa, per se vel per alios non venient in futurum. In cujus rei testimonium presentes litteras, ad petitionem partium, sigillorum nostrorum munimine fecimus roborari. Actum apud Calvigniacum, die post festum Omnium Sanctorum, anno Domini M° cc° xxx° nono, mense novembris.

14. HEC SUNT HOMAGIA QUE DEBENTUR DOMINO EPISCOPO PICTAVENSI IN BAILLIA DE DYSSAYO (f° 210 v°).

Vers 1240.

Primo Guillelmus Caylleau, homo ligius, ad unum obolum anni reddendum in mutacione episcopi de herbergamento suo et de thusca eidem herbergamento contigua, sito apud Sanctum Ciricum, juxta viam per quam itur de Gelees ad ecclesiam de Sancto Cyrico, et de quadam pecia terre sita apud Gabees, juxta terras Symonis Fauchet et juxta terras Ademaris de Forges.

Item magister P. Tauxon, homo ligius, qui debet unum obolum anni reddendum in mutacione episcopi de domibus suis contiguis domuy Aymerici Juze, et de trilieis et vincis suis sitis circa arbergamentum dicti magistri Petri, situm apud Motam, ut dicitur; quod quidem arbergamentum movet, ut dicitur, a domino Guydone de Ruppe Forti [1]; et

---

1. Guy de Rochefort, chevalier, paraît en 1239 dans des chartes de

de omnibus terris suis sitis in territorio des Bertonere; et de pratis suis sitis apud la Greve; et de molendinis suis de Chauce Roe, ut dicitur; et de terris suis sitis juxta grangiam domini episcopi usque ad quadruvium domus Guillelmi Faurea; et de terris suis sitis apud magnum pratum et apud la Roardere, ut dicitur, quarum una sita est juxta terram dictorum les Jouberz et juxta terras Egydii de Maris, et alia sita est juxta terras Aymerici Juze et juxta viam per quam itur de Dyssayo apud Pictavim.

---

15. Jugement rendu par Juhel, archevêque de Reims, sur les différends qui s'étaient élevés entre l'évêque de Poitiers et l'abbesse de Fontevrault au sujet de la juridiction et des droits que cet évêque prétendait exercer dans l'abbaye de Fontevrault (f° 69 v°) [1].

28 juillet 1245.

Juhellus, Dei gratia Remensis archiepiscopus, universis presentes litteras inspecturis, salutem in Domino. Noverit universitas vestra quod, cum inter venerabilem patrem Johannem, episcopum Pictavensem, ex una parte, et abbatissam et conventum Fontis Ebraudi questio verteretur, super eo videlicet quod idem episcopus, proponens monasterium Fontis Ebraudi sibi lege dyocesana subjectum, dicebat se habere in eodem monasterio visitationem, correctionem, procurationem et alia que ad episcopum dyocesanum pertinere noscuntur, dictis abbatissa et conventu in contrarium dicentibus, videlicet dictum Fontis Ebraudi monasterium cum suis membris dicto episcopo lege dyocesana non esse subjectum, nec dictum episcopum habere in eisdem monasterio vel membris ejus visitationem, correctionem, procurationem vel alia jura episcopa-

---

l'abbaye de Saint-Maixent (Dom Fonteneau, t. 16, p. 169 et 171); il ne vivait plus en 1247 (*ibid.*, p. 175).

1. Publié, mais peu correctement, dans l'*Abrégé de l'histoire du Poitou*, par Thibaudeau, 1re édition, t. 2, p. 399.

lia; sed dictum monasterium et ejus membra per privilegia sedis apostolice plene esse exempta et immediate ad sedem apostolicam pertinere : tandem idem episcopus, pro se et ecclesia sua, et fratres Blasius et Gauffridus, procuratores abbatisse et conventus predictorum, in curia domini pape propter hoc constituti, habentes potestatem et speciale mandatum submittendi se nomine predictarum abbatisse et conventus super premissis dicto et ordinacioni nostre, et jurandi in animas earumdem quod ea que super hiis duceremus ordinanda in futurum firmiter observarent, dicto et ordinacioni nostre hinc inde de consensu domini pape super premissis se totaliter submiserunt, nosque de mandato ipsius domini pape onus suscepimus dicendi et ordinandi super premissis inter partes prout videremus expedire. Predictus vero episcopus pro se et ecclesia sua in verbo veritatis, et procuratores earumdem nomine, dictum et ordinacionem nostram super premissis observare firmiter promiserunt; et juraverunt insuper iidem procuratores in animas predictarum abbatisse et conventus, quod ipse dictum et ordinationem nostram super premissis inviolabiliter observabunt. Nos autem, de bonorum virorum consilio, pro bono pacis, dicimus et ordinamus quod predictus episcopus et successores ejusdem, quilibet eorum, scilicet semel tantum in primo adventu suo post consecracionem suam processionaliter in monasterio Fontis Ebraudi recipiantur ab abbatissa, si presens fuerit et commode poterit, et conventu predictis et cum fratribus earumdem, et similiter recipiatur in omnibus dicti monasterii in Pictavensi dyocesi constitutis conventibus earumdem; ita tamen quod, in primo adventu predicto, in dicto monasterio vel in membris ejusdem Pictavensis diocesis non valeat dictus episcopus procurationem petere vel alia jura episcopalia exercere preter ea que inferius subsecuntur. Pro benedictione vero monialium et consecratione ecclesiarum, tam in dicto monasterio quam in membris ejusdem Pictavensis dyocesis, episcopum Pictavensem qui pro tempore fuerit advocabunt, et post requisitionem earum episcopus ad loca ipsarum propter hoc gratis et sine difficultate veniet tempore competenti. Si vero pro consecratione altarium, reconciliatione ecclesiarum ac aliis ad que persona episcopi necessaria esset, episcopus Pictavensis requisitus ab eis ad dictum monasterium vel membra ejus venire non posset vel nollet, poterunt alium episcopum advocare. Quociens autem vacare contigerit parochiales ecclesias ad earum presentationem spectantes in dyocesi Pictavensi, episcopo personas ydoneas presentabunt, quas, si ydonee fuerint, episcopus non poterit recusare; que persone, postquam ab eodem episcopo recepte fuerint, juramentum eidem episcopo facient, sicut ab aliarum ecclesiarum rectoribus fieri hactenus consuevit. Clericos autem seu fratres earum presentatos ab abbatissa, si ydonei fuerint, dictus episcopus ad ordines promovebit. Preterea per dictum et ordinationem nostram injungimus dictis abbatisse et conventui et predictis procuratoribus nomine earumdem, ut ipsi episcopo Pictavensi qui pro tempore fuerit triginta libre turonenses, videlicet medietas in octabis Purificationis beate Marie, et alia medietas in festo beate Marie Magdalene, apud Mirabellum in prioratu de Viziliaco annis singulis in futurum, vel mandato episcopi litteras ejus vel officialis sui super hoc deferenti, sine difficultate persolvantur, donec eidem episcopo ab eisdem dicte triginta libre annui redditus secundum communem modum et usum patrie in certo loco vel locis ydoneis et non contentiosis civitatis vel dyocesis Pictavensis fuerint assignate. Episcopus autem qui pro tempore fuerit prestare tenebitur consensum et auctoritatem ut predictas triginta libras annui redditus assignandas eidem vel etiam partem earum in confiniis archipresbiteratuum de Losduno et Mirabello vel in decimis dyocesis Pictavensis emere valeant vel aliter acquirere ubi poterunt invenire. Episcopus autem

Pictavensis in monasterio predicto et in membris ejusdem inquisitionem, visitationem, correctionem seu subjectionem aliquam, vel aliud quam ut supradictum est, non habebit; sed quantum ad omnia alia que per istam ordinationem episcopo Pictavensi non dantur, dictum monasterium et ejus menbra a dicto episcopo et ejus successoribus et ecclesia Pictavensi remanebunt libera penitus et exempta; hoc salvo quod abbatissa, que pro tempore canonice eligetur, in monasterio memorato ab episcopo munus benedictionis percipiet, si eam gratis et absque omni molestia et pravitate voluerit exhibere; alioquin licebit ei quemcumque maluerit ad hoc faciendum adire vel invitare antistitem, qui nimirum apostolica fultus auctoritate, secundum quod in privilegio earum continetur, gratis quod postulatur impendet; et predicta abbatissa professionem faciet in ecclesia Pictavensi sicut hactenus fieri consuevit. Hec autem omnia et singula acta sunt, salvis in omnibus et per omnia privilegiis dicto monasterio et ejusdem membris a sede apostolica indultis, quibus per istam ordinationem nostram non intendimus in aliquo derogare. In cujus rei testimonium presentibus litteris sigillum nostrum duximus apponendum. Actum Lugduni, die veneris ante festum sancti Petri ad vincula, anno Domini m° cc° quadragesimo quinto.

16. Lettres du pape Innocent IV, accordant à l'évêque de Poitiers le pouvoir d'absoudre les clercs de son diocèse qui, pour cause de concubinage ou de détention illicite de plusieurs dignités ou bénéfices ayant charge d'âmes, avaient encouru des peines de suspense ou d'excommunication (f° 75 v°).

4 août 1245.

Innocentius, episcopus, servus servorum Dei, venerabili fratri episcopo Pictavensi, salutem in Domino et apostolicam benedictionem. Ex parte tua nobis exstitit humiliter supplicatum ut, cum nonnulli clerici tue civitatis et dyocesis pro manifesta concubinarum cohabitatione, quidam vero pro detentione illicita plurium dignitatum vel beneficiorum curam habentium animarum, supra inhibitionem bone memorie Galona, tituli Sancti Martini in Montibus presbiteri cardinalis et tunc in Francie partibus apostolice sedis legati, suspensionis et excommunicationis sententias incurrunt, et tam illorum quam istorum aliqui sacros susceperunt ordines et divina celebrant officia sic ligati, saluti eorum consulere, cum difficile sit eis pro absolutionis obtinendo beneficio ad sedem apostolicam personaliter laborare, paterna sollicitudine curaremus. Nos itaque, tuis supplicationibus inclinati, facientes persone tue gratiam specialem, fraternitati tue presentium auctoritate concedimus ut tam predictos clericos quam alios etiam qui deinceps sententias easdem incurrent, absolvere valeas juxta formam ecclesie vice nostra, proviso quod, concubinis a se prorsus abjectis, sufficientem cautionem exhibeant quod illas vel alias non resumant, et contra hujusce modi detentores procedas prout de jure fuerit procedendum. Dispensandi preterea cum illis qui facti inmemores vel juris ignari sacros susceperunt ordines vel ministrant in ipsis, aut suscipient seu ministrabunt in posterum, post injunctam eis penitentiam competentem, prout eorum saluti expedire noveris, tribuimus tibi liberam facultatem. Si qui vero scienter talia, non tamen in contemptum clavium, presumpserunt vel presumpserint etiam in futurum, eos per biennium ab ordinum executione suspendas, injuncta eis penitentia salutari, qua peracta, si fuerint bone conversationis et vite, liceat tibi dispensare cum eis, sicut videris expedire. Datum Lugduni, ii nonas augusti, pontificatus nostri anno tertio.

17. Lettres du pape Innocent IV, ordonnant à l'évêque de Poitiers d'obliger les patrons des églises à assigner une portion convenable des revenus de ces églises à ceux qui les desservent (f° 75 r°).

13 août 1245.

Innocentius, episcopus, servus servorum Dei, venerabili fratri episcopo Pictavensi, salutem et apostolicam benedictionem. Tua nobis fraternitas intimavit quod in multis ecclesiis parochialibus tue civitatis et dyocesis earum patroni tam exempti quam non exempti de ipsarum decimis et oblationibus tantum percipiunt annuatim quod rectores earum de residuo non possunt congrue sustentari, quorum aliqui, tum propter paupertatem litigare non sufficiunt, tum in ecclesiis ipsis non resident, sicque predicte ecclesie divinis obsequiis non modicum defraudantur : quare nobis humiliter supplicasti [ut] salubre super hoc adhibere [remedium] paterna sollicitudine curaremus. Nolentes cultum divini nominis diminui, sed pocius augmentari, fraternitati tue per apostolica scripta mandamus quatenus, si est ita, patronos ipsos, quod ecclesiarum earumdem rectoribus congruam assignent de ipsarum redditibus juxta Laterani statuta consilii porcionem, per subtractionem decimarum et oblationum quas in ipsis percipiunt vel etiam alias, monitione premissa, auctoritate nostra, appellatione remota, compellas. Datum Lugduni, idus augusti, pontificatus nostri anno tercio.

---

18. Lettres du pape Innocent IV, confirmant le jugement rendu le 28 juillet précédent par l'archevêque de Reims sur les différends existant entre l'évêque de Poitiers et l'abbesse de Fontevrault au sujet des droits que prétendait exercer cet évêque dans l'abbaye de Fontevrault (f° 70 v°).

17 août 1245.

Innocencius, episcopus, servus servorum Dei, venerabili fratri episcopo Pictavensi, salutem et apostolicam benedictionem. Quoniam labentium temporum cursus eorum que geruntur memoriam secum rapit, contra oblivionis incommodum providetur remedio scripturarum, ne lites concordia vel judicio terminate repullulent et in recidive contentionis scrupulum futuris temporibus relabantur. Cum igitur inter te ex parte una et abbatissam et conventum monasterii Fontis Ebraudi, ad Romanam ecclesiam nullo medio pertinentis, Pictavensis dyocesis, ex altera, super privilegiis exemptionis ejusdem monasterii ac juribus episcopalibus, que in eodem monasterio te habere debere dicebas, suborta fuisset materia questionis, tandem, te ac procuratoribus earumdem abbatisse et conventus in nostra presentia constitutis, per ordinacionem factam auctoritate nostra per venerabilem fratrem nostrum archiepiscopum Remensem, prout in ipsius litteris, quarum tenorem de verbo ad verbum presentibus inseri.., super hoc confectis plenius continetur, hujusmodi questio conquievit; quam ordinationem apostolico munimine roborari, supplerique defectum absencie Pictavensis capituli prefati... Nos igitur, tuis supplicationibus inclinati, ordinacionem ipsam proinde factam auctoritate apostolica confirmamus et presenti... communimus, deffectum absencie predicti capituli supplentes de plenitudine potestatis. Tenor autem litterarum ipsarum talis est : Juhellus, Dei gracia Remensis archiepiscopus, universis presentes inspecturis, salutem in Domino. Noverit universitas vestra quod, cum inter venerabilem patrem Johannem, episcopum Pictavensem, ex una parte, et abbatissam et conventum Fontis Ebraudi, etc...... Nulli ergo omnino hominum liceat hanc paginam nostre confirmationis infringere vel ei ausu temerario contraire. Si quis autem hoc attemptare presumpserit, indignationem omnipotentis Dei et beatorum Petri et Pauli apostolorum ejus se noverit incursurum. Datum Lugduni, xvi kal. septembris, pontificatus nostri anno tertio.

19. Vente faite à Jean, évêque de Poitiers, par Ébles de Ventadour, chevalier, de tout ce qu'il possédait à Saint-Christophe, dans l'archiprêtré de Faye (f° 74 r°).

Août 1246.

Universis presentes litteras inspecturis, G. decanus et capitulum Pictavense, salutem in Domino. Noverit universitas vestra quod in presentia nostra constitutus Eblo Ventudor, miles, vendidit reverendo patri Johanni, Dei gratia Pictavensi episcopo, omnia et singula que aput Sanctum Christophorum in archipresbiteratu Faye vel circa tenebat in feodum ab eodem episcopo, cum omnibus pertinenciis et juribus ad dictum feodum pertinentibus, pro ducentis et decem libris monete currentis, quas idem miles confessus est se recepisse pro vendicione predictorum a dicto episcopo in pecunia numerata. Promisit siquidem dictus miles juramento prestito coram nobis, quod contra vendicionem predictam per se vel per alium aliquatenus de cetero non veniret, set eam pocius perpetuo ratam haberet. In cujus rei testimonium presentibus litteris sigillum nostrum duximus apponendum. Datum mense augusti, m° cc° quadragesimo vi°.

---

20. Vente faite à Jean, évêque de Poitiers, par Aimeri de Luens, écuyer, et Agnès, sa femme, d'une rente de quinze setiers de blé à Saint-Christophe (f° 74 r°).

25 octobre 1246.

Universis presentes litteras inspecturis, G. decanus et capitulum ecclesie Pictavensis, salutem in Domino. Noverit universitas vestra quod in nostra presencia constitutus Aymericus de Luens, valetus, vendidit reverendo patri Johanni, Dei gratia episcopo Pictavensi, quindecim sextaria bladi annui redditus, quod apud Sanctum Christoforum in archipresbiteratu Faye ab eodem episcopo tenebat in feodum et percipiebat annis singulis ibidem in decima episcopi memorati, pro triginta quinque libris monete currentis, quas confessus est se recepisse pro vendicione predicta a dicto episcopo in pecunia numerata; cui vendicioni Agnes, uxor dicti valeti, spontanea voluntate in nostra presencia constituta concessit expresse. Promiserunt insuper dictus Aymericus fide data et dicta Agnes uxor ejus juramento prestito coram nobis, quod contra vendicionem predictam ratione dotis vel donacionis propter nupcias vel alias per se vel per alios aliquatenus de cetero non venirent, set eam pocius perpetuo ratam haberent. In cujus rei testimonium presentibus litteris sigillum nostrum duximus apponendum. Datum die jovis ante festum apostolorum Simonis et Jude, anno Domini M° CC° XLVI°.

---

21. Vente de la judicature de Vendeuvre faite par le juge du lieu à Jean, évêque de Poitiers, pour la somme de cinquante livres tournois (f° 74 r°).

4 mars 1247 (1246 v. st.).

Universis presentes litteras inspecturis, Gaufridus, decanus et capitulum Pictavense, salutem in Domino. Noveritis quod in nostra presentia constitutus Johannes, judex de Vendovrio, vendidit spontanea voluntate reverendo patri Johanni, gratia Dei Pictavensi episcopo, juzeriam de Vendovrio, quam tenebat ab episcopo memorato, cum pertinenciis suis et omnibus que ad ipsam juzeriam pertinebant, pro quinquaginta libris turonensibus, quas confessus est se recepisse in pecunia numerata, retentis tamen domo sua et aliis juzeriam non spectantibus, que tenet in feodum ab episcopo memorato. Promisit etiam idem Johannes juramento prestito corporali, quod contra vendicionem hujusmodi per se vel per alium occasione aliqua non veniet in futurum. Datum die lune ante *Letare Jherusalem*, anno Domini M° CC° XLVI°.

22. Confirmation par Jean, évêque de Poitiers, d'un statut du 28 février précédent, par lequel le chapitre de Notre-Dame-la-Grande de Poitiers avait fixé le nombre des chanoines de cette église à seize, l'abbé non compris (f° 75 r°).

6 mars 1247 (1246 v. st.).

Johannes, Dei gratia Pictavensis episcopus, universis Christi fidelibus presentes litteras inspecturis, eternam in Domino salutem. Noverit universitas vestra quod nos vidimus et legimus de verbo ad verbum litteras quasdam sigillatas sigillo abbatis et capituli beate Marie Majoris Pictavensis sub forma hujusmodi :

Universis Christi fidelibus presentes litteras inspecturis, abbas et capitulum beate Marie Majoris Pictavensis, salutem eternam in Domino. Cum pro modo facultatum statui debeat in ecclesiis numerus prebendarum, et nostre ecclesie facultates sint adeo tenues et exiles ut de una prebenda non possit uni persone ydonee provideri : nos super hoc quantum possumus volentes nobis et ecclesie nostre in posterum providere, de assensu reverendi patris nostri Johannis, Dei gratia Pictavensis episcopi, duximus statuendum ut prebende que fuerunt magistri Johannis Gras et Guillelmi Chales, canonicorum nostrorum defunctorum, prebende etiam canonicorum ecclesie nostre qui residenciam non faciunt in eadem, cum eos cedere vel decedere contigerit, nemini conferantur donec numerus canonicorum ipsius ecclesie ad sexdecim canonicos tantum devenerit, abbate in hujusmodi numero minime computato; sed et si hec non contingat ad jam dictum numerum devenire, ex tunc etiam residentium canonicorum prebende, cum ipsos vel eorum aliquem cedere vel decedere contigerit, [nemini] prorsus conferantur, donec deventum fuerit ad numerum antedictum. Postquam autem deventum fuerit ad eundem, volumus, statuimus et ordinamus ut preter abbatem idem numerus sexdecim canonicorum videlicet in ecclesia nostra, quantum possibile fuerit, in perpetuum observetur, ita quod domino Pictavensi episcopo et abbati ecclesie nostre, quorum uterque semel suo tempore unum potest in nostra ecclesia creare canonicum, nullum prejudicium circa creationem ejusdem canonici generetur. Cum autem episcopus, qui pro tempore fuerit, canonicum unum in nostra ecclesia fecerit, prebenda primo postea cedentis vel decedentis canonici non conferatur alicui, donec canonicorum numerus, abbate non computato, ad sexdecim dumtaxat reducatur, et idem similiter observetur, ubi canonicus in nostra ecclesia creatus fuerit per abbatem. Datum die jovis post dominicam qua cantatur *Reminiscere*, anno Domini M° CC° XL° VI°.

Nos autem predictam ordinacionem et numeri constitutionem ratam et gratam habuimus et habemus, et eisdem ordinationi et constitutioni consensum et auctoritatem nostram prebuimus et prebemus. Datum die mercurii ante dominicam qua cantatur *Letare Jherusalem*, anno Domini M° CC° XL° VI°.

---

23. Traité entre Alphonse, comte de Poitou, et Jean, évêque de Poitiers, au sujet de l'hommage du château de Civray, et au sujet de ce que feu Aimeri de Vivonne, chevalier, tenait en fief de l'évêque de Poitiers (f° 72 r°).

16 mars 1247 (1246 v. st.) [1].

Alphonsus, filius regis Francorum, comes Pictavensis, universis presentes litteras inspecturis, eternam in Domino [salutem]. Noveritis quod cum venerabilis pater Johannes, Dei gratia episcopus Pictavensis, peteret a nobis ut nos faceremus sibi homagium de castro et de pertinenciis Sivrayi,

---

1. Cet acte, transcrit par une main négligente dans le cartulaire, a été publié dans les *Evesques de Poictiers* de Besly, p. 143. Nous le reproduisons pour rectifier quelques passages altérés. On en a donné le sommaire dans les *Layettes du trésor des chartes*, t. 3, p. 4, d'après l'original conservé aux archives nationales.

tandem inter nos et ipsum super hoc ita extitit ordinatum : videlicet quod idem episcopus ob reverenciam nostram ex gratia voluit quod nos, quamdiu viveremus, non faceremus homagium de feodo memorato, suis tamen redevenciis et serviciis feodi episcopo et ecclesie Pictavensi [salvis], que nos interim faciemus fieri per militem, si ea contigerit evenire. Heres vero noster post decessum nostrum tenebitur homagium et servicia et redevencias facere de predictis, et [si] forte nos feodum ipsum daremus vel venderemus aut commutationem faceremus de eodem, aut quocumque modo transferremus ipsum ad manus alterius, ipse teneretur episcopo Pictavensi homagium, servicia et redevencias feodi facere, ad quem feodum transferetur. Si vero contingeret dictum feodum ad manus domini regis devenire, idem dominus rex inde faceret quod deberet. Idem super rebus quas Aymericus de Vivonia, miles defunctus, tenebat in feodum ab episcopo Pictavensi, sicut fuit inter nos et dictum episcopum ordinatum : videlicet quod medietatem rerum predictarum deliberaremus totaliter episcopo supradicto, et eam tenebit dictus episcopus; aliam vero medietatem tenebimus nos, si voluerimus, usque ad festum sancti Andree proximo venturum, et infra predictum festum trademus eidem episcopo aliquem qui faciat ipsi episcopo homagium, servicia et redeventias de eadem medietate, et tenebit eamdem quemadmodum si nos traderemus infra terminum nominatum. Poterit ex tunc episcopus ad totum feodum asseirare (*sic*). Si vero nos, quamdiu tenebimus medietatem predictam, voluerimus eam reddere Hugoni de Viviona, militi, vel filiis suis, seu alicui de parentela ejusdem Hugonis, idem episcopus, ad requisitionem nostram, medietatem aliam quam tenebit restituet eisdem, homagio et jure suo penitus salvo, et ille cui restituetur de utraque medietate faciet homagium, servitia et redeventias episcopo memorato. Si vero episcopus, postquam hominem sibi traditum a nobis recepisset de dicta medietate, alium a predictis, vellemus feodum ipsum reddi per episcopum alicui de personis antedictis, episcopus reddet illud feodum et terram eidem, salvo sibi integre homagio et omni jure suo, nonobstante quod jam alium hominem a nobis traditum recepisset. Hec autem omnia ita facta sunt et concessa ut ex eis vel eorum aliquibus in posterum nullum prejudicium nobis et episcopo vel ecclesie Pictavensi in casibus consimilibus generetur. Datum die sabbati post dominicam qua cantatur *Letare Jherusalem,* anno Domini M° CC° quadragesimo VI°.

---

24. Vente faite à Jean, évêque de Poitiers, par Aimeri, abbé, et les religieux de Saint-Séverin, de tout ce que leur prieur de Jardres avait acquis de Jean Eustache, chevalier (f° 74 v°).

1247.

Frater Aymericus, permissione divina abbas et conventus Sancti Severini, Pictavensis diocesis, universis presentes litteras inspecturis, salutem in Domino. Noveritis quod nos reverendo in Christo patri ac domino Johanni, Dei gratia Pictavensi episcopo, vendimus pro triginta libris Pictavensis monete, quas triginta libras confitemur nos ab ipso domino episcopo recepisse in pecunia numerata, omne dominium quod Johannes Eustachii, miles, habebat apud Samages : videlicet duas minas et dimidiam frumenti, duas minas et dimidiam siliginis, quas Galterus Gorgauz tenetur reddere annuatim ; item tres minas siliginis et quinque solidos, quos debet Corteriaus annuatim, et quatuor solidos, quos debet Bladunius annuatim ; item quatuordecim denarios, quos reddidit domina Eustachia annuatim : que omnia supradicta et singula prior noster de Jadris emit a Johanne Eusthachii, milite supradicto. In cujus rei testimonium presentes litteras sigillo nostri abbatis, quo unico utimur, fecimus sigillari. Datum anno Domini M° CC° XL° septimo.

25. Traité entre Jean, évêque de Poitiers, et l'abbé et les religieux de Tyron, au sujet de quelques biens possédés par le prieur du Teil-aux-Moines dans le fief de cet évêque (f° 74 v°).

4 février 1248 (1247 v. st.).

Universis ad quos presentes littere pervenerint, frater G., Turonensis monasterii abbas, et ejusdem monasterii conventus, salutem in Domino. Noverit universitas vestra quod, cum contentio esset inter nos ex una parte et venerabilem patrem Johannem, Dei gratia Pictavensem episcopum, ex altera super rebus et pocessionibus de feodo ipsius episcopi existentibus, quas prior noster de Tylia tenuerat et possederat usque ad Conversionem sancti Pauli, que fuit anno Domini m° cc° xl° septimo, tandem pax inter nos et dictum episcopum taliter fuit reformata : quod idem episcopus concessit ut prior, qui pro tempore esset ibi, dictas res integre et pacifice teneret et de cetero possideret tali conventione : quod dictus prior in qualibet mutatione Pictavensis episcopi solveret quinquaginta solidos turonenses pro dictis rebus episcopo Pictavensi. Hanc autem compositionis formam ratam habemus atque firmam. In cujus rei testimonium litteras nostras dicto episcopo dedimus sigilli nostri munimine roboratas. Actum die mercurii post Purificationem beate Marie, anno Domini m° cc° xl° vii°.

---

26. Concordat fait par la médiation de Guillaume, évêque d'Orléans, entre Jean, évêque de Poitiers, et son chapitre, au sujet de la juridiction dans les choses qui regardaient le for ecclésiastique, et des émoluments du sceau et contresceau épiscopal et du sceau de la cour de l'official de Poitiers (f° 76 v°) [1].

30 juin 1249.

Universis presentes litteras inspecturis, Guillelmus, per-

---

[1]. Imprimé dans les *Evesques de Poictiers* de Besly, p. 149, et dans l'*Abrégé de l'histoire du Poitou,* par Thibaudeau, 1re édition, t. I, p. 369, mais avec de nombreuses incorrections.

missione divina Aurelianensis episcopus, salutem in Domino. Notum facimus quod, cum capitulum Pictavense, de omnibus querelis, controversiis seu contentionibus que vertebantur inter ipsos ex una parte et reverendum patrem Johannem, Dei gratia Pictavensem episcopum ex altera, tam super possessione quam super proprietate jurisdictionis causarum civitatis et diocesis Pictavensis forum ecclesiasticum spectantium, submisissent et subposuissent se spontanei et voluntarii alto et basso ordinationi, dispositioni, gratie et misericordie ejusdem reverendi patris, tandem nobis mediantibus inter ipsos amicabilis compositio intercessit : videlicet quod idem episcopus ejusque successores officialem perpetuum habebunt ; matrimonia, sacrilegia et alia crimina ad solum episcopum pertinebunt; de omnibus aliis querelis cognoscet capitulum, sicut cognoscebat ante adventum domini episcopi. Item excessus clericorum de choro delinquentium in ecclesia poterit capitulum corrigere et punire. Si autem extra ecclesiam delinquerint, in optione… erit conqueri coram domino episcopo vel officiali suo vel coram capitulo. Ad hec capitulum, pro personis aut rebus ecclesiasticis detentis, civitatem, castrum et villam poterunt subjicere interdicto usque ad satisfactionem condignam. Preterea, cum magister scolarum, de omni questione et contentione que esse seu moveri poterat ab ipso contra prefatum dominum episcopum ratione fructus seu proventus sigilli et contrasigilli episcopalis, et etiam ratione fructus seu proventus sigilli curie Pictavensis, quo utitur officialis a dicto domino episcopo constitutus, submisisset et supposuisset se alto et basso, cum voluntate et consensu capituli sui, ordinationi, dispositioni, gratie et misericordie ejusdem domini episcopi, nobis mediantibus taliter est ordinatum : videlicet quod magister scholasticus habebit omnes obventiones majoris sigilli, sicut tempore aliorum episcoporum percipere consuevit ; de sigillo vero curie sic erit : deducentur primo octingente libre pro expensis officialis et clericorum ; in residuo autem obventionum omnium predicti sigilli idem magister scolasticus percipiet quartam partem ; custos vero sigilli jurabit in presencia dicti episcopi, presente magistro scolastico, quod quartam partem suam fideliter observabit et reddet magistro scolastico. Hec autem acta sunt Pictavis in capitulo, presentibus domino episcopo et capitulo et consentientibus, in crastino apostolorum Petri et Pauli, anno Domini m° cc° xl° nono. In cujus rei testimonium et munimen, dicti domini episcopus et nos et capitulum presentibus litteris sigilla nostra duximus apponenda.

---

27. Adhésion des chanoines de l'église de Poitiers à une décision de Jean, leur évêque, qui les privait d'une rente de dix livres que Maurice, son prédécesseur, leur avait assignée sur les biens de l'évêché pour la fondation d'un anniversaire (f° 75 r°).

11 juillet 1249.

Universis presentes litteras inspecturis, decanus et capitulum Pictavense, salutem in Domino. Noveritis quod, cum bone memorie Mauricius, quondam episcopus Pictavensis, nobis legasset decem libras annui redditus pro anniversario suo, percipiendas super vineis de Varena Calvigniaci et super molendino de Dycayo, quod est propinquius domui episcopali, et reverendus pater dominus Johannes, Dei gratia Pictavensis episcopus, super dicto redditu nobis questionem movisset, et tandem supposuissemus nos super dicta questione ordinationi seu dispositioni dicti patris reverendi, ipse in generali capitulo nostro, quod fuit in crastino apostolorum Petri et Pauli proximo preterito, dictum suum seu ordinationem protulit in hunc modum : videlicet quod nos nichil de cetero super dictis vineis et molendino pro dicto anniversario haberemus, cum predictus Mauricius super bonis episcopalibus dictum redditum dare non potuerat vel legare. Cujusmodi ordinationem nos per presentes litteras acceptamus. Datum v idus julii, anno Domini M° CC° XL° nono.

---

28. Bail à rente par Jean, évêque de Poitiers, de l'hébergement de Châtenay et d'un marais près le moulin de Millerote, paroisse de Vendeuvre (f° 77 r°).

1ᵉʳ novembre 1254.

Universis presentes litteras inspecturis, Johannes, Dei gratia Pictavensis episcopus, in Domino salutem. Noveritis quod nos admodiavimus Johanni Galteri et Guillelmo Codreceau, hominibus nostris de Vendovrio, herbergamentum nostrum de Chastanayo, in parochia de Vendovrio, quod fuit defuncti Petri de Ruciaus, quondam militis, et Petronille ejus uxoris, et omnes pertinencias dicti herbergamenti, videlicet vineas et terras; item quartam partem maresii quod [est] in dicta parochia juxta molendinum de Millerote : tenenda, possidenda et explectanda in perpetuum a dictis Johanne et Guillelmo et heredibus eorumdem, pro tribus modiis quatuor bladorum, videlicet frumenti, siliginis, balargie et avene, reddendis singulis annis Pictavis ad mensuram granerii episcopi Pictavensis, mandato episcopi qui pro tempore fuerit, infra festum beati Michaelis. Et nichilominus ipsi Johannes et Guillelmus et heredes eorum tenebuntur solvere de triennio in triennium quinque solidos qui debentur pro dicto herbergamento et pertinenciis ejusdem. In cujus rei testimonium dictis Johanni et Guillelmo dedimus litteras sigilli nostri munimine roboratas. Datum in festo Omnium Sanctorum, anno Domini M° CC° L° quarto.

29. Cession faite par Ébles de Ventadour, seigneur de Mapinac, à Guillaume du Rivau, chevalier, de tout ce qu'il possédait dans le fief de l'Orme d'Oiré, pour la somme de vingt livres poitevines (f° 102 r°).

6 février 1260 [1].

Universis presentes litteras inspecturis, Ebbolus de Ventador, dominus de Mapinac, nobilis vir, salutem et pacem. Universitati vestre tenore presentium declaramus quod nos quiptavimus Guillelmo de Rivallo militi et ejus heredibus quicquid juris habebamus vel habere poteramus, tam ratione Guillelmi de Faha, militis defuncti, avunculi nostri, quam ratione alterius cujusque rei, in feodo quod vulgariter appellatur feodus de Ulmo d'Aure, in parochia de Avalha, in vicecomitatu de Castro Ayraudi, et in omnibus pertinenciis dicti feodi : habendum, possidendum et explectandum a dicto Guillelmo et ipsius heredibus et successoribus suis in perpetuum pacifice, libere et quiete, sine reclamatione aliqua a nobis successoribusque nostris in dicto feodo et pertinenciis ejusdem de cetero facienda ; pro qua quiptatione dictus miles dedit nobis xx libras Pictavenses, de quibus confitemur nobis fuisse a dicto milite plenarie satisfactum in pecunia numerata ; renunciantes excepcioni non numerate pecunie et non tradite pecunie, et omnibus aliis exceptionibus tam nobis competentibus quam competituris in futurum. In cujus rei testimonium presentes litteras dicto militi dedimus sigilli nostri munimine roboratas. Datum die veneris post Purificationem beate Marie, anno Domini m° cc° lx°.

---

1. La présente cession, mentionnée dans la supplique du 7 novembre 1260, est nécessairement antérieure. Le rédacteur de l'acte ne s'est donc pas conformé à l'usage, adopté en Poitou, de commencer l'année au 25 mars.

30. Supplique adressée par Ébles de Ventadour, chevalier, à Hugues, évêque de Poitiers, pour qu'il reçoive à hommage Guillaume du Rivau, chevalier, nouveau possesseur du fief de l'Orme d'Oiré (f° 103 v°) [1].

7 novembre 1260.

Reverendo in Christo patri ac domino Hugoni, Dei gratia Pictavensi episcopo, Eblo de Ventador, miles, salutem in Domino sempiternam, cum reverentia, subjectione debitis ac devotis. Noverit vestra paternitas quod ego quipptavi penitus et dimisi Guillelmo de Rivallo militi et ejus heredibus atque successoribus quicquid juris, proprietatis, dominii et possessionis habere quoquomodo poteram et debebam super tenemento et pertinenciis omnibus Ulmi de Auriaco juxta Castrum Aeraudi, que pertinere ad vestrum feodum et vestrum dominium veraciter dinoscuntur, nichil michi et heredibus meis retinens in eisdem. Sana ductus consciencia sum super hoc, quia dominus Guillelmus de Faia, avunculus meus, cujus ego sum successor et heres, predictum tenementum in puram et perpetuam donationem cum omnibus pertinenciis contulit in dictum Monachum, militem de Rivallo, cujus idem Guillelmus de Rivallo tanquam filius est heres legitimus et successor. Donationem siquidem predictam, ut supra dictum est, esse factam idem Guillelmus dilucidis probationibus apertissime declaravit. Unde est quod paternitatem vestram dignum duxi attentius exorandam, quatenus ipsi paternitati placeat dictum Guillelmum de Rivallo super dicto tenemento et omnibus ejus pertinenciis admittere in homagio et in fide, prout vestri antecessores consueverunt facere temporibus retroactis. Novit ille qui nichil ignorat, et vestra paternitas bene noscat, quod ad hec bona fide, bono zelo, et remoto omni subdolo adquiesco : que omnia vestre

---

1. Imprimée dans les *Evesques de Poictiers* de Besly, p. 157.

paternitati significo per has presentes litteras sigilli mei munimine roboratas. Datum die dominica post festum Omnium Sanctorum, anno Domini m° cc° sexagesimo.

---

31. Vente faite à Hugues, évêque de Poitiers, par Guillaume du Rivau, chevalier, de tout ce qu'il possédait à l'Orme d'Oiré, pour la somme de cent livres (f° 103 r°).

6 mars 1262 (1261 v. st.).

Universis presentes litteras visuris vel audituris, Hugo, Dei gratia Pictavensis episcopus, Radulphus decanus et capitulum Pictavense, salutem in Domino sempiternam. Noveritis quod in nostra presentia personaliter constitutus Guillelmus de Rivallo, miles, confessus est et recognovit se vendidisse domino episcopo Pictavensi quicquid juris habebat vel habere poterat et debebat in terris, hominibus, redditibus, redevanciis et omnibus aliis rebus, quocumque nomine censeantur, sitis ad Ulmum de Oyre et ejus pertinenciis et circa id locorum, in parochia de Avallia prope Montem Aureum, et in archipresbiteratu Castri Airaudi constitutis, et in feodo et dominio episcopi supradicti, pro precio centum librarum monete currentis, de quo extitit a predicto episcopo dicto militi plenarie satisfactum, et de eodem precio se tenuit coram nobis dictus miles pro pagato. Et promisit dictam venditionem attendere firmiter et servare, et non contra facere vel venire quolibet jure sive qualibet ratione, abrenuncians sua sponte omni beneficio et auxilio juris canonici, civilis, consuetudinarii, privilegio dotis propter nupcias, donationis, deceptioni ultra medietatem legitimi precii, exceptioni dicte pecunie non numerate, non tradite, non solute, privilegio crucis assumpte et assumende, omni statuto a quacumque persona jam edito vel edendo, exceptioni doli, exceptioni in factum, omnibus exceptionibus, deffensionibus et deceptionibus contra omnia premissa et singula facientibus et in posterum perpetuo faciendis. Et omnia predicta et singula promisit dictus miles sub obligatione omnium bonorum suorum et fide data attendere perpetuo et servare, et non contra facere vel venire per se vel per aliquam interpositam personam. Nos vero, ad petitionem dicti militis, super omnibus premissis et singulis, hiis presentibus litteris sigillum nostrum apposuimus in testimonium veritatis. Datum die lune post dominicam qua cantatur *Reminiscere,* anno Domini m° ducentesimo sexagesimo primo.

---

32. Lettres d'Alphonse, comte de Poitou et de Toulouse, annulant une saisie qui avait été faite par Th. de Neuvy, sénéchal de Poitou, sur les biens de l'évêché pour le droit de régale, quoique l'église de Poitiers fût exempte de ce droit; sous un *vidimus* du 22 janvier 1306 (v. st.) (f° 99 r°).

Mars 1262 (1261 v. st.).

In Christi nomine, amen. Pateat universis presens publicum instrumentum inspecturis quod anno Domini m° ccc° vi°, die xxii mensis januarii, indictione v, pontificatus sanctissimi patris et domini domini Clementis, divina providentia pape quinti, anno secundo, ego subscriptus notarius, una cum testibus infra scriptis, tenui, vidi, legi et palpavi quasdam litteras apertas, non viciatas, non abrasas, nec in aliqua parte sui corruptas, sigillo vero et integro magno pendenti in cauda ipsarum litterarum, domini Alphonsi, filii regis Francie, comitis Pictavensis et Tholosani, cum contrasigillo ejusdem, ut prima facie apparebat, sigillatas, et est impressio dicti sigilli rotunda de cera alba, et est in medio ymago militis armati, sedentis in equo, cum ense evaginato in dextera manu, et in circunferentiis ipsius sunt hee littere seu dictiones : Alfonsus, filius regis Francie, comes Pict. et Tholos., et in contrasigillo est quedam crux duplicata, habens in quolibet brachio dicte crucis tria puncta rotunda et grossa; quarum litterarum tenor sequitur in hec verba :

Alfonsus, filius regis Francie, comes Pictavensis et Tholosanus, universis presentes litteras inspecturis, salutem in Domino. Noveritis quod, si aliquod jus habemus vel habere debeamus nomine seu ratione regalium in bonis episcopalibus ecclesie Pictavensis, illud quitamus ecclesie memorate, occupationem seu seisinam quam fecit in premissis Th. de Noviaco, tunc senescallus noster Pictavensis, post mortem J., bone memorie quondam episcopi Pictavensis, vel alius alias ante ipsum, nobis nolumus esse valituram nec prejudicium afferre dicte ecclesie, quominus jure regalium in posterum libera remaneat et immunis. In cujus rei testimonium presentibus litteris sigillum nostrum duximus apponendum. Datum apud Longum Pontem, anno Domini m° ducentesimo sexagesimo primo, mense marcio.

Et ego Johannes de Longavilla, alias dictus Ruppe, clericus Dolensis diocesis, apostolice sedis publicus auctoritate notarius, anno, die, indictione et pontificatus anno predictis, presentibus venerabilibus viris et discretis dominis Johanne Tefanelli, cantore beati Hyllarii Pictavensis, Stephano Rebuffa, archidiacono Pictavensi, magistro Johanne de Placencia, Pictavensi, Ar. Vitali, Xanctonensi, Raimundo de Podeo, Burdegalensi, et P. Mercatore, Sancte Radegundis Pictavensis ecclesiarum canonicis, testibus ad premissa vocatis specialiter et rogatis, predictas litteras, sigillum et circumferencias et alia, prout superius continentur, vidi, legi, tenui et inspexi diligenter, et eas de verbo ad verbum ad peticionem reverendi patris domini Ar., Dei gratia episcopi Pictavensis, transcripsi, signumque meum apposui consuetum, vocatus specialiter et rogatus, et predictas litteras in formam publicam redegi.

33. Lettres du pape Urbain IV, qui confirment une constitution du pape Innocent IV, disposant qu'il ne serait porté aucun préjudice aux privilèges et immunités de l'Ordre de Fontevrault par celle du même pape qui avait ordonné que les exempts, quels que fussent leurs privilèges, pourraient être cités devant les ordinaires des lieux à raison de délits ou de contrats (f° 90 v°).

1261-1264.

Urbanus, episcopus, servorum Dei, dillectis in Christo filiabus abbatisse et conventui monasterii Fontis Ebraudy, ad Romanam ecclesiam nullo medio pertinentis, Pictavensis dyocesis, necnon prioribus et priorissis eidem monasterio pleno jure subjectis, salutem et apostolicam benedictionem. Cum olim felicis recordationis I. papa predecessor noster duxerit statuendum ut exempti, quantacumque gaudeant libertate, nichilominus cum, ratione delicti seu contractus aut rei de qua contra ipsos agitur, rite possint coram locorum ordinariis conveniri, et illi quoad hoc suam in ipsos jurisdiccionem prout jus exigit exercere : vos, dubitantes per constitucionem hujusmodi libertatibus et inmunitatibus vobis et ordini vestro per privilegia et indulgencias ab apostolica sede concessis prejudicari, obtinuistis vobis ab eodem predecessore concedi ut occasione constitucionis hujusmodi nullum eisdem libertatibus et inmunitatibus posset in posterum prejudicium generari. Verum, quia postmodum pie memorie A. papa predecessor noster statuit ut dicta constitucio non obstantibus aliquibus privilegiis vel indulgenciis apostolicis impetratis postea firmiter observetur, nobis humiliter supplicastis ut providere vobis super hoc paterna diligencia curaremus. Nos itaque, vestris supplicationibus inclinati, vobis auctoritate presencium indulgemus ut facta vobis in hac parte ab eodem I. predecessore concessio robur obtineat firmitatis, statuto hujusmodi a predecessore subsecuto postmodum non obstante. Nulli ergo omnino hominum liceat hanc pagi-

— 45 —

nam nostre concessionis infringere, vel ei ausu temerario contraire. Si quis autem hoc atemptare presumpserit, indignationem omnipotentis Dei et beatorum Petri et Pauli apostolorum ejus se noverit incursurum [1].

---

34. Bulle du pape Urbain IV, qui exempte les chanoines de Saint-Hilaire de Poitiers de la juridiction épiscopale, en réservant à l'évêque certains droits et honneurs dans leur église (f° 81 r°).

19 septembre 1263.

(Cette bulle a été imprimée dans l'*Abrégé de l'histoire du Poitou*, par Thibaudeau, 1re édition, t. I, p. 407, et rééditée, d'après l'original conservé aux archives du département de la Vienne, dans le t. XIV, p. 306, des *Mémoires de la Société des Antiquaires de l'Ouest*.)

---

35. Acte par lequel Hugues, évêque de Poitiers, cède la terre de Villefagnan à Guillaume de Lezay, chevalier, en échange de la châtellenie d'Angle (f° 106 r°).

9 avril 1267.

Universis presentes litteras inspecturis, Hugo, Dei gratia episcopus Pictavensis, salutem in Domino. Noveritis quod nos, considerata et pensata utilitate ecclesie nostre et episcopatus nostri Pictavensis, perficiendo meliora, cum consensu capituli nostri Pictavensis, permutamus terram et redditus, proventus et exitus, justitiam altam et bassam, homagia, rachatamenta, decimas, terragia, censes, censivas, auxilia, servicia, et omnia alia jura corporalia et incorporalia quecumque nos habemus et habere possumus apud Villam Faygnem et in territorio dicte ville et circa, et quascumque alias res, ubicumque consistant et quo-

---

[1]. Cette bulle, non datée, est probablement émanée du pape Urbain IV, dont les deux prédécesseurs immédiats ont été Alexandre IV et Innocent IV qu'elle mentionne. Urbain IV, élu pape le 29 août 1261, est mort le 2 octobre 1264.

cumque nomine censeantur, cum nobili viro Guillelmo de Lezayo, milite, pro castro et tota terra sua de Engla et de castellania de Engla, ubicumque dicta castellania se extendat, et pro omnibus redditibus, proventibus, exitibus, cum justitia alta et bassa, que habet et habere potest idem Guillelmus, et pro omni jure, dominio et proprietate et possessione que habet vel habere potest ibidem et in pertinenciis, castro, castellania predictis, domibus, pratis, vineis, terris, aquis, nemoribus, garennis, censibus, censivis, talliis, commendis, costumis, molendinis, pischariis, decimis, terragiis, feodis, retrofeodis, homagiis, rechatamentis, placitis, auxiliis, serviciis et aliis quibuscumque rebus, juribus corporalibus et incorporalibus et aliis, in quibuscumque rebus consistant et quocumque nomine censeantur; que omnia et singula supradicta idem Guillelmus a nobis ad homagium tenebat. Item confitemur inter nos et dictum Guillelmum actum esse et concordatum quod, si supradicta terra de Villa Faygnem cum omnibus predictis non sufficit ad perficiendum tantum de redditu quantum idem Guillelmus de justo redditu habebat in castro et castellania predictis et eorum pertinenciis, dictis castro, justicia alta et bassa, homagiis, placitis, auxiliis et aliis obventionibus, que non sunt certi redditus vocati, in redditibus minime computatis, nos supplebimus residuum in terra nostra de Cella Episcopali, cum omni justitia alta et bassa, que non computabitur in supplementis certi redditus in locis in quibus fiet supplementum : ad dictum et ordinationem quatuor juratorum, videlicet domini Petri de Montibus et domini Guillelmi dicti Ayquin, militis, et Guillelmi Faverelli, senescalli nostri, et Andree Barbini, canonici beate Radegundis Pictavensis, procuratoris nostri. Nos autem in dictum Guillelmum, ex causa permutationis predicte, transferimus quicquid juris, dominii, proprietatis, possessionis habebamus in dicta villa de Villa Faygnem et ejus pertinenciis et juribus supradictis dicte ville, et premissis omnibus, et singulis premissorum et predictorum omnium, scilicet ville de Villa Faygnem et pertinenciarum et jurium dicte ville possessorem eumdem Guillelmum constituimus, et ea eidem Guillelmo quiptamus ; pro quibus permutatione, translatione, quiptatione dictus Guillelmus habuit et recepit a nobis, ultra assignationem factam et faciendam de redditibus antedictis, mille et quingentas libras monete currentis. Et est actum quod nobis remaneat salva procuratio nobis debita apud Villam Faygnem, ratione cujus procurationis nolumus habere jurisdictionem temporalem in hominibus dicte ville, procuratione a nobis recipienda prout consuevimus recipere, et jus patronatus et alia deveria ecclesie et ville. Et est actum quod dictus Guillelmus et successores sui de omnibus que debet habere ratione permutationis predicte tenetur et debet facere homagium nobis et successoribus nostris, et alia deveria, homagia ligia pertinencia. Item est actum quod dictus Guillelmus et heredes successoresque sui tenentur et debent facere homagium ligium et deveria ad homagium ligium pertinencia nobis et successoribus nostris de hiis que ratione Agate uxoris sue tenet et habet in castellania de Engla et feodis castellanie predicte, quod homagium et deveria tenetur facere ratione uxoris predicte ; de quibus et ratione quorum ipse Guillelmus et sui apud Calvigniacum vel in castellania de Calvigniaco vel apud Pictavum coram nobis vel coram mandato nostro debet et tenetur stare juri. Nos vero predicta omnia et singula pro nobis successoribusque nostris bona fide promittimus attendere, observare, et contra predicta vel predictorum aliquod non facere vel venire, sed predicta omnia promittimus dicto Guillelmo tamquam homini nostro ligio garire ad usum et consuetudinem patrie ; et renunciamus omni exceptioni per quam posset vis hujus instrumenti in toto destrui vel in parte infringi. Nos vero predicta facimus et in eis consentimus, si predicta permutatio et omnia et singula que superius sunt expressa domino pape placuerint, et auctoritate sedis apostolice sunt roborata ; cujus sedis apostolice auctoritatem in omnibus et per omnia volumus et intendimus esse salvam, eidem humiliter supplicantes ut auctoritatem prebeat in premissis. Et nos in testimonium veritatis presentibus litteris apponi fecimus sigillum nostri capituli antedicti. Datum mense aprilis, die sabbati ante Ramos Palmarum, anno Domini M° CC° LX° septimo.

---

36. Hommage lige rendu à Hugues, évêque de Poitiers, par Hugues, comte de la Marche et d'Angoulême, pour le fief de Sayes, pour toute la justice qu'il possédait en la châtellenie de Lusignan dans les fiefs de l'évêque, et pour tous ses bois et forêts de Gâtine (f° 97 r°).

19 avril 1268.

Universis presentes litteras inspecturis, Hugo, comes Marchie et Engolisme, salutem in Domino. Noveritis quod nos, saluti anime nostre providere volentes, recognoscimus et confitemur nos fecisse homagium ligium reverendo patri ac domino Hugoni, Dei gratia Pictavensi episcopo, de feodo Sayes et de pertinentiis ejusdem, cum feodis et retrofeodis, quod feodum tenet a nobis Guillelmus de Meremanda, miles. Item confitemur et recognoscimus nos a dicto domino episcopo Pictavensi tenere in feodum ad homagium predictum omnem justiciam quam possidemus vel quasi possidemus, et explectamus et explectavimus, nos et antecessores nostri, in tota castellania de Lizigniaco, in feodis dicti domini episcopi. Item confitemur et recognoscimus nos a dicto domino episcopo tenere ad homagium predictum nemora et forestas nostras de Gastina cum pertinenciis. Que omnia et singula supradicta, que confessi sumus nos tenere a dicto domino episcopo, confitemur movere ab eodem et esse de feodis suis, et hec juramento prestito corporali a nobis asserimus esse vera ; promittentes per juramentum nos declarare et ostendere dicto domino episcopo et eidem recognoscere vel ejus mandato, movere a dicto domino episcopo et nos tenere ab eodem et esse de feodis suis omnia alia quecumque poterimus cognoscere, scire et credere movere a dicto domino episcopo et esse de feodis suis, et nos tenere vel debere tenere ab eodem ; et certitudine vel notitia modo predicto habitis de predictis, promittimus per juramentum dare nostras litteras patentes dicto domino episcopo Pictavensi de predictis, in quibus litteris confitebimur et recognoscemus nos a predicto domino episcopo tenere predicta. Et de omnibus singulis supradictis tenendis et firmiter observandis recepimus judicium curie dicti domini episcopi, quod in ipsius presentia duximus acceptandum. In cujus rei testimonium presentibus litteris sigillum nostrum duximus apponendum. Datum et actum die jovis post *Quasimodo*, anno M° CC° LX° octavo.

---

37. Lettres d'Alphonse, comte de Poitou, par lesquelles il déclare que ceux qui posséderont après sa mort le château de Civray seront tenus d'en faire hommage à l'évêque de Poitiers (f° 102 v°).

17 mars 1270 (1269 v. st.).

Alfonsus, filius Francie, comes Pictavensis, universis presentes litteras inspecturis, eternam in Domino salutem. Noveritis quod, cum venerabilis pater Hugo, Dei gratia episcopus Pictavensis, peteret a nobis ut nos faceremus homagium de castro et pertinentiis Sivraii, tandem idem episcopus ob reverenciam nostram ex gratia voluit quod nos, quamdiu viveremus, non faceremus homagium de feodo memorato, salvis tamen redevenciis et serviciis feodi episcopo et ecclesie Pictavensi, que nos interim faciemus fieri per militem, si ea contigerit evenire. Heres vero noster post decessum nostrum tenebitur homagium, servitia et redeventias facere de predictis; et si forte nos feodum ipsum daremus vel venderemus, aut commutationem faceremus de eodem, aut quocumque modo transferremus ipsum ad manus alterius, ipse teneretur episcopo Pictavensi homagium, servitia et redeventias feodi facere ad quem feodum transferretur. Si vero contingeret dictum feodum ad manus domini regis devenire, idem dominus rex exinde faceret quod deberet. In cujus rei testimonium prefato episcopo presentes damus litteras sigilli nostri munimine roboratas. Datum Pictavis die lune post dominicam qua cantatur *Oculi mei,* anno Domini m° ducentesimo sexagesimo nono.

---

38. Droits dus à l'évêque de Poitiers à Sainte-Flaive en Bas-Poitou. Parts de son receveur et des hebdomadiers de son église cathédrale dans ces revenus. — Droits de l'évêque et des hebdomadiers à Chasseneuil près Poitiers et aux environs (f° 78 r°).

Vers 1270.

Sciendum est quod in omni blado quod venit in area communi de Sancta Flavia habet dominus episcopus et serviens suus mediam partem, excepta redecima quam habent monachi Monasterii Novi; similiter in vino. Habet etiam dominus episcopus dimidiam partem pasnagii et pasquerii, quod pasquerium potest valere omnibus annis xxx solidos. In quibus ebdomadarii, et de omnibus censibus et cosdumis et vendicionibus, percipiunt terciam partem, et dominus episcopus duas partes terrarum et vinearum, et de omnibus que proveniunt de feodo communi et omnibus nemoribus, silvis et landis, quicumque habeat illa. In feodo communi habet etiam tantum nemoris estagium et herbergagium, et decimam et terragium quando fiunt ad culturam. In istis nemoribus habet serviens domini episcopi omnia necessaria sua, preter vendere et donare. Habet autem dominus episcopus in avantagium sine aliis unam procurationem singulis annis ab hominibus estageriis. Habet etiam sine aliis nemus et culturam quarumdam terrarum quas dominus Johannes Belles Mains episcopus emit, de quibus reddidit triginta solidos. Habet eciam ligenciam servientis sui et placitum sine aliis : videlicet centum solidos in mutatione qualibet sui domini sive servientis, et estagium ejusdem servientis liberum et inmune ab omni vigeria et servicio quam habeat ibi alius quam episcopus. Item de communi habet serviens domini episcopi minam siliginis pro porco quem solebat habere in area, qui vivebant de communi. Item de parte domini episcopi habet idem serviens sex sextaria siliginis et tria sextaria avene et tria sextaria frumenti, si ibi fuerint; sin autem, de alio blado perficientur ei secundum quod frumentum valebit, et hec omnia percipiet ad mensuram aree. Habet etiam dictus serviens dimidiam paleam et medietatem escubulneorum et mittet in area quatuor mestivarios. Habet etiam serviens domini episcopi partem de tenamento de Pinu, videlicet de cosdumis de Assumptione beate Marie, videlicet de avena et de omnibus proventionibus, et de alia villa que dicitur la Jarria, similiter et de Charroneria, et partem, videlicet medietatem, culture sue liberam et inmunem, que provenit de parte domini episcopi. Habet idem serviens etiam de ipso episcopo sex sextaria bladi in abbatia Talemundi ; item in parochia Grossi Brolii quamdam decimationem in feodo comitis. Item quando serviens ibit pro colligendo pasquerio et pasnagio, habebit omnes denarios qui in illa die redduntur ad procurationem suam, ita quod licebit ei aliquid dimittere vel parcere alicui, nec in fraudem alicui mutuare. Dimidia pars arietum est domini episcopi et lana servientis, et custodiet serviens arietes, et si forte aliquis perditus fuerit propter ignorantiam suam, ipse restituet. Habet eciam idem serviens partem et medietatem... venditionum, videlicet panis, vini et bestiarum, et dimidiam partem chanaborum, et quartam partem millii et penidorum, et medietatem fabarum et pisarum. Item habet eciam rapam extracto vino sine aqua. Habet eciam recepta et procurationes hominum. Si autem episcopus voluerit habere custodem suum tempore messium et vindemiarum ad custodiendas res suas, bene licebit ei, ita tamen quod de proprio episcopi procurabitur. Item de gagiis destinatis : si aliquis condempetur in gagio septem solidorum et dimidii, servientes habebunt de illis septem solidis et dimidio duos solidos et dimidium, et de quinque solidis residuis habet episcopus medietatem et alii domini aliam medietatem. Si vero pacificetur cum dominis extra judicium, servientes nichil accipiunt. In omnibus vero superius nominatis habent ebdomadarii ecclesie Pictavensis in partem quam percipit episcopus terciam partem, exceptis predictis triginta solidis de terris quas emit defunctus Johannes Belles Mains episcopus, et procurationem hominum in quibus nullus capit nisi solus episcopus.

Item in censibus Sancti Johannis, Assumptionis beate Marie et Nativitatis Domini percipit dominus episcopus medietatem, et in illa medietate percipiunt ebdomadarii terciam partem; et potest valere pars que contigit dominum episcopum quolibet anno :

Primo de censibus xx solidos.

Item xvii solidos de furnis.

Item lx et iii solidos de talliis.

Item xiiii sextaria frumenti de admodiationibus ad mensuram Faye, et xiiii conomonenses, prebendarium et dimidium balargie et obolum et tres capones et duos pullos.

Item Aymericus de Martigne debet octo solidos de tercio anno in tercio anno de herbergamento suo sine fine *(sic)* et sine homagio.

Item prata possunt valere quolibet anno de redditu lx solidos.

Item decima et terragium vini potest valere quolibet anno xl solidos.

Item nundine de medio quadragesime possunt valere quolibet anno xx solidos.

Item decima et terragium bladi possunt valere xxx et vi sextaria per quartum.

Item mensure vini possunt valere iii solidos.

Super hiis omnibus habet episcopus omnem justiciam ibi et redevenciam ut baro.

Item Aymericus Brachet habet x sextaria frumenti in dicta ballia ultra quod superius est scriptum, de quibus facit homagium episcopo planum ad una calcaria deaurata de tercio anno in tercium annum.

Item Johannes Baudet debet xii denarios de gardes.

Item Guillelmus Mercerii xii denarios de gardes.

Item dictus Franceis ix denarios de gardes, de quibus debent Guillelmus et Anerus ii solidos de taillia.

Item Michael de Laralant ii solidos.

Item Johannes Raleas ii solidos, Hodins v solidos.

Item Aymericus Regis xiiii solidos.

Gaufredus Symon vi solidos.

Johannes Archinbaut vi solidos et vi denarios.

Petronilla la Chartere xviii denarios.

Aymericus de Margne iii solidos et iiii denarios.

Gaufredus Faillear iii solidos.

Aymericus Raleau iii solidos.

Raginaldus Clemens iii solidos.

Stephanus Ausse v solidos et iiii denarios.

Hugo Ausse v solidos et viii denarios.

Symon, gener Johannis Baudi, xii denarios.

Aymericus Hodoy xii denarios.

Item Aymericus predictus iiii solidos et dimidium de firma de herbergamento.

Item Aymericus Roger viii solidos de firma de herbergamento.

Item Hugo Ausse IIII solidos de firma de domo sua de Sancto Christoforo.

Item Guillelmus mercerius VII denarios de firma de quadam pecia terre.

Item Gauffridus et Petrus Symon, fratres, cum confratribus suis, v sextaria frumenti de mod. et v cenomonenses.

Item Aymericus Fenions unam minam frumenti et unum denarium.

Hugo Roil et confratres sui III minas frumenti et III denarios.

Johannes de Bosco v prebendaria et II denarios et obolum.

Stephanus Pollip. unam minam et unum caponem.

Aymericus Barbet III prebendaria et unum caponem.

Stephanus Bigart III prebendaria et unum caponem.

Aymericus Raleas v prebendaria et dimidium, et II denarios et obolum.

Hugo Ausse II sextaria et unam prebendam et dimidiam prebendam, et II denarios et obolum.

Bertrandus dimidiam prebendam frumenti et dimidiam ballargie et obolum.

Primo Raginaldus de Rosers I denarium de censu de terra de Petra.

Raginaldus de Petra unum denarium de quadam vinea sita ad Petram.

Hugo Jolains unum denarium de quadam pecia sita subtus le Rez.

Johannes de Molins VII denarios de herbergamento suo.

David obolum de quodam herbergamento quod fuit Johannis de Molins.

Nicholaus de Cheniche XVIII denarios de terra sua de Martygne, que fuit Philippi Raymont.

P. Rochers I denarium de herbergamento suo.

Philippus Calandreas I denarium de terra de Puteo de Petra.

Hugo Dource ı denarium de quadam terra sita ad lapidicinariam, que terra fuit Johannis Mercer.

Johannes Froger ııı denarios de quadam pecia terre.

Johanna Lessete xx denarios de curtilagio suo sito retro domum defuncti Columbea.

Johannes Guidet ıııı denarios de herbergamento suo.

Item ı denarium de insula sita retro trilliam Philippi Rocher.

Philippus Rocher ı denarium de herbergamento suo, quod fuit Hugonis Rochier.

P. Parent ıı solidos et ıı denarios et obolum de terra de Petra.

Aymericus Botet ı denarium de quadam pecia terre.

P. Praers de Jaunayo ııı denarios de terra de Petra.

Philippus Galers ı denarium de quadam pecia terre.

P. Assailliz ıı solidos de prato suo.

Abbas Stelle ıı denarios de placea de Petra, que fuit Petri Munerii.

Li Girbert et confratres eorum ıı solidos de terris des Fraytors. Item xıı denarios de curtilagio suo ad festum Sancti Johannis.

Guillelmus Juzii ııı denarios de terra de Petra.

Guillelmus de Jaunayo ııı denarios de terra que fuit relicte defuncti Guidonis de Rocha, militis.

Nicholaus de Porta et confratres sui ıı solidos de terris eorum.

Raymundus ıı solidos de terris suis et confratrum suorum.

Philippus Galters ıııı denarios de herbergamento defuncti Gauffredi.

Petrus Richers ıııı denarios de herbergamento in quo manet apud Chassenolium.

Item idem Gauffredus Richers et confratres sui ıı solidos de terris suis.

Johannes Auffrois et Aenordis Assaillie v denarios de curtilagiis suis et herbergamentis.

P. Acharnet II denarios de quadam vinea que fuit Guillelmi de Teyley. Item III denarios de herbergamento.

P. Arabi III denarios de terra de Petra.

Roseas le Aniers x denarios et obolum de domo de Pictavis, que fuit Willelmi Baillo, clerici, et sunt undraibles.

P. de Moterolio IIII denarios undrables et obolum de domo Pictavis, que fuit defuncti Hugonis Galipes ad pontem Golboe.

Johanna Girarde obolum de herbergamento suo.

P. Racheas IIII denarios de terra de Petra.

Item IIII denarios racione uxoris sue, que fuit uxor Gauffredi A.

Matheus Britons II denarios de terra de Martigne.

Johannes Dayr. II denarios de herbergamento quod fuit Michaelis De.

Johannes Guillelmus II denarios de terra de Martigne.

Hugo Bardons xv denarios de terra de Frayrors, que fuit Michaelis de Porta et confratrum suorum.

Johannes Mahengati et Aymericus Ravardi II denarios de terra Chassenol et prato.

P. Richers et confratres sui II solidos de terra Frayrors.

Capitulum Pictavense II solidos et II denarios de terris que fuerunt defuncti Guillelmi de Marchia.

Johannes Girardi I denarium de quadam pecia terre Chast...

Philippus li juzes obolum de herbergamento suo.

Guillelmus de Pecheloche VI denarios de terra crucis de Ulmi.

P. Hyneart III denarios de herbergamento, et IIII denarios de vinea sita ad caminum paraseis.

Hugo de Portu III denarios de herbergamento.

Item Aymericus Garnerii quinquaginta solidos de herbergamento de Ribaudere cum pertinenciis, ad Pascha et ad festum Sancti Michaelis per medietatem.

Item Guillelmus de Cheniche et confratres xviii denarios de censu. Item xxx sextaria de censa de terra de Foresta.

Item preceptor de Ausonnio v solidos de censu de domo sua de Chassenolio, ad festum Sancti Michaelis.

Item capellanus de Chassenolio xx solidos pro domibus suis de prioratu, ad festum Sancti Clementis.

Item idem v denarios de vineis de camino parizeis, ad festum Omnium Sanctorum. Item Gauffredus Friams v solidos et ii denarios de curtilagiis suis et de illis que fuerunt relicte defuncti G. Malpeter, ad festum Omnium Sanctorum.

P. Gauffredus iiii denarios de herbergamento, ad festum Omnium Sanctorum.

Item Jamonet xviii denarios de terra de Martigne, ad festum Omnium Sanctorum.

Aymericus Ravart iii denarios et obolum de terra de Chassenolio.

Johannes Affroiz i denarium de herbergamento.

Johannes ii denarios de terris que pertinent ad dictum herbergamentum, quod fuit aus Gerbert.

P. Acharniz iii denarios de eodem herbergamento.

Hugo de Portu iii denarios de eodem herbergamento.

Hugo d'Ayre iii denarios de herbergamento.

Nicholaus de Porta iii denarios de herbergamento.

Johannes Giraudi et confratres iii denarios de herbergamento.

Heredes defuncti Johannis Aymerici iii denarios de herbergamento.

P. Gauter vii denarios de herbergamento.

P. David vi denarios de herbergamento.

R. Mirepe et soror ejus Joia iii denarios de terris sitis aus Payreres, una pecia et alia ad caminum franceis, et alia juxta viam que ducit apud Martigne.

Item la Salemonde III denarios de herbergamento.

Item P. Richers VI denarios de herbergamento de Porta.

---

39. Vente faite à Hugues, évêque de Poitiers, par Guillaume de Lezay, chevalier, et Agathe, sa femme, des terres de Villefaignan et Celle-l'Evêcault, pour la somme de mille livres (f° 107 r°).

25 avril 1271.

Universis presentes litteras inspecturis, Guillelmus de Lezayo, miles, et Agatha, uxor jus, salutem in Domino. Tenore presentium omnibus innoteseat quod nos vendidimus et nos vendidisse confitemur reverendo patri ac domino Hugoni, Dei gratia Pictavensi Episcopo, totam terram nostram de Villa Faignem et de Cella Episcopali, et omnes redditus, proventus et exitus, quecumque habuimus apud Villam Feignen et apud Cellam Episcopalem et circa id locorum, in quibuscumque rebus consistant, ex permutatione inter nos ex una parte et inter dictum dominum episcopum ex altera facta de terra, redditibus, proventibus et exitibus que solebamus habere apud Anglam et in castellania de Angla et circa id locorum, in quibuscumque rebus consistant; et dictam terram de Villa Feignen et de Cella Episcopali, et omnes redditus, proventus et exitus dicte terre et pertinenciarum, cum omni justicia alta et bassa, cum omnibus juribus et homagiis, domaniis, feodis et retrofeodis, dominio, proprietate et possessione, que a dicto domino episcopo movent et ab eo in feodo tenebamus, in dictum dominum episcopum transferimus, et eum possessorem verum et legitimum omnium et singulorum predictorum constituimus ex causa venditionis predicte; volentes et consencientes quod dictus dominus episcopus vel ejus mandatum pro eo et ejus nomine proprietatem et possessionem omnium et singulorum predictorum ingrediatur et apprehendat auctoritate propria tanquam dominus et verus possessor omnium et singulorum predictorum, et quod omnia et singula habeat et teneat dictus dominus episcopus et sui in posterum successores pacifice et quiete. Et abrenunciamus nos predicti Guillelmus et Agatha specialiter et expresse omni juri, dominio et proprietati et possessioni que unquam habuimus et poteramus vel debebamus habere in predictis vel in aliquo predictorum et in pertinentiis eorumdem, in rebus predictis et singulis nichil omnino nobis et nostris heredibus seu successoribus retinentes, sed a nobis omne et quodlibet jus, quod in rebus predictis omnibus et singulis habebamus vel habere poteramus, omnino et totaliter abdicantes. Quam venditionem prefatam fecimus et confitemur nos fecisse pro nobis, heredibus, successoribus nostris dicto domino episcopo pro se et successoribus suis precio mille librarum monete currentis; quas mille libras integre recepimus et habuimus ab eodem domino episcopo, et de eisdem nobis est integre et plenarie satisfactum; renunciantes exceptioni non numerate pecunie, non solute, et omni exceptioni deceptionis ultra dimidium, et omni alii exceptioni et omni alii auxilio juris canonici et civilis; promittentes nos predicti Guillelmus et Agatha quod nec nos nec aliquis nostrum, ratione dotis vel donationis propter nuptias vel quacumque alia ratione vel occasione, contra predicta vel aliquid predictorum veniemus vel faciemus. Promittimus et dicto domino episcopo garire et defendere versus omnes omnia et singula supradicta secundum usum et consuetudinem patrie approbatos; renunciantes omni privilegio crucis assumpte vel assumende, omni statuto edito et edendo, et omni consuetudini quantum ad predicta. Universa autem et singula supradicta nos Guillelmus et Agatha pro nobis, heredibus successoribusque nostris promittimus juramento ad sancta Dei evangelia prestito corporali in perpetuum attendere et servare, et contra predictorum aliquid in posterum non facere vel venire. In testi-

monium premissorum nos dicto domino episcopo, pro se
et successoribus suis, spontanei, non decepti, dedimus has
presentes litteras, sigillis nostris una cum sigillo venerabilis
capituli Pictavensis ad nostram instantiam sigillatas; coram quo venerabili capitulo Pictavensi universa et singula
predicta acta, gesta factaque a nobis Guillelmo de Lezayo
milite et Agatha predictis sollempniter confitemur. Qua
venditione sic expleta et perfecta, dictus dominus episcopus voluit et concessit ratione venditionis predicte quod
dictus Guillelmus miles a festo Assumptionis beate Marie
proxime venturo usque ad annum completum, cum omni
integritate refuso precio, ab eodem omnes res predictas
integre valeat et debeat retrahere. Actum coram nobis
capitulo Pictavensi et datum die sabbati in festo Sancti
Marci evangeliste, anno Domini M° CC° septuagesimo
primo.

---

40. Acte par lequel Guy de la Trémoille, chevalier, se reconnait homme
lige de l'évêque et de l'église de Poitiers, et déclare ce qu'il tient en
fief à Château-Guillaume, à Lignac et aux environs (f° 99 v°).

13 septembre 1275.

Universis presentes litteras inspecturis, Radulfus decanus et capitulum Pictavense, sede Pictavensi vacante,
salutem in Domino. Noveritis quod die jovis ante Exaltationem sancte crucis, anno Domini millesimo ducentesimo
septuagesimo quinto, Guydo de Tremolia, miles, avoavit,
dixit et confessus fuit, presentibus et audientibus Guillelmo,
preposito, Raginaldo, subdecano, et Gaufrido de Pontyos,
canonico nostre ecclesie Pictavensis, et domino Guillelmo
de Mailli, presbitero, canonico beate Radegundis Pictavensis,
procuratoribus rerum episcopalium in temporalibus, sede
vacante, et pluribus aliis, quod res que inferius continentur
sunt et movent in feodo et de feodo episcopi pro tempore
Pictavensis et ecclesie Pictavensis, et quod ipse et prede-

cessores sui est et fuerunt ratione dictarum rerum homo, homines, et ligius et ligii episcopi pro tempore et ecclesie predicte Pictavensis, et quod ipse miles in toto tempore vite sue hactenus et predecessores sui, prout ipse credit et pro vero didicit, alicui alii vel aliis quam episcopo vel ecclesie Pictavensi aliquod deverium seu servicium non fecerunt, non reddiderunt, ratione vel occasione dictarum rerum vel alicujus earum inferius contentarum; et quod easdem res tenet et habet, tenuit et habuit idem miles et ejus predecessores, a tempore a quo hominis memoria non existit, ab episcopo pro tempore et ecclesia Pictavensi. Res vero et redditus predicti tales sunt : scilicet duodecim libre in tailliis de Varaz, et viginti sextaria bladi in decima de Varaz, et super hominibus de Varaz quindecim sextaria annone, et duo modia vini in eadem decima, et super molendinum de Varaz sexaginta sextaria bladi. Item et in villa de Castro Guillelmi totam villam et omnem ipsius ville fortitudinem; necnon prata, vinee, garena, stagna, et census in denariis et census in blado usque ad exstimacionem quinquaginta librarum, et omnis justitia alta et bassa. Item in decima de Licignec viginti sextaria bladi et tria modia vini, et in dicta decima de Licignec et de Agis omnis justitia alta et bassa. Item in decima de inter duas aquas et Castri Guillelmi et Laygnac, duodecim sextaria bladi. Item in terragiis et decima Agie de Augio quadraginta sextaria bladi et quatuor modia vini et triginta solidos de censibus; et domum et nemus cum garena, que sunt in Agia de Augio, et nundinas de Sancto Christophoro. Item in valle Ribotea in tailliis decem libras, et super hominibus de valle Ribotea quindecim sextaria avene. Item in decima de valle Ribotea quindecim sextaria bladi. Item et omnes decime consistentes in parrochia de Laygnac, que movere noscuntur ab eodem Guidone de Tremolia milite. Item in decima de Sancto Alperiano decem sextaria bladi, et omnis justitia alta et bassa. Item centum solidos in censibus de Laygnac et de Castro Guillelmi. Item centum solidos in hominibus de Confo et de podio Naemon, et decem homagia ligia hominum gentilium seu gentis, videlicet Hymberti de Martrayo, valeti, qui tenet aus Ages et apud Legignec ; omnia que habet ibidem, habet ab eodem Guydone ; item filii domini Petri de Sancto Sigiranno et ejus nepotis dicti Chivaler, valeti, Jocosi de Laygnac, Petri et Johannis Paillizon, Guillelmi Dantifort, Gauffridi de Pinu, valeti, et dicti filii Serrin. Omnia vero predicta et singula juravit dictus miles vera esse, et tenere fideliter et servare, et per se vel per alium amodo non contra facere nec venire ; renuncians idem miles sub religione prestiti juramenti omni exceptioni doli, fraudis, circumventionis, privilegio crucis sumpte et sumende, statutis principum et aliis editis et edendis, et omni juri et rationi, quod ipse Guydo per se vel per alium aut alios amodo dicere vel pretendere non possit se deceptum vel lesum esse in premissis vel altero premissorum. In cujus rei testimonium, ad peticionem et instantiam dicti militis, presentibus litteris sigillum nostrum una cum sigillo dicti militis duximus apponendum. Datum die veneris ante Exaltationem sancte crucis, anno Domini millesimo ducentesimo septuagesimo quinto [1].

---

41. Lettres du pape Nicolas III, donnant pouvoir à l'évêque de Poitiers de réprimer par le glaive de l'excommunication les entreprises et les attentats auxquels l'église de Poitiers était en butte, notamment de la part des officiers royaux (f° 85 r°).

9 mars 1278.

Nicholaus, episcopus, servus servorum Dei, venerabili fratri episcopo Pictavensi, salutem et apostolicam benedic-

---

1. Le même aveu, sans la date, reçu par *Jocosus*, archiprêtre de Montmorillon, est transcrit au folio 102 v° du cartulaire, avec quelques variantes qui ont servi à amender le texte que nous donnons.

tionem. Pastoralis officii cura nos ammonet ut, circa tuum et ecclesie tue statum attente considerationis intuitum dirigentes, te illius favoris et gratie prosequamur auxilio, quod tibi et ei favore perpendimus oportunum. Ad nostrum siquidem pervenit auditum quod nonnulli qui, proprie salutis inmemores, in sue malicie gloriantur operibus et in pravis actibus delectantur, ac etiam plerique officiales regii, commisse sibi jurisdictionis finibus non contenti, te ac eamdem ecclesiam in personis ac juribus tuis et ipsius ecclesie, divina et apostolice sedis reverencia prorsus abjecta, interdum gravibus injuriis et offensis afficere ac dispendiosis opprimere molestiis et jacturis indebite non verentur. Nos igitur, quibus superne dispositionis arbitrio ecclesiarum omnium est sollicitudo commissa, diligencius attendentes quod eo commodius et efficacius bona et jura predicta conservare poteris et tueri quo per eamdem sedem majori fueris auctoritate munitus, fraternitati tue spiritualem gladium, ut eo contra tuos et ecclesie tue predicte injuriatores, molestatores, turbatores et impetitores quoslibet libere per te vel alium seu alios uti possis, quandocumque et quotienscumque putaveris expedire, de gratia concedimus speciali; volentes nichilominus ut hujusmodi gladius tibi alias quomodolibet competens in sui perduret roboris firmitate, non obstantibus quibuscumque privilegiis, litteris vel indulgenciis carissimo in Christo filio nostro Philippo, regi Francorum illustri, vel predecessoribus suis Francie regibus seu comitibus, baronibus aut nobilibus ac laicis aliis quibuscumque, sub quovis tenore seu forma vel conceptione aut expressione verborum concessis, etiamsi de ipsis de verbo ad verbum et totis eorum tenoribus esset ex certa scientia specialis mencio facienda. Nolumus autem quod indultum hujusmodi ad predicti regis et consortis sue personas et capellam regiam aliquatenus se extendat. Nulli ergo omnino hominum liceat hanc paginam nostre concessionis infringere vel ei ausu temerario contraire.

Si quis autem hoc attemptare presumpserit, indignationem omnipotentis Dei et beatorum Petri et Pauli apostolorum ejus se noverit incursurum. Datum Rome apud Sanctam Mariam Majorem, vii idus martii, pontificatus nostri anno secundo.

---

42. Vente faite à Gauthier, évêque de Poitiers, par Hélie d'Angle, chevalier, des deux tiers de la terre et châtellenie d'Angle, avec faculté de rachat jusqu'à la Toussaint 1283. *Vidimus* du 26 février 1296 v. st. (f° 108 r°).

7 mars 1282 (1281 v. st.).

In nomine Domini, amen. Anno Domini ejusdem m° cc° nonagesimo sexto, indictione decima, sanctissimi patris ac domini domini Bonifacii pape octavi secundo, mense februarii, videlicet die ejusdem mensis vicesima sexta. Pateat universis per hoc presens publicum instrumentum, quod ego notarius subscriptus una cum testibus infra scriptis vidi, legi, tenui et diligenter inspexi quasdam litteras, non abolitas, non cancellatas, nec in aliqua parte sui corruptas, sed omni vicio et suspicione carentes, sigillo religiosi viri domini Thome, abbatis, archipresbyteri de Englia, et ejus contrasigillo mihi notario notis, et sigillo nobilis viri Helie, quondam domini de Englia, et rectoris ecclesie de Yzorio, Turonensis, et Sancti Petri de Mailli, Pictavensis dyocesis, sigillatas, ut prima facie apparebat, quarum tenor sequitur in hec verba :

Universis presentes litteras inspecturis et audituris, Helyas de Englia, miles, salutem in Domino. Noveritis quod ego predictus Helias vendo et concedo pro me et heredibus successoribusque meis reverendo in Christo patri fratri Guillelmo, Dei gratia episcopo Pictavensi, duas partes terre mee de Englia et castellanie de Englia, et omnium que habeo et habere debeo et ad me pertinent et pertinere possunt in castro et castellania de Englia, quecumque sint, sive in terris cultis et non cultis, nemoribus, pascuis, vendis, pedagiis, homagiis, aquis, auxiliis, justicia alta et bassa, et quecumque sint in aliis quibuscumque rebus et quibuscumque nominibus censeantur : que omnia et singula premissa tenebam a predicto patre in feodum nomine et ratione ecclesie Pictavensis, et que etiam predecessores mei tenuerunt a predecessoribus dicti reverendi patris nomine et ratione ecclesie supradicte : precio trecentarum sexaginta librarum, quam pecunie summam me habuisse et recepisse confiteor a predicto domino episcopo in pecunia numerata. Item actum est in venditione predicta quod si predictam pecunie summam reddidero dicto domino episcopo infra festum Omnium Sanctorum quod erit anno Domini M^o CC^o octogesimo tertio, dicta venditio resolvatur, et quod predicte due partes terre mee predicte ad me revertantur, fructibus tamen, proventibus et exitibus inde percipiendis dicto domino episcopo vel ab ipso causam habentibus et in omni eventu perpetuo remansuris. Si vero dictas trecentas et sexaginta libras infra dictum festum Omnium Sanctorum non reddidero episcopo supradicto, terra predicta et omnia premissa et singula, a me, ut dictum est, vendita, predicto domino episcopo Pictavensi et ecclesie Pictavensi remaneant pacifice et quiete nomine et ratione presentis et perpetue venditionis, a me facte predicto domino episcopo et ecclesie predicte precio supradicto. Et promitto pro me, heredibus successoribusque meis, quos ad hoc obligo et astringo, juramento super hoc a me ad sancta Dei evangelia prestito corporali, et sub obligatione omnium bonorum meorum, me omnia et singula premissa tenere firmiter et inviolabiliter observare, et contra premissa vel aliquid de premissis per me vel per alium non facere vel venire tacite vel expresse; renuncians in hoc facto meo in virtute prestiti juramenti omni exceptioni doli, fraudis, circonventionis, deceptionis ultra medium justi precii, beneficio restitutionis in integrum, exceptioni non numerate pecunie, non tradite, non solute, deceptionibus et lesionibus quibuslibet, et omni.... canonico et civili, et omni privilegio indulto et indulgendo, et statuto principis edito vel edendo, et omnibus aliis exceptionibus, privilegiis et rationibus per que presens instrumentum in toto vel in parte posset destrui vel infringi et que.... possent.... vel obici contra illud. In cujus rei memoriam et perpetuam firmitatem sigilla venerabilium virorum Thome, abbatis et archipresbiteri de Englia, Guydonis, capellani mei de Yzorio, et Guillelmi, rectoris Sancti Petri de Maylle, cum precum mearum instancia, una cum sigillo meo, quo utor unico, apponi presentibus litteris supplicavi. Datum die sabbati post *Oculi mei*, anno Domini m° cc° octogesimo primo.

Datum visionis hujus litterarum et actum apud supradictum Savigniacum Episcopalem, Pictavensis dyocesis, in camera domini episcopi Pictavensis ejusdem loci, sub anno, indictione, pontificatu, mense dieque predictis, hora tercie vel circa, presentibus religiosis viris fratribus Nicholao de Loduno, Johanne de Bug., ordinis Fratrum Minorum, et magistro Benedicto Gyraudo, presbitero, et Andrea Ledeti, clerico, testibus ad premissa vocatis et rogatis. Et ego Johannes Cretons, clericus Cameracensis dyocesis, sacrosancte Romane ac universalis ecclesie publicus auctoritate notarius, dictam litteram, presentibus supradictis testibus, vidi, legi, tenui, et ipsius littere copiam de verbo ad verbum in hoc instrumento publico fideliter inseri.... ipsis presentibus feci, et presens publicum instrumentum, quod mea propria manu feci, signo meo solito signavi vocatus et rogatus.

43. Lettres du roi Philippe le Hardi, vidimant celles de Louis le Jeune, roi de France et duc d'Aquitaine, par lesquelles ce prince avait aboli le droit d'hommage et d'investiture en faveur des archevêques, évêques et autres prélats de la province ecclésiastique de Bordeaux (f°s 116 r° et 126 v°).

Juin 1283.

Philippus, Dei gratia Francorum Rex. Notum facimus tam presentibus quam futuris quod nos litteras inclite memorie Ludovici, quondam Francorum regis, predecessoris nostri, vidimus in hec verba : In nomine sancte et individue Trinitatis.....[1]. In cujus rei testimonium presentibus litteris nostris nostrum fecimus apponi sigillum. Actum apud Mosiacum (Mansiacum, f° 126 v°), anno Domini M° CC° octogesimo tertio, mense junio (julii, f° 126 v°).

---

44. Accord conclu en vertu d'une sentence arbitrale entre Gauthier, évêque de Poitiers, et Guillaume de Chauvigny, seigneur de Châteauroux, au sujet des contestations qui s'étaient élevées entre eux pour des droits féodaux à Vic, dans la châtellenie d'Angle et aux environs (f° 104 r°).

19 mai 1286.

Universis presentes litteras inspecturis, frater Galterius, permissione divina episcopus Pictavensis, et Guillelmus de Calvigniaco, dominus Castri Radulphi, salutem in Domino sempiternam. In publicam deducimus et deduci volumus notionem quod inter nos episcopum Pictavensem predictum ex parte una et nos Guillelmum predictum ex altera orta materia questionis super hoc : quod nos Guillelmus

---

1. Ces lettres de Louis le Jeune, données à Bordeaux en 1137, ont été publiées dans le Recueil des ordonnances, t. I, p. 8, et dans plusieurs autres ouvrages, notamment dans l'*Histoire des comtes de Poitou* de Besly, p. 481, et dans le *Gallia christiana*, t. 2, instr. col. 280; dans ces deux derniers ouvrages, toutefois, elles ne sont données qu'en substance, avec la date de 1136.

predictus dicebamus et asserebamus pro firmo furnum, mensuras ad vinum vendendum, et molendinum de Vico cum pertinenciis et emolumentis suis, et maxime illam partem quam procuratores dicti episcopi et episcopatus Pictavensis ab antiquo acquisiverant ab Henrico de Corberia, milite, pedagium, nundinas, altam et bassam justitiam dicte ville, et nundinas de Ulmo de Daosses, et quicquid dictus dominus episcopus vel predecessores sui adquisiverunt in dicta terra et territorio ejusdem et parochia de Viço ab Henrico et Thoma de Exoduno et a dicto Chembault et a Guillelmo Cardi, necnon et totum feudum quem Philippus de Exoduno, valetus, tenet vel avoat se tenere a domino Petro Barbe, milite, apud Vicum et in villa et territorio et parochia dicte ville, et in castro et castellania de Anglia, et decem libras quas dictus Petrus Barbe habet et habere consuevit annui redditus in tailliis de Meigne, de Veillon, et centum solidos quos Johannes de Montefalconis habet et habere consuevit a dicto Petro Barbe annui redditus in tailliis et super tailliis predictis, esse de feodo seu retrofeodo nostro, et quod Guydo Clerebaudi, miles, a quo predictus Petrus Barbe tenet et avoat se tenere quicquid habet in predictis, recognoscebat se tenere a nobis quicquid habebat et quicquid ab ipso movebat et avoabat teneri in premissis et singulis premissorum; dicto episcopo in contrarium asserente et dicente premissa omnia et singula esse et fuisse ab antiquo de feodo vel retrofeodo episcopatus ecclesie Pictavensis, et quod predecessores sui aliqua de predictis moventia, ut dictum est, ab ecclesia Pictavensi, acquisiverunt quantum ad domanium et ea diu tenuerant tam ipse quam predecessores ipsius ; orta, inquam, inter nos super hiis et quibusdam aliis articulis materia questionis : tandem dominus Ardrecozan, miles, habens super hoc a nobis Guillelmo predicto plenariam potestatem et mandatum speciale, procurator a nobis legitime constitutus, et Robertus de Guistella, clericus, super hoc habens a nobis episcopo predicto plenariam potestatem et mandatum speciale, constitutus a nobis legitime procurator, de predictis et super predictis, et de omnibus actionibus, petitionibus, controversiis et sequelis earumdem, quas habebamus et habere poteramus et debebamus ad invicem inter nos episcopum et Guillelmum predictum, nomine procuratorio compromiserunt in discretos viros magistrum Johannem de Sancto Galterio, Guillelmum Veylaygne et dominum Guillelmum de Manille, canonicos ecclesie beate Radegundis, et Johannem Tephenelli, canonicum ecclesie beati Hyllarii Pictavensis, tamquam in arbitratores alto et basso; promittentes nomine quo supra, fide prestita corporali et sub pena mille librarum, tenere et inviolabiliter observare quicquid super predictis per dictos arbitratores dictum, declaratum, ordinatumve fuerit, ubicumque et qualitercumque placuerit eisdem, diebus feriatis et non feriatis, semel vel pluries, conjunctim vel divisim, juris ordine servato vel non servato; promittentes sub fide et pena predictis, nomine procuratorio, tenere et servare dictum, ordinationem, declarationem arbitratorum predictorum, ubicumque et qualitercumque placuerit eisdem. Qui Johannes et Johannes, Guillelmus et Guillelmus, arbitratores predicti, diligenter super predictis veritate inquisita, invenerunt per testes et instrumenta et alia legitima documenta, et, presentibus dictis procuratoribus nostris, statuendo et ordinando super premissis, ex potestate predicta et ea durante, declaraverunt, pronunciaverunt et ordinaverunt : pedagium et nundinas, altam et bassam justitiam dicte ville de Vic et mensuras ad bladum et Daosses cum pertinenciis et emolumentis suis esse et fuisse ab antiquo de feodo episcopatus, episcopi et ecclesie Pictavensis, et de pertinenciis castri et castellanie de Anglia, et domanium rerum predictarum pertinere ad dominum episcopum ex legitima acquisitione facta super hoc tam ab ipso episcopo quam ab ejus predecessoribus a dominis de Anglia, vassallis et feodalibus. Item invenerunt per testes et alia legitima documenta, et ordinando et statuendo declaraverunt et pronunciaverunt ex potestate .... furnum de Vico, et mensuras ad vinum vendendum in villa predicta cum emolumentis suis, et septem sextaria avene et quatuordecim gallinas annui redditus, que quantum ad domanium acquisiverunt procuratores episcopi et episcopatus Pictavensis predictorum tam a Thoma de Exoduno, clerico, quam ab Henrico de Corberia, fratre dicti Thome, quam a dicto Chembaut, quam a Guillelmo Cardi, et totum feodum quem dictus Petrus Barbe tenet et avoat se tenere a dicto Guillelmo Clerebaudi, milite, tam in villa quam in parochia et territorio de Vic, et in tota castellania de Anglia, esse et fuisse ab antiquo de retrofeodo ecclesie Pictavensis, et ad dictum dominum episcopum pertinere; et quicquid dictus Guydo habet et habere consuevit, tam ipse quam predecessores ejus, sive domanio sive feodo vel retrofeodo vel alias quoquomodo in locis predictis, movet et ab antiquo est et fuit de feodo et retrofeodo episcopatus et ecclesie Pictavensis. Item statuerunt, declaraverunt et ordinaverunt mediam et quintam partem molendini de Vico, que acquisite fuerunt ab Henrico de Corberia, milite, et que movent ab abbate de Anglia ad duos solidos annui census, esse et fuisse ab antiquo de feodo vel retrofeodo episcopatus et ecclesie Pictavensis. Item ordinaverunt, statuerunt et declaraverunt quod decem libre, quas dictus P. Barbe habet et habere consuevit a domino Guidone Clerebaudi milite annui redditus in tailliis de Meygnec et de Veillom, in parochia de Poline, et centum solidos quos Johannes de Montefalconis habet et habere consuevit annui redditus in tailliis predictis a dicto Petro Barbe, sunt de feodo seu retrofeodo dicti domini Castri Radulphi. Et per ordinationem suam imposuerunt et imponunt dicti arbitratores dicto domino Ardrecozan, procuratori nostro Guillelmi de Castro Radulphi, et nobis Guillelmo predicto pro nobis et successoribus nostris perpetuum silencium in premissis et singulis premissorum, que per ipsos sunt declarata esse de domanio et feodo et retrofeodo episcopi, episcopatus et ecclesie Pictavensis. Item perpetuum silencium imposuerunt ipsi Roberto de Guistella, procuratori nostro episcopi Pictavensis, et nobis episcopo predicto pro nobis et successoribus nostris, super predictis, que per ipsos sunt declarata esse de feodo et retrofeodo dicti domini Guillelmi de Castro Radulphi. Nos vero Guillelmus predictus, informatus et plenarie certioratus de jure dicti domini episcopi circa premissa, dictam ordinationem et declarationem predicti Guillelmi et Guillelmi, Johannis et Johannis, arbitratorum predictorum, et omnia contenta in ordinatione et declaratione predictis volumus, ratificamus et approbamus et emologamus expresse, et si quid juris, proprietatis et dominii, petitionis et actionis nobis competebat et competere poterat ratione feodi vel retrofeodi vel alias quoquomodo in premissis et quolibet premissorum declaratorum pro dicto episcopo et in tota parochia predicta, concedimus, promittimus et quiptamus pro nobis, heredibus successoribusque nostris dicto episcopo et ejus successoribus, episcopatui et ecclesie Pictavensi, nichil nobis, nostris heredibus vel successoribus in aliquo seu aliquibus premissis aliquatenus retinentes, salvo jure quolibet alieno. Promittimus etiam nos premissa inviolabiliter observaturos et dicto episcopo vel ejus successoribus super premissis questionem vel impedimentum aliquod per nos vel per alium non facturos. In quorum premissorum testimonium et munimen, nos episcopus Pictavensis et Guillelmus de Calvigniaco predicti presentibus sigilla nostra duximus apponenda. Datum die dominica ante Ascensionem Domini, anno ejusdem Domini m° ducentesimo octogesimo sexto.

45. Lettres du roi Philippe le Bel, par lesquelles il reconnaît devoir à l'évêque de Poitiers l'hommage du château et de la châtellenie de Civray que le comte d'Eu tenait de ce roi (f°s 95 v° et 115 r°).

16 août 1287.

Philippus, Dei gratia Francorum rex, omnibus presentes litteras inspecturis, salutem in Domino. Ad universorum volumus notitiam pervenire quod nos dilecto nostro episcopo Pictavensi debemus infra annum tradere hominem ydoneum qui loco nostri faciat fidelitatem et homagium et deveria feodi ratione castri et castellanie de Sivrayo, Pictavensis diocesis, quod castrum cum castellania tenet a nobis comes Augi et nos debemus tenere in feodum a dicto episcopo Pictavensi ; et volumus quod per lapsum temporis nullum predicto episcopo circa predicta prejudicium generetur. Actum Pictavis, die sabbati post festum Assumptionis beate Marie Virginis, anno Domini M° CC° octogesimo septimo.

---

46. Lettres du roi Philippe le Bel, ordonnant au sénéchal de Poitou de payer ceux qui avaient été chargés de l'administration des biens de l'évêque de Poitiers depuis le jour que ces biens avaient été mis dans la main du roi ; sous un *vidimus* du 3 janvier 1297 v. st. (f° 94 v°).

25 mars 1291 (1290 v. st.).

In nomine Domini, amen. Anno Incarnationis ejusdem millesimo ducentesimo nonagesimo septimo, pontificatus domini Bonifacii pape octavi anno quarto, indictione undecima, [mense] januarii, tertia die mensis ejusdem. Pateat universis presens publicum instrumentum inspecturis quod ego notarius subscriptus, una cum notario et testibus infrascriptis, tenui, vidi et legi et palpavi quasdam litteras apertas, non viciatas, non abrasas, nec in aliqua sui parte corruptas, sigillo vero et integro, magno, pendenti in cauda ipsarum litterarum, domini Philippi, illustris regis Francorum, cum contrasigillo, ut prima facie apparebat, sigillatas; et est impressio dicti sigilli rotunda de cera alba, et est in medio ymago regis sedentis inter duo capita duorum leonum ibidem depicta, tenentis in utraque manu unum florem lilii, unum longum in manu sinistra et unum brevem in manu dextera, et in circumferenciis ipsius sigilli sunt iste littere seu dictiones : Philippus, Dei gratia Francorum rex, et in contrasigillo est scutum cum floribus liliorum, et est una cauda vacua, gracilis et longa secundum longitudinem litterarum predictarum post dictum sigillum, sicut in litteris regis apertis esse consuevit; quarum litterarum tenor sequitur in hec verba :

Philippus, Dei gratia Francorum rex, seneschallo Pictavensi, salutem. Mandamus vobis quatenus illis qui ex parte nostra custodierunt domos, res et bona Pictavensis episcopi, quamdiu dicta bona fuerunt in manu nostra, de fructibus et exitibus dictorum bonorum persolvatis competentes expensas pro tempore quo ipsi dictam custodiam tenuerunt usque ad illam quantitatem quam dictus episcopus consuevit expendere pro custodia predictorum, et si forsan majores expense quam expediret facte fuerunt pro dicta custodia, illos qui dictas majores expensas et non necessarias fecerunt seu fieri preceperunt, ad earum solutionem compellatis. Item de fructibus ejusdem solvatis expensas que dicto tempore per gentes nostras facte fuerunt pro tectura domorum et necessaria sustentacione bonorum predictorum, residuum dictorum fructuum eidem episcopo reddentes; procuratoribus autem et clericis qui de mandato gentium nostrarum fuerunt in curia ecclesie propter negocium predictum pro nobis salarium propter hoc competens solvatis de nostro. Acta Parisius in festo Annunciationis Domini, anno ejusdem M° CC° nonagesimo.

Actum et datum hujusmodi visionis et transcripti apud Savigniacum Episcopalem prope civitatem Pictavensem, in domibus episcopalibus ejusdem loci, sub anno, pontificatu, indictione, mense et die supradictis, testibus presentibus venerabilibus viris Guillelmo de Chipra, de Genciaco, Andrea Barbeti, de Luciaco archipresbiteratuum archipresbiteris, Petro, de Montedionis, Petro, dicti loci de Savigniaco ecclesiarum rectoribus, et Hugone de Pyorcino, clerico, notario subscripto, Pictavensis dyocesis, ad premissa vocatis et rogatis. Et ego Stephanus Chalari, clericus de Sancto Juniano, Lemovicensis dyocesis, auctoritate sacrosancte Romane ecclesie ac imperiali publicus notarius, predictis visioni et lectioni dictarum litterarum, una cum testibus et notario predictis, presens interfui, et predictas litteras fideliter transcripsi et collationem feci, presensque publicum instrumentum propria manu scripsi et publicavi, meoque signo solito signavi rogatus. Et ego Hugo de Pyorcin, clericus Pictavensis dyocesis, publicus auctoritate imperiali notarius, premissis visioni et lectioni dictarum litterarum et collationi facte de eisdem, una cum testibus et notario supradictis, presens fui, et presenti instrumento me subscripsi, et una cum signo suprascripti notarii signum meum apposui in testimonium veritatis rogatus.

---

47. Lettres du roi Philippe le Bel, faisant défense au sénéchal de Poitou et à Michel Lami, préposés à la levée du fouage accordé au roi pour l'expulsion des Juifs de la sénéchaussée de Poitiers, de contraindre à payer cet impôt les ecclésiastiques de la ville et du diocèse de Poitiers qui n'avaient pas consenti à ce qu'il fût levé (f° 115 r°).

1293.

Philippus, Dei gratia Francorum rex, dilectis suis senescallo Pictavensi et magistro Michaeli Amici, collectoribus pro nobis focagii nobis concessi pro expulsione Judeorum in senescallia Pictavensi, salutem et dilectionem. Attendentes ex parte quorumdam prelatorum et personarum ecclesiasticarum civitatis et dyocesis Pictavensis quod, licet in prestatione focagii hujusmodi non consenserint quod ipsimet in ipso debeant contribuere, vos nichilominus idem focagium exigitis ab eis invitis, quanquam non fuerit intentionis gentium nostrarum que in ipso negotio misse fuerint pro nobis : mandamus vobis quatenus illos de predictis, de quibus vobis constare non poterit quod consenserint pro se contributioni predicte, nullatenus molestetis, et ab exactione illius focagii ab eisdem pro se ipsis cessetis. Actum apud Sanctum Germanum in Laya, die lune post festum treseptim *(sic)* Pasche, anno Domini m° cc° nonagesimo tercio.

---

48. Monition de l'auditeur et juge de la cour de l'évêque et du chapitre de l'Église de Poitiers pour excommunier un clerc qui avait usurpé des biens de la châtellenie d'Angle (f° 109 r°).

24 juillet 1294.

Auditor et judex curie episcopi, decani et capituli Pictavensis, archipresbitero de Loduno et capitulo Sancti Petri de Loduno, Johanni servienti, presbitero, necnon et omnibus aliis ad quos presens mandatum pervenerit, salutem in Domino. Cum alias per nobilem virum dominum Petrum de Blavo, militem, senescallum Pictavensem, de mandato domini regis Francie procedentem, inventum fuerit Gaufridum de Valeia, clericum, occupasse de bonis castri et castellanie Englie, ad episcopum spectantium, usque ad nongentas libras turonenses, idemque senescallus supplicaverit et mandaverit auctoritate regia ballivo Andegavensi ut predictum Gauffridum compelleret ad satisfaciendum episcopo sepedicto de premissis, exceptis quadraginta libris, quas per manus ipsius senescalli receperat episcopus supradictus, prout in litteris ipsius senescalli vidimus plenius contineri, que premissa nondum sunt exequtioni mandata : vobis mandamus [et] vestrum cuilibet monere dictum Gauffridum auctoritate nostra ut infra quindecim dies post monitionem sibi factam reddat et solvat procuratori dicti episcopi dictas nongentas libras, exceptis dictis quadraginta libris ; quod nisi fecerit, ipsum, quem legendo *(sic)* in hiis scriptis excommunicamus, excommunicatum publice nuncietis, nisi solutionem in juramento suo pretenderit : ad quam ostendendam et probandam citetis ipsum coram nobis ad diem mercurii post Assumptionem beate Marie Virginis. Datum die sabbati post festum Magdalene, anno Domini m° cc° nonagesimo quarto.

---

49. *Vidimus* des lettres du 16 août 1287, par lesquelles le roi Philippe le Bel reconnaissait devoir à l'évêque de Poitiers l'hommage du château et de la châtellenie de Civray (f° 95 v°).

3 janvier 1298 (1297 v. st.).

In nomine Domini, amen. Anno Incarnationis ejusdem millesimo cc° nonagesimo septimo, pontificatus domini Bonifacii octavi anno quarto, indictione undecima, mense januarii, tertia die ejusdem mensis. Pateat universis presens publicum instrumentum inspecturis quod ego notarius subscriptus, una cum notario et testibus subscriptis, tenui, vidi, legi et palpavi quasdam litteras apertas, non viciatas, non abrasas, nec in aliqua parte sui corruptas, sigillo vero et integro magno pendenti in cauda ipsarum litterarum, domini Philippi, illustris regis Francorum, cum contrasigillo, ut prima facie apparebat, sigillatas; et est inpressio dicti sigilli rotunda de cera alba, et est in medio ymago regis sedentis inter duo capita duorum leonum ibidem depicta, tenentis in utraque manu unum florem lilii, unum longum in manu sinistra et unum brevem in manu dextera, et in circumferentiis ipsius sigilli sunt hee littere seu dictiones : Philippus, Dei gratia Francorum rex, et in contrasigillo est scutum cum floribus liliorum, et est una cauda vacua, gracilis et longa secundum longitudinem litterarum predictarum post dictum sigillum, sicut in litteris regis apertis esse consuevit; quarum litterarum tenor sequitur in hec verba : Philippus, Dei gratia Francorum rex.

(Suit la teneur de ces lettres imprimées ci-avant, page 72.)

Actum et datum hujusmodi visionis et transcripti apud Savigniacum Episcopalem prope civitatem Pictavensem, in domibus episcopalibus ejusdem loci, sub anno, pontificatu, indictione, mense et die supradictis, testibus presentibus venerabilibus viris Guillelmo de Chipra, de Genciaco, Andrea Barbeti, de Luciaco archipresbiteratuum archipresbiteris, Petro, de Montedyonis, Petro, dicti loci de Savigniaco ecclesiarum rectoribus, et Hugone de Pyorcino, clerico, notario publico subscripto, Pictavensis dyocesis, ad premissa vocatis et rogatis. Et ego Stephanus Chalari, clericus de Sancto Juniano, Lemovicensis dyocesis, auctoritate sacrosancte Ecclesie ac imperiali publicus notarius, predictis visioni et lectioni dictarum litterarum, una cum testibus et notario predictis, presens interfui, et predictas litteras fideliter transcripsi et collationem feci, presensque publicum instrumentum propria manu scripsi et publicavi, meoque signo solito signavi rogatus. Et ego Hugo de Pyorcin, clericus Pictavensis dyocesis, publicus auctoritate imperiali notarius, premissis visioni et lectioni dictarum litterarum et collationi facte de eisdem, una cum testibus et notario suprascriptis, presens fui, et presenti instrumento me subscripsi, et una cum signo suprascripti notarii signum meum apposui in testimonium veritatis rogatus.

50. Bulle du pape Clément V, autorisant les archevêques de Bordeaux à déléguer le pouvoir de réconcilier les églises et les cimetières de leur province (f° 57 v°).

24 septembre 1305.

Clemens, episcopus, servus servorum Dei, venerabili fratri Arnaldo, archiepiscopo Burdegalensi, salutem et apostolicam benedictionem. Gerente sad Burdegalensem ecclesiam, de qua fuimus ad summum apostolatus apicem divina dispositione vocati, affectum benivolencie specialis, vota tua libenter apostolico favore prosequimur, tuisque petitionibus assensum benivolum inpertimur. Cum itaque, sicut ex parte tua fuit propositum coram nobis, sepe contingat ecclesias ac cimiteria tuarum civitatis et dyocesis ac provincie, tum propter contentiones et rixas que ibi fiunt interdum, tum propter immundicias que de carnis fragilitate procedunt et alias causas, per effusionem sanguinis aut seminis, violari, ad quorum singula reconsilianda grave foret atque difficile archiepiscopo Burdegalensi qui est pro tempore personaliter se oferre, cum presertim tua dyocesis per maris spacia dividatur : nos super hoc tam tibi tuisque successoribus archiepiscopis Burdegalensibus qui pro tempore fuerint, ut aliis incombentibus vobis negociis liberius intendere valeatis, quam ipsis ecclesiis et earum personis et parrochianis, ne in divinis defectum propterea paciantur, providere volentes, tuis supplicationibus inclinati, tibi et successoribus antedictis presencium auctoritate concedimus, ut hujusmodi ecclesias et cimiteria dictarum civitatis et dyocesis, quociens fuerit oportunum, ac eciam provincie tue predicte, dum in ea visitationis officium exercebitis, per aliquem et ydoneum sacerdotem, aqua, ut moris est, per te vel aliquem de dictis successoribus vel alium episcopum benedicta, reconsiliari facere libere valeatis: Dilectis quoque filiis decano et capitulo de Burdegalensi ecclesia similiter eadem auctoritate concedimus ut sede Burdegalensi vacante possint de reconsiliatione hujusmodi ecclesiis dictarum civitatis et dyocesis, ea indigentibus, per sacerdotem ydoneum providere, aqua prius per aliquem episcopum benedicta, quociens et quando fuerit oportunum; ita tamen quod per hoc constitutioni que id per episcopos tantum fieri precipit nullatenus derogetur. Nulli ergo omnino hominum liceat hanc paginam nostre concessionis infringere vel ei ausu temerario contraire. Si quis autem hoc attemptare presumpserit, indignationem omnipotentis Dei et beatorum Petri et Pauli se noverit incursurum. Datum Burdegale, viii kalendas octobris, pontificatus nostri anno primo.

---

51. Bulle du pape Clément V, qui met l'abbaye de Nanteuil sous la protection du Saint-Siège, l'exempte de la juridiction de l'ordinaire et la place sous celle de l'archevêque de Bordeaux (f° 46 r°) [1].

30 septembre 1305.

Clemens, episcopus, servus servorum Dei, dilectis filiis abbati et conventui monasterii de Nantholio, ordinis sancti Benedicti, Pictavensis dyocesis, salutem et apostolicam benedictionem. Debite providencie oculo gregi dominico tunc vigilare dinoscuntur, supra universalis ecclesie specula, disponente Domino, constituti, cum circa loca religiosa illam sollicitudinem adhibemus, per quam in statu prospero conserventur et salutaribus proficiant Deo propicio incrementis. Cupientes itaque vos et monasterium vestrum de Nantholio, quod inter cetera monasteria amoris privilegio complectimur, specialis favore prosequi gratioso, et ut preservetur a noxiis et salutaribus proficiat incrementis, vestris supplicationibus inclinati, vos ac dictum monaste-

---

1. Imprimée peu correctement dans les *Evesques de Poictiers* de Besly, p. 172. — La copie de dom Fonteneau, t. 20, p. 21, faite sur l'original, a servi à rectifier en quelques points celle du cartulaire.

rium cum omnibus bonis que inpresenciarum rationabiliter possidet aut in futurum justis modis prestante Domino poteritis adipisci, sub beati Petri ac nostra protectione suscipimus, vos dictumque monasterium ac personas degentes in ipso cum omnibus menbris suis ab omni jurisdictione et dyocesana lege, potestate ac dominio tam episcopi Pictavensis quam cujuslibet alterius ordinarii totaliter et perpetuo auctoritate apostolica eximentes ; ita quod nec idem episcopus nec quivis alius ordinarius vos, monasterium, personas et menbra predicta quacumque racione interdicere, suspendere vel excommunicare valeant, aut alias quocumque modo in vos ac monasterium, personas et menbra prefata potestatem vel jurisdictionem aliquam exercere; et si contra forte factum fuerit vel presumptum, ipso facto sit irritum et inane. Volumus autem et auctoritate predicta decernimus ut vos, monasterium, persone ac menbra predicta tantum archiepiscopo Burdegalensi, qui pro tempore fuerit, subjecti sitis et in omnibus pareatis. Nulli ergo omnino hominum liceat hanc paginam nostre protectionis, exceptionis, voluntatis, constitutionis et confirmationis infringere vel ei ausu temerario contraire. Si quis autem hoc atemptare presumpserit, indignationem omnipotentis Dei et beatorum Petri et Pauli apostolorum ejus se noverit incursurum. Datum apud Regiam Villam, II kalendas octobris, pontificatus nostri anno primo.

---

52. Bulle du pape Clément V, qui supprime les procurations ou droits de visite que le doyen du chapitre cathédral de Poitiers levait dans les monastères et églises du diocèse, et qui, en compensation, unit au doyenné de ce chapitre celui de Mareuil en Bas-Poitou (fo 84 ro).

20 octobre 1305.

Clemens, episcopus, servus servorum Dei, ad perpetuam rei memoriam. Ad universas orbis ecclesias et personas ecclesiasticas regulares et seculares, quarum cura nobis imminet generalis, pastoris more vigilis apostolice considerationis intuitum extendentes, cum ex eis aliquas graves... sentimus, vias et modos libenter exquirimus per quos possimus ab eis ejusmodi gravamina removere, ac ad id nostre sollicitudinis studium, quantum nobis ex alto permittitur, adhibemus. Sane monasteria, ecclesie et loca ecclesiastica in Pictavensi dyocesi constituta, sicut nos olim ante susceptum a nobis apostolatus officium, dum regimini Burdegalensis ecclesie preeramus, tam ex querulosis abbatum, priorum, rectorum et personarum monasteriorum, ecclesiarum et locorum predictorum clamoribus quam ex evidencia facti didicimus, in quibusdam procurationibus, quas decanus ecclesie Pictavensis qui est pro tempore exigit ab eisdem, multipliciter pregravantur, licet idem decanus monasteria, ecclesias et loca predicta non visitet, prout nec ad ipsum spectat visitatio eorumdem, nec alias jurisdictionem aliquam habeat de consuetudine vel de jure, ac pretextu cujusdam antique consuetudinis, ut ipse asserit, nonnullas procurationes annuatim a monasteriis, ecclesiis et locis exigit antedictis. Nos igitur attendentes quod hujusmodi exactio dicti decani non fit ad animarum salutem, vel necessitatem aut utilitatem aliquam monasteriorum, ecclesiarum et locorum predictorum, seu personarum degentium in eisdem, set ipsius dumtaxat decani commodum temporale, ac volentes propterea super hiis, prout ad nostrum spectat officium, de oportuno remedio providere : monasteria, ecclesias, loca et personas predicta ab hujusmodi procurationibus dicto decano exhibendis, ut ipsi eas sibi exhibere nullatenus in antea teneantur, auctoritate apostolica et de plenitudine potestatis, et assensu etiam dilecti filii et decani Pictavensis, prorsus eximimus et totaliter liberamus, sibi suisque successoribus decanis Pictavensibus super hiis perpetuum silencium imponentes, ac inhibentes districtius ut idem decanus vel successores sui prefati ulterius a monasteriis, ecclesiis seu locis et personis predictis procurationes exigere quoquomodo presumant. Cum autem decanatus ruralis de Marolio, dicte dyocesis, de jure vacare noscatur ad presens, quamvis de facto collatus fuerit successive duobus, primo scilicet Andree Laydeti per G. episcopum Pictavensem, tunc pluribus excommunicationum sentenciis ligatum, ac deinde Guidoni de Bitri, clericis dicte dyocesis, per capitulum ecclesie Pictavensis, ad quos nequaquam collatio spectabat ipsius : nos eisdem clericis super eodem decanatu rurali, in quo neutri eorum jus competit, perpetuum silencium imponentes, ac volentes quod eidem decano Pictavensi fiat recompensatio de subtractis sibi procurationibus antedictis, decanatum eumdem ruralem cum juribus et pertinenciis suis, hujusmodi collationibus nequaquam obstantibus, quas viribus vacuamus, dicto decano Pictavensi auctoritate predicta annectimus et unimus; ita videlicet quod decanus ipse ruralis gaudeat omnibus libertatibus, immunitatibus et exemptionibus quas dictus decanatus Pictavensis noscitur obtinere, nec possit episcopus Pictavensis in decanum et successores eosdem pretextu dicti decanatus ruralis plus jurisdictionis ac dominii quam prius etiam ante hujusmodi annexionem vel unionem habuerit, vendicare, preterquam quod dictus decanus per se vel per alium precepta et mandata dicti episcopi teneatur executioni mandare, et suis synodis et aliis convocationibus saltem per alium comparere, prout ceteri decani rurales dicte dyocesis tenentur de consuetudine vel de jure. Cum autem visitatio dicti decanatus ruralis ad ipsum decanum qui est pro tempore dicatur de consuetudine pertinere, volumus quod idem decanus Pictavensis, in visitando eumdem decanatum ruralem, personarum et exactionum numero quem decani dicti decanatus ruralis qui fuerunt pro tempore habere solebant, et quibus contenti sunt ceteri decani rurales dicte dyocesis, in visitatione hujusmodi sit contentus, nec in pluribus gravet monasteria, ecclesias et loca decanatus ipsius que per eum fuerint visitanda. Nulli ergo omnino hominum liceat hanc paginam nostre exemptionis, liberationis, inhibitionis, annexionis et unionis infringere vel ei ausu temerario contraire. Si quis autem hoc attemptare presumpserit, indignationem omnipotentis Dei et beatorum Petri et Pauli apostolorum ejus se noverit incursurum. Datum in Valleviridi, xiii kalendas novembris, pontificatus nostri anno primo.

---

53. Bulle du pape Clément V, qui soustrait les archevêques de Bordeaux et leur province ecclésiastique à la primatie des archevêques de Bourges (f°s 49 r° et 63 v°).

26 novembre 1305.

(Cette bulle a été publiée dans les *Evesques de Poictiers* de Besly, p. 168, et dans le *Gallia christiana*, t. 2, instr. col. 262.)

---

54. Lettres du même pape adressées aux évêques de Dax et de Bayonne et à l'archidiacre de Bazas, pour l'exécution de la bulle qui précède (f° 56 v°).

26 novembre 1305.

Clemens, episcopus, servus servorum Dei, venerabilibus fratribus Aquensi et Baionensi episcopis, dilecto filio archidiacono Vasatensi, salutem et apostolicam benedictionem. In supremo solio dignitatis etc. (ut in alia de exemptione civitatis et provincie Burdegalensis ab ecclesia Bituricensi, verbis competenter mutatis usque *roboris firmitatem*). Quocirca discrecioni vestre per apostolica scripta mandamus quatenus vos vel duo aut unus vestrum, per vos vel alium seu alios eidem electo ejusque successoribus, ecclesie, civitati, dyocesi, provincie Burdegalensi et personis prefatis efficacis defensionis presidio assistentes, non permittatis eos super premissis contra hujus exemptionis, liberationis, statuti, inhibitionis, constitutionis, cassationis, irritationis, nunciationis et voluntatis nostrorum tenores ab aliquibus molestari, facientes contra quoscumque molestantes vel eorum aliquem in premissis vel in aliquo premissorum, super hiis que judicialem requirunt indaginem, summarie, de plano, sine strepitu et figura judicii, super aliis vero, prout qualitas seu natura eorum exegerit, justicie complementum; ac molestatores eosdem, necnon contradictores quoslibet et rebelles, quicumque et cujuscumque preeminencie, dignitatis et conditionis extiterint, eciam si archiepiscopali vel episcopali aut quacumque premineant dignitate, auctoritate nostra preposita conpescendo; non obstantibus omnibus supradictis ac concilii generalis de duabus, necnon felicis recordationis Bonifacii pape VIII, predecessoris nostri, de una dietis, et quibuslibet aliis constitutionibus tam circa conservatores quam circa judices delegatos in contrarium editis; illis presertim per quas inhibetur ne conservatores aut judices a sede apostolica deputati extra civitates et dyoceses in quibus deputati fuerint, aut alibi quam in civitatibus et locis insignibus, in commissis eis procedant negociis aut committant aliquibus vices, dummodo ultra terciam vel quartam dietam a finibus sue dyocesis aliquis auctoritate presentium non trahatur; aut si aliquibus ab eadem sit sede indultum vel medio tempore indulgeri contingat quod excommunicari, suspendi aut interdici, vel ultra seu citra certa loca trahi vel ad judicium evocari non possint per litteras apostolicas non facientes plenam et expressam ac de verbo ad verbum de indulto hujusmodi et eorum personis, locis, nominibus propriis vel ordinibus mentionem; et quibuscumque privilegiis, litteris et indulgenciis apostolicis quibuscumque personis, dignitatibus, locis et ordinibus in quacumque forma verborum concessis vel in posterum concedendis, per que nostre jurisdicionis explicatio in hac parte possit quomodolibet impediri, et de quibus quorumque totis tenoribus specialem oporteat in nostris litteris fieri mencionem. Ceterum volumus et eadem auctoritate decernimus quod, ejusdem predecessoris Bonifacii, in qua eciam dicitur quod officium quorumcumque conservatorum ipso jure quoad non cepta negocia per obitum concedentis expiretur, et alia predecessoris ipsius, qua cavetur quod, uno conservatorum vel judicum a predicta sede concessorum negocium inchoante commissum, colege ipsius nequibunt nisi in certis casibus ibi expressis ulterius se intromittere de eodem, et quibuslibet aliis tam dicti Bonifacii quam aliorum predecessorum nostrorum constitutionibus in contrarium editis, omnino cessantibus, quilibet vestrum super hiis omnibus et singulis, et eciam in articulo per collegam suum primo inchoato libere valeat; quodque a data presentium sit vobis et unicuique vestrum in premissis omnibus et eorum singulis plena et perpetuata potestas ac jurisdictio attributa, ut in eo vigore illaque firmitate possitis auctoritate nostra in predictis omnibus et pro predictis procedere ac si vestra jurisdictio in predictis omnibus et singulis per citationem vel modum alium perpetuata legitimum extitisset; evocato ad hoc, si necesse fuerit, brachio seculari, brachii [spiritualis?] auxilio. Datum Lugduni, vi kalendas decembris, pontificatus nostri anno primo.

---

55. Bulle du pape Clément V, qui confirme aux archevêques de Bordeaux plusieurs droits et prérogatives dont ils jouissaient de temps immémorial vis-à-vis de leurs suffragants (f°s 61 r° et 121 v°).

26 novembre 1305.

Clemens, episcopus, servus servorum Dei, dilecto filio suo Arnaldo, electo Burdegalensi, et ejusdem successoribus archiepiscopis Burdegalensibus, qui pro tempore fuerint, in perpetuum. Etsi ecclesiarum omnia jura manutenere tanquam universalis pastor earum juxta postoralis officii debitum teneamur, in manutenendis tamen juribus ecclesie Burdegalensis, quam nimirum prerogativa dilectionis amplectimur, tanto solertioris sollicitudinis studium adhibemus quanto nos illi districtius recognoscimus obligatos. Ipsa namque nos olim ante nostre promotionis inicia fovit ut filium, ac deinde nos sponsum habuit nostre gubernacioni commissa, nunc vero demum nos patrem et dominum recognoscit, cum de ipsa fuerimus gratia favente divina ad summi apostolatus apicem evocati, ideoque illius nec possumus nec volumus oblivisci, quin ad conservandum et manutenendum jura ipsius ferventibus studiis, quantum nobis ex alto permissum fuerit, intendamus. Sane inter alia jura que ad ecclesiam ipsam, de antiqua, approbata, prescripta ac tanto tempore hactenus pacifice observata consuetudine quod ejus memoria non existit, novimus pertinere, hec precipue fore noscuntur : videlicet, quod archiepiscopus Burdegalensis, qui est pro tempore, suffraganeos suos et capitula tam cathedralium quam aliarum ecclesiarum, necnon abbates et priores monasteriorum et prioratuum conventualium, eorumque conventus, in provincia Burdegalensi consistentium, non exemptorum, et alias magne auctoritatis personas ecclesiasticas potest de premissa consuetudine ad sua provincialia concilia evocare, et animadvertere in eosdem, si legitimo impedimento cessante iidem suffraganei, abbates et priores personaliter, capitula vero et conventus per procuratores ydoneos, ad eadem concilia non accesserint evocati, vel inde recesserint absque licentia dicti archiepiscopi, priusquam dicta concilia fuerint dissoluta. Preterea dictus archiepiscopus, visitando in provincia Burdegalensi, quibuscumque personis excommunicatis a canone, in illis casibus in quibus absolvendi potestas est episcopis concessa, et etiam non visitando, ab excommunicationum, suspensionum et interdictorum sententiis, a quibuscumque constitutionibus provincialibus dicte provincie promulgatis, absolucionis et relaxationis beneficium impertiri potest. Potest quoque idem archiepiscopus per se et officiales et quoscumque commissarios seu delegatos suos ab injustis excommunicationum, suspensionum et interdictorum sentenciis ab ejusdem suffraganeis eorumque officialibus et commissariis et quibuscumque aliis judicibus ordinariis regularibus vel secularibus eisdem suffraganeis subjectis, sive ex officio, sive ad partis instantiam, promulgatis, per simplicem querelam cognoscere, et super eisdem sententiis, nisi velint eorum prolatoribus in hac parte defferre, absolutionis et relaxationis beneficium exhibere. Prefatus insuper archiepiscopus in quolibet loco dictarum civitatum et dyocesum potest quibuscumque personis dicte provincie, et existens in quacumque civitate vel dyocesi dicte provincie, quibuscumque personis illius provincie ad hoc ydoneis, etiam non visitando, clericales conferre tonsuras et eas ad omnes minores ordines promovere, et dum officium visitacionis impendit, in quolibet honesto loco dicte provincie statutis ad hoc a jure temporibus majores et minores ordines generaliter impertiri, consecrare ecclesias et altaria, benedicere cimiteria, calices, pallas altaris, vestimenta sacerdotalia et alia ecclesiastica ornamenta, alicujus suffraganeorum predictorum assensu minime requisito. Causas etiam que per appellacionem ad Burdegalensem curiam devolvuntur, ad quam non solum a suffraganeis eorumque officialibus seu commissariis antedictis, sed a quibuscumque inferioribus judicibus regularibus et secularibus de consuetudine obmissis mediis appellatur, et quoslibet articulos earumdem causarum committere potest idem archiepiscopus et officialis suus suffraganeorum subditis eorumdem, eosque ad suscipiendum hujusmodi commissiones, necnon ad suas citationes, sententias et precepta exequenda, et perhibendum etiam testimonium veritati, quociens expedire viderit, per censuram ecclesiasticam coartare. Cum autem de premissis omnibus nobis plenius innotescat ac innotuërit hactenus, dum ante susceptum a nobis apostolatus officium eidem Burdegalensi ecclesie preeramus, nolentes quod hujusmodi jura ecclesie predicte depereant, vel sibi ab aliquibus subtrahantur, aut de ipsis in dubium futuris temporibus revocetur, premissa omnia et singula ad prefatos archiepiscopum et ecclesiam Burdegalensem de premissa consuetudine pertinere decernimus ac etiam declaramus et declarandum statuimus, et tibi et successoribus tuis Burdegalensibus archiepiscopis concedimus de apostolice plenitudine potestatis, ut tam tu quam successores tui Burdegalenses archiepiscopi, qui pro tempore fuerint, officiales et commissarii sui, predictis juribus tamquam ad vos et ecclesiam ipsam spectantibus perpetuis temporibus futuris uti libere valeatis, non obstantibus quibuscumque constitutionibus per predictos nostros Romanos pontifices in contrariarum editis, sive quod per aliquos de tua provincia super aliquibus de predictis ad sedem apostolicam dicitur appellatum, quorum appellationes et quoslibet processus, si qui ex eis forte secuti vel habiti fuerint, de ejusdem plenitudine potestatis omnino viribus vacuamus. Nulli ergo omnino hominum liceat hanc paginam nostre constitutionis, declarationis, statuti, concessionis et vacuationis infringere vel ei ausu temerario contraire. Si quis autem attemptare presumpserit, indignationem omnipotentis Dei et beatorum Petri et Pauli apostolorum ejus se noverit incursurum. Datum Lugduni, vi kalendas decembris, pontificatus nostri anno primo.

---

56. Bulle d'exemption de la juridiction des ordinaires, accordée à l'abbaye de la Chaise-Dieu par le pape Clément V (f° 128 v°).

5 juillet 1306.

Clemens, episcopus, servus servorum Dei, dilectis filiis abbati et conventui monasterii Case Dei, ad Romanam ecclesiam nullo medio pertinentis, ordinis Sancti Benedicti, Claromontensis diocesis, salutem et apostolicam benedictionem. Censemus dignum et congruum ut loca pia religione conspicua, in quibus inviolata viget observantia regularis, fervet caritas, refloret honestas virtutum, plantaria pro bonorum operum studio et preclara sanctitatis merita jugiter revirescunt, patet hospitalitas gratiosa, et devote laudis frequentia celebrisque venerationis instantia divine attollitur gloria Majestatis, apostolice sedis providentia circumspecta et benigna clementia, que digna dignis consuevit impendere ac loca hujusmodi congruis honoribus insignius decorare, ut prerogativa honorifficencie potioris et dignitatis eminentia dignius efferantur, ut preclaris honorum emineant titulis, perspicuaque meritorum et virtutum rutilent claritate. Sane petitio vestra nobis exhibita continebat quod, licet vos a juridictione ordinariorum quorumlibet vos et vestrum monasterium ac membra ipsius exempta reputaveritis hactenus et etiam reputetis, ac eidem sedi fore immediate subjecta, tamen locorum ordinarii, qui religiosorum privilegia libenter impugnant, vobis, monasterio et menbris predictis super exemptione hujusmodi suscitarunt et frequenter suscitant questiones, controversias atque lites, non sine gravibus vestris laboribus et expensis. Quare nobis supplicastis ut pro incremento boni status monasterii et menbrorum ipsius, ac pace et tranquillitate personarum degentium in eisdem, providere vobis et dicto monasterio atque menbris super hiis de opportuno remedio dignaremur. Nos igitur, qui in dicto monasterio vestro sub regulari habitu ab annis teneris militavimus, et in quo etiam professionem emisimus regularem, quique plane novimus omnia premissa bona opera vigere laudabiliter in eodem, et alias ipsum in spiritualibus multipliciter reflorere, predictis questionibus et controversiis finem ponere et paci vestre perpetue et tranquillitati providere salubriter, vosque ac monasterium et menbra predicta prerogativa ac specialis favoris gratia insignire volentes ac titulo singularis privilegii decorare, hiisdem vestris supplicationibus inclinati, prefatum monasterium vestrum cum omnibus monasterii prioratibus atque menbris, solitis per monachos ejusdem monasterii gubernari, habitis et habendis in posterum, necnon te, fili abbas, ac successores tuos et omnes monachos et conversos ejusdem vestri et aliorum monasteriorum, prioratuum et menbrorum, presentes et posteros, a quacumque ordinaria et cujuscumque diocesani ac alterius cujusque potestate et juridictione ac dominio plene et totaliter eximimus et etiam liberamus, illaque in jus et proprietatem beati Petri et sedis ejusdem et sub eorum protectione suscipimus atque nostra, et decernimus monasterium, prioratus, menbra, abbatem, monachos et conversos predicta immediate soli sedi apostolice subjacere, ita quod locorum ordinarii vel alia quevis persona ecclesiastica in monasterium, prioratus, menbra, abbatem, monachos et conversos prefata, ut pote prorsus exempta, non possint excommunicationis, suspensionis aut interdicti sentencias promulgare, vel alias etiam ratione delicti seu contractus vel rei de qua agetur, ubicumque commictatur delictum, inhiatur contractus aut res ipsa consistat, potestatem seu juridictionem aliquam quomodolibet exercere, felicis recordationis Innocentii pape IIII[ti], predecessoris nostri, circa exemptos edita, que incipit : Volentes, et aliis constitutionibus apostolicis in contrarium editis non obstantibus quibuscumque. Nos enim quaslibet excommunicationum, suspensionum et interdicti sentencias et quoscumque processus, quas et quos contra monasterium, prioratus et menbra, abbatem, monachos et conversos predicta, contra formam et tenorem exemptionis hujusmodi promulgari et haberi contigerit, irritos decernimus et inanes. Nostre tamen intencionis nequaquam existit per premissa locorum ordinariis aut quibuscumque aliis circa procurationes a predictis locis recipi solitas per eosdem, aliquod prejudicium generari. Nulli ergo omnino hominum liceat hanc paginam nostre exemptionis, liberationis, susceptionis et constitutionum infringere vel ei ausu temerario contraire. Si quis autem hoc attentare presumpserit, indignationem omnipotentis Dei et beatorum Petri et Pauli apostolorum ejus se noverit incursurum. Datum Avenione, III nonas julii, pontifficatus nostri anno primo.

---

57. Bulle du pape Clément V, qui permet à Arnaud, archevêque de Bordeaux, et à ses successeurs de percevoir les procurations ou droits de gîte accoutumés, lorsqu'ils visiteront les églises cathédrales et collégiales de la province ecclésiastique de Bordeaux (f° 49, r°).

22 février 1307.

(Publiée dans le *Gallia christiana*, t. 2, instr. col. 261.)

---

58. Bulle du pape Clément V, qui accorde aux archevêques de Bordeaux la faculté de rentrer dans un diocèse de leur province ecclésiastique pour y continuer la visite qu'ils y auraient commencée et qui aurait pu être empêchée ou interrompue par la malveillance de quelques personnes, pourvu néanmoins que ces archevêques n'aient pas commencé une nouvelle visite dans un autre diocèse de la même province (f°s 62 r° et 122 v°).

22 février 1307.

Clemens, episcopus, servus servorum Dei, venerabili fratri Arnaudo, archiepiscopo Burdegalensi, salutem et apostolicam benedictionem. Burdegalensem ecclesiam, de qua fuimus ad summi apostolatus apicem divina dispositione vocati, specialis prerogativa bonivolentie prosequentes, libenter illius prelatos favoribus condignis attollimus et apostolicis graciis prevenimus. Cum itaque contingat interdum quod nonnulli visitationes archiepiscopi Burdegalensis, qui est pro tempore, maliciose diversis fictionibus et adinvencionibus, prout olim ante suscepti a nobis ejusdem apostolatus officium nos experiencia docuit, impedire conentur, nos super hoc providere volentes, tuis supplicationibus inclinati, tibi ac successoribus tuis archiepiscopis Burdegalensibus, qui pro tempore fuerint, auctoritate apostolica indulgemus ut, si forsan te vel aliquem de successoribus antedictis, dum in provincia Burdegalensi visitationis officium pro tempore exercebitis, aliquam de dyocesibus dicte provincie, postquam illam ceperitis visitare, fueritis etiam pro libito voluntatis egressi, dummodo post dictum egressum de dyocesi dicte provincie non incipiatis aliam dyocesim interim visitare, possitis nichilominus, egressu non obstante predicto, in eadem dyocesi hujusmodi visitationem perficere inchoatam, non obstantibus quibuscumque constitutionibus aut consuetudinibus super hoc in contrarium editis vel obtentis. Nulli ergo omnino hominum liceat hanc paginam nostre concessionis infringere vel ei ausu temerario contraire. Si quis autem hoc attemptare presumpserit, indignationem omnipotentis Dei et beatorum Petri et Pauli apostolorum ejus se noverit incursurum. Datum apud Pessacum prope Burdegalam, viii kalendas martii, pontificatus nostri anno secundo.

59. Bulle du pape Clément V, qui donne plein pouvoir aux archevêques de Bordeaux d'exercer la juridiction ecclésiastique contre tous les usurpateurs et détenteurs des biens et des droits de l'Église et des vassaux et sujets de l'Église, tant dans le diocèse de Bordeaux que dans les autres diocèses de la province (f°³ 60 r° et 123 v°).

22 février 1307.

Clemens, episcopus, servus servorum Dei, venerabili fratri Arnaldo, archiepiscopo Burdegalensi, salutem et apostolicam benedictionem. Specialis benevolentie plenitudo, quam ad Burdegalensem ecclesiam infra nostra recumbentem precordia gerimus, merito nos inducit ut prelatos ipsius apostolicis nimirum favoribus et gratiosis indulgenciis honoremus. Ut igitur tu et successores tui archiepiscopi Burdegalenses, qui pro tempore fuerint, eo efficacius predicte Burdegalensis ecclesie, quam de bono semper in melius prosperari ferventibus desideriis affectamus, et ejus suffraganeorum, necnon aliarum omnium ecclesiarum, monasteriorum, et aliorum locorum et personarum ecclesiasticarum in Burdegalensibus civitate et diocesi ac provincia consistentium, jura manutenere ac tueri possitis, quo majori per nos fueritis auctoritate muniti, tibi et eisdem successoribus per presens privilegium indulgemus, quod tu et ipsi per vos vel per alium seu alios in raptores, usurpatores, invasores, occupatores et detentores bonorum, jurium ac jurisdictionis tam ecclesiastice quam mundane predictorum Burdegalensis ecclesie et ejus suffraganeorum, et quarumcumque aliarum ecclesiarum, monasteriorum, locorum et personarum ecclesiasticarum, ac hominum et vassallorum suorum, que tam in civitate, et diocesi et provincia supradictis quam extra illas obtinent, necnon in perturbantes et impedientes te vel successores predictos, vel ecclesias, monasteria, loca, vel personas ad quas pertinuerint, seu tibi vel eis super illis injuriantes, possitis auctoritate apostolica, vocatis qui fuerint evocandi, jurisdictionem ecclesiasticam de plano sine strepitu et figura judicii exercere, ipsosque cujuscumque conditionis, dignitatis fuerint aut status, etiamsi pontificali vel alia quavis premineant dignitate, quibusvis litteris, privilegiis et indulgentiis, per que concedatur eisdem quod excommunicari, suspendi vel interdici non possint, et quibusvis aliis eis ab eadem sede concessis, nisi in eisdem litteris, privilegiis et indulgenciis concedendis de indulto hujusmodi totoque ipsius tenore de verbo ad verbum plena, specialis et expressa mentio habeatur, aut generalis concilii de duabus, et felicis recordationis Bonifacii VIII pape, predecessoris nostri, de una dietis, et quibuscumque aliis contrariis constitutionibus, dummodo ultra tertiam vel quartam dietam a finibus sue diocesis aliquis auctoritate presentium non trahatur, omnino cessantibus, ad restituenda taliter occupata, usurpata et detenta ecclesiis, monasteriis, locis et personis ad quos pertinuerint, et ad satisfaciendum ipsis de injuriis, dampnis et violentiis super hoc eis illatis, quodque et turbatione, impedimento et injuriis hujusmodi omnino desistant, eadem auctoritate, monitione premissa, per censuram ecclesiasticam, appellatione postposita, cohartare, juridictione ordinaria tibi et eisdem successoribus nichilominus in omnibus et singulis supradictis plenarie reservatis, concedimus. Volumus autem et auctoritate apostolica decernimus quod a data presentium plene sit vobis attributa jurisdictio in premissis, quodque idem robur eandemque vim perpetuationis ex nunc jurisdictio ipsa obtineat, quod et quam, si auctoritate presentium incepissetis per citationem, monitionem vel alias procedere, legitime obtineret, et quasi re non integra perpetuata eadem jurisdictio censeatur. Nulli ergo omnino hominum liceat hanc paginam nostre concessionis, voluntatis et constitutionis infringere vel ei ausu temerario contraire. Si quis autem hoc attemptare presumpserit, indignationem omnipotentis Dei et beatorum Petri et Pauli apostolorum ejus se noverit incursurum. Datum apud Pessacum prope Burdegalam, viii kalendas martii, pontificatus nostri anno secundo.

Visa et lecta sunt dicta privilegia per me subscriptum notarium apud Engolismam in claustro Engolismensis ecclesie, ubi reverendus pater in Christo dominus P. Dei gratia archiepiscopus Burdegalensis celebrabat suum provinciale concilium, presentibus reverendis in Christo patribus dominis Petragoricensi, Engolismensi, Pictavensi, Condomensi et Malleacensi episcopis, ac procuratoribus episcoporum absentium dicte provincie Burdegalensis, multisque abbatibus et personis aliis ad dictum concilium congregatis, die lune post festum Nativitatis Sancte Marie, anno Domini m° ccc° tricesimo tertio, indictione prima, pontificatus sanctissimi patris et domini nostri domini Johannis, divina providentia pape XXII, anno xvIII. Cujus visionis et lecture sunt testes venerabiles viri domini de Villanova, archidiaconus Sarven. in ecclesia Burdegalensi, Guillelmus de Roffinhaco, canonicus Aurelianensis, Bernardus de Lignano, canonicus Burdegalensis, et multi alii ad hoc vocati et rogati. Ego Petrus Archambaudi, clericus Lemovicensis diocesis, apostolica et imperiali [auctoritate] notarius publicus, dicta privilegia tenui, palpavi, vidi et legi, die, loco, anno, indictione, pontificatu et presentibus quibus supra, ipsaque copiari et transcribi in hiis duobus rotulis feci, et eidem copie facta collatione manu propria mea subscripsi et signum meum consuetum apposui requisitus.

---

60. Bulle du pape Clément V, qui permet aux archevêques de Bordeaux de publier ou de faire publier par leurs vicaires ou officiaux, dans les synodes de leurs suffragants, les lettres et tous actes qu'ils jugeront à propos (fº 63 rº).

22 février 1307.

Clemens, episcopus, servus servorum Dei, venerabili fratri Arnaldo, archiepiscopo Burdegalensi, salutem et apostolicam benedictionem. Gerentes Burdegalensem ecclesiam pre aliis, quarum disponente Domino generali regimini presidemus, conscriptam in tabulis cordis nostri, libenter prelatos ipsius graciis condignis attollimus et apostolicis favoribus communimus. Ad memoriam siquidem nostram reducimus quod, dum olim, ante suscepti a nobis apostolatus officium, ejusdem ecclesie regimini presidentes, habebamus aliqua [in] suffraganeorum nostrorum sinodis publicare, nonnulli eorumdem suffraganeorum loca tenentes se nobis in hiis exhibebant rebelles et publicationes hujusmodi nitebantur pro viribus impedire. Nos igitur super hoc oportunum adhiberi remedium cupientes, ut tam tu quam successores tui Burdegalenses archiepiscopi, qui pro tempore fuerint, necnon tui et eorumdem successorum vicarii et officiales, ac tam tui et ipsorum successorum quam vicariorum et officialium predictorum commissarii, possitis per vos vel alium seu alios pre ceteris aliis personis in sinodis suffraganeorum predictorum [et in] aliis clericorum et personarum ecclesiasticarum congregationibus in provincia Burdegalensi, quociens et quando vobis videbitur, litteras, processus et quecumque alia volueritis publicare, et in impedientes et perturbantes censuram ecclesiasticam exercere, tibi et eis auctoritate apostolica indulgemus; ita tamen quod in hoc semper littere, processus et quecumque scripta sedis apostolice vel legatorum ejus, necnon delegatorum sedis et legatorum predictorum, per quoscumque legenda seu publicanda fuerint, preferantur. Nulli ergo omnino hominum liceat hanc paginam nostre concessionis infringere etc. Datum apud Pessacum prope Burdegalam, viii kal. marcii, pontificatus nostri anno secundo.

---

61. Bulle du pape Clément V, qui révoque le pouvoir accordé par le pape Luce III au chapitre de l'église métropolitaine de Bordeaux de prononcer des sentences de suspense et d'interdit contre les personnes qui attentaient à leurs droits, lorsque l'archevêque était absent (fº 58 rº).

22 février 1307.

Clemens, episcopus, servus servorum Dei, venerabili fratri Arnaldo, archiepiscopo Burdegalensi, salutem et apostolicam benedictionem. Circumspecta sedis apostolice providentia fidelium saluti atque tranquillitati status eorum solerter invigilans, qualitates agendorum debita deliberatione considerat, nunc novas concedende gracias et indulgencias, nunc illis moderamen debitum adhibendo, nunc revocando concessa, prout, personarum et temporum, quefrequenter, cum sit instabilis, variatur, condiccione pensata, conspicit salubriter expedire. Dudum siquidem felicis recordationis Lucius papa III, predecessor noster, dilectis filiis decano et capitulo Burdegalensis ecclesie inter alia per privilegium speciale concessit quod, pro injuriis illatis ecclesie predicte, archiepiscopo Burdegalensi qui pro tempore esset, extra Burdegalensem civitatem et dyocesim ac provinciam sic absente quod de facili redire non posset nec speraretur rediturus in brevi, suspensionis et interdicti sentencias in injuriantes hujusmodi rationabiliter ferre possent, quodque hujusmodi per aliquem temeritate propria non deberent infringi. Verum postmodum dicti decanus et capitulum, quod eis in defensionis remedium et ecclesie Burdegalensis subsidium provisum fuerat, in expugnationis dispendium et ecclesie predicte jacturam et plurimorum scandalum converterunt, jura sedis Burdegalensis talis pretextu privilegii impugnantes multipliciter et alias abutentes privilegio supradicto. Nos qui Burdegalensem ecclesiam, de qua fuimus ad apicem summi apostolatus assumpti, inter ceteras orbis ecclesias affectione prosequimur benivolentie singularis, cupientes illam ejusque prelatos, quorumlibet vexationum turbinibus profugatis, in pacis et tranquillitatis jocunditate letari, ac attendentes quod, juxta sanctorum sacrorum instituta canonum, privilegium meretur amictere qui concessa sibi abutitur potestate : pro tranquillitate ac statu prospero ecclesie ac ejus prelatorum predictorum, dicto privilegio presens moderamen adhibendo, apostolica auctoritate statuimus quod, te vel aliquo de successoribus tuis Burdegalensibus archiepiscopis vivente, dicti decanus et capitulum hujusmodi potestate ipsis in eodem concessa privilegio, quam quoad hunc articulum penitus revocamus, nullatenus uti possint. Cum vero ecclesia fuerit solatio destituta pastoris, idem decanus et capitulum potestate ac jurisdiccione ipsis tam de communi jure quam ex eodem privilegio competentibus libere gaudeant et utantur, ita tamen quod pretextu dicti privilegii non possint per dictos decanum et capitulum jura et libertates ipsius sedis aliqualicet inpugnari, decernentes ex nunc, si secus agi contigerit, irritum et inane. Nulli ergo omnino hominum liceat hanc paginam nostre revocationis et constitutionis infringere vel ei ausu temerario contraire. Si quis autem hoc attemptare presumpserit, indignationem omnipotentis Dei et beatorum Petri et Pauli apostolorum ejus se noverit incursurum. Datum apud Pessacum prope Burdegalam, viii kalendas marcii, pontificatus nostri anno secundo.

---

62. Bulle du pape Clément V, qui ordonne de sonner les cloches et de recevoir processionnellement les archevêques de Bordeaux, dans les localités de leur province ecclésiastique où ils passaient, lors même qu'ils n'étaient pas en cours de visite pastorale (f° 59 v°).

22 février 1307.

Clemens, episcopus, servus servorum Dei, ad perpetuam rei memoriam. Specialis illa dilectio quam habemus ad Burdegalensem ecclesiam, de qua divina favente clementia fuimus ad summi apostolatus apicem evocati, merito nos inducit ut ad ea que statum et honorem prelatorum ipsius respiciunt paternis studiis intendamus. Volentes itaque ut archiepiscopos Burdegalenses qui pro tempore fuerint, tam eorum suffraganei quam sui et eorum suffraganeorum subditi ac etiam exempti dictorum diocesum, civitatum ac provincie, per quos transiverint etiam non visitando, ipsum cum pulsatione campanarum ac processionaliter recipere teneantur; quia, cum olim ante suscepti a nobis apostolatus officium dicte Burdegalensis ecclesie regimini preeramus, invenimus sic per ipsos fuisse hactenus de consuetudine observatum; non obstantibus privilegiis et litteris apostolicis quibuscumque sub quacumque forma verborum concessis eisdem, per que, presentibus non expressa vel totaliter non inserta, effectus presentium posset quomodolibet impediri, et de quibus quorumque totis tenoribus debeat in nostris litteris fieri mentio specialis. Nulli ergo omnino etc. Datum apud Pessacum prope Burdegalam, viii kalendas marcii, pontificatus nostri anno secundo.

---

63. Bulle du pape Clément V, adressée à Arnaud, archevêque de Bordeaux, et réglant, comme la précédente, les honneurs à rendre à ce métropolitain dans les lieux où il passait, lors même qu'il n'était pas en cours de visite pastorale (f° 60 r°).

22 février 1307.

Clemens, episcopus, servus servorum Dei, venerabili fratri Arnaldo, archiepiscopo Burdegalensi, salutem et apostolicam benedictionem. Specialis illa dilectio quam habemus ad Burdegalensem ecclesiam, de qua divina favente clementia fuimus ad summi apostolatus apicem evocati, merito nos inducit ut ad ea que tuum statum et honorem prelatorum ipsius respiciunt paternis studiis intendamus. Volentes igitur quod tui suffraganei, necnon tui et eorum suffraganeorum subditi, te ac successores tuos archiepiscopos Burdegalenses, qui pro tempore fuerint, debitis honoribus prosequantur, apostolica auctoritate statuimus ut, quociens te vel aliquem de successoribus tuis predictis per civitatem, dyocesim et provinciam tuas illas visitando transire contigerit, dicti suffraganei tui et alii tui et ipsorum suffraganeorum subditi, necnon exempti etiam qui procurationes aliquas tibi et eisdem successoribus, quamvis eos visitetis, exhibere tenentur de consuetudine vel de jure, per quos transiveritis, processionaliter et cum pulsatione campanarum; cum vero alias non visitando transitum inde feceritis, prefati suffraganei ac tui et eorum subditi non exempti cum pulsatione campanarum, non tamen processionaliter, vos recipere teneantur ; quodque illos qui secus egerint, tu et successores tui predicti in dictis civitate, dyocesi ac provincia animadvertere valeatis. Nulli ergo omnino hominum liceat hanc paginam nostri statuti infringere vel ei ausu temerario contraire. Si quis autem hoc attemptare presumpserit, indignationem omnipotentis Dei et beatorum Petri et Pauli apostolorum ejus se noverit incursurum. Datum apud Pessacum prope Burdegalam, viii kalendas marcii, pontificatus nostri anno secundo.

64. Bulle du pape Clément V, qui accorde aux archevêques de Bordeaux, lorsqu'ils seront en cours de visite pastorale, le droit de procéder et de sévir contre les auteurs de crimes et d'excès, tant occultes que notoires, dans toute leur province ecclésiastique, de la même manière et avec la même autorité qu'ils pourraient le faire dans leur propre diocèse (f⁰ˢ 62 v⁰ et 122 v⁰).

22 février 1307.

Clemens, episcopus, servus servorum Dei, venerabili fratri Arnaldo, archiepiscopo Burdegalensi, salutem et apostolicam benedictionem. Supra gregem dominicum tanquam pastor universalis disponente Domino constituti, de subditorum salute profundis meditationibus cogitamus, inter quas illa nos angit precipue, ut per nostre cooperationis ministerium cultus augeatur divinus, extirpatis viciis virtutes excrescant, mores in clero et populo reformentur, ac prosperetur de bono semper in melius status fidei ortodoxe. Sane quantum circa premissa sit utilis visitatio quam metropolitani locorum juxta sui officii debitum in provinciis eis districtis exercent, quantumve fructuosa, quinimo etiam opportuna, non solum sacrorum instituta canonum, sed ipsa magistra rerum experientia jugiter manifestat. Verum quia interdum, prout nos aliquando eadem experientia docuit, propter jurisdictionis defectum fructus prepeditur uberrimus qui alias ex visitacione hujusmodi proveniret, nos qui Burdegalensem ecclesiam, cujus nos dudum regimini presidentes dispositione divina jugum subivimus apostolice servitutis, prerogativa dilectionis amplectimur, volentes super hoc ipsius prelatos apostolicis fulcire presidiis, ut eo magis sibi et aliis possint proficere ad salutem quo majori per nos fuerint auctoritate muniti, suumque officium tanto salubrius exercere quanto potestatem a nobis receperint ampliorem : tibi tuisque successoribus archiepiscopis Burdegalensibus, qui pro tempore fuerint, auctoritate apostolica indulgemus, ut in civitatibus et diocesibus vestre provincie, cum in eis visitacionis officium impenditis, possitis non solum super notoriis et manifestis, sed etiam super occultis criminibus et excessibus quibuscumque, contrariis constitutionibus nequaquam obstantibus, ad inquisitionem procedere eo modo et forma quo possetis de jure contra vestros immediate subjectos, ac de illis excessibus et criminibus, de quibus vobis constare poterit, punire ac corrigere delinquentes juxta hujusmodi criminum et excessuum qualitatem. Nulli ergo omnino hominum liceat hanc paginam nostre concessionis infringere vel ei ausu temerario contraire. Si quis autem hoc attemptare presumpserit, indignationem omnipotentis Dei et beatorum Petri et Pauli apostolorum ejus se noverit incursurum. Datum apud Pessacum prope Burdegalam, viii kalendas martii, pontificatus nostri anno secundo.

---

65. Bulle du pape Clément V, qui exonère pour certaines causes l'archevêque de Bordeaux des dettes contractées par ses prédécesseurs envers les églises et personnes ecclésiastiques (f° 59 r°).

22 février 1307.

Clemens, episcopus, servus servorum Dei, venerabili fratri Arnaldo, archiepiscopo Burdegalensi, salutem et apostolicam benedictionem. Specialis ille dilectionis affectus quem ad Burdegalensem ecclesiam gerimus merito nos inducit ut nos de eadem ecclesia, quam dudum sponsam tempore promotionis nostre ad summum apostolatus officium habebamus et nunc filiam recognoscimus predilectam, specialiter cogitantes, dirigamus salubriter statum ejus, illius promovendo commoda, subtrahendo nociva et oportunitatibus providendo, ac ipsius indempnitatibus, quantum nobis ex alto permittitur, precavendo. Cum igitur eadem ecclesia gravetur oneribus debitorum per illos qui ante nos ipsi Burdegalensi ecclesie prefuerunt contractorum, nos, ad exonerationem ipsius paternis studiis intendentes, omnia debita in quibus ecclesia quacumque de causa quibusvis ecclesiis aut personis ecclesiasticis vel aliis quibuslibet occasione ipsorum quomodolibet teneretur, ex certis causis, apostolica tibi et eidem ecclesie auctoritate et de apostolice plenitudine potestatis remittimus et donamus, ut tu vel eadem ecclesia ad solutionem non teneamini aliquatenus eorumdem, et ex nunc processus et sententias, si qui occasione hujusmodi debitorum contra te aut eamdem ecclesiam habiti vel prolati sint, aut haberi vel proferri contigerit, irritos decernimus et inanes. Nulli ergo omnino etc. Datum apud Pessacum prope Burdegalam, VIII kalendas marcii, pontificatus anno secundo.

---

66. Bulle du pape Clément V, qui exonère l'archevêque de Bordeaux des dettes contractées envers des personnes non ecclésiastiques, à moins qu'elles ne l'aient été avec l'autorisation du Saint-Siège, ou que les créanciers ne prouvent qu'elles ont été profitables à l'église métropolitaine (f° 59 r°).

22 février 1307.

Clemens, episcopus, servus servorum Dei, venerabili fratri Arnaldo, archiepiscopo Burdegalensi, salutem et apostolicam benedictionem. Specialis ille dilectionis affectus quem ad Burdegalensem ecclesiam gerimus merito nos inducit ut nos de eadem ecclesia, quam dudum sponsam tempore promotionis nostre ad summum apostolatus officium habebamus et nunc filiam recognoscimus predilectam, specialiter cogitantes, dirigamus salubriter statum ejus, illius promovendo commoda, subtrahendo nociva, oportunitatibus providendo ac ipsius indempnitatibus, quantum nobis ex alto permittitur, precavendo... tibi ac successoribus tuis archiepiscopis Burdegalensibus, qui pro tempore fuerint, auctoritate apostolica indulgemus ut ad solucionem aliquorum debitorum ipsius ecclesie nomine cum creditoribus qui ecclesiastice persone non fuerint contractorum minime teneamini, nisi illa fuisse contracta de speciali licentia sedis apostolice, per ipsius dumtaxat sedis litteras, ejus vera bulla bullatas, quantumcumque id documentis aliis comprobatum fuerit, appareat evidenter, vel nisi dicta debita in ipsius ecclesie utilitatem fuisse conversa prefati legitime probaverint creditores. Nos enim ex nunc processus et sentencias, si qui occasione hujusmodi debitorum contractorum ab eadem ecclesia habiti vel prolati sint, aut haberi vel proferri contigerit, irritos decernimus et inanes. Nulli ergo omnino hominum liceat hanc paginam nostre concessionis et constitutionis infringere vel ei ausu temerario contraire. Si quis autem hoc attemptare presumpserit, indignationem omnipotentis Dei et beatorum Petri et Pauli apostolorum ejus se noverit incursurum. Datum apud Pessacum prope Burdegalam, VIII kalendas marcii, pontificatus nostri anno secundo.

---

67. Bulle du pape Clément V, déclarant que les archevêques de Bordeaux ont tous droits de juridiction à Saint-Avit de Fumadière et en la paroisse de Saint-Jean de Bonneville, au diocèse de Périgueux, contrairement aux prétentions du commandeur de Fumadière (f° 57 v°).

9 mars 1307.

Clemens, episcopus, servus servorum Dei, venerabili fratri

Arnaldo, archiepiscopo Burdegalensi, salutem et apostolicam benediccionem. Officii nostri debitum instanter exposcit ut ad manumittendum *(sic)*, conservandum et recuperandum etiam jura ecclesiarum omnium quarum cura nobis imminet generalis, sollicitis studiis intendamus, et ad id intendamus opem et operam, quantum nobis ab alto permittitur, efficacem. Sed ut jura Burdegalensis ecclesie, cujus dudum regimini preeramus quando jugum subivimus apostolice servitutis, quamque conscriptam gerimus in tabulis cordis nostri, illibata serventur, tanto sollicitudinem diligentiorem apponimus quanto specialis affectus dilectionis, quem non inmerito ad eamdem..., ad id propensius nos inducit, ac de hujusmodi suis juribus pleniorem noticiam obtinemus. Ab olim siquidem novimus quod archiepiscopus Burdegalensis qui est pro tempore, in castro Montis Revelli, Petragoricensis dyocesis, suisque territorio et districtu et castellania habet et habere debet, ac habuerunt archiepiscopi Burdegalenses qui fuerunt hactenus, merum et mixtum imperium ac jurisdictionem omnimodam; de cujus castri et castellanie territorio ac districtu locus Sancti Aviti de Fumaderiis, qui alias dicitur Salvitas Sancti Aviti, et parrochia dicti loci et Sancti Johannis de Bonavilla inter cetera esse noscuntur, fueruntque ab olim predecessores tui archiepiscopi Burdegalenses, qui pro tempore, in possessione vel quasi hujus merum et mixtum imperium et jurisdiccionem omnimodam inibi exercendi, quamvis preceptor et fratres hospitalis Sancti Johannis Jherosolimitani de Fumaderiis, dicte dyocesis, in dicto loco Sancti Aviti de Fumaderiis et parrochia dicti loci Sancti Johannis de Bonavilla jurisdiccionem aliquando injuste conati fuerint, sicut et adhuc conantur, ut audivimus, vendicare. Cum itaque de jure quod tu et dicta Burdegalensis ecclesia super premissis habetis plenarie nobis constet et constiterit hactenus, dum ante suscepti a nobis apostolatus officium regimini dicte Burdegalensis ecclesie preeramus, nos qui dicte ecclesie statum non minui, sed augeri paternis desideriis affectamus, nolentes quod jus ipsum tibi et eidem ecclesie quomodolibet subtrahatur vel de ipso futuris temporibus possit in dubium revocari : auctoritate apostolica declaramus imperium et jurisdiccionem hujusmodi in castro, territorio et districtu et castellania predictis ad te tuosque successores archiepiscopos Burdegalenses, qui pro tempore fuerint, dictamque Burdegalensem ecclesiam pertinere, et ea omnia et successoribus ipsis et per vos eidem ecclesie auctoritate predicta ex certa scientia confirmamus, imponentes tam preceptori et fratribus antedictis quam omnibus aliis perpetuum silentium super eis. Nulli ergo omnino hominum liceat hanc paginam nostre declarationis, confirmationis ac impositionis infringere vel ei ausu temerario contraire. Si quis autem hoc attemptare presumpserit, indignationem omnipotentis Dei et beatorum Petri et Pauli apostolorum ejus se noverit incursurum. Datum Burdegale, vi ydus marcii, pontificatus nostri anno secundo.

68. Acte de prise de possession du siège épiscopal de Poitiers par Arnaud d'Aux [1] (f° 90 r°).

7 mai 1307.

In nomine Domini, amen. Pateat universis presens publicum instrumentum inspecturis quod anno Domini a Nativitate ejusdem millesimo trecentesimo septimo, indictione quinta, septima die introitus mensis maii, videlicet die dominica post Ascensionem Domini, pontificatus sanctissimi patris in Christo et domini domini Clementis, divina providente clementia pape quinti, anno secundo, reverendus in Christo pater et dominus dominus Arnaldus, divina

---

1. Cet acte a été publié avec quelques incorrections dans les *Evesques de Poictiers* de Besly, p. 166, et incomplètement dans le *Gallia christiana*, t. 2, col. 1189.

providentia Pictavensis episcopus, primum ingressum suum faciens in ecclesia sua Pictavensi, in mei notarii publici infrascripti et testium subscriptorum specialiter ad hoc vocatorum et rogatorum presencia, idem reverendus pater dominus Arnaldus, Pictavensis episcopus, anno et die predictis, hora prime vel circa, sedens super quandam cathedram ante majores fores ipsius ecclesie Pictavensis, asportatus per nobiles viros dominos Guidonem, comitem Marchie, Johannam, vicecomittissam Castri Ayraudi, Guillelmum Archiepiscopi, dominum de Pertiniaco, et Mauricium, dominum de Bellavilla, ab ecclesia beate Marie majoris Pictavis usque ad locum predictum, ut moris est, canonicis ejusdem ecclesie Pictavensis, clero et populo civitatis Pictavensis, ac multis aliis religiosis et secularibus ibidem astantibus, in modum qui sequitur. Ecclesie Pictavensi prestitit tantummodo juramentum : Ego Arnaldus, Dei gratia episcopus Pictavensis, jura ecclesie Pictavensis servare et male alienata revocare pro posse, statuta, privilegia, libertates et consuetudines ecclesie Pictavensis rationabiles et approbatas, que et quas servare teneor, juro me observaturum, excludendo leves observantias a predictis. Acta sunt hec Pictavis sub anno, indictione, die, pontificatu et hora predictis, presentibus venerabilibus et discretis viris dominis Stephano Rebufa, archidiacono, Philippo de Vouhec, preposito ecclesie Pictavensis, Johanne Tephanelli, achidiacono Thoarcensi in ecclesia Pictavensi, Raymundo Mercerii, sacrista Condomii, Arnaldo Vitalis, canonico Xanctonensi, Raymundo Bernardi, archipresbitero Feodi Marconis, Guillelmo de Auxio, beate Radegundis Pictavis, et Guillelmo Bernardi de Berrencxs, beate Marie de Mirabello ecclesiarum canonicis, et quampluribus aliis testibus ad premissa vocatis specialiter et rogatis. Et ego Johannes de Yvodio, clericus Treverensis dyocesis, publicus apostolica et imperiali auctoritate notarius, juramento per prefatum reverendum patrem dominum Arnaldum, Dei gratia Pictavensem episcopum, prout superius est expressum, prestito corporali, ac omnibus et singulis premissis una cum testibus suprascriptis presens interfui, ac presens publicum instrumentum propria manu scripsi et in hanc publicam formam redegi signóque meo consueto signavi requisitus et rogatus.

---

69. Bulle du pape Clément V, qui accorde aux archevêques de Bordeaux, à perpétuité, la collation de divers bénéfices ecclésiastiques dans les églises cathédrales et collégiales et dans les monastères et prieurés des diocèses de la province ecclésiastique de Bordeaux. (fº 120 vº).

1er juillet 1307.

In nomine Domini, amen. Sequitur transcriptum cujusdam statuti seu privilegii felicis recordationis domini Clementis pape quinti, vera bulla plumbea in filo de serico more Romane curie bullati, omni suspicione carentis, ut prima facie videbatur :

Clemens, episcopus, servus servorum Dei, ad perpetuam rei memoriam. Multipharie multisque modis excitamur ab intimis, et sponso celesti, qui universalis inclite sponse sue custodiam insufficientie nostre commisit, in ea nitimur complacere, ut apostolico sollicitudinis studio ecclesiarum omnium ipsarumque prelatorum status salubris prospere dirigatur. Sed dum levamus in circuitu oculos mentis nostre, venerabilem Burdegalensem ecclesiam, que per studia sincere devocionis et reverencie filialis infra precordia nostra pre multa dilectione recumbit, eo delectabilius intuemur eoque propensius ad honoris et prosperitatis ipsius ac prelatorum ejusdem intendimus incrementum quo libencius in sue felicitatis gloria et suorum incremento profectuum delectamur. Recolimus etenim, nec esse valemus inmemores, quod ab olim dicta ecclesia nos genuit ut filium et provexit in virum, et tandem nos in pastorem assumens, gradum se nostris subjecit ascensibus, per quem culmen ascendimus apostolice dignitatis. Merito etenim erga dictam ecclesiam fervor nostre dilectionis exuberat, digne prelatos ipsius condignis insignimus honoribus, et digne favoribus prosequimur gratiosis, et ut ipsi ministrorum utilium fulciantur obsequiis, eo libentius apostolice providentie ministerium adhibemus quo desiderabilius concupimus ut gratis semper letentur eventibus et prosperis successibus gratulentur. Cum igitur iidem prelati propter diversorum negociorum occupationes multiplices, que pro tempore incumbunt eisdem, diversis ministris indigeant, ipsique prelati adeo pauca beneficia conferenda habere noscuntur quod ministris eisdem in retribucionem non possunt assurgere meritorum : nos, volentes dictis prelatis in hac parte de oportuno remedio providere, et illos illa gratia honorare per quam se reddere valeant aliis gratiosos, apostolica auctoritate statuimus : quod singuli archiepiscopi Burdegalenses, successores venerabilis fratris nostri Arnaldi, nunc archiepiscopi Burdegalensis, qui pro tempore fuerint, possint in majori tres, et Sancti Severini Burdegalensis duas, ac ceteris aliis cathedralibus et collegiatis ecclesiis, exemptis et non exemptis, Burdegalensium civitatis, diocesis ac provincie, in quibus certus canonicorum et prebendarum numerus fuerit, unam, personas ydoneas facere recipi auctoritate nostra in canonicos et in fratres, cuilibet earum stallo in choro et loco in capitulo ecclesie in qua recepta fuerit cum plenitudine juris canonici assignatis, ac providere ipsarum singulas de singulis prebendis in eisdem ecclesiis, si vacent ibidem, alioquin reservare ipsas collationi sue, eis illas cum vacaverint conferendas; in aliis vero singulis collegiatis ecclesiis dictarum civitatis et diocesis ac provincie, sive ibi habeatur, sive non habeatur certus canonicorum numerus, singulariter singulas personas ydoneas facere recipi eadem auctoritate in canonicos et in fratres, et eis de communibus proventibus ipsarum ecclesiarum canonice responderi; in singulis quoque monasteriis et prioratibus collegiatis seu conventualibus quorumcumque ordinum non exemptorum earumdem civitatis, diocesis ac provincie facere recipi singulas personas ydoneas in monachos, si monachi sint in eis, si vero ibi sint canonici regulares, in canonicos et in fratres, ipsisque juxta consuetudines ipsorum monasteriorum regularem habitum exhiberi, et sincera eas in Domino caritate tractari, et earum cuilibet de ipsarum ecclesiarum, monasteriorum et prioratuum de communibus proventibus, sicut uni ex aliis ipsorum monasteriorum seu prioratuum monachis aut canonicis, porcionem integram exhiberi; quodque insuper archiepiscopi supradicti et quilibet eorumdem, semel in vita ipsorum, in civitate et diocesi Agennensibus quinque ydoneis [personis], earum videlicet singulis de singulis beneficiis ecclesiasticis cum cura consuetis clericis secularibus assignari, etiamsi unum eorum archipresbiteratus forsan existat, quorum tria ad episcopi Agennensis qui nunc est et qui pro tempore fuerit, alia vero duo ad quorumcumque aliorum collationem, provisionem, presentacionem vel aliam quamlibet disposicionem communiter vel separatim pertineant; et in civitate et diocesi Petragoricensibus septem aliis personis ydoneis, earum videlicet singulis de singulis beneficiis cum cura vel sine cura similiter consuetis clericis secularibus assignari, etiamsi duo archipresbiteratus fuerint, quorum quatuor ad episcopi Petragoricensis qui nunc est et qui pro tempore fuerit, alia vero tria ad quorumcumque aliorum collationem, provisionem, presentacionem vel aliam quamcumque disposicionem pertineant communiter vel divisim; ac eodem modo in civitate et diocesi Engolismensibus tribus personis ydoneis, duabus videlicet earum de beneficiis ecclesiasticis cum cura vel sine cura, etiamsi unum eorum archipresbiteratus fuerit, ad episcopi Engolismensis qui nunc est et qui pro tempore fuerit, et alteri de alio similiter beneficio ecclesiastico, ad cujuscumque alterius vel quorumcumque aliorum collationem, provisionem, presentationem vel quamcumque aliam dispositionem conjunctim vel divisim spectante ; in Xanctonensibus vero civitate et diocesi octo personis ydoneis, earum videlicet singulis de singulis beneficiis ecclesiasticis similiter cum cura vel sine cura consuetis clericis secularibus assignari, etiamsi duo ipsorum archipresbiteratus existant, quorum duo ad episcopi Xanctonensis qui nunc est et qui pro tempore fuerit, et sex alia ad aliorum quorumcumque collacionem, provisionem, presentacionem vel aliam quamvis disposicionem pertineant supradictam; in Pictavensibus insuper civitate et diocesi duodecim personis ydoneis, earum videlicet singulis de singulis similibus beneficiis ecclesiasticis, curatis vel non curatis, secularibus clericis assignari consuetis, quorum quinque ad episcopi Pictavensis qui nunc est et qui pro tempore fuerit, etiamsi tria ipsorum archipresbiteratus vel decanatus rurales existant, et reliqua septem ad aliorum quorumcumque collationem, provisionem, presentacionem vel aliam quamcumque disposicionem pertineant communiter vel divisim : ita tamen quod nulli preter dictos episcopos ab aliquo dictorum archiepiscoporum in plurium quam unius provisione graventur : eadem auctoritate valeant providere ; vel si magis ipsis archiepiscopis videbitur, illa, si in dictis civitatibus et diocesibus vaccent, vel quam primum vacaverint, que persone ipse per se vel per procuratores earum ad hoc specialiter constitutos infra unius mensis spacium, postquam eis vel ipsis procuratoribus de hujusmodi beneficiorum vacatione constiterit, duxerint acceptanda. Et nichilominus omnibus et singulis ad quos ipsorum collatio et quelibet dispositio pertinet, inhibemus ne de illis disponere quoquomodo presumant, ac decernentes ex nunc irritum et inane, si secus super hiis a quoquam scienter vel ignoranter quavis auctoritate contigerit attemptari ; ac inducentes per se vel per alium seu alios personas easdem in corporalem possessionem prebendarum, archipresbiteratuum, decanatuum ruralium et beneficiorum predictorum, jurium et pertinentiarum eorumdem, et inductas deffendere ipsisque facere de ipsarum prebendarum et beneficiorum fructibus, redditibus, proventibus, juribus et obventionibus universis integre responderi; contradictores quoque auctoritate nostra appellacione postposita coartare, invocato ad hoc, si necesse fuerit, auxilio brachii secularis ; non obstantibus de cetero canonicorum vel monachorum numero, et aliis quibuscumque statutis et consuetudinibus contrariis ecclesiarum, monasteriorum, prioratuum et ordinum predictorum, juramento, confirmatione sedis apostolice vel quacumque alia firmitate vallatis, seu si aliqui in eisdem ecclesiis in canonicos forent recepti, vel ut reciperentur instarent, seu si per alios in eisdem ecclesiis aut monasteriis vel in dictis civitatibus aut diocesibus dicte sedis vel legatorum ejus generales aut speciales littere directe fuerint, vel eciam in posterum contigerit dirigi : quibus omnibus personas easdem in assecutione hujusmodi prebendarum , archipresbiteratuum , decanatuum ruralium et beneficiorum volumus anteferri ; sed nullum eis quoad assecutionem aliarum prebendarum, archipresbiteratuum et decanatuum ruralium et beneficiorum prejudicium generari ; seu si dictis episcopis aut capitulis dictarum ecclesiarum vel abbatibus, prioribus et conventibus eorumdem monasteriorum et prioratuum vel quibuscumque aliis communiter vel divisim ab eadem sit sede indultum, vel in posterum indulgeri contingat, quod ad receptionem vel provisionem alicujus minime teneantur, quodque ad idem compelli, seu quod interdici, suspendi vel excommunicari non possint; et quod de canonicatibus et prebendis aut proventibus dictarum ecclesiarum et monasteriorum, vel beneficiis ecclesiasticis ad eorum collationem, provisionem, presentacionem aut quamcumque dispositionem conjunctim vel divisim spectantibus, nulli provideri valeat per litteras apostolicas non facientes plenam et expressam ac de verbo ad verbum de indulto hujusmodi seu eorum nominibus vel ordinibus, mencionem ; et quibuscumque litteris, privilegiis, indulgenciis et exemptionibus dicte sedis, per que presentibus non expressa vel totaliter non inserta effectus earum impediri valeat quomodolibet vel differri, et de quibus quorumcumque totis tenoribus de verbo ad verbum habenda sit in nostris litteris mencio specialis, aut si alique ex personis eisdem alia beneficia ecclesiastica, etiamsi dignitates, personatus vel officia forsan existerent et curam haberent animarum, etiam obtinerent; eisdem et cuilibet ipsorum nichilominus concedentes quod cum singulis eisdem personis, quod hujusmodi beneficia per ipsos eisdem conferenda cum aliis beneficiis ecclesiasticis, etiamsi personatus, dignitates vel officia essent et curam animarum haberent qui tunc obtinerent, generalis concilii et qualibet alia constitucione contraria non obstante, licite retinere possint, valeant dispensare. Nolumus autem quod reservatio facienda, ut premittitur, de archipresbyteratibus et decanatibus ruralibus ac aliis curatis beneficiis supradictis, que dicte persone vel procuratores earum acceptabunt, quocienscumque fieri contingat, ad canonicatus et prebendas ac dignitates aliquatenus extendatur, quodque dicti prelati, antequam receperint pallium ac fuerint civitatem seu provinciam Burdegalensem ingressi, ad provisiones seu reservationes procedere valeant supradictas. Preterea statuimus quod, quocienscumque archiepiscopum Burdegalensem, qui pro tempore fuerit, decedere contigerit, antequam omnes provisiones seu reservationes fecerit supradictas, successor ejus omnes illas que tempore obitus ipsius predecessoris fiende restabunt, libere perficere valeat ; et ne ipse ecclesie provisionibus graventur hujusmodi, tot alias provisiones seu reservationes dumtaxat facere possit de novo in eisdem ecclesiis, quot per ipsum predecessorem facte fuerant ante ipsius obitum supradictum, et ad alias provisiones seu reservaciones faciendas auctoritate presentium non procedat. Ceterum volumus et auctoritate decernimus supradicta quod hujusmodi gratia per concedentis obitum non expiret, quodque a data presencium sit eisdem archiepiscopis Burdegalensibus et unicuique ipsorum in premissis omnibus et eorum singulis plena et perpetua potestas et jurisdictio attributa, ut in eo vigore illaque firmitate possint auctoritate predicta in predictis omnibus et pro predictis procedere ac si eorum jurisdictio in predictis omnibus et singulis per modum aliquem perpetuata legitime extitisset, qualibet constitutione contraria non obstante. Nulli ergo omnino hominum liceat hanc paginam nostri statuti, concessionis, constitutionis infringere vel ei ausu temerario contraire. Si quis autem hoc attemptare presumpserit, indignationem omnipotentis Dei et beatorum Petri et Pauli apostolorum ejus se noverit incursurum. Datum Pictavis, kalendis julii, pontificatus nostri anno tertio.

Une autre copie de cette bulle se trouve au f° 124 v°. On lit à la fin :

Visum et lectum fuit presens privilegium seu statutum per me suscriptum notarium apud Engolismam in claustro Engolismensis ecclesie, ubi reverendus pater in Christo dominus P. Dei gratia archiepiscopus Burdegalensis celebrabat suum provinciale concilium, presentibus reverendis in Christo patribus dominis Petragoricensi, Engolismensi, Pictavensi, Condomensi et Malleacensi episcopis, ac procuratoribus episcoporum absentium dicte provincie Burdegalensis, multisque abbatibus et personis aliis ad dictum concilium congregatis, die lune post festum Nativitatis Sancte Marie, anno Domini M° CCC° XXXIII°, indictione prima, pontificatus sanctissimi patris et domini nostri domini Johannis, divina providentia pape XXII, anno XVIII°. Cujus visionis et lecture sunt testes venerabiles viri domini Arnaldus de Villanova, archidiaconus Sam. in ecclesia Burdegalensi, Guillelmus de Roffinhaco, canonicus Aurelianensis, Bernardus de Lilhano, canonicus Burdegalensis, et multi alii ad hoc vocati et rogati.

Ego Petrus Archambaudi, clericus Lemovicensis dyocesis, apostolica et imperiali auctoritate notarius publicus, dictum privilegium seu statutum tenui, palpavi, vidi et legi, die, loco, anno, indictione, pontificatu ac presentibus quibus supra, ipsumque copiavi et transcribi feci, et eidem copie, facta collatione cum originali, manu propria me subscripsi et signum meum apposui requisitus.

---

70. Fragment d'un aveu de la seigneurie de Villefagnan, rendu à l'évêque de Poitiers (f° 210 r° [1]).

7 juillet 1307.

.... vel alii habent et percipiunt et tenent a me in magna decima de Villa Lutoza et totam decimam parvam illius ville in quibuscumque rebus existat. Item quicquid habeo et percipio et alii habent et percipiunt et tenent a me in tota decima de Lempgnes et in tota decima de Palea Rao, in quibuscumque rebus existat; significans ego dictus miles predicto episcopo reverendo patri et domino meo quod, in illo anno sive in illis annis in quo vel quibus dicta decima de Palea Raos spectat ad me et ad percionarios meos, illud jus, quod dominus episcopus illo anno seu illis annis percipit in predicta decima, predecessores illius domini episcopi adquisierunt a subditis meis vel a subditis percionariorum meorum, una cum omni jure quod percipit quolibet anno vel dominus episcopus in decima de Lempgnes; propter quod supplico eidem domino episcopo

---

1. Le f° 209, sur lequel était écrit le commencement de cet aveu, manque.

domino meo et patri reverendo ne super hoc michi vel meis possit in futurum aliquod prejudicium generari. Item habeo et teneo a predicto domino meo quicquid habeo et percipio vel alii habent et tenent a me in tota villa de Villa Lutosa et in toto territorio ipsius ville. Item magneriam seu servitutem magneriorum residencium a ponte de Chalac usque ad Ecclesias de Argentholio et a ponte de Cessec usque ad pontem de Brioc. Item molendinum situm de subtus Froyderen, et quicquid habeo et percipio in toto territorio de Marcillec et in parva decima dicti loci, una cum tercia parte magne decime dicti territorii et dicti loci. Et hec omnia premissa et singula modo et forma predicta habeo et teneo pro me et meis subditis a predicto domino episcopo Pictavensi meo sub homagio et achatamento prenotatis, supplicans eidem domino meo tenore presencium humiliter et devote quod, si in aliquo erraverim seu aliqua propter ignoranciam que sint et moveant de dicto feodo obmiserim, que in presente scripto sufficienter non declaraverim, si plus vel minus apposuerim vel aliqua male ordinaverim, quod sua benivolencia et dignacio reverenda super hoc me certificet et advertat. Promittens sub debito fidelitatis dicti homagii obmissa vel male ordinata, si que sint, eidem domino meo revelare quam prius potero et scivero, et ad hec si locus obtulerit et facultas. Et hec predicto meo [domino] et omnibus quorum interest significo per presentes litteras, sigillo domini Forcii, archipresbyteri de Boyg, judicis mei ordinarii, ad preces meas sigillatas. Quibus litteris nos Petrus Amarviti, vices [gerens] predicti archipresbyteri, ad preces dicti militis, predictum sigillum apposuimus in testimonium veritatis. Actum die veneris post festum beati Martini estivalis, anno Domini M° ccc° septimo.

71. Collation de l'aumônerie du Vieux-Niort à Brice Moniac, prêtre, faite concurremment par Arnaud d'Aux, évêque de Poitiers, et par le maire de Niort, qui s'attribuaient respectivement ce droit (f° 96 v°).

24 juillet 1307.

In nomine Domini, amen. Pateat universis hoc presens publicum instrumentum inspecturis quod anno Domini M° CCC° septimo, indictione quinta, pontificatus sanctissimi patris ac domini domini Clementis, divina providentia pape quinti anno secundo, mense julii, videlicet die lune post festum beate Marie Magdalene, constitutis apud Sanctam Pecinnam, Pictavensis dyocesis, in domibus habitationis domini Johannis Clavelli, militis, reverendo in Christo patre ac domino domino Arnaldo, Dei gratia episcopo Pictavensi, ex parte una, et Thoma Bachime, majore communitatis de Nyorto, et pluribus burgensibus ipsius ville, videlicet Petro Vicinni, Petro Burgundi, Nicholao de Rogoynno et magistro Johanne Mechini, ejusdem ville clericis, et pluribus aliis pro communitate ipsius ville presentibus, pro causa seu negocio que vel quod verti sperabatur inter dictum reverendum patrem ac majorem et communitatem predictas super collatione et institutione helemosinarie de Veteri Nyorto, ipsa die dicebat et proponebat dictus reverendus pater dicte helemosinarie collationem et institutionem ad se de jure communi pertinere; prefato majore et aliis contrarium asserentibus, et dicentibus collacionem ipsius helemosinarie et institutionem non ad dominum episcopum pertinere, maxime cum sint vel fuerint in possessione vel quasi pacifica conferendi eamdem a tempore a quo memoria non existit; eodem domino episcopo contrarium asserente : tandem dictus major, vice sua et communitatis predicte, discreto viro domino Briccio Moniac, presbytero presenti, ex tota potestate quam habebat nomine suo et dicte communitatis, dictam helemosinariam de Nyorto Veteri cum suis juribus et pertinenciis contulit, et administrationem ejusdem eidem domino Briccio commisit vice sua et communitatis predicte. Et ibidem statim dictus reverendus pater in Christo dominus Arnaldus, Dei gratia episcopus Pictavensis, presens, prefatam helemosinariam de Nyorto Veteri ex omni jure sibi competenti eidem domino Briccio, presenti et accipienti, contulit, et administrationem spiritualium et temporalium que eidem incumbunt et curam pauperum commisit, dicendo : Nos, episcopus Pictavensis, ad quem de jure communi spectat collatio dicte helemosinarie, non ad majorem, nec ad communiam de Nyorto, vobis domino Briccio eamdem conferimus quanto plus efficaciter possumus, et eam committimus cum suis juribus et pertinenciis universis, vobis precipientes ut dictam helemosinariam a nobis et ex collatione nostra teneatis. Et tunc protestatus fuit dictus major pro se et communitate predicta, quod ad dictum dominum episcopum dicte domus helemosinarie collatio et institutio nullatenus pertinebat; set domino episcopo in contrarium protestante et dicente quod major et communia nullum jus habet nec habebat in helemosinaria supradicta. Acta sunt hec sub anno, indictione, pontificatu, mense, die, locoque predictis, circa horam tertiam, presentibus suprascriptis et domino Raymundo Marcher, sacrista Condomi, decretorum doctore, et magistro Petro, archypresbitero de Sansayo, testibus ad premisssa vocatis et rogatis. Et ego Johannes Creton, clericus Cameracensis, sacrosancte Romane ecclesie et universalis ecclesie publicus auctoritate notarius, premissis collationibus et processionibus, et aliis omnibus et singulis presens fui una cum testibus suprascriptis, et ea scripsi et in publicam formam redegi, presensque instrumentum propria manu scripsi signoque meo solito signavi, vocatus specialiter et rogatus.

72. Bulle du pape Clément V, qui règle la juridiction respective de l'évêque et du chapitre cathédral de Poitiers, et assigne une prébende à l'évêque (f° 66 r°.)

11 août 1307.

(Cette bulle a été publiée par Thibaudeau, dans son *Abrégé de l'histoire du Poitou*, 1re édition, t. I, p. 373 à 384).

---

73. Acte par lequel les Frères de la maison-Dieu de Saint-Jacques de Bressuire consentent qu'Arnaud d'Aux, évêque de Poitiers, fasse pour cette fois l'élection d'un prieur de leur maison, dont la place était alors vacante (f° 94 r°).

13 novembre 1307.

In nomine Domini, amen. Pateat universis per hoc presens publicum instrumentum, quod anno Domini m° ccc° septimo, indictione sexta, pontificatus sanctissimi patris et domini domini Clementis, divina providentia pape quinti, anno tertio, mense novembris, die ejusdem mensis xiii, apud Perticam prope Pictavis, scilicet in magna aula dicti loci, hora vesperarum vel circa, in mei notarii publici et testium subscriptorum presencia, personaliter constituti discreti viri Petrus Moysen, presbiter, Colinus Baudet et Johannes Grobelli, clerici, fratres domus Dei Sancti Jacobi de Berchorio, vacantis per liberam resignationem Guillelmi Fouchart, quondam prioris seu rectoris sui, voluerunt et consenserunt quod reverendus in Christo pater dominus Arnaldus, Dei gratia Pictavensis episcopus, sibi et dicte domui priorem eligat, orphanotrophum vel rectorem, vel sibi de orphanotropho, priore vel rectore provideat ista vice, et in dictum dominum episcopum electionem hujusmodi contulerunt, promittentes fide ab eis prestita corporali quod potestatem hujusmodi dicto domino episcopo datam nullatenus revocabunt, et quod contra electionem vel provisionem per eumdem dominum episcopum faciendam non facient nec venient quoquomodo, quodque ipsum recipient et habebunt pro orphanotropho, priore vel rectore, quem dominus episcopus sibi eliget aut etiam assignabit, vel de quo eisdem et dicte domui sue duxerit providendum. Acta sunt hec anno, indictione, pontificatu, anno, mense, die et hora predictis, presentibus venerabilibus viris magistris Petro, archipresbitero de Sancayo, et Arnaldo Vitalis, canonico Xanctonensi, testibus ad premissa vocatis specialiter et rogatis. Et ego Hugo Chire, clericus Pictavensis dyocesis, publicus imperiali auctoritate notarius, premissis omnibus et singulis una cum dictis testibus presens interfui, et scripsi et in publicam formam redegi, signoque meo solito signavi, vocatus ad hoc specialiter et rogatus.

---

74. Élection d'un prieur de la maison-Dieu de Saint-Jacques de Bressuire par Arnaud d'Aux, évêque de Poitiers (f° 91 r°).

23 novembre 1307.

In Christi nomine, amen. Pateat universis per hoc presens publicum instrumentum quod anno Domini m° ccc° septimo, indictione sexta, pontificatus sanctissimi patris ac domini domini Clementis, divina providentia pape quinti, anno tertio, mense novembris, die ejusdem mensis xxiii, videlicet die jovis ante festum beate Katharine virginis, circa tertiam, in mei notarii publici infrascripti et testium subscriptorum presentia, personaliter constitutus reverendus in Christo pater ac dominus dominus Arnaldus, Dei gratia episcopus Pictavensis, fratribus domus Dei Sancti Jacobi de Berchorio et ipsi domui ex potestate ab ipsis fratribus sibi data providit de Johanne de Fonte, clerico, et ipsum elegit et assignavit in priorem, orphanotrophum et rectorem, prout sequitur, in hec verba : Johannes de Fonte, qui de morum honestate, litterarum scientia et de vita laudabili nobis a pluribus commendaris, te elegimus et de te providemus et etiam assignamus fratribus et domui Dei Sancti Jacobi de Berchorio, vacantis ante provisionem hujusmodi per liberam resignationem Guillelmi Fouchart in manibus nostris factam et a nobis admissam, in priorem, orphanotrophum vel rectorem, a dictis fratribus ex potestate nobis data, et te in possessionem dicte domus, jurium et pertinentiarum ejusdem per traditionem nostri anuli presentialiter investimus, et tibi committimus regimen dicte domus. Quibus sic factis, dictus Johannes juravit, tactis sacrosanctis evangeliis, quod statutis temporibus se faciet ad omnes sacros ordines promoveri, et quod dicto domino episcopo et ejus successoribus erit obediens et fidelis, et mandata et constitutiones ipsius domini episcopi et officialium suorum inviolabiliter observabit, et residenciam in dicta domo faciet personalem, et quod dictam domum alteri non subiciet sine dicti domini episcopi licencia speciali, et quod jura dicte domus non alienabit, et si qua sunt alienata, pro posse recuperabit; similiter et pauperibus sufficienter secundum facultatem domus necessaria ministrabit. Juravit etiam dictus Johannes stare voluntati, ordinationi et arbitrio dicti domini episcopi super habitu deferendo et super etiam habitus qualitate. In quorum omnium et singulorum [fidem] premissorum, idem reverendus pater dominus episcopus Pictavensis presenti instrumento sigillum suum duxit apponendum una cum signo mei notarii infrascripti. Acta sunt hec anno, pontificatu, indictione, mense, die, loco et hora predictis, presentibus venerabilibus viris et discretis dominis Guillelmo de Frantere, officiali Pictavensi, P. archipresbitero de Sancayo, Pictavensi, Arnaldo Vitali, canonico Xanctonensi, et Raymundo Bernardi, archipresbitero Feodi Marconis, Agenensis dyocesis, testibus ad premissa vocatis specialiter et rogatis. Et ego Hugo Chire, clericus Pictavensis dyocesis, imperiali auctoritate notarius, provisioni, electioni, juramenti prestationi et investiture et omnibus aliis, ut premittitur, una cum dictis testibus interfui, ea scripsi et in publicam formam redegi, signoque meo solito, una cum sigillo reverendi in Christo patris ac domini domini Arnaldi, divina miseratione Pictavensis episcopi, presenti instrumento annexo, signavi, vocatus ad hec specialiter et rogatus.

75. Lettres du roi Philippe le Bel ordonnant aux sénéchaux de Poitou et de Saintonge, et au bailli de Touraine, de maintenir l'évêque de Poitiers dans tous ses droits, possessions et immunités, et de le mettre à couvert de toute violence (f° 111 v°).

27 décembre 1307.

Philippus, Dei gratia Francorum rex, senescallis Pictavensi, Xanctonensi, et ballivo Turonensi, et eorum loca tenentibus, salutem. Mandamus vobis et vestrum cuilibet quatenus vos et vestrum quilibet dilectum nostrum episcopum Pictavensem in suis justis possessionibus, libertatibus et saisinis, in quibus ipsum et predecessores suos fuisse et esse noveritis, manuteneatis, ac defendatis ab injuriis, violenciis, vi armorum et oppressionibus manifestis, non permittentes contra ipsum fieri aliquas indebitas novitates; eas, si que facte fuerint, in statum debitum reducentes. Datum Parisius, xxvii die decembris, anno Domini m° ccc° septimo.

76. Lettres du roi Philippe le Bel ordonnant aux sénéchaux de Poitou et de Saintonge, et au bailli de Touraine, d'empêcher qu'aucun de ses sujets ne trouble l'évêque de Poitiers dans ses visites et ses droits de visite, et dans les corrections qu'il est obligé de faire (f° 111 r°).

27 décembre 1307.

Philippus, Dei gratia Francorum rex, senescallis Pictavensi, Xanctonensi, et ballivo Turonensi, salutem. Mandamus vobis et vestrum cuilibet quatenus non permittatis dilectum nostrum episcopum Pictavensem in suis visitationibus vel procurationibus exigendis, aut visitando, seu procurando ac corrigendo, prout ad eum pertinuerit, per aliquem seu aliquos de nostris subditis molestari vel impediri injuste; molestatores et impeditores hujusmodi ad cessandum a molestatione et impedimento quocumque debite compellentes, et juxta demerita punientes, prout ad vestrum quemlibet noveritis pertinere. Datum Parisius, xxvii die decembris, anno Domini m° ccc° septimo.

---

77. Lettres du roi Philippe le Bel ordonnant aux sénéchaux de Poitou et de Saintonge, et au bailli de Touraine, de prêter mainforte à l'évêque de Poitiers et à son official pour la poursuite et l'emprisonnement des clercs qui avaient encouru une punition (f° 115 v°).

27 décembre 1307.

Philippus, Dei gratia Francorum rex, senescallis Pictavensi, Xanctonensi, et ballivo Turonensi, et eorum loca tenentibus, salutem. Mandamus vobis et vestrum cuilibet quatinus vos et vestrum quilibet dilecto nostro episcopo Pictavensi et ejus officiali ad capiendum clericos et captos ad prisionem suam ducendum, et detinendum in ea clericos incorrigibiles sibi subditos et in sua civitate et dyocesi delinquentes, quos per se capere et in carcere suo detrudere et detinere non potuerint, pro eorum excessibus puniendis, detis, si, quando et quotiescumque necesse fuerit et ex parte ipsius episcopi vel ejus officialis fueritis requisiti, patrocinium et juvamen, prout justum fuerit et ad vestrum quemlibet noveritis pertinere. Datum Parisius, xxvii die decembris, anno Domini m° ccc° septimo.

---

78. Lettres du roi Philippe le Bel ordonnant au sénéchal de Poitou et aux gardes des domaines tenus en vertu de la régale, de restituer à l'évêque de Poitiers les biens qui avaient été saisis à l'occasion de la régale (f° 110 v°).

28 décembre 1307.

Philippus, Dei gratia Francorum rex, senescallo Pictavensi ac custodibus regalium regni nostri et eorum cuilibet, salutem. Scire vos volumus quod nos manum nostram in bonis temporalibus episcopatus Pictavensis ex quacumque causa appositam ex nunc amovemus omnino, hoc nobis salvo, quod si pro tempore constare poterit quod episcopus Pictavensis nobis fidem facere teneatur quodque regalia habeamus in episcopatu predicto, quod dictus episcopus fidem nobis faciat et fructus regalie nobis restituat, si, ut premittitur, inveniatur eumdem episcopum ad premissa teneri. Eapropter vobis tenore presentium mandamus quatenus dilectum nostrum episcopum Pictavensem dictis bonis suis temporalibus et aliis gaudere libere permittatis, ac quecumque occasione regalium hac vice percepta sunt de episcopatu predicto, prout ad vos et vestrum quemlibet pertinet, restituatis et restitui faciatis eidem sine difficultate quacumque. Datum Parisius, die vicesima octava decembris, anno Domini M° CCC° septimo.

79. Lettres du roi Philippe le Bel ordonnant au sénéchal de Poitou ou à son lieutenant, et aux autres juges royaux, de faire expresse défense à ses sergents d'exercer leur office dans les terres où l'évêque de Poitiers avait toute justice haute et basse; sous un *vidimus* du 16 janvier 1308, n. st. (f° 115 v°).

30 décembre 1307.

Universis presentes litteras inspecturis et audituris, Michael Amici, canonicus ecclesiarum secularium beate Marie majoris et sancte Radegundis Pictavensis, gerens sigillum regium apud Pict. constitutum, salutem in Domino. Litteras excellentissimi principis domini nostri Francorum regis nos recepisse noveritis, formam que sequitur continentes :

Philippus, Dei gratia Francorum rex, senescallo Pictavensi vel ejus locum tenenti aliisque justiciariis regni nostri ad quos presentes pervenerint, salutem. Vobis mandamus et vestrum cuilibet, prout ad ipsum pertinuerit, quatenus servientibus nostris inhibeatis expresse ne ipsi in terra dilecti nostri episcopi Pictavensis, in qua ipsum omnimodam altam et bassam justiciam habere noveritis, morari contra tenorem statutorum nostrorum, sergentare seu sergentis officium exercere quoquomodo presumant, quos contravenire noveritis taliter punientes quod cedat aliis in exemplum. Actum Parisius, die xxx decembris, anno Domini m° ccc° septimo.

Datum hujus receptionis sub sigillo predicto apud [Pictav.] constituto die martis post festum beati Hyllarii yemalis, anno Domini m° ccc° septimo.

---

80. Lettres d'Arnaud, archevêque de Bordeaux, prescrivant à Arnaud, évêque de Poitiers, de faire publier dans son diocèse une bulle du pape Clément V, du 21 janvier 1308, accordant des indulgences aux fidèles qui visiteraient l'église métropolitaine de Bordeaux le jour de la fête de la Translation de saint André (f° 64 v°).

2 mars 1308 (1307 v. st.).

Reverendo in Christo patri domino Arnaldo, Dei gratia venerabili episcopo Pictavensi, Arnaldus, eadem gratia Burdegalensis archiepiscopus, salutem et sinceram in Domino caritatem. Sanctissimum in Christo patrem et dominum dominum Clementem, divina providentia papam quintum, ecclesiam suam Burdegalensem indulgentiis que secuntur noverit vestra paternitas decorasse :

Clemens, episcopus, servus servorum Dei, venerabili fratri archiepiscopo Burdegalensi, salutem et apostolicam benedictionem. In medio pectoris apostolici venerabilis ecclesia Burdegalensis sicut filia predilecta recumbens, in caritatis visceribus illam pre nimia dilectione portamus, et paterne pietatis brachiis amplexantes, ipsam libenter spiritualium donorum decoramus ornatibus et gratiarum dotibus insignimus, et eo desiderancius appetimus, ut fidelium populi in splendore ambulent vultus ejus, quo illam, devotionis igne accensi, frequentius visitantes, deliciarum celestium se affluentius refici prospexerint ubertate. Hec est ecclesia que a juventutis nostre primordiis suis deliciis nos educavit ut filium more matris. Hujusmodi quidem dulcedinis ubera suximus; ipsa nos fovit in filium, et tandem nos in suum pastorem assumens, gradum se nostris subjecit ascensibus, per quem ascendimus solium apostolice dignitatis. Propterea ipsam post Romanam ecclesiam dilectissimam sponsam Christi, quam nobis licet inmeritis dignanter custodiendam commisit, inter universas orbis ecclesias oculi nostri votive respiciunt, et digne ad sui honoris et status augmentum studia nostra convertimus; digne ad decorem ejus oportunas solicitudines adhibemus, digne ad devotionem illius renatos fonte baptismatis spiritualibus muneribus invitamus. Considerantes igitur quod eadem Burdegalensis ecclesia, in honore beati Andree apostoli gloriosi constructa, metropolitana insignis existit, et [inter] alias multum coruscat privilegio dignitatis, et in ea de ipsius apostoli sacratissimo corpore, et aliorum plurimorum apostolorum, martirum, confessorum et virginum venerabiles reliquie, que multa sunt veneratione colende a cunctis fidelibus, requiescunt; et propterea decens et congruum reputantes ut fideles populi, quos sicut nobis ex debito pastoralis incumbit officii, acceptabiles reddere desideramus Altissimo, ad implorandum ibidem divinam misericordiam pro peccatis et spiritualium oblectationum recreationem ac dulcedinem refectionis eterne sumendam, ad ecclesiam ipsam velut ad portum confluant salutarem : omnibus vere penitentibus et confessis, qui ad dictam ecclesiam in festo Translationis ejusdem apostoli, quod die nona introitus mensis maii in eadem ecclesia celebratur, causa devocionis annis singulis accesserint reverenter, quatuordecim annos et totidem quadragenas; illis vero qui per xx dies festum Translationis ipsius proxime precedentes et totidem hujusmodi Translationis diem inmediate sequentes, ecclesiam eamdem devotis animis visitaverint annuatim, de omnipotentis Dei misericordia et beatorum Petri et Pauli apostolorum ejus auctoritate confisi, septem annos et septem quadragenas pro die quolibet ipsorum XL dierum de injunctis eis penitenciis misericorditer in Domino duximus relaxandum. Ut autem Christi fideles civitatis et dyocesis Burdegalensium eo libentius ad prefatam ecclesiam pro eadem indulgentia habenda concurrant quo expressius de illo certitudinem habuerint pleniorem, fraternitatem tuam monemus et ortamur attentius, tibi in virtute obedientie districte precipiendo mandantes, quatinus memoratam indulgentiam per prelatos et rectores ecclesiarum et locorum dictarum civitatis et dyocesis et alios de quibus expedire videris, frequentius diebus dominicis et festivis in ecclesiis et locis eorum et alibi in congregationibus fidelium, ubi tibi videbitur oportunum, ipsiusque seriem et tenorem in lingua vulgari juxta modum loquendi ipsius patrie distincte et aperte per singula fidelibus populis facias, quamcicius fieri poterit, diligenter exponi; et nichilominus suffraganeis tuis, quod eamdem indulgentiam per prelatos et rectores ecclesiarum et locorum suarum civitatum et dyocesum et alios de quibus... in eisdem ecclesiis et locis per eosdem prelatos, rectores et alios modo quo supra publicari faciant et exponi, auctoritate nostra sub virtute obedientie mandare procures, illam in premissis in honorem ejusdem apostoli devotionis efficaciam et reverencie studium impensurus quo, ejusdem apostoli intercedentibus meritis, tibi ad hereditatis dominice gloriam aditus facilius preparetur, nosque diligentiam quam in hac parte duxeris adhibendam in Domino valeamus merito commendare. Volumus insuper et mandamus quod, te in remotis agente, dilecti filii vicarius in spiritualibus vel officiales tui predicta omnia et singula cum diligentia exequantur. Datum Pictav. XII kal. februarii, pontificatus nostri anno tertio.

Cujus quidem mandati vobis, auctoritate apostolica qua fungimur in hac parte, virtute obediencie precipimus et mandamus quatinus indulgentias supradictas per prelatos et rectores ecclesiarum et locorum civitatis et dyocesis vestre, et alios de quibus vobis videbitur, in suis ecclesiis et locis modo quo supra publicari faciatis et exponi, tantum super hoc facientes ut a Deo retribui et a sede apostolica propter fidelem et promptam obedientiam mereamini commendari. In cujus rei testimonium sigillum nostrum presentibus duximus apponendum. Datum apud Caladzocum, sexto nonas marcii, anno Domini m° ccc° septimo.

---

81. Acte par lequel Ysabelle, abbesse de Sainte-Croix de Poitiers, désavouant son ingérence, au préjudice de l'évêque, dans l'installation d'un prieur de Sainte-Radegonde, élu par le chapitre de cette église, ce prélat lève l'interdit dont il avait frappé le monastère de Sainte-Croix (f° 93 v°).

12 avril 1308.

In nomine Domini, amen. Anno ejusdem millesimo trecentesimo octavo, indictione sexta, duodecima die introitus mensis aprilis, videlicet die veneris ante festum Pasche, pontificatus domini Clementis, divina providentia pape quinti, anno tertio, in ecclesia cathedrali Pictavensi, ante majus altare ejusdem ecclesie, in mei notarii publici et testium infra scriptorum ad hoc specialiter vocatorum et rogatorum presentia, personaliter constituta, religiosa domina soror Esabellis, abbatissa monasterii Sancte Crucis Pictavensis, revocavit, cassavit et annulavit omnino palam et publice, quantum potuit et in ipsa erat, quicquid et si quid fecerat seu attemptaverat contra jus competens reverendo patri domino Arnaldo, digna Dei providentia episcopo Pictavensi, et ejus successoribus ac ecclesie Pictavensi, in prejudicium eorumdem, in installacione domini

Johannis Mantrole, concorditer, ut dicitur, electi per capitulum beate Radegundis Pictavensis in priorem ejusdem ecclesie, et, si quid super predictis et ea tangentibus fecerat in prejudicium dicti domini episcopi et ecclesie Pictavensis, dixit et voluit quod nullius esset penitus valoris vel momenti. Propter quod idem dominus episcopus, ad preces, supplicationem et instanciam dicte abbatisse et aliorum multorum insistentium pro eadem, amovit sentenciam latam per ipsum contra dictam abbatissam ac suspendit interdictum appositum in ecclesia et monasterio Sancte Crucis predicte usque ad diem sabbati post dominicam qua cantatur *Quasimodo*. Acta sunt hec sub anno, indictione, die, pontificatu et loco predictis, hora tercie vel circa, presentibus venerabilibus et discretis viris magistris Petro Merlandi, Petro, archipresbitero de Sancayo, dominis Guillelmo Bernardi, canonico de Mirabello, Stephano Rebufa, archidiacono Pictavensi, et fratre Guillelmo de Montelhauduno, operario Bazatensi, dyocesis Tholosane, testibus ad premissa vocatis specialiter et rogatis.

Et ego Johannes Nicolai de Ynodio, clericus Treverensis dyocesis, publicus apostolica et imperiali auctoritate notarius, premissis omnibus et singulis una cum prenominatis testibus presens interfui, ac ea manu propria scripsi et in hanc publicam formam redegi, signoque meo consueto signavi requisitus et rogatus in testimonium premissorum.

---

82. Acte de la remise faite à l'officialité de Bordeaux de la personne d'un fondé de pouvoir du chapitre de Sainte-Radegonde de Poitiers, qui avait été emprisonné à la requête de l'évêque pour avoir brisé les scellés apposés par ordre de ce prélat sur les biens du prieur défunt de Sainte-Radegonde, et qui avait fait appel au siège métropolitain (f° 93 r°).

19 avril 1308.

In nomine Domini. Anno ejusdem millesimo trecentesimo octavo, indictione sexta, decima nona die introitus mensis aprilis, videlicet die veneris post Pascha, pontificatus domini Clementis, divina providentia pape quinti, anno tercio, in mei notarii publici et testium infra scriptorum presentia, personaliter constituti reverendus pater dominus Arnaldus, Dei gratia Pictavensis episcopus, ac venerabiles et discreti viri dominus Guillelmus Revelli, auditor tunc reverendi in Christo patris domini Arnaldi, digna Dei providencia titulo Sancti Marcelli presbiteri cardinalis, ac magister Petrus de Montepessullano, officialis Burdegalensis; idem dominus Pictavensis episcopus tradebat, ut dixit, eisdem domino Guillelmo et magistro Petro, nomine et ob honorem tantum predicti domini cardinalis, Hugonem Gouraudi, dicentem se esse procuratorem capituli beate Radegundis Pictavensis, tanquam maleficum et delinquentem, pro eo videlicet quia fregerat saisinam dicti domini episcopi et sigilla ruperat, quam et que posuerat vel poni fecerat in quibusdam bonis domini Ranulphi Vigerii defuncti, prioris quondam beate Radegundis Pictavensis, sicut episcopus et ordinarius loci, et pro eo quod idem Hugo, prout confessus fuit coram dicto domino episcopo, apposuerat aliud sigillum nomine capituli beate Radegundis Pictavensis in dictis bonis, ammoto sigillo predicto, nomine dicti domini episcopi apposito in bonis antedictis, et eciam propter multa alia crimina et facinora de quibus dictus dominus episcopus habebat eumdem Hugonem suspectum, et de quibus spectat punitio et cognitio ad eumdem, et sibi reservabat loco et tempore suo puniendi ipsum, prout qualitas delictorum predictorum et aliorum delictorum suorum exposcebat ac etiam requirebat. Qui quidem prefati dominus Guillelmus auditor et magister Petrus officialis, de mandato dicti domini cardinalis, ut dicebant, dixerunt quod dictus Hugo clericus, tanquam procurator capituli beate Radegundis, nomine procuratoris appellaverat a dicto domino episcopo et ejus audiencia ex causis legitimis ad sedem Burdegalensem, et illa de causa dictus dominus ceperat eum vel capi fecerat, ut canonici sancte Radegundis asserebant; propter quod predicti domini Guillelmus et Petrus, de mandato dicti domini cardinalis, nomine ecclesie Burdegalensis et jure quo ecclesia Burdegalensis de dicta captione se potest intromittere et prout ad eum pertinet, receperunt dictum Hugonem, et non aliter : prefato domino episcopo dicente quod eum non ceperat seu capi fecerat quia appellaverat, set tanquam maleficum et delinquentem, et ipse dictis auditori et officiali domini cardinalis tradebat dictum Hugonem modo quo supra, et ipsis nomine ipsius domini cardinalis, et ipsi recipiebant eum, ut dicebant, nomine quo supra, et non aliter ; et dictus dominus episcopus dixit ut supra et tradidit ut supra, et non aliter. Actum Pictavis, in claustro sive porticu domus in qua tunc habitabat predictus dominus cardinalis, sub anno, indictione, die, mense et pontificatu predictis, hora tercie vel circa, presentibus venerabilibus et discretis viris domino Guillelmo de Frangeto, legum professore, officiali Pictavensi, fratre Guillelmo de Montelhaudino, operario Lezatensi, dyocesis Tholosane, magistro Arnaldo Vitali, canonico Xanctonensi, Petro Conversi, archipresbitero de Sancayo, et domino Raymundo Bernardo, archipresbitero Feodi Martonis, testibus ad premissa vocatis specialiter et rogatis. Et ego Johannes de Ynodio, clericus Treverensis dyocesis, publicus apostolica et imperiali auctoritate notarius, premissis omnibus et singulis una cum prenominatis testibus presens interfui, et omnia et singula propria manu scripsi, et in hanc publicam formam redegi, signoque meo consueto signavi requisitus et rogatus.

83. Bulle du pape Clément V ordonnant qu'au temps par lui assigné précédemment pour l'obtention des indulgences accordées aux personnes qui visiteront l'église de Saint-André de Bordeaux le jour de la fête de la Translation de ce saint, il sera nommé par l'archevêque de Bordeaux six pénitenciers qui auront les mêmes pouvoirs que les pénitenciers mineurs ou inférieurs du pape (f° 55 v°).

1ᵉʳ juillet 1308.

(Publiée dans le *Gallia christiana*, t. I, inst. col. 266.)

---

84. Lettres du roi Philippe le Bel ordonnant aux sénéchaux de Poitou et de Saintonge, et au bailli de Touraine, de maintenir l'évêque de Poitiers dans tous ses droits et possessions, et de le défendre contre toutes violences et injustes agressions, en lui envoyant, quand ils en seraient requis, des sergents pour lui prêter main-forte (f° 110 v°).

26 juillet 1308.

Philippus, Dei gratia Francorum rex, Pictavensi, Xanctonensi senescallis et ballivo Turonensi, salutem. Mandamus vobis et vestrum cuilibet quatenus dilectum nostrum episcopum Pictavensem in suis justis possessionibus, juribus et saisinis, in quibus eum esse et fuisse inveneritis, manuteneatis et conservetis et defendatis ab injuriis, violenciis, oppressionibus et novitatibus indebitis quibuscumque, prout justum fuerit et ad vestrum quemlibet noveritis pertinere, deputantes quantum ad hec eidem episcopo ad certum tempus servientes ydoneos in casibus specialibus cum emerserint, quociens opus fuerit et inde ex parte dicti episcopi fueritis requisiti. Actum Pictavis, die XXVI julii, anno Domini M° CCC° octavo.

85. Lettres du roi Philippe le Bel ordonnant aux sénéchaux de Poitou et de Saintonge, et au bailli de Touraine, de ne point empêcher les sergents et les gardes des prisons et des domaines de l'évêché de Poitiers de porter des armes dans tout le diocèse pour arrêter les clercs et malfaiteurs poursuivis à la requête de l'évêque ou de son official (f° 110 v°).

26 juillet 1308.

Philippus, Dei gratia Francorum rex, Pictavensi et Xanctonensi senescallis et baillivo Turonensi, salutem. Mandamus vobis et vestrum cuilibet quatenus commentarienses, servientes et custodes domorum dilecti episcopi Pictavensis non impediatis nec permittatis impediri quominus per totam dyocesim Pictavensem possint arma deferre pro clericis et malefactoribus capiendis, qui per ipsum episcopum vel ejus officialem fuerint capiendi, dum tamen vobis constet quod de consuetudine antiqua hoc eidem episcopo liceat, sicque et fuerit in possessione juris hujusmodi ab antiquo; alioquin ipsos clericos ad requisitionem dicti episcopi vel ejus officialis capiatis vel capi faciatis, et libere restituatis eidem. Datum Pictavis, die xxvi julii, anno Domini M° CCC° octavo.

---

86. Lettres du roi Philippe le Bel ordonnant aux sénéchaux de Poitou et de Saintonge, et au bailli de Touraine, de permettre que les agents de l'évêque de Poitiers fassent passer dans les terres du roi les personnes arrêtées dans les terres de l'évêché, pour les transférer en d'autres lieux de la juridiction de cet évêché (f° 111 r°).

26 juillet 1308.

Philippus, Dei gratia Francorum rex, Pictavensi et Xanctonensi senescallis et ballivo Turonensi, salutem. Mandamus vobis et vestrum cuilibet quatenus clientes dilecti nostri episcopi Pictavensis, captos in terra et jurisdictione ipsius episcopi ducendo, insequendo, ad alia loca sue jurisdictionis transferendo, per terram nostram transire et arma deferre absque impedimento et molestia quibuslibet, quamdiu nostre voluntati placuerit, permittatis. Actum Pictavis, die xxvi julii, anno Domini m° ccc° octavo.

---

87. Lettres du roi Philippe le Bel ordonnant aux sénéchaux de Poitou et de Saintonge, et au bailli de Touraine, de prêter main-forte, quand ils en seront requis, à l'évêque de Poitiers ou à son official, pour arrêter les clercs et autres malfaiteurs poursuivis pour être punis (f° 111 v°).

26 juillet 1308.

Philippus, Dei gratia Francorum rex, Pictavensi et Xanctonensi senescallis et ballivo Turonensi, salutem. Mandamus vobis et vestrum cuilibet quatenus dilecto nostro episcopo Pictavensi et ejus officiali, cum ex parte ipsorum vel alterius eorum fueritis requisiti, ad capiendos clericos et alios malefactores qui per ipsum episcopum vel ejus officialem capiendi fuerint, auxilium, quantum opus fuerit, impendatis. Actum Pictavis, die xxvi julii, anno Domini m° ccc° octavo.

---

88. Bulle du pape Clément V permettant à l'archevêque de Bordeaux et à ses successeurs d'unir et de diviser les églises, les dignités et les personnats de leur diocèse selon qu'ils le jugeront à propos, sans le consentement du chapitre (f° 52 v°).

20 novembre 1308.

(Imprimée dans le *Gallia christiana*, t. II, instr. col. 264, et dans *L'église métropolitaine et primatiale Saint-André de Bourdeaux*, par Hier. Lopes, p. 144.)

---

89. Bulle du pape Clément V permettant aux archevêques de Bordeaux de commencer et de continuer leurs visites dans quelque cité et diocèse que ce soit de leur province ecclésiastique, avant d'avoir visité la ville ou le diocèse de Bordeaux (f°s 52 v° et 122 r°).

20 novembre 1308.

(Imprimée dans les *Evesques de Poictiers* de Besly, p. 173, et dans le *Gallia christiana*, t. II, instr. col. 264.)

90. Bulle du pape Clément V permettant à l'archevêque de Bordeaux et à ses successeurs d'imposer des taxes sur le clergé de leur province, pour salarier les personnes qui seraient envoyées à Rome, à la cour des princes ou ailleurs, pour défendre les intérêts des ecclésiastiques de la province et de leurs vassaux (f°s 53 v° et 123 r°).

20 novembre 1308.

(Imprimée dans le *Gallia christiana*, t. II, instr. col. 264.)

---

91. Bulle du pape Clément V statuant qu'à l'avenir l'évêque de Poitiers et les autres suffragants de l'archevêque de Bordeaux prêteront à ce métropolitain le même serment que lui avait prêté Arnaud d'Aux, évêque de Poitiers, suivant la formule insérée dans la présente bulle (f° 53 r°).

20 novembre 1308.

(Imprimée dans les *Evesques de Poictiers* de Besly, p. 163, et, avec quelques variantes, dans le t. X des *Archives historiques du département de la Gironde*, p. 375, où elle est inexactement datée : 19 novembre 1309.)

---

92. Bulle du pape Clément V confirmant un traité fait entre l'archevêque de Bordeaux et le prieur de Saint-Cyprien, au diocèse de Périgueux, au sujet de la juridiction à Saint-Cyprien et dans quelques paroisses voisines (f° 50 r°).

20 novembre 1308.

Clemens, episcopus, servus servorum Dei, venerabili fratri Arnaldo, archiepiscopo Burdegalensi, salutem et apostolicam benedictionem. Cum a nobis petitur quod justum est et honestum, tam vigor equitatis quam ordo exigit racionis ut id per sollicitudinem officii nostri ad debitum perducatur effectum. Sane peticio tua nobis exhibita continebat quod orta dudum ante promocionem nostram ad summi apostolatus officium inter nos tunc Burdegalensem archiepiscopum et predecessores nostros Burdegalenses archiepiscopos, et quondam Hugonem, priorem prioratus de Sancto Cipriano, ordinis Sancti Augustini, Petragoricensis dyocesis, dum viveret, super eo quod nos dicebamus jurisdictionem altam et bassam ac merum et mixtum imperium locorum de Capella et de Rinhaco prope Sanctum Ciprianum et pertinencias eorumdem ad nos nomine dicte Burdegalensis ecclesie pertinere, ac nos esse in possessione vel quasi ibidem exercendi omnimodam jurisdictionem, et ab antiquo fuisse; necnon et super omni jure quod dicebamus nos habere nomine dicte ecclesie in jurisdictione alta et mero imperio loci et parochie Sancti Cipriani predicti, et super eo etiam quod nos dicebamus nomine quo supra ad curiam nostram de Bigarrupe appellari debere, quociens ab audiencia dicti prioris, militum et domicellorum prefati loci de Sancto Cipriano appellari contingeret; ac insuper eo quod dictus prior tenebat et tenere debebat a nobis in feodum loca de Capella et de Rinhaco et ea que habebat in parochiis de Mauzens et d'Alcos; et dicto priore asserente se habere jurisdictionem altam et bassam in parochiis de Capella et de Rinhaco prefatis, ac in monasterio, claustro et mercato Sancti Cipriani, et in furnis et molendinis que dictus prior habebat apud Sanctum Ciprianum, materia questionis : tandem super hiis et ea contingentibus quedam inter nos et dictum priorem nomine ecclesiarum nostrarum compositio intervenit, prout in instrumento publico inde confecto plenius dicitur contineri. Nos itaque, tuis supplicationibus inclinati, composicionem hujusmodi proinde factam et hactenus pacifice observatam, ratam et gratam habentes, eam auctoritate apostolica ex certa sciencia confirmamus et presentis scripti patrocinio communimus, supplentes omnem defectum, si quis ex quacumque causa in premissis vel aliquo premissorum fuerit, de apostolice plenitudine potestatis, ac tenorem ipsius instrumenti presentibus inseri facientes, qui talis est : In nomine Domini, amen. Anno ejusdem millesimo ccc° quarto, indictone secunda, sede Romana vacante, ut communiter dicebatur, viiia die mensis augusti, videlicet die sabbati ante festum beati Laurencii martiris, universis per hoc presens publicum instrumentum pateat manifeste quod, cum esset debatum et controversia seu esse speraretur inter reverendum patrem in Christo dominum Bertrandum, divina providencia Burdegalensem archiepiscopum, ex parte una, et discretum virum dominum Hugonem, priorem Sancti Cipriani, Petragoricensis dyocesis, ex altera, super eo quod dictus dominus archiepiscopus dicebat jurisdictionem altam et bassam, et merum et mixtum imperium locorum de Capella et de Rinhaco prope Sanctum Ciprianum et pertinencias earumdem ad ipsum nomine ecclesie sue Burdegalensis pertinere, et se esse in possessione vel quasi ibidem exercendi omnimodam jurisdictionem, et ab antiquo fuisse, necnon et super omni jure quod dictus dominus archiepiscopus dicebat se habere nomine dicte ecclesie sue in jurisdictione alta et mero imperio loci et parochie Sancti Cipriani ; et super eo quod dictus dominus archiepiscopus dicebat ad se nomine quo supra et ad curiam suam de Bigarupe appellari debere, quociens ab audientia dicti prioris, militum et domicellorum de Sancto Cipriano appellari contingeret; et super eo quod dictus prior tenebat et tenere debebat ab ipso domino archiepiscopo in feodum loca de Capella et de Rinhaco, et ea que habebat in parochiis de Mauzen et d'Alcoz; dicto domino priore asserente se habere jurisdicionem altam et bassam in parochiis de Capella et de Rinhaco, in monasterio, claustro, mercato Sancti Cipriani, et in furnis ac molendinis que dictus prior habet apud Sanctum Ciprianum et possidet in presenti : tandem super premissis et premissa tangentibus inter dictum dominum archiepiscopum et dictum dominum priorem nomine ecclesiarum suarum talis amicabilis compositio vel transactio intervenit. Videlicet quod omnimodo alta jurisdictio, merum et mixtum imperium locorum predictorum de Capella et de Rinhaco et pertinentiarum eorumdem ad dictum dominum archiepiscopum et successores suos imperpetuum pertineat pleno jure. Item quod alia jurisdictio, merum et mixtum imperium loci et parochie de Sancto Cipriano ad dictum dominum archiepiscopum et successores suos imperpetuum pertineant, quia inventum est quod fuit ab antiquo sic, et quod bassa jurisdictio, cujus emolumentum dictus prior ascendere dicebat usque ad septem solidos et infra, locorum predictorum de Capella et de Rinhaco ad priorem pertineat predictum. Item quod bassa jurisdictio usque ad predictam summam loci predicti de Sancto Cipriano et parochie ad dictum priorem una cum militibus et domicellis dicti loci pertineat, et quod banna et preconizationes, in hiis que spectant ad bassam jurisdictionem, fiant ex parte predictorum prioris, militum et domicellorum prout fieri consuevit. Item quod alta jurisdictio, videlicet usque ad sexaginta solidos tantum, in casibus emergentibus in claustro et in monasterio Sancti Cipriani et infra clausuram dicti claustri, prout nunc est, in quascumque personas ibidem delinquentes, ad priorem pertineat supradictum. Item quod jurisdictio in casibus emergentibus, cujus emolumentum seu pena ascendat tantum usque ad sexaginta solidos de consuetudine vel de jure, in familia ipsius prioris tantum, et non in aliis personis delinquentibus in furnis et molendinis que dictus prior habet, tenet et possidet apud Sanctum Ciprianum in presenti, ad dictum priorem pertineat in futurum; casus vero in quibus, pro delictis seu criminibus commissis vel in posterum committendis in dictis claustro, monasterio et infra claustrum, clausuram predictam, et in furnis ac molendinis, ultimum supplicium, mutilatio, bannimentum vel relegacio vel quecumque alia pena major sexaginta solidis inponi vel inferri debent de consuetudine vel de jure, ad dominum archiepiscopum pertineant supradictum, etiam in familia prioris predicti. Item quod dictus prior et successores sui procurent et procurare teneantur. Et idem prior promisit bona fide se facturum et curaturum, sine dampno suo tamen, quod quociens ab audiencia ipsius prioris, militum et domicellorum Sancti Cipriani et curie ipsorum appellari contigerit, appelletur ad audienciam curie de Bigarupe domini archiepiscopi supradicti. Item quod dictus prior teneat et advohet, et se tenere et advohare recognoscat se tenere in feodum a dicto domino archiepiscopo quidquid juris habet in parrochiis de Mauzen et d'Alcos, et hoc idem faciat de locis de Capella et Rinhaco et pertinenciis eorumdem, salvo jure quolibet alieno. Intentionis dicti domini archiepiscopi [non] erat, ut dixit, quod per hanc compositionem seu transactionem juri quod dictus prior se habere asserebat, dicto domino archiepiscopo in contrarium asserente, in datione tutele vel cure, vel juri dictorum militum et domicellorum aliquod prejudicium generetur; nec per hanc compositionem intendebat dictus dominus archiepiscopus militibus et domicellis ac vigeriis Sancti Cipriani nec juri eorumdem in aliquo derogare, nec ipsos extra manum suam ponere, nec dicto priori propter hoc jus aliquod novum dare. Hanc autem compositionem sive transactionem utraque pars, videlicet dictus dominus archiepiscopus pro se et ecclesia sua Burdegalensi, et dictus dominus prior pro se et monasterio seu ecclesia sua de Sancto Cypriano approbaverunt, laudaverunt et ratificaverunt integre et de plano cum omni juris et facti renunciatione et cautela, et voluerunt quod haberet perpetuo firmitatem; omni lesioni, deceptioni, in integrum restitutioni ac omni juris auxilio, scripti et non scripti, canonici et civilis, renunciantes omnino, michique notario seu tabellioni infrascripto presenti mandantes quod de premissis omnibus et singulis facerem publicum instrumentum, quod voluerunt sigillorum suorum et sigillorum venerabilium capituli Burdegalensis ac conventus seu capituli Sancti Cipriani ad majorem firmitatem appensione muniri; quibus sigillis appositis vel non appositis, vel aliis appositis, aliis non appositis, integris vel non integris, fractis vel non fractis, apparentibus vel [non] apparentibus, voluerunt quod presens instrumentum et contenta in eo semper haberent roboris firmitatem. Acta sunt hec apud Bigarupem, dicte dyocesis Petragoricensis, in aula domini archiepiscopi supradicti, anno, indictione, die et mense quibus supra; presentibus domino Rampnulpho de Bloyac, venerabili cantore Burdegalensi, dominis Bertrando de Mota et fratre Petro de Cathena, canonicis Sancti Cipriani, domino Roberto, archipresbitero Albuciensi, magistris Arnaldo de Auxio, Raymundo Fabri, Petro de Mauritania et Bertrando de Bordis, presbiteris, dominis Ellone de Campania, Raymundo de Sancto Eumacio et Guillelmo de Casuaco, militibus, ac magistris Raymundo Ricardi et Bertrando de Birazello, clericis, Helia Urdunala, Helia Fulcherii, Augerio de Campania, Bertrando de Boscho, Guillelmo de Rodis et dicto Ab. de Sancto Cipriano, domicellis, testibus ad premissa vocatis specialiter et rogatis. Et ego Bernardus Caprarii, clericus Burdegalensis dyocesis, publicus imperiali auctoritate notarius sive tabellio, omnibus et singulis premissis presens interfui, et ea de mandato seu requisitione predictorum dominorum archiepiscopi et prioris manu propria scripsi et in publicam formam redegi, in eoque signo solito consignavi rogatus. — Ceterum volumus et eadem auctoritate decernimus quod tenor hujusmodi sic insertus plenam fidem et probationem faciat tam in judicio quam extra, etiam si dictum originale instrumentum non haberetur nec etiam appareret, nec sit necesse illud aliquatenus exhiberi. Nulli ergo omnino hominum liceat hanc paginam nostre confirmationis, supplectionis et constitutionis infringere vel ei ausu temerario contraire. Si quis autem hoc attemptare presumpserit, indignationem omnipotentis Dei et beatorum Petri et Pauli apostolorum ejus se noverit incursurum. Datum apud Vinandraldum, Burdegalensis dyocesis, xii kalendas decembris, pontificatus nostri anno quarto.

93. Don du domaine de Pessac fait à Arnaud, archevêque de Bordeaux, et à ses successeurs, par le pape Clément V (f° 54 r°).

20 novembre 1308.

Clemens, episcopus, servus servorum Dei, venerabili fratri Arnaldo, archiepiscopo Burdegalensi, salutem et apostolicam benedictionem. Licet omnium ecclesiarum cura nobis immineat generalis, et circa earum singulas paterne diligentie studio sedulo vigilantes, earum profectibus velut pater benivolus ardenti desiderio intendamus, studentes illa efficaciter augere, per que ipsis augmentum honoris et commodi Deo propicio valeat provenire, tamen ad Burdegalensem ecclesiam, [quam] affectu specialis dilectionis prosequimur, nostri desiderii aciem convertentes, tanto libencius ipsius honores et commoda, prout digne possumus, promovemus, quanto ad hoc efficacius pluribus racionibus invitamur; de ipsa quippe Deo favente, licet immeriti, nostre promocionis gradum ad summum apostolatum sumpsimus, ipsaque nos olim ante promotionem hujusmodi fovit ut filium, ac deinde nostre gubernationi commissa sponsum habuit, nunc patrem et dominum recognoscit. Ut igitur affectum nostrum, quem ad ecclesiam habuimus et habemus, tibi sentias per effectum operis fructuosum, manerium de Pessaco, Burdegalensis dyocesis, ad personam nostram diu ante ipsam promocionem ex donacione seu concessione quondam Gualhardi Deugot, domicelli, germani nostri, pertinens, cum nemoribus et vineis ad ipsum pertinentibus, tibi et successoribus tuis archiepiscopis Burdegalensibus, qui erunt pro tempore, auctoritate presentium in perpetuum concedimus et donamus, decernentes ex nunc irritum et inane si secus super hiis a quoquam quavis auctoritate scienter vel ignoranter contigerit attemptari. Nulli ergo omnino hominum liceat hanc paginam nostre concessionis, donacionis et constitutionis infringere vel ei ausu temerario contraire. Si quis autem hoc attemptare presumpserit, indignationem omnipotentis Dei et beatorum Petri et Pauli apostolorum se noverit incursurum. Datum apud Vignandraldum, Burdegalensis diocesis, xii kalendas decembris, pontificatus nostri anno quarto.

---

94. Acte de la saisie, au nom de l'évêque de Poitiers, du château et de la châtellenie de Lusignan, après la mort du comte de la Marche, et du refus que firent les châtelain et gardes du château d'en donner les clefs, parce que la terre était entre les mains du roi (f° 98 r°).

28 novembre 1308.

In Christi nomine, amen. Pateat universis per hoc presens publicum instrumentum quod anno Domini m° ccc° octavo, indictione septima, pontificatus sanctissimi in Christo patris ac domini domini Clementis, divina providentia pape quinti, anno quarto, mense novembris exeuntis, die ejusdem tertia, scilicet die jovis ante festum beati Andree apostoli, circa primam, in mei notarii publici et testium subscriptorum presencia personaliter constitutus, discretus vir dominus Hugo de Monte Falconis, presbiter, castellanus reverendi patris in Christo ac domini domini Arnaldi, Dei gratia Pictavensis episcopi, apud Calvigniacum, intimavit et insinuavit Hugoni Cacaudi, clerico, tenenti, ut dicitur, locum castellanie de Lesigniaco, et legit quamdam cedulam, cujus tenor sequitur in hec verba : Ego Hugo de Monte Falconis, presbiter, castellanus domini Arnaldi, Dei gratia episcopi Pictavensis, apud Calvigniacum, nomine et mandato dicti domini mei episcopi Pictavensis et vicariorum suorum, pono ad manum dicti domini episcopi Pictavensis castrum et castellaniam de Lesigniaco, et omnia nemora de Gastina, et omnia alia que tenet et tenere debet nobilis vir comes Marchie a domino episcopo Pictavensi, et premissa sazio ratione mortis nobilis viri deffuncti comitis Marchie. Qua cedula lecta et intimatione sibi facta a dicto castellano prope egressum et ingressum castri de Lesigniaco, respondit dictus Hugo Cacaudi clericus, quod non intromittebat se nec pro rege nec pro comite, nec habebat aliquid facere super intimatione predicta, quia tota terra comitis Marchie erat in manu regis. Quibus sic factis, statim et sine intervallo dictus dominus Hugo, castellanus de Calvigniaco, intravit castrum de Lesigniaco, et, quasi in medio dicti castri de Lesigniaco, filio Johannis dicti Porteville, servienti domini regis Francie, ut dicitur, et portario dicti castri de Lesigniaco, palam et publice, pluribus ibidem astantibus, et in gallico eisdem prefatam cedulam exposuit idem castellanus et in scriptis legit ut superius continetur, et claves dicti castri nomine dicti domini episcopi Pictavensis petiit cum instantia sibi dari, quas idem serviens et portarius tradere denegaverunt. Et statim hiis factis dictus dominus Hugo concessit ad partem *(sic)* versus tertiam partem egressus et ingressus dicti castri, et prefatam cedulam Guillelmo de Barra, servienti, ut dicitur, domini regis Francie, exposuit in gallico et in scriptis legit, et claves dicti castri peciit cum instancia sibi dari. Qua intimatione et requisitione sibi factis, respondit dictus Guillelmus de Barra quod non pareret, dicens : eatis ad senescallum Pictavensem, cum quo sit...; dicens etiam castellano de Calvigniaco et societati sue quod exirent de dicto castro ex parte regis, et cito ei precepit portas claudi. Acta sunt hec anno, indictione, pontificatu, anno, mense, die, locis et hora predictis, presentibus discretis viris dominis Guillelmo Regis, Johanne Gopil, canonico de Cella Episcopali, Johanne de Muroliis, rectore ecclesie de Senon, dicto Matheo Brisson, clerico, Petro Barbotini et Martino Britonis, testibus ad premissa vocatis et rogatis. Et ego Hugo Chire, clericus Pictavensis dyocesis, publicus imperiali auctoritate notarius, premissis omnibus et singulis una cum dictis testibus presens interfui, ea scripsi et in publicam formam redegi, signoque meo solito signavi vocatus et rogatus.

---

95. Lettres du roi Philippe le Bel faisant défense au sénéchal de Poitou et au bailli de Touraine de s'arroger, contrairement à ce qui s'était pratiqué d'ancienneté, aucune compétence à l'égard des fiefs de l'évêque de Poitiers et des causes de ses sujets, qui étaient de son ressort (fo 114 ro).

1308.

Philippus, Dei gratia Francorum rex, senescallo Pictavensi et ballivo Turonensi eorumque loca tenentibus, salutem. Mandamus vobis quatenus, contra id quod pristinis temporibus extitit observatum, de feodis dilecti nostri A.[episcopi] Pictavensis, et de causis hominum suorum ad eumdem episcopum spectantibus, nullatenus cognoscatis; set super hoc observetis quod hactenus extitit observatum, manu nostra non existente in temporalitate episcopi supradicti. Datum Parisius, anno Domini M° CCC° octavo.

---

96. Lettres du pape Clément V adressées aux évêques de Dax et de Bayonne, et à l'archidiacre de Bazas, pour les charger de défendre les archevêques de Bordeaux contre les agressions de leurs ennemis (fo 34 vo).

25 février 1309.

(Publiées dans le *Gallia christiana*, t. II, instr. col. 265.)

---

97. Lettres du roi Philippe le Bel enjoignant à ses sénéchaux et autres officiers de Périgord, de Saintonge et de Poitou de faire observer dans leurs ressorts ses ordonnances pour la réformation du royaume, de protéger les ecclésiastiques dans l'exercice de leurs droits et juridictions, et de punir sévèrement quiconque se rendrait coupable de violence à leur égard (fo 116 vo).

20 mars 1309 (1308 v. st.).

Philippus, Dei gratia Francorum rex, Petragoricensi,

Xanctonensi et Pictavensi senescallis, ceterisque justiciariis nostris ad quos presentes littere pervenerint, salutem. Dilecti nostri episcopi Pictavensis supplicationibus inclinati, mandamus vobis, et vestrum cuilibet firmiter injungentes, quatenus ordinationes et statuta nostra pro regni nostri reformatione et publica utilitate cum magna dudum deliberatione facta, que sic incipiunt : Pro reformatione regni nostri etc., et sic terminantur : Actum Parisius, die lune post mediam quadragesimam, anno Domini m° ccc° secundo, bona fide, prout concessa et scripta sunt, faciatis realiter observari, et in primis assisiis vestris vestrum quilibet juretis vos ordinationes et statuta predicta fideliter servaturos. Si quis vero recusaverit hoc jurare, postquam super hoc fuerit legitime requisitus, ipsum suo privari officio volumus ipso facto. Preterea quasdam gratias speciales certis prelatis et personis ecclesiasticis regni nostri per nos postmodum gratiose concessas, que sic incipiunt : Notum facimus quod nos oblatam etc., et sic terminantur : Actum Parisius, die prima maii, anno Domini m° ccc° quarto, integraliter observetis. Si quid autem post editionem statutorum et concessionem gratiarum hujusmodi contra ipsorum tenorem attemptatum fuerit vel contigerit attemptari, ad statum debitum reducatis, non obstantibus quibuscumque litteris a curia nostra in contrarium impetratis aut etiam impetrandis. Item quascumque preconationes et proclamationes factas, ne laici laicos, vel clerici clericos, super actionibus quibuslibet ad forum ecclesiasticum evocarent vel facerent evocari, sicut generaliter et publice acte fuerint, sic faciatis generaliter et publice revocari, ipsum episcopum et personas ecclesiasticas in juribus et jurisdictionibus sibi tam de jure quam de antiqua et approbata consuetudine competentibus manutenentes, ipsos in premissis indebite non turbantes, vel permittentes ab aliis indebite perturbari; et insuper prelatos monasteria et loca alia visitantes, seu procurationes recipere volentes, de quibus eos constiterit esse in possessione visitandi seu recipiendi procurationes predictas, ab injuriis, oppressionibus et violenciis, cum ab eis super hoc requisiti fueritis, defendatis. Et iterum, cum plurimum insideat cordi nostro quod prelati et persone ecclesiastice regni nostri in divinis possint obsequiis deservire et a quibuslibet nostrorum incursibus protectionis nostre subsidio defensentur, mandamus vobis districte quatenus invasores et in personas ecclesiasticas, maxime in prelatos, manus injicientes temere violentas, sic rationabiliter puniatis, quod cedat ceteris in exemplum. Actum Parisius in parlamento nostro, die jovis ante Ramos Palmarum, anno Domini M° CCC° octavo.

---

98. Procès-verbal d'une saisie pratiquée, à la requête de Guy de Bauçay, chevalier, sur les biens de Pierre Charbonneau, écuyer, seigneur de Boussay, débiteur envers ce seigneur d'une somme de 288 livres 18 sous (f° 85 v°).

20 mai 1309.

A toz ceaus qui verront et orrent cetes presentes litteres, maitre Michel Amy, chenoyne des yglises nostre Dame la grant et de Sainte Ragont de Peiters, garde e porteor dou sael de la seneschaucie de Peictou à Peicters establi de part nostre seignor lou roy de France, salut en nostre seignor pardurable. Sachent tuit qui sont et à venir sont que, come nouble home mon seynor Guy de Baucay, chevalier, ait requis en droit en la cort nostre seignor lou roy ou grant instance à Baysart Gaignemalle, sergent et enterigneor des leteeres nostre seignor le roy, nostre juré, plusors litteres seelées dou seel nostre seignor le roy, à estre mises à exequcion sus les biens Pierres Charbonea, valet, seignor de Boucay, que le dit sergent nous a reporté sey avoir fait le exeqution des dites letteres en la presence maytre Robert de Martenville, deputé et establi à passer les letteres nostre seignor le roy à Peicters, auquel nos avons fey en lanere *(sic)* que nos avons veu estre contenu en cinc memoriaus seelées dou seelz audit sergent, desquex la tenor do primer sensset :

Memoriaus est que nouble home messire Guy de Baucay, chevalier, seit venuz à nous, Buysart Gaignemalle, sergent le roy, en requerant que execucion de dreit li fust faite par la vertu de letteres de roy por detes en quey Pierres Charboneau, valet, sires de Boucay, est obligié audit chevalier sus les biens dou dit Pierre por rayson de douz ecuz, seixante et cinq livres et di solz de feble monoye, que valent quatre vinz oyct livres e diz solz de bone monoye, que le dit Pierres deit au dit chevalier, si come il apert par lecteres de roy; derrechef et par rayson de unze vinz sexters de forment à la mesure de Mirebeau, deuz au dit chevalier de arrerages de quarante et quatre sexters de forment à la dite mesure, que le dit Pierres deit chascun an de rente au dit chevalier, si come il apert par letteres de roy : desquex unze vinz sexters quarante et quatre sont deuz do terme de la Saint Michau desrenement passée, que valent trente et trois livres de bone monoie, le sexter prisé quinze sols, quar tant valet forment à la Saint Michau, et les oyct vinz et seyze sexters sont de autres quatre années precedanz, qui valent sept vinz dyz et oyct lyvres et oyct solz de bone monoye, le sexter prisé diz et oyct solz, quar tant valut forment corrablement l'année passée, et tant l'ont compté ceaus à cui l'en devet de moysons; derrechef et par rayson de nouf livres de bone monie deues au dit chevalier de arrerages de seixante solz de rente, que le dit Pierres det chascun an de rente à celui chevalier, si come il apert par letteres de roy ; et ensi est la somme de toute cete dete dous cenz quatre vinz oyct livres et dez et oyct solz, et de la dette et de la rente dessus dite avons veu letteres seeleez dou seel le roy. A la parfin nous, volant acomplir les justes requestes dou dit chevalier en fesant acomplissement de justice, descendimes à

Boucay à la moyson dou dit valet le mercredi avant la Saint Clemens l'an mil treis cenz et oyct por faire l'exequcion dessus ditte en manere deue, et por ceu que nous ne trouvames nul qui se opposast ne applegeast contre les dites letteres, à dire ou à montrer par quoy la exeqution dessus dite ne fust faite en la manere que dreit requert, et por ceu que nous ne trouvames pas des biens moubles dou dit valet, sus quoy le exeqution peust estre faite, avons descendu sur l'eritage dou dit valet; douquel heritage nous avons fait priser par genz jurés prodeshomes, c'est à saveir dau Pierres Cotet, Phelipon Cotet, Reignaut Basin, Guillaume Chanterea, Huguet Bonea et Johan Porcher, en la manere qui sensset. Premerement les diz jurés priserent et distrent por lor seremenz, que la piece de terre que lan apele la pièce de Saule desouz Boucay vaut oyct sexters de forment de rente à la mesure de Cheniché, lesquex valent trente et does livres de bone monoie, c'est à savoir quatre livres chascun sexter. — Item les diz jurés unt prisé une pièce de terre qui set au qayroé de Saule jouste la terre Ayemeri do Gué dous sexters de forment à la mesure de Cheniché de rente, que valent oyct livres. — Item unt prisé les diz jurez chaumes qui sont au Pue Marin, tenanz aux terres feu Bermaut de la Cele, valet, et les terres qui joignant à la terre Johan de la Roche, ensembleement ou les noers qui issont, et la terre que vait jusque au fossé de herbergement Pierres Moysart, et la terre Pierres Hemer, et does pièces de terre, dont l'une joent près des treilles de Boucay, et l'autre set près dou herbergement de la Martinere, excepté la terre que fut feu Guillame Charboneau; tout ceu est prisé vingt sexters à la mesure de Cheniché de forment de rente, qui valent quatrevinz livres. — Item unt prisé les diz jurez le pré Gueymau, qui set à lestanc de soz Bocay, et le dit estanc de Boucay et les prez qui sont par dessoz, toutes les chaumes, les paturages et les arbres qui apartiegnent aus diz leux, en quelque leu que il seient, oyct livres de rente à deners, qui valent quatrevinz livres, le dener dez par le pris le roy. — Item unt prisé les diz jurez les quartz des vignes que tenent dou dit valet Guillame, Johan et Regnaut Cragoneas, freires, et Regnaut Basin, ensemblement ou lou clos de la Tonbe, trente solz de rente, qui valent quinze livres en deners par le pris dessus dit. — Item unt prisés les diz jurés seipt solz et sex deners de cens, un chapon, une geline et dimée, que Estievre et Huguet Basin, freires, deivent au dit valet sus un herbergement qui set à Boucay, tenant au herbergement feu Reignaut Chatet, et sur les apartenances, rendus à la meaoust, à la Tous Sainz et à Pasques, toz ceu por quatre livres et cinc solz, prisé le dener *(sic)* diz, le chapon sex deners et la geline quatre deners. — Item unt prisé les diz jurez treis mines de forment de rente à la mesure de Merebeau, qui deivent les diz Basins sur lor herbergement qui set de soz Bocay, que lan pelet *(sic)* au Saules, por quatre livres et dez solz. — Item unt prisé les diz jurés un sexter de forment de rente à la mesure de Cheniché, que det Pierres Arnaut de l'Estanc au dit valet de moyson, assis sus une pièce de terre qui siet au chemin qui vient de Vendovre à Cernay, tenant à la terre feu Pierres Chatet, por quatre livres. — Item unt prisé les diz jurez dous solz et treis chapons renduz à la Saint Michau et à la meaoust, et quatre gelines au demenche larder, qui det au dit valet le dit Pierres Arnaut, por quarante oyct solz et quatre deners. — Item unt prisé les diz jurés une mine de seille à la mesure de Cheniché, que deit au dit valet chascun an à la Saint Michau le dit Pierres Arnaut sur une terre qui siet au Pontoyl, tenant au chemin qui vient de Vendovre à Rigné, por trente solz. — Item unt prisé les diz jurés seix deners et un chapons de rente que Guillame et Johan Cragonea deivent au dit valet à la Toz Sainz et à la Saint Michau, et deux deners de cens que Michau Jaquelin det au dit valet, por vint solz. — Toutes les choses dessus dites unt prisé les prodes homes dessus diz par lor seremenz, et ensi est la somme dou pris dessus dit dous cenz trente et dees livres treize solz et quatre deners. Toutes les choses dessus dites en la manere et por le pris qu'eles sont prisées, si come ci est escript, nous tenons et prenons en la maen le roy por faire le exequcion de la deite dessus dite deue audit chevalier; et si autres n'i vient qui plus i voillet doner ou qui se voillet opposer encontre ou dire porquoy le execution ne deviet estre faite, le cri fait si comme costume de païs requert, c'est à savoir de seipt, de quinze et de quarante jours nous ballerons les choses dessus dites au dit chevalier por le pris qu'eles sont prisées. En tesmoigne de laquel chose nous avons seelé cet memoriaul de nostre seel. Doné et fait au jour et en l'an dessus dit.

Item la tenor dou segent memoriau sensset, qui conprent en sey le premer bay fait des diz heritages : Memoriaus est qui le jour de dimenche que len chantet *Letare Jerusalem*, c'est à savoir le novesme jour de mars, fist crier de part le roy Buysar Gaignemalle au cimentere de Vendovre à l'issue de la messe les heritages Pierres Charbonneau de Boucay, si come il unt esté prisé par genz jurés en la manere qu'il est contenu en cet memoriau, auquel cete cedule est anexée, por faire exequcion de droit por deites qui le dit Pierre det à nouble home monser Guy de Boucay, chevalier, en cette manere : c'est assavoir que quicunques voudra plus doner aus diz heritages qu'il ne sont prisiez par les jurez, ou dire cause por quoy le exequcion de dreit ne seit faite au dit chevalier, que viegne au dit sergent dedenz sept jours. Presenz à cet cri Regnaut Levraut, valet, Guillame de Mayré, clerc, Guillame de Neiron, clerc, Moricet de Monteyl, Guillame le Bloay, Johan Coquil, Nicholas de la Haye et Johan, e grant multitude de parroissiens. Ceu fu fait et doné soz le seel dou dit Busart au jour desus dit l'an mil trois cenz et oyct.

Item la tenor de tierz memoriau sensset, qui comprent

le segent bay : Memoriaus est que le dimenche qui lan chantet *Judica me,* fist crier de par le roy Busart Gaignemalle au cimentere de Vendovre à hore de terce les heritages Pierres Charbonea de Boucay, si come il unt esté prisé par gens jurez en la manere qu'il est contenu en cet memoriau, auquel cete cedule est anexcé, por faire exequcion de dreit por deites que le dit Pierres det à monser Guy de Boucay, en cete manere : c'est assavoir quart quicunques vodra plus doner aus diz heritages qu'il ne sont prisez par les diz jurés, ou dire cause porquoy l'exequcion de dreit ne seit faite au dit chevalier suz les diz heritages, que viegne au dit sergent dedenz quinze jours. Presenz a ceu Thebaut de Chardonchamp, Thebaut de la Rivere, Joffroy Emeau, Pierres Colin, Thomasin de Vaulx, Hilairet Moyssart e grant multitude de parroissens. Doné soz le seel dou dit Buysart le jour dessus dit l'an mil treis cenz et oict.

Item la tenor dou quart memoriau sensset, que comprent le tiers bau : Memoriaus est que le jour dou loudi après Pasques, c'est à savoir le desraen jour de marz l'an mil et treis cenz e nouf, fist crier de parz le roy Buysart Gaignemalle, sergent le roy, au cimentere de Vendovre à l'issue de la messe les heritages Pierres Charbonea de Boucay, si come il unt esté prisez par genz jurez en la manere qu'il est contenu au memoriau auquel cete cedule est annexée, por faire exequcion de droit por deittes que Colin Pierres det à nouble home monser Guy de Boucay, en cete manere : que quicunques vodra plus doner aux diz heritages qu'il ne sont prisez par les diz jurez, ou dire cause porquoy le exequcion ne set faite suz les diz heritages, qu'il viegne au dit sergent dedenz quatre jourz, ou il ni sera plus oiz. Presenz Aucenz Bernart, sergent l'evesque de Paicters, maitre Robert de Martenville, Johan de Cursay, Regnaut Cloytres, Thebaut de la Rivere, valez, Nicholas de la Haye, Guillame de Neiron, Jouffroy Amea, Martin Boer, Johan

Martin, Pierres Chevalier, Meron Gratant, Pierre Gaucher, Estevre Martin, Meron Cotet, Regnaut le Beau, Estevre Piquart, Nicholas Chantereau et plusors autres genz. Doné au jour et en l'an dessus diz.

Item la tenor de quint memoriau sensset, qui comprent la sesine ballée des diz heritages au dit chevalier de dit sergent : Memoriaus est come nouble home monser Guy de Baucay, chevalier, si com apert par lettres seelées dou seel lou roy, et nous ait requis autrefeiz que por ceu que nous ne trovions de biens moubles au dit valet, sus quoy nous pussions faire le exequcion dessus dite, que nous la feission sus les heritages, et nous, por faire aconplissement de justice, aions fait priser des heritages au dit valet par prodes homes de païs jurez sur ceu, lesquex prodes homes unt prisé par lor seremenz des heritages du dit valet, à nous Buysart Guaignemalle, sergent le roi, ait requis autrefeiz qui nous li feissions exeqution de droit sus biens Pierres Charbonea, valet, por rayson de douz cens quatre vinz oyct livres et diz et oyct solz de bone monee, en laquele somme le dit Pierres Charbonea est obligez au dit chevalier, si comme apert par leitres seelés dou seel le roy, et nous ait requis autrefeiz que por ceu qui nous ne trovions des biens moubles audit valet, sus quoy nous peussions faire le exequcion dessusdite, qui nous la feission sus les heritages ; et nous, por faire acompleissement de justice, aions fait priser des heritages au dit valet par prodes homes de païs, jurés sur ceu, lesquex prodes homes unt prisé par lor seremenz des heritages dou dit valet, si come il sunt escripz en cet memoriau, auquel present memoriau est annexée por la value qu'il sont excripz au dit memoriau, si que la some de ceu que sont prisez les diz heritages est et vaut dou cenz trente et does livres treize solz et quatre deners ; et en près ceu que les heritages dou dit valet furent ensi prisiez par les diz jurez, nous aions fait crier en la parroisse la où sont assis les diz heritages par sept, par

quinze et par quarante jourz, se nul volet plus doner auz
diz heritages qu'il ne sont prisiez par les diz jurez ou dire
cause porquoy la exequcion dessusdite ne fust faite, qui il
venist à nous dedenz les diz jourz; et por ceu que nul n'est
venu à nous dedenz le temps dessusdit, qui plus voillet
doner, nous Busart dessusdit avons ballé audit noble
homme la seisine des diz heritages ensi prisez et par jugement de la cort le roy, sauvé lou dreit lou roy et d'autrui ;
à tenir et à explecter les dites choses dou dit noble et de
ses hoirs en rendant au dit Pierres Charbonea et au siens
cinc solz de franc devoir toz les anz en la feste nostre Dame
de marz. En tesmoing de laquel chose nous avons doné à
dit noble cet present memoriau seelé de nostre seel, et
avons soupleié et requis à maitre Robert de Martenville,
deputé et establi à passer les leitres nostre seignor le roy de
Peycters, que des prisages et des criz que nous avons fait
fere des choses prisées, desquex il est certain que il est
procès, et es erremenz faiz et desclarez sus les choses dessus
dites, appose ou facet apposer, mete ou facet mectre le
seel nostre seignor le roy, ensemblement ou le nostre
seaul. Presenz à cet fait Martin le Boret, Guillame
Morin le veil, et Guillame Morin le genvre, la persoyne
de Marconay, Pierres Rayn, Jouffrey Guarnaut, Pierres
Morice, Guillame Mareschau, clerc, Johan de Lesart,
Phelipon Boderri, Hervé le Berton, Guyot de Pin, Robert de
Chiron, Guillame Dorgeti, valez, Pierre Goupillon et plusors autres. Ceu fut fait à Mirebeau chés les freres mennors,
le jour de mercredi enprès la feste Saint Nicholas de may
l'an de grace mil et treis cenz et nouf.

Laquele exequcion dessus dite ensi faite comme il est
contenu aus memoriauz dessus diz, seeleez dou seel au dit
sergent, les bauz faiz de sept jourz, de quinze jourz et de
quarante segont la costume de païs et la seisine ballée au
dit chevalier par le dit sergent des diz heritages prisez en
la presence dou dit maitre Robert de Martenville, si come

nous Michel Ami, chenoyne des yglises dessus dites et garde et porteor dou seel nostre seignor le roy dessus dit, avons veu estre contenui aus diz memoriauz seelés dou seel au dit sergent, et si comme il le dit sergent et le dit maitre Robert de Marteville nous raporterent les dites choses estre venus en la manere que il est contenu aus memoriaux dessus diz, la relation dou dit maitre Robert nostre juré à nous des dites choses faite, et la juste requeste dou dit noble home monser Guy de Boucay oye, qui des dites choses en demandet à avoir leitres seelées dou seel nostre seignor le roy dessus dit, lequel nous avons en garde, ensembleement ou lou seel dou dit sergent, nous, sur les dites choses heue garant deliberacion, la relacion dou dit nostre sergent et dou dit maitre Robert nostre juré sur ceu faite et juste requeste dou dit chevalier receue d'abondance, par la vertu de cetes presentes leitres, non contraitant la saisine à li baillée dou dit sergent des davanz diz heritages, l'en avons seizi, sauvé le dreit nostre seigneur lo roy et de tout autrui; et en confirmacion de plus grant verité nous en avons apposé à cetes presentes leittres lou seel dou dit nostre seignor le roy establi à Peycters, douquel à present nos sumes garde, non contraitant que les dites leitres sont ditées et excriptes en franceys et nostre stile, si est de les diter et excrivre en latin; donneez et faites et seelés dou seel nostre seignor le roy, ensemblement ou lou seel dou dit sergent, le mardi enprès la Penthecoste en l'an de grace mil treis cenz et nouf.

---

99. Quittance d'une somme de 232 livres 13 sous 4 deniers, payée par l'évêque de Poitiers à Guy de Baussay, chevalier, pour le retrait de terres situées dans le fief de cet évêque (f° 89 v°).

3 août 1309.

Memoriale est quod ego Guillelmus de Monte Reparato, rector ecclesie de Blanlayo, habui et recepi vice et nomine domini Guidonis de Baussaio, militis, ducentas triginta duas libras, tresdecim solidos et quatuor denarios monete currentis a reverendo patre in Christo ac domino domino..., Dei gratia Pictavensi episcopo, per manus magistri Raymundi de Perdigone et domini Hugonis de Monte Falconis, procuratorum dicti reverendi patris, ratione cujusdam retractus, videlicet terrarum et reddituum que quondam fuerunt Petri Carbonelli de Bassayo, sitarum in feudo dicti episcopi, de qua summa pecunie me teneo plene et integre pro pagato; et promitto bona fide dictum reverendum patrem versus dictum militem servare indampnum. Item habui et recepi a dictis procuratoribus nomine dicti reverendi patris centum solidos monete currentis, ratione expensarum factarum occasione subastationis facte ratione terrarum ac reddituum predictorum. In cujus rei testimonium, sigillum meum presenti memoriali apposui in testimonium veritatis. Datum apud Chiniche, presentibus magistro Johanne Meditarii, Petro de Rivali et Guillelmo Albuini, certis testibus ad hoc vocatis, die dominica post ad vincula sancti Petri, anno Domini M° CCC° nono.

---

100. Lettres du roi Philippe le Bel ordonnant à Hugues de la Celle, chevalier, et au sénéchal de Poitou, de cesser de lever des taxes à raison des acquisitions que faisaient les évêques de Poitiers dans leurs fiefs ou arrière-fiefs, où ils avaient haute et basse justice (f° 112 v°).

26 septembre 1309.

Philippus, Dei gratia Francorum rex, dilecto et fideli militi nostro Hugoni de Cella et senescallo Pictavensi, salutem et dilectionem. Conquestus est nobis dilectus noster episcopus Pictavensis quod nos de hiis que ipse et sui predecessores in suis feodis et retrofeodis, in quibus omnimodam et altam et bassam jurisdictionem habere et habuisse et ab antiquo in ipsius possessione fuisse et esse dicuntur, acquisiverunt, finantiam ab eodem episcopo exigere nitimur et levare. Quare [mandamus vobis quatenus], si vobis legitime constiterit ita esse et non subsit alia causa rationabilis que obsistat, a predictis omnino desistatis, eumdemque episcopum super premissis vel occasione eorum non impediatis, nec aliquatenus molestetis. Actum Parisius, die xxvi septembris, anno Domini m° ccc° nono.

---

101. Lettres du roi Philippe le Bel ordonnant au sénéchal de Poitou et à Pierre de Beaumont de rendre à l'évêque de Poitiers ce qu'ils avaient exigé à raison des acquisitions faites par ce prélat ou ses prédécesseurs dans les fiefs et arrière-fiefs de l'évêché, où ils avaient haute et basse justice (f° 113 r°).

29 avril 1310.

Philippus, Dei gratia Francorum rex, senescallo Pictavensi et magistro Petro de Bellomonte, salutem. Mandamus vobis et vestrum cuilibet quatenus dilectum nostrum episcopum Pictavensem vel tenentes suos occasione alicujus financie per vos aut alterum vestrum eidem episcopo imposite pro acquisitis per dictum episcopum vel predecessores suos factis in feodis vel retrofeodis ipsius episcopi et ecclesie Pictavensis, in quibus eumdem episcopum omnimodam altam et bassam justiciam habere noveritis, non molestetis, et ea que de bonis dicti episcopi occasione hujusmodi capta vel occupata fuisse noveritis, eidem episcopo reddi et restitui faciatis, prout fuerit rationis. Actum apud Sanctam Barbaram, die penultima aprilis, anno Domini m° ccc° decimo.

---

102. Lettres du roi Philippe le Bel ordonnant au sénéchal de Poitou de mettre un terme aux entreprises des officiers royaux sur la juridiction que l'évêque de Poitiers possédait en plusieurs lieux (f° 113 r°).

29 avril 1310.

Philippus, Dei gratia Francorum rex, senescallo Pictavensi, salutem. Exposuit nobis dilectus noster episcopus Pictavensis quod, cum ipse et sui predecessores sit et fuerint tempore cujus contrarii memoria non existit in possessione meri et mixti imperii in locis vocatis Montferant, le Rivau et la Barbelinge, et in quibusdam aliis locis dicti episcopi, gentes nostre dictum episcopum super possessione predicta impediunt et perturbant, et plura gravamina pluresque molestias super hiis eidem episcopo et suis gentibus intulerunt indebite et de novo. Quare mandamus vobis quatinus si, vocatis evocandis, vobis constiterit ita esse, dictas gentes a predictis desistere faciatis, prout fuerit rationis, et ea, que super hiis in prejudicium dicti episcopi indebite et de novo facta fuisse inveneritis, ad statum debitum reducatis, non permittentes eidem episcopo in predictis inferri indebitam novitatem. Actum apud Sanctam Barbam, die penultima aprilis, anno Domini M° CCC° decimo.

---

103. Lettres du roi Philippe le Bel ordonnant au sénéchal de Poitou ou à son lieutenant de prêter main-forte à l'évêque de Poitiers, quand il en serait requis, pour le maintien de la juridiction ecclésiastique (f° 111 r°).

30 avril 1310.

Philippus, Dei gratia Francorum rex, senescallo Pictavensi vel ejus locum tenenti, salutem. Mandamus vobis quatenus dilecto nostro episcopo Pictavensi, ad ipsius seu procuratorum suorum requisitionem, pro sustentatione jurisdictionis ecclesiastice, quantum opus fuerit, seculare brachium impendatis, si et prout alias fieri consuevit et ad vos noveritis pertinere, ipsius episcopi sumptibus et expensis. Actum apud Valesiam, die ultima aprilis, anno Domini M° CCC° decimo.

104. Lettres du roi Philippe le Bel faisant défense au sénéchal de Toulouse et à tous ses officiers de justice de la province de Bordeaux de contraindre les clercs et les ecclésiastiques à comparaitre devant eux, de les arrêter et de les condamner, en les traitant comme des laïques (f° 113 v°).

2 mai 1310.

Philippus, Dei gratia Francorum rex, Tholosano, Petragoricensi, Xanctonensi et Pictavensi senescallis et eorum loca tenentibus et omnibus aliis justiciariis nostris provincie Burdegalensis ad quos presentes littere pervenerint, salutem. Sua nobis conquestione monstrarunt dilecti nostri archiepiscopus Burdegalensis et ejus suffraganei quod vos clericos et personas ecclesiasticas dicte provincie pro delictis sibi impositis et aliis personalibus factis coram vobis respondere compellitis, et ipsos cogitis, arrestatis et condempnatis, et requisiti per prelatos ipsos reddere vel a premissis cessare denegatis et contempnitis, in tocius cleri irreverenciam, prejudicium et gravamen, justiciantes eosdem et eorum bona mobilia ac si essent layci vel alii seculares. Quocirca vobis et vestrum singulis mandamus quatenus clericos veros pro delictis vel assecurationibus prestandis per ipsos non capiatis nec indebite molestetis, quodque clericos non conjugatos, non mercatores, super mere personalibus actionibus non trahatis coram vobis. Datum Parisius, secunda die maii, anno Domini M° CCC° decimo.

---

105. Lettres du roi Philippe le Bel faisant défense au sénéchal de Toulouse et à tous ses officiers de justice de la province de Bordeaux d'emprisonner et de maltraiter aucuns clercs et ecclésiastiques pour des causes légères (f° 114 v°).

2 mai 1310.

Philippus, Dei gratia Francorum rex, Tholosano, Petragoricensi, Xanctonensi et Pictavensi senescallis et eorum loca tenentibus, et omnibus aliis justiciariis nostris provincie Burdegalensis ad quos presentes littere pervenerint, salutem. Sua nobis conquestione monstrarunt dilecti nostri archiepiscopus Burdegalensis et ejus suffraganei quod vos et servientes vestri clericos et personas ecclesiasticas carceribus mancipatis, et ipsos viliter in clericalis ordinis opprobrium pertractatis, et permittitis nonnunquam tractari etiam pro causis levissimis, pro quibus non essent persone laycales carceribus mancipande. Quocirca vobis et vestrum singulis mandamus quatinus talia facere nullatenus presumatis nec per vestros subditos fieri permittatis. Datum Parisius, II die maii, anno Domini M° CCC° decimo.

---

106. Lettres du roi Philippe le Bel faisant défense au sénéchal de Toulouse et à tous ses officiers de justice de la province de Bordeaux de soumettre à la question les clercs et les ecclésiastiques, ces officiers la leur infligeant parfois même dans des cas où il n'y avait pas lieu de la faire subir à des laïques (f° 113 v°).

2 mai 1310.

Philippus, Dei gratia Francorum rex, Tholosano, Petragoricensi, Xanctonensi et Pictavensi senescallis et eorum loca tenentibus, et omnibus justiciariis nostris provincie Burdegalensis, salutem. Sua nobis conquestione monstrarunt archiepiscopus Burdegalensis et suffraganei sui quod vos clericos et personas ecclesiasticas subicitis et per vestros subjectos subici permittitis questionibus et tormentis, etiam in casibus in quibus circa personas laycales non esset locus questionis. Quocirca vobis et vestrum singulis mandamus quatinus talia facere nullatenus presumatis nec per vestros subditos fieri permittatis. Datum Parisius, II die maii, anno Domini M° CCC° decimo.

107. Lettres du roi Philippe le Bel ordonnant au sénéchal de Toulouse et à tous ses officiers de justice de la province de Bordeaux de traiter avec plus d'égards les clercs emprisonnés et de les remettre entre les mains des évêques dans l'état où ils étaient lors de leur arrestation, en désarmant toutefois ceux qui seraient pris armés (f° 113 v°).

2 mai 1310.

Philippus, Dei gratia Francorum rex, Tholosano, Petragoricensi, Xanctonensi et Pictavensi senescallis et eorum loca tenentibus, necnon omnibus aliis justiciariis nostris Burdegalensibus ad quos presentes littere pervenerint, salutem. Sua nobis conquestione monstrarunt archiepiscopus Burdegalensis et ejus suffraganei quod clericos et personas ecclesiasticas detentas per vos et incarceratas quandoque non restituitis eisdem, et cum restitutionem de ipsis facere vos contingit, post multas dilationes vos eam facitis seu fieri facitis per talem modum, videlicet ducendo ipsos publice in conspectu populi, et quandoque vinculatos tanquam murtrarios, vel vestibus vel ornamentis propriis spoliatos, aut capitibus abrasis, ita quod talis reddicio ad opprobrium et infamiam cedit non solum ipsarum personarum ecclesiasticarum sic tractatarum et parentum et amicorum eorum, immo totius ordinis clericalis. Quocirca vobis et vestrum singulis mandamus quatinus dictos clericos et personas ecclesiasticas in illo statu in quo capti fuerint suis episcopis restitui faciatis, non tamen armatos, si cum armis reperti fuerint. Datum Parisius, II^a die maii, anno Domini m° ccc° decimo.

---

108. Lettres du roi Philippe le Bel ordonnant au sénéchal de Toulouse et à tous ses officiers de justice de la province de Bordeaux de s'abstenir d'exiger aucuns frais pour l'emprisonnement et la garde des clercs et des ecclésiastiques, et de les rendre à leurs évêques ou à leurs officiaux quand ils en seront requis (f° 114 r°).

2 mai 1310.

Philippus, Dei gratia Francorum rex, Tholosano, Petragoricensi, Xanctonensi et Pictavensi senescallis, eorum loca tenentibus et omnibus aliis justiciariis nostris provincie Burdegalensis ad quos presentes littere pervenerint, salutem. Sua nobis conquestione monstrarunt dilecti nostri archiepiscopus Burdegalensis et ejus suffraganei quod gentes, servientes et officiarii nostri et custodes carcerum nostrorum pro incarceragio et custodia clericorum et personarum ecclesiasticarum in nostris carceribus quandoque detentorum sumptus requirunt et recipiunt, et aliquando etiam vos et ipsi, accepta pecunia et recepta, ipsos clericos, personas ecclesiasticas abire permittitis, ipsos curiis ecclesiasticis non reddentes. Quocirca vobis mandamus et vestrum singulis quatinus a clericis per vos seu gentes vestras captis non capiatis nec capi permittatis sumptus indebitos, nec ipsos clericos captos, postquam per episcopos suos seu officiales eorum requisiti fuerint, permittatis abire; sed eos sicut debebitis suis faciatis reddi prelatis. Datum Parisius, II^a die maii, anno Domini M^o CCC^o decimo.

---

109. Lettres du roi Philippe le Bel faisant défense au sénéchal de Toulouse et à tous ses officiers de justice de la province de Bordeaux de faire conduire dans des prisons éloignées les clercs et les ecclésiastiques arrêtés par leurs ordres et de faire des difficultés pour les remettre aux cours ecclésiastiques (f° 114 v°).

2 mai 1310.

Philippus, Dei gratia Francorum rex, Tholosano, Petragoricensi, Xanctonensi et Pictavensi senescallis et eorum loca tenentibus, et omnibus aliis justiciariis nostris provincie Burdegalensis ad quos presentes littere pervenerint, salutem. Sua nobis conquestione monstrarunt dilecti nostri archiepiscopus Burdegalensis et ejus suffraganei quod vos clericos et personas ecclesiasticas, quos per vos seu servientes vestros nonnunquam capi contingit, de civitate vel dyocesi in quibus capti sunt ad loca duci facitis et permittitis remota, et plerumque, eis carceribus inclusis, vos, ministri vestri et aliorum dominorum temporalium in quorum carceribus quandoque ponuntur, et custodes ipsorum carcerum, vos absentatis, et difficultates et dilationes, quascumque potestis, ingeritis, ne per curias ecclesiasticas requiri possint hujusmodi incarcerati et detenti a vobis. Quocirca vobis et vestrum singulis mandamus quatenus talia facere nullatenus presumatis nec per vestros subditos fieri faciatis. Datum Parisius, II^a die maii, anno Domini M° CCC° decimo.

---

110. Lettres du roi Philippe le Bel faisant défense à ses officiers de justice de la province de Bordeaux de contraindre, par voie de saisie ou autrement, ceux qui avaient demandé une excommunication aux juges ecclésiastiques, à la faire lever (f° 115 v°).

2 mai 1310.

Philippus, Dei gratia Francorum rex, Petragoricensi, Xanctonensi et Pictavensi senescallis et eorum loca tenentibus et omnibus aliis nostris justiciariis provincie Burdegalensis ad quos presentes littere pervenerint, salutem. Sua nobis conquestione monstrarunt dilecti nostri archiepiscopus Burdegalensis et ejus suffraganei quod, cum aliquis excommunicatus est auctoritate eorum vel officialium seu subditorum suorum judicum ecclesiasticorum ad instantiam alterius, vos compellitis per captionem temporalem et alias illum ad cujus instanciam excommunicatus est ille alter, quod faciat ipsum excommunicatum absolvi, sic jurisdictionem ecclesiasticam perturbando. Quare vobis et vestrum singulis mandamus quatenus de cetero talia facere non attemptetis nec attentari permittatis. Actum Parisius, die II^a maii, anno Domini M° CCC° decimo.

111. Lettres du roi Philippe le Bel ordonnant au sénéchal de Toulouse et à tous ses officiers de justice de la province de Bordeaux de cesser leurs vexations à l'égard des évêques, des officiaux et des autres juges ecclésiastiques qui auraient excommunié quelqu'un de ces officiers (f° 114 v°).

2 mai 1310.

Philippus, Dei gratia Francorum rex, Tholosano, Petragoricensi, Xanctonensi et Pictavensi senescallis et omnibus aliis justiciariis nostris provincie Burdegalensis ad quos presentes littere pervenerint, salutem et dilectionem. Sua nobis conquestione monstrarunt dilecti nostri archiepiscopus Burdegalensis et ejus suffraganei quod, quando ipsi vel eorum officiales et alii judices ecclesiastici subditi sui ipsius provincie pro aliquibus excessibus vel alias, licet juste, excommunicant vel excommunicatos denunciant seu denunciari faciunt officiarios et ballivos et servientes nostros sibi subditos, vos et ipsi officiarii, bajuli et servientes hac occasione capitis temporales res vel subjectos excommunicantium, seu illorum qui ipsos excommunicantes denunciant, vel parentum aut amicorum eorum, et tot gravamina et molestias infertis eisdem quod necessario a dictis sententiis et denunciacionibus desistere, et beneficium absolutionis eisdem excommunicatis mittere compelluntur. Quocirca vobis mandamus quatenus talia de cetero minime attemptetis nec attemptari permittatis. Datum Parisius, II die maii, anno Domini M° CCC° decimo.

---

112. Lettres du roi Philippe le Bel faisant défense aux surintendants de ses finances dans la sénéchaussée de Toulouse et dans toute la province de Bordeaux de rançonner et molester les ecclésiastiques, à raison des acquisitions qu'ils faisaient dans les fiefs et les arrière-fiefs d'autres personnes (f° 112 r°).

2 mai 1310.

Philippus, Dei gratia Francie rex, superintendentibus negocio financie in Tholosana, Petragoricensi, Xanctonensi et Pictavensi senescalliis et in tota provincia Burdegalensi deputatis a nobis, salutem et dilectionem. Ex parte dilectorum nostrorum archiepiscopi Burdegalensis, suffraganeorum suorum et aliarum personarum ecclesiaticarum dicte provincie fuit nobis conquerendo monstratum quod vos ab ipsis financiam de hiis que in feodis et retrofeodis aliarum personarum dicte provincie acquisiverunt exigere non timetis et ipsos propter hoc multipliciter indebite molestatis. Quocirca vobis et singulis vestrum mandamus quatenus, si, in locis in quibus fuerint hujusmodi acquisita, alta et bassa justicia sit dictarum ecclesiarum vel teneatur ab ipsis, personas ipsas pro hujusmodi acquisitis ratione dictarum financiarum de cetero minime molestetis, sed ipsas libere permittatis acquisita tenere predicta. Si vero, aliqua ratione hujusmodi acquisitorum, de bonis saisiveritis, ceperitis vel arestaveritis eorumdem, ea deliberetis, reddatis et restituatis. Datum Parisius, ii^a die maii, anno Domini m° ccc° decimo.

---

113. Lettres du roi Philippe le Bel faisant défense aux surintendants de ses finances dans la sénéchaussée de Toulouse et dans toute la province de Bordeaux, d'en exiger aucunes pour les acquisitions faites par les roturiers dans les fiefs et arrière-fiefs ecclésiastiques (f° 112 v°).

2 mai 1310.

Philippus, Dei gratia Francorum rex, superintendentibus negocio financie in Tholosana, Petragoricensi, Xanctonensi, Pictavensi senescalliis et in tota provincia Burdegalensi deputatis a nobis, salutem et dilectionem. Cum ex parte dilectorum nostrorum archiepiscopi Burdegalensis et suffraganeorum suorum accepimus quod vos a personis ignobilibus, pro hiis que acquisiverunt in feodis et retrofeodis dictarum et aliarum personarum ecclesiasticarum, financias exigere nitamini, et nos personas ipsas super hoc posuerimus in respectu usque ad instantias proximi parlamenti, mandamus vobis quatinus predictas personas ignobiles ratione financiarum pro dictis acquisitis in futurum minime molestetis. Si vero, aliqua ratione hujusmodi acquisitorum, de bonis saisiveritis, ceperitis vel arestaveritis eorumdem, ea interim reddatis eisdem. Datum Parisius, II die maii, anno Domini M° CCC° decimo.

---

114. Acte de la consistance et valeur des biens de Jean de Mortagne, défunt prieur ou curé de Coulonges, et de la vente qui en fut faite à Jean Prévôt, son successeur, par l'évêque de Poitiers (f° 91 v°).

17 novembre 1310.

In nomine Domini, amen. Pateat universis presens publicum instrumentum inspecturis quod anno Domini millesimo ccc° decimo, indictione nona decima, septima die mensis novembris, videlicet die martis post festum beati Martini yemalis, pontificatus sanctissimi patris in Christo domini Clementis, divina providentia pape quinti, anno quinto, hora tertie vel circa, in mei publici notarii et testium infrascriptorum ad hoc specialiter vocatorum et rogatorum presentia, personaliter constitutus ac comparens in judicio religiosus vir frater Petrus Velheit, prior claustralis monasterii de Niolio super Altitiam, coram reverendo in Christo patre domino Arnaldo, divina providentia episcopo Pictavensi, ad reddendum rationem et prestandum reliqua de bonis infrascriptis, vocatus et citatus, confessus fuit et publice recognoscit quod ipse, pro conservatione bonorum infrascriptorum et ne perirent ibidem, audita morte fratris Johannis de Mauritagnia, prioris seu rectoris quondam de Colongiis, antequam magister Johannes Bacheti, clericus, procurator ipsius domini episcopi, pro ipso et ejus nomine venisset ad faciendum inventarium de bonis dicti defuncti, invenit idem prior in bonis ipsis dicti defuncti ea que sequuntur : videlicet decem sextaria bladi, videlicet sex sextaria mixture et quatuor siliginis; item duodecim boycellos fabarum et pisorum ; item duas pipas vini; item quinque culcitras plumeas et tria traversaria et duo auricularia; item tres culcitras punctas et tria tapeta prava ; item duas scalones tales quales et unam patellam pravam et unum trepodum; item sex linteamina; item duodecim linteamina, que detulit prior claustralis predictus, et unum equm, et duas padellas et padellum ferreum; item quatuor libras cere; item sex alnas de panno nigro, vocato de plat, de quibus idem prior talia habuerat et habebat : que paratus erat reddere eidem domino episcopo vel ejus mandato. Que quidem bona per ipsum priorem et per fratrem Johannem Prepositi, rectorem seu priorem dicte ecclesie de Colongis, appretiata fuerunt omnia triginta quinque libris et decem septem solidis et quatuor denariis turonensibus. Que quidem bona, preter equm, qui appretiatus fuerat per eosdem in dicta estimatione sive summa, idem dominus episcopus, inclusa in residuo precii provisione competenti, quam idem dominus episcopus volebat ipsum fratrem Johannem Prepositi rectorem de bonis predictis habere, dicto equo exempto, quem apud se retinuit tanquam suum, omnia et singula alia bona predicta eidem rectori vendidit precio viginti librarum turonensium; et precepit idem dominus episcopus dicto fratri Petro, priori claustrali de Niolio, quod omnia que ipse habuerat redderet et traderet dicto rectori ementi: que quidem prior promisit se restiturum eidem. Ipse vero frater Johannes Prepositi, rector de Colongiis predictus, ratione et occasione venditionis sibi facte de dictis bonis emptis per ipsum, promisit firma et legitima stipulatione eidem domino episcopo stipulanti pro se, se soluturum viginti libras turonensium parvorum vel ejus thesaurario Pictavensi infra festum Nativitatis Domini proximo venturum, et antea si commode posset, sub obligatione omnium bonorum suorum et prioratus seu ecclesie sue predicte, juramento tactis sacrosanctis Evangeliis ab eodem prestito corporali; de qua quidem emptione et venditione dictus frater Johannes Prepositi rector se tenuit gratanter pro contento et pagato. Et promisit quod contra predicta vel aliqua de predictis per se vel per alium non faciet vel veniet in futurum quacumque occasione vel causa, renuncians in hoc casu exceptioni doli mali et in factum, et omni alii exceptioni et deffensioni per que posset venire contra premissa vel aliqua de premissis. Acta sunt hec apud Savigniacum Episcopalem, sub anno, indictione, die et mense, pontificatu et hora predictis, presentibus discreto viro magistro Petro Marsilii, canonico Ambasiensi, Turonensis dyocesis, Raymundo Arnaldi, Petro de Beras, clericis Agennensis dyocesis, testibus ad premissa vocatis specialiter et rogatis. Et ego Johannes de Ynodio, clericus Treverensis dyocesis, publicus apostolica et imperiali auctoritate notarius, premissis omnibus et singulis una cum testibus suprascriptis presens fui, et presens publicum instrumentum propria manu scripsi et in hanc publicam formam redegi, signoque meo consueto signavi requisitus et rogatus.

---

115. Concession d'un bois dans la paroisse de Sainte-Flaive, faite par les vicaires généraux de l'évêque. de Poitiers à deux particuliers, moyennant huit sous de cens payables à la Saint-Michel (f° 46 v°).

20 avril 1312.

Universis presentes litteras inspecturis, vicarii generales domini episcopi Pictavensis, salutem in Domino. Noveritis quod nos nomine dicti domini episcopi tradidimus et concessimus Nicholao, filio deffuncti Textoris de Podio Sicco, et Bonaudo, genero Johanne Guiberte, quoddam nemus quod est in parrochia de Sancta Flavia, quod vulgariter appellatur Bola Episcopi, ad perpetuum et annuum censum octo solidorum solvendorum in festo beati Michaelis annuatim, providendum et explectandum ab eisdem Nicholao et Bonaudo et eorum heredibus et successoribus perpetuo pro libito sue voluntatis. In cujus rei testimonium dedimus eisdem Nicholao et Bonaudo presentes litteras sigillo vicariatus nostri sigillatas. Datum die jovis ante festum sancti Georgii, anno Domini m° ccc° duodecimo.

---

116. Bulle du pape Jean XXII érigeant les sièges épiscopaux de Maillezais et de Luçon (f° 117 v°).

13 août 1317.

(Publiée dans l'*Histoire des comtes de Poitou* de Besly, p. 172, dans le *Gallia christiana*, t. 2, instr. col. 382, et dans l'*Histoire de l'abbaye de Maillezais*, par M. l'abbé Lacurie, p. 344.)

---

117. Bulle du pape Jean XXII déclarant, contrairement aux prétentions de l'évêque de Maillezais, que la terre de Sainte-Pezenne et l'église de ce lieu et celle de Sihec étaient dans les limites de l'officialité de Niort, au diocèse de Poitiers, et appartenaient à l'évêque de Poitiers (f° 119 r°).

29 septembre 1318.

Johannes, episcopus, servus servorum Dei, dilectis filiis Sancti Severini, Burdegalensis, et Castri Novi de Anio, Sancti Papuli diocesum, decanis, ac archidiacono Gandensi, Tornacensis ecclesiarum (*sic*), salutem et apostolicam benedictionem. Dudum ex conquestione venerabilis fratris nostri episcopi Pictavensis ad audienciam nostram deducto, quod post erectionem Malleacensis et Lucionensis ecclesiarum, olim monasteriorum, in ecclesias cathedrales, limitacionem quoque Malleacensis et Lucionensis diocesum per archipresbiteratus et decanatus rurales certos et nominatos, in hujusmodi limitatione et distinctione contentos, de fratrum nostrorum consilio et apostolice potestatis plenitudine per nos factas, venerabilis frater noster Malleacensis episcopus locum seu manerium de Sancta Piscina, ad mensam ejusdem Pictavensis episcopi pertinentem, existentem de officialatu Nyortensi et consistentem etiam in eodem et de dicta dyocesi Pictavensi, qui quidem officialatus post limitacionem hujusmodi et antea decisus et separatus ab archipresbiteratibus, decanatibus et officialatibus ceteris Pictavensis diocesis noviter decise remanserat, contra limitacionem et ordinationem hujusmodi veniendo, ternere occuparat, prefato loco seu manerio dictum Pictavensem episcopum spoliando, ac supplicante nobis prefato episcopo Pictavensi ut prefatum locum seu manerium cum omnibus juribus et pertinenciis suis eidem episcopo Pictavensi restitui faceremus : nos dilecto filio Petro, titulo Sancte Susanne presbitero cardinali, commisimus oraculo vive vocis quod super predictis partes audiret summarie et de plano seque super hiis diligentius informaret, et, informacione recepta, ea que super hiis inveniret nobis referre curaret; et post commissionem hujusmodi, eodem cardinali nos consulente an per eum super premissis ex officio vel alias existeret procedendum, nos iterato sibi commisimus et mandavimus oraculo vive vocis quod, auditis partibus super contentis in commissione prefata, exceptionibus et oppositionibus pretermissis, in hujusmodi negocio procederet summarie et de plano sine strepitu et figura judicii, prout existeret rationis. Comparentibus itaque coram cardinali prefato magistris Petro Codouli, Pictavensis, et Guillelmo Vaubuti, Malleacensis episcoporum predictorum procuratoribus, et oblatis quibusdam summariis peticionibus tam super predictis quam super ecclesiis de Sancta Piscina et de Siec, et super eis formatis et datis articulis hinc et inde, ac de calumpnia et de veritate dicenda prestito ab ipsis partibus juramento, juratis et examinatis quibusdam testibus pro utraque parte in hujusmodi causa productis, et dicti Pictavensis relacionem ac prestati (*sic*) episcoporum Malleacensis procuratoribus remissionem ad partes cum instancia postulantibus : nos, redditi de processu hujusmodi cerciores, eidem cardinali mandavimus ut causam hujusmodi in statu in quo erat nobis referre curaret. Facta igitur nobis super hiis per cardinalem eundem relacione plenaria et fideli, ac remissione ad partes, per dicti Malleacensis episcopi procuratorem petita, per nos, cum satis de hujusmodi negocii veritate essemus instructi, rationabiliter denegata, attentis et consideratis propositis et probatis, qua clare nobis constitit dictum officialatum Nyortensem in dicta Pictavensi diocesi remansisse, et locum seu manerium de Sancta Piscina, et dictas de Sancta Piscina et de Syec ecclesias esse de officialatu Nyortensi et in eodem etiam constituta : de fratrum nostrorum consilio, auctoritate apostolica declaramus dictum manerium seu locum de Sancta Piscina, et dictas ecclesias de Sancta Piscina et de Syec, in officialatu Nyortensi, presentis Pictavensis diocesis, existere et consistere in eodem, et ad Pictavensem episcopum, sicut pertinebant ante limitationem et distinctionem predictas, cum omnibus juribus et pertinenciis dicti manerii sive loci ac fructibus exinde perceptis medio tempore pertinere, ordinaria ecclesiastica jurisdictione salva Malleacensi episcopo in pertinenciis dicti manerii sive loci, si que sunt extra diocesim Pictavensem et intra Malleacensem predictas, cum esset plurimum indecens, si ea que ad predictum manerium sive locum hactenus pertinebant et ab illo tanquam accessoria dependebant, adimerentur eidem ; quicquid de facto contra declarationem nostram hujusmodi per quoscumque forsan attemptatum est hactenus, vel in futurum contigerit attemptari, decernentes irritum et inane et nullius existere firmitatis. Quocirca discretioni vestre per apostolica scripta mandamus quatinus vos vel duo aut unus vestrum, per vos vel alium seu alios declarationem nostram hujusmodi executioni debite demandantes, prefatum episcopum Pictavensem vel procuratorem suum ejus nomine in corporalem possessionem manerii sive loci de Sancta Piscina predicti, ac jurium et pertinenciarum et ecclesiarum predictorum, reducatis auctoritate nostra, et deffendatis reductum, amoto prefato Malleacensi episcopo ab eisdem, facientes sibi de ipsorum fructibus, redditibus, proventibus, juribus et obvencionibus universis integre responderi, et de hujusmodi fructibus perceptis juxta presentis declarationis nostre tenorem plenam et debitam satisfactionem impendi, contradictores auctoritate nostra, appellacione postposita, compescendo. Datum Avinione, III kalendas octobris, pontificatus nostri anno tercio.

---

118. Aveu du fief de la Roche de Marigny, rendu à Fort d'Aux, évêque de Poitiers, par Guillaume Coynde, citoyen de Poitiers (f° 211 r°)[1].

Vers 1325.

Universis presentes litteras inspecturis. Auditor et judex curie episcopi, decani et capituli Pictavensis, salutem in Domino. Noveritis quod in nostra curia personaliter constitutus magister Guillelmus Coynde, civis Pictavensis, confessus est se tenere, ad homagium ligium et ad deverium unius oboli aurei in mutacione domini et hominis, a reverendo in Christo patre domino Forcio, episcopo Pictavensi, racione sui episcopatus, res que sequntur. — Primo herbergamentum suum de Rocha de Margnec, prout protenditur a muro quod dividit dictum herbergamentum ab herbergamento Johannis Forestarii seu le Clerc de Rocha predicta usque ad clausuram seu murum quod solebat esse inter herbergamentum deffuncti Philippi de Rocha et dic-

---

1. Le feuillet 211 a été déchiré transversalement et obliquement, de sorte qu'il n'en reste que le haut, contenant onze lignes entières au *recto* et au *verso*, et quelques mots seulement des onze lignes suivantes. — Guillaume Coinde fut maire de Poitiers en 1316, 1317, 1318, 1319, 1323 et 1332.

tum herbergamentum quod nunc est dicti magistri Guillelmi, quod herbergamentum quondam fuit Helie de Bosco, valeti. — Item et terras que fuerunt dicti Helie et se extendunt ad nucum qui est in fine nemoris quod fuit dicti Helie versus Vivoniam ex una parte et ex illis metis usque ad vineas vocatas de Foresta. — Item et dictum nemus. — Item quamdam peciam terre vocatam campum de Ulmo, sitam juxta terram Guillelmi Rotya. — Item unam peciam terre vocatam les Mineres, sitam justa terram dicti Milhet. — Item quamdam naydam sitam ad pratum Johannis, juxta naydam Gaborea...... juxta quoddam fossatum quod est inter dictam naydam et nayd..... unam peciam terre sitam juxta terram que fuit deffuncti... una parte et juxta viam per quam itur de Rocha..... Margnec, in quibus dictus magister Guillelmus...... in vinea rectoris ecclesie de...... Item les terdres qui sunt...... Harvey de Fayole...... dicti Harvey usque...... juxta dictam.... et quatr...... Item. . . . .
homagio ea que adquisivit apud Rocham de Margnet in feodo dicte Roche ab Aguatha et Petronilla, filiabus et heredibus deffuncti Petri de Bosco junioris seu de Petit Perrot ; et omnia alia et singula quocumque in genere censeantur, que idem magister Guillelmus tenet et habet ad suum domanium apud Rocham de Margnet et circa in feodo dicte Roche, et cum alta veyreya et bassa, tam in suis domaniis quam in hiis que apud dictam Rocham et circa tenentur a dicto magistro Guillelmo. — Item duodecim denarios census quos dictus magister Guillelmus adquisivit ab Aymerico Barnea apud Leguge et circa in feodo dicte Roche. — Item magnam domum ipsius magistri Guillelmi sitam apud l'Espine de versus Martignec in parochia d'Avanton, cum universis et singulis que ipse magister Guillelmus tenet et adquisivit in parochia d'Avanton in feodo dicte Roche, appellato le fié l'Evesque, una cum pratis suis sitis apud pontem Ausencie, cum tali veyreya et

juridicione et districtu qualem habebat dictus Helias tempore vendicionis dicti herbergamenti dicte Roche. — Item homagium quod facit dicto magistro Guillelmo dictus Helias de Bosco pro rebus quas ipse tenet et ab ipso...... d'Avanton et circa et alibi in feodo et retrofeodo dicte Roche; pro quo homagio tenetur...... unius oboli aurei in mutatione domini et hominis. — Item confessus est... mentum aus Morez dannyl *(sic)* cum pertinentiis et rebus aliis que sunt...... Fulcaudi de Payrec solebat tenere a dicto Helia de...... ratione domini et hominis, sicut dictus Johannes tempore...... dicto Helie. — Item quoddam...... quod herbergamentum contiguum...... ex altera, que dictus...... gium planum et ad...... dit in scriptis Raynbaut.... ex altera..... prout.....

---

119. Transaction entre Fort d'Aux, évêque de Poitiers, et Gervais, abbé de Bourgueil, au sujet du patronage de l'église de Pugny (f° 120 r°).

5 novembre 1326.

Omnibus hec visuris, frater Gervasius, permissione divina humilis abbas monasterii beati Petri de Burgulio, Andegavensis diocesis, ordinis Sancti Benedicti, totusque ejusdem loci conventus, salutem in Domino sempiternam. Noveritis quod, cum inter reverendum in Christo patrem ac dominum dominum Fortium, miseratione divina episcopum Pictavensem, ex una parte, et nos abbatem predictum et bone memorie fratrem Gilbertum, predecessorem nostrum, tempore quo vivebat, ex altera, super jure patronatus ecclesie beate Marie de Poigne, Pictavensis diocesis, orta fuisset jamdudum materia questionis super eo quod dictus dominus reverendus dicebat et asserebat dictam ecclesiam de Poigne ad ipsum spectare pleno jure, fuisseque et esse in possessione vel quasi conferendi dictam ecclesiam pleno jure ratione Pictavensis ecclesie, dum vacaret : nobis contrarium dicentibus ex adverso et asserentibus jus patronatus ipsius ecclesie ad nos et predecessores nostros ratione monasterii de Burgolio pertinere, fuerintque plures appellationes tam tempore predecessorum nostrorum quam modo super jure patronatus dicte ecclesie contra dictum dominum reverendum, dum ipsam conferebat ecclesiam, ad sedem apostolicam interjecte, datis judicibus super illis; cumque postmodum super premissis coram judicibus delegatis plures processus facti fuissent et habiti in judicio et extra tam tempore predecessoris nostri quam nostro, et multi et varii tractatus habiti hinc et inde : tandem, visis et diligenter inspectis pluribus attestationibus testium super hoc de consensu partium productorum, necnon pluribus instrumentis, litteris et aliis munimentis, de proborum virorum consilio et ortatu, super jure patronatus dicte ecclesie cum dicto domino reverendo duximus, ut sequitur, concordandum. Videlicet quod provisio, quam dictus dominus reverendus ista vice fecit dilecto suo Petro de Jumellis, presbitero, de predicta ecclesia de Pugnie, libera et vacante per mortem Raginaldi Roberti, nuper obtinentis eandem, eidem remanebit, et quod nos abbas predictus seu successores nostri, prima vice qua eam vacare contigerit per mortem vel alias quoquomodo, dicto domino reverendo seu Pictavensi episcopo qui erit pro tempore personam ydoneam presentabimns ad eamdem, prout inter nos et dictum reverendum patrem et ejus capellanum extitit accordatum, et cum vacaret alia vice, dictus dominus episcopus conferret ; et sic futuris temporibus alternis vicibus tam per nos et successores nostros quam per dictum reverendum et suos successores ordinabitur predicte ecclesie dum vacabit, salvo tamen jure monasterii nostri et salvo alio jure dicti domini episcopi in aliis, cui peremptorie non intendimus derogare, et priori prioratus de Rejacia, ad dictum monasterium nostrum pertinentem (*sic*), in oblacionibus, decimis, primiciis et aliis juribus ad eum pertinentibus in ecclesia antedicta, quibus juribus per hanc concordiam derogari nolumus quoquomodo. Et nos predicti abbas et conventus predictam ordinationem seu compositionem laudamus, approbamus, ratifficamus, et eam credimus cedere ad commodum et utilitatem nostri monasterii sepedicti. In quorum testimonium presentibus litteris sigilla nostra quibus utimur in talibus duximus apponendum. Datum et actum apud Burgulium, die mercurii post festum Omnium Sanctorum, anno Domini m° ccc° vicesimo sexto.

120. Décrets promulgués au concile provincial de Ruffec (f° 45 v°).
14 janvier 1327 (1326 v. st.).

Hec sunt constitutiones moderate in concilio apud Roffiacum celebrato, anno Domini m° ccc° vicesimo sexto, die mercurii post festum beati Hylarii yemalis, cum diebus sequentibus.

Quoniam in quibusdam constitutionibus nostris provincialibus continetur quod, nisi judices seculares capientes clericos vel alias personas ecclesiasticas, primo requisiti vel moniti, sic captos restituant vel recredant, sessetur penitus a divinis. . . . . . .[1] et cotidie experimur quamplures dictorum judicum secularium propter sui inhumanitatem comod. . . . . vel eciam amoveri; et quia ecclesiis, ecclesiasticis personis ac rebus et consanguineis eorumdem sic monentium vel requirentium non verentur inferre injurias et contumelias infinitas : idcirco, deliberatione prehabita diligenti in nostro provinciali concilio, anno Domini millesimo ccc° vicesimo sexto apud

---

1. Le texte de cette pièce présente plusieurs lacunes, parce que, dans le manuscrit, l'écriture est à demi effacée à la fin des lignes, et qu'en outre, faute de marge, la reliure a rendu invisible l'extrémité de ces lignes.

Roffiacum, Pictavensis dyocesis, celebrato, duximus statuendum quod de cetero quicumque, si vel seculares ad quos regimen seu administratio ecclesiarum, monasteriorum, prioratuum vel beneficiorum quorumcumque dignoscitur pertinere vel pro tempore pertinebit, quamcito noverint clericum vel clericos vel alias personas ecclesiasticas in... et villis quibus degunt vel administrant per secularem judicem detineri, absque alia requisitione vel monitione detentoribus vel aliis facienda, tenorem et formam dictarum nostrarum constitutionum provincialium teneant viriliter et... cessantes ipso facto penitus a divinis et quamdiu detinebuntur ibidem. In ceteris autem volumus dictas constitutiones in suo robore perdurare. Quos ex predictis, si ignoranciam simulaverint crassam vel...... facto.

Item in eodem concilio duximus statuendum in favorem ecclesiarum ut, non obstantibus aliquibus nostris constitutionibus provincialibus seu sinodalibus suffraganeorum nostrorum super hoc editis, quicumque clericus vel sacerdos vel alia persona ecclesiastica postulare possit in foro seculari pro ecclesiis quibuscumque ecclesiasticisque personis et rebus eorum, absque...... interdicti sententia seu alia propter hoc incurrenda, dum tamen inde non consequatur aliquod donum, precium vel.., etiam si a volentibus offerretur, alias predictis nostris constitutionibus super hoc editis in suo robore duraturis. Acta fuerunt apud Roffiacum, Pictavensis dyocesis, anno quo supra, die mercurii post festum beati Hilarii yemalis, cum diebus sequentibus, in provinciali concilio per reverendum in Christo patrem dominum Arnaldum, Dei gratia Burdegalensem archiepiscopum, celebrato.

121. Acte de la mainmise opérée par le commissaire de Fort d'Aux, évêque de Poitiers, sur l'église de Rouillé, qui était alors en litige entre deux contendants, et de la défense faite à tous prêtres, sous peine d'excommunication, d'y célébrer la messe et d'y administrer les sacrements sans la permission de l'évêque (fo 27 ro) [1].

21 juin 1340.

In nomine Domini, amen. Noverint universi quod anno Domini millesimo trecentesimo quadragesimo, vicesima prima die mensis junii, indictione octava, pontificatus sanctissimi in Christo patris ac domini nostri domini Benedicti, divina Providentia pape XII, anno sexto, in mei notarii publici et testium subscriptorum presentia, in ecclesia de Rolhec, Pictavensis diocesis, populo ad missarum solempnia congregato, hora tertie, personaliter constitutus dominus Bartholomeus Rivalli, commissarius a reverendo in Christo patre ac domino domino Fortio, Dei gratia episcopo Pictavensi, dicens quod, cum custodia tam vacancium quam litigiosarum ecclesiarum curatarum tocius diocesis Pictavensis, de quibus quidem ecclesiis pendet lis, contrastus seu controversia, necnon et ministratio sacramentorum ecclesiasticorum, ad dictum dominum episcopum spectent, de usu et consuetudine sue ecclesie Pictavensis approbata et hactenus legitime prescripta, et etiam observata a tanto tempore de cujus contrario memoria hominis non existit, et de quibus dictus reverendus pater dominus episcopus est et fuit et ejus predecessores fuerunt in possessione seu quasi per dictum tempus custodie ipsarum ecclesiarum, ipsasque tenendi ad manum suam, fructus, redditus, oblaciones ac emolumenta ipsarum levandi et percipiendi, ac faciendi ibidem celebrare divina parrochianis et ministrandi ecclesiastica sacramenta; et

---

1. Imprimé avec quelques incorrections dans les *Evesques de Poictiers* de Besly, p. 177.

cum dicta ecclesia de Rolhec sit in contrastu, litigio seu controversia inter dominum Guillelmum de Vergnec, ad presentacionem capituli beati Hylarii Pictavensis per dictum dominum episcopum in eadem institutum, et Geraldum de Danayna, clericum, auctoritate apostolica impetrantem, cui jam provisum erat de eadem per exequtores seu subexequtores sibi auctoritate apostolica deputatos : posuit idem commissarius nomine quo supra dictam ecclesiam, fructus, proventus, oblationes et emolumenta ipsius ecclesie, ad manum dicti domini episcopi, et inhibuit generaliter omnibus parrochianis dicte ecclesie, ad missarum solempnia congregatis, ne ipsi, sub pena excommunicationis, quam in ipsos et ipsorum quemlibet, canonica monitione premissa, ferebat in scriptis, fructus, proventus, oblationes et alia jura ad dictam ecclesiam spectantia alicui solverent preterquam sibi commissario aut alii ab ipso domino episcopo deputato aut deputando ad levandum, et etiam inhibuit omnibus presbiteris ibidem existentibus ne ipsi, sub pena excommunicationis, quam in contrarium facientes, canonica monitione premissa, protulit et promulgavit, in dicta ecclesia absque licencia dicti reverendi patris domini episcopi Pictavensis auderent divina celebrare nec parrochianis ejusdem sacramenta ecclesiastica ministrare. De quibus omnibus et singulis supradictis dictus dominus Bertholomeus requisivit me notarium infrascriptum ut sibi facerem publicum instrumentum. Acta fuerunt hec die, anno, hora, indictione et pontificatu quibus supra, presentibus domino Guillelmo Poverelli, milite, et ejus uxore, Petro Girardi, Petro Arnaldi et Thoma Textoris, et pluribus aliis testibus ad premissa vocatis et requisitis. Et ego Bertrandus de Bramansone, clericus Condomiensis diocesis, publicus apostolica auctoritate notarius, predicte inhibicioni et omnibus aliis et singulis supradictis presens fui, eaque omnia et singula manu propria scripsi et in hanc formam publicam redegi, signoque meo solito signavi rogatus et requisitus.

122. Procès-verbal du refus fait au commissaire de Fort d'Aux, évêque de Poitiers, de la remise des clefs de l'église de Romagne, qui était en litige entre deux contendants (fº 27 rº).

31 juillet 1341.

Noverint universi quod anno Domini Mº CCCº quadragesimo primo, ultima die mensis julii, indictione nona, pontificatus sanctissimi in Christo patris ac domini nostri domini Benedicti, divina providentia pape XII, anno septimo, in mei notarii publici et testium subscriptorum presentia, personaliter constitutus ante portas ecclesie de Romangne, Pictavensis diocesis, dominus Johannes Ayraudi, vicarius venerabilis archipresbiteri de Savigniaco, dicte Pictavensis diocesis, commissarius ad infrascripta deputatus a reverendo in Christo patre ac domino domino Fortio, Dei gratia episcopo Pictavensi, prout de sua commissione docuit ad plenum, inveniens Hugonem de Vergnec, fratrem domini Guillelmi de Vergnec, presbiteri, rectoris, ut dicebatur, ecclesie predicte de Romangne, prope portam ecclesie predicte, interrogavit eundem Hugonem pro qua causa erat ibidem; qui respondit quod ibi erat pro conservanda possessione ecclesie predicte pro dicto fratre suo. Et postmodum dictus commissarius dixit quod, cum custodia tam vacancium quam litigiosarum ecclesiarum curatarum totius diocesis Pictavensis, de quibus quidem ecclesiis pendet lis, contrastus seu controversia, necnon et ministratio sacramentorum ecclesiasticorum, ad dictum dominum episcopum spectent de usu et consuetudine ecclesie Pictavensis approbata et hactenus legitime prescripta et etiam observata a tanto tempore de cujus contrario memoria hominis non existit, et de quibus dictus reverendus pater dominus episcopus est et fuit et ejus predecessores fuerunt in possessione seu quasi per dictum tempus custodie ipsarum ecclesiarum, ipsasque tenendi ad manum suam, fructus et redditus, proventus, oblaciones ac emolumenta ipsarum levandi et percipiendi, ac faciendi ibidem celebrare divina parrochianis et ministrandi ecclesiastica sacramenta. Et cum dicta ecclesia de Romangne sit in contrastu, litigio seu controversia inter dominum Guillelmum de Vergnec, ad presentationem capituli beati Hylarii per dictum dominum episcopum institutum, et Vitalem Lari, clericum, auctoritate apostolica impetrantem, cui jam provisum erat de eadem per exequtores seu subexecutores sibi auctoritate apostolica deputatos, peciit et requisivit dictum Hugonem quatenus traderet sibi claves ecclesie predicte pro aperiendo dictam ecclesiam et celebrando ibidem divina et ecclesiastica sacramenta parrochianis ejusdem ministrando ; qui Hugo respondit quod claves tradere non posset, cum eas non haberet, cum duo de gentibus dicti rectoris in dicta ecclesia existentes pro dicta possessione conservanda ipsas claves haberent, timendo de impetratione quod occuparet possessionem ipsius ecclesie; sed si dictas claves ab ipsis habere posset, libenter eas sibi traderet, quia bene sciebat quod hoc erat jus dicti domini episcopi. Item etiam dixit dictus Hugo sua propria voluntate, quod in perceptione fructuum dicte ecclesie et jurium dicti domini episcopi ipsum dominum episcopum nec ejus gentes in aliquo impediret quominus idem dictus episcopus jure suo uti posset, et statim dictus commissarius dixit : sufficit nobis, recedamus. De quibus omnibus et singulis supradictis dictus commissarius requisivit me notarium infrascriptum ut sibi facerem publicum instrumentum. Acta fuerunt hec hora prime et die, anno, indictione et pontificatu quibus supra, testibus presentibus Guillelmo Theandi, serviente regio, Stephano Clamnocelli, Johanne Roucelli, clericis, et pluribus aliis, ad premissa vocatis et requisitis. Et ego Bertrandus de Bramansone, clericus Condomiensis diocesis, publicus apostolica auctoritate notarius, predicte requisicioni et omnibus aliis et singulis supradictis presens fui dum agebantur, eaque omnia et singula manu propria scripsi et in hanc formam publicam redegi, signoque meo solito signavi vocatus et requisitus.

---

123. Acte de l'opposition formée par Aimeri de Mons, évêque de Poitiers, à l'enlèvement que voulaient faire de sa vaisselle, le jour de son entrée solennelle dans Poitiers, les fondés de pouvoir du seigneur de Laval (f° 26 r°) [1].

4 juin 1363.

In nomine Domini, amen. Evidenter pateat universis et singulis presens publicum inspecturis et audituris etiam instrumentum, quod anno ab Incarnatione Domini m° ccc° sexagesimo tercio, die dominica post festum Corporis Christi, que fuit iiii dies mensis junii, circa horam none, paulo post prandium, indictione prima, pontificatus sanctissimi patris in Christo et domini nostri domini Urbani, divina providentia pape quinti, anno primo, in magna aula Pictavensis episcopatus, in mei notarii publici et testium infrascriptorum presentia : cum Petrus et Symon Ruffaus, procuratores et procuratorio nomine, ut asserebant, nobilis et potentis domini domini de La Val, nisi fuissent collegisse et congregasse seu colligi et congregari fecisse vaicellam stagneam et ligneam, videlicet platellos, scutellas, salcerias et scisoria que fuerunt ordinata pro deserviendo in festo reverendissimi patris in Christo et domini domini Aymerici, Dei et apostolice sedis gratia Pictavensis episcopi, festum predictum tenentis et infra domos Pictavenses episcopales predictas facientis in primo suo jocundo adventu, venit et astitit ibidem venerabilis vir magister Petrus du Boulay, archipresbyter de Partiniaco, procurator et procuratorio nomine dicti domini reverendissimi patris, et petiit ab ipsis quo nomine et

---

1. Imprimé peu correctement dans les *Evesques de Poictiers* de Besly, p. 180.

qua de causa dictam vaicellam congregabant; qui responderunt quod nomine dicti domini de Laval, cujus procuratores erant, verum cujus procuratorii lecturam et copiam sibi pro parte reverendissimi patris antedicti prefati procuratores tradere denegarunt, sufficienter ex parte ipsius venerabilis viri archipresbyteri cum instantia qua decuit requisiti. Ac tum, pluribus altercationibus hinc inde habitis, dicti Petrus et Symon dixerunt se non uti velle dicto procuratorio, videntes et considerantes quod virtute illius procuratorii, nec aliqua alia suffulti debita potestate, verum et justum fundamentum non habentes, per quod seu virtute cujus premissa possent petere, exigere, facere, occupare, usurpare, seu aliqualiter detinere. Quibus sic peractis, omnia et singula premissa, et quidquid de et super premissis fecerant seu fieri procuraverant, revocaverunt et deshavoaverunt penitus et omnino, et quod ipsi vigore illius procuratorii vel alias ipsam vaicellam, de qua superius fit mentio, seu etiam alia bona ad prefatum reverendissimum patrem pertinentia non detinere seu occupare aliqualiter intendebant; ymo quidquid fecerant seu fieri procuraverant, ad honorem et commodum reverendissimi patris antedicti et pro ipso peregerant, et ad currionem (*sic*) et finem quod dicta vaicella ibidem sic congregata valeret pro prefato reverendissimo patre domino episcopo Pictavensi potius conservari. De quibus omnibus et singulis premissis petiit idem venerabilis archipresbiter quo supra nomine ipsius reverendissimi patris et pro ipso a me notario publico infrascripto sibi fieri unum vel plura publica instrumenta. Acta fuerunt hec anno, die, mense, hora, loco, indictione et pontificatu predictis, presentibus discretis viris Johanne du Boulay, Johanne Raoulea, et Ludovico Pinguerelli, et pluribus aliis testibus ad premissa vocatis specialiter et rogatis. Et ego Johannes Raoulelli, clericus Pictavensis diocesis, publicus auctoritate imperiali notarius, predicte peticioni, responsioni, denegacioni, revocacioni et omnibus aliis et singulis, dum per modum supradictum agerentur, una cum predictis testibus presens fui, et huic presenti publico instrumento manu mea propria scripto, quod in hanc formam publicam redegi vocatus specialiter, in testimonium premissorum signum meum apposui consuetum.

124. Accord entre Aimeri de Mons, évêque de Poitiers, et Guillaume l'Archevêque, seigneur de Parthenay, au sujet des nappes qui avaient servi au repas donné le jour de l'entrée solennelle de cet évêque, et hommage lige du même seigneur de Parthenay (f° 25 r°) [1].

17 novembre 1364.

In nomine Domini, amen. Noverint universi presens instrumentum publicum inspecturi, quod anno Dominice Incarnationis millesimo ccc° sexagesimo quarto, die dominica post festum beati Martini yemalis, xvii mensis novembris, post celebrationem magne misse in ecclesia Pictavensi, videlicet in parte qua consistunt organa, indictione iii^a, pontificatus sanctissimi patris in Christo et domini nostri domini Urbani, divina providentia pape quinti, anno iii°, reverendo in Christo patre ac domino domino Aymerico, Dei et apostolice sedis gratia Pictavensi episcopo, ex parte una, et nobili ac potenti viro domino Guillelmo Archiepiscopi, domino de Partiniaco, Pictavensis diocesis, ex altera, personaliter constitutis ; cum pro parte dicti domini de Partiniaco diceretur quod ipse pro jure suo debebat habere omnes mapas festi diei quo dominus episcopus Pictavensis in novitate sua primum faciebat ingressum in ecclesia Pictavensi, pro obsequio deportationis dicti domini episcopi ab ecclesia beate Marie majoris usque ad

---

[1]. Imprimé avec de nombreuses incorrections dans les *Evesques de Poictiers* de Besly, p. 183.

dictam ecclesiam Pictavensem, et ob hoc a supradicto domino Aymerico episcopo Pictavensi moderno peteret quod faceret sibi reddi omnes mapas festi diei quo fecit primum ingressum suum ad dictam suam ecclesiam Pictavensem : dicto domino episcopo dicente et proponente quod ad hoc faciendum minime tenebatur, et quod idem dominus de Partiniaco dictas mapas petendi jus aliquod non habebat, nec ei dicte mappe aliqualiter debebantur, predicto domino de Partiniaco contrarium asserente ; tandem, diutius super hoc inter eos altercato, supradictus dominus episcopus, de et cum expressis consensu, consilio, voluntate et deliberatione venerabilium dominorum capituli predicte ecclesie Pictavensis, ad hoc presentium et per dictum dominum episcopum specialiter vocatorum, ad evitandum quamplura dampna et prejudicia que possent ex hoc predicte Pictavensi ecclesie et suis juribus fieri et etiam evenire; et dictus dominus de Partiniaco volens, ut dixit, cum dicto domino episcopo et dicta sua Pictavensi ecclesia in continua dilectione persistere, et ne aliqua ambiguitas super hoc in posterum oriatur, de et super premissis pacificaverunt et concordaverunt inter se in modum subsequentem. Videlicet quod, quando episcopus Pictavensis primum suum ingressum faciet in ecclesia Pictavensi, idem dominus de Partiniaco et successores sui qui erunt domini de Partiniaco predicto, habebunt et percipient mapas mense in qua die dicti ingressus prandebit dictus dominus episcopus, et dressorii dumtaxat, nec aliquid poterunt petere in ceteris mapis festi dicti diei : quin ymo domino episcopo libere remanebunt; quodque supradictus dominus de Partiniaco haberet et perciperet, habebitque et percipiet solummodo mapas mense in qua fuit pransus predictus dominus episcopus modernus, et dressorii festi diei quo ipse suum fecerit ingressum in predicta sua ecclesia Pictavensi, et cetere mape dicti festi eidem domino episcopo libere et integre remanerent et remanent, absque eo quod idem dominus de Partiniaco aliquid posset petere in eisdem. Et mox hiis actis predicti dominus episcopus et dominus de Partiniaco ad majus altare dicte ecclesie se transtulerunt, dictaque concordia prius per circumspectum virum Johannem Ojardi, ibidem presentem, quampluribus personis ecclesiasticis, nobilibus et aliis ibidem existentibus, publicata, predictus dominus de Partiniaco, amotis omnino capucio et mantello quibus indutus erat, et manibus junctis inter manus dicti domini episcopi, fecit ibidem eidem domino episcopo homagium ligium de rebus quas tenebat ab eo et ecclesia Pictavensi, de quibus predecessores sui fecerant et facere consueverant homagium ligium predecessoribus dicti domini episcopi, Pictavensibus episcopis pro tempore, et prestitit dicto domino episcopo idem dominus de Partiniaco, tactis per eum sacrosanctis Evangeliis, fidelitatis et aliud in tali casu juramentum fieri consuetum ; ad quod quidem homagium idem dominus episcopus eumdem dominum de Partiniaco recepit et admisit, eum recipiendo ad pacis osculum, ut est moris, salvo tamen jure suo et quolibet alieno. Deindeque dictus dominus episcopus eidem domino de Partiniaco injunxit quod ipse sibi traderet feodum suum in scriptis infra tempus ad hoc secundum consuetudinem patrie assignatum ; alioquin idem dominus episcopus ex nunc ut ex tunc, et ex tunc ut ex nunc, res et bona dicti homagii et sub eo comprehensa ad manum suam posuit, et sibi totum explectum inhibuit in eisdem. Quibus itaques ic peractis, dominus episcopus predictus tradidit et assignavit eidem domino de Partiniaco possessionem maparum mense in qua, ut predicitur, pransus fuit, et dressorii, per traditionem cujusdam cerotece quam in suis manibus tunc tenebat. De et super quibus premissis omnibus et singulis pecierunt dicti dominus episcopus et dominus de Partiniaco ipsis et cuilibet ipsorum per me infrascriptum notarium fieri publicum instrumentum. Acta fuerunt hec

anno, die, mense, hora, locis, indictione et pontificatu
supradictis, presentibus nobilibus ac circumspectis et venerabilibus viris dominis Ludovico de Hayricuria, vicecomite
Castri Ayraudi, Guillelmo de Feleton, senescallo Pictavensi,
Aymerico de Argentonio, Maingoto de Metulo, militibus,
dicto Johanne Ojardi, Johanne Vallendelli et quampluribus
aliis viris ecclesiasticis, nobilibus et aliis, ad premissa requisitis testibus et vocatis. Et ego Joannes Briencii, clericus
Pictavensis diocesis, apostolica publicus auctoritate notarius, hiis omnibus et singulis premissis, dum, eo modo quo
supra refferuntur, dicerentur, agerentur et fierent, una cum
predictis testibus presens fui, et que audivi et in notam
recepi, et deinde ipsa omnia et singula alia manu scripta,
me aliis negociis occupato, in hanc formam publicam redigendo, huic instrumento publico inde confecto signum
meum requisitus apposui consuetum.

---

125. Hommage lige fait à Simon de Cramaud, évêque de Poitiers,
par Guillaume l'Archevêque, seigneur de Parthenay, de tout ce
qu'il tenait en fief de l'évêque et de l'église de Poitiers (f° 25 v°).

1er mai 1387.

In nomine Domini, amen. Per hoc presens publicum
instrumentum cunctis pateat evidenter quod anno Dominice Incarnationis millesimo ccc° octogesimo septimo, die
mercurii, prima mensis maii, circa horam tertie, dum
magna missa celebrabatur in ecclesia conventus fratrum
Predicatorum de Fontiniaco Comitis, diocesis Malleacensis,
videlicet in claustro dicte ecclesie et conventus Predicatorum, indictione nona, pontificatus sanctissimi in Christo
patris et domini nostri domini Clementis, divina providentia pape VII, anno nono, reverendo in Christo patre et
domino domino Symone, Dei et apostolice sedis gratia
Pictavensi episcopo, ex parte una, et nobili ac potenti viro

domino Guillelmo Archiepiscopi, domino de Partiniaco, Pictavensis diocesis, ex altera, personaliter constitutis, dictus dominus episcopus Pictavensis dixit quod, licet dictus dominus de Partiniaco, non est diu, eidem domino episcopo fecisset homagium planum in villa Pictavensi et in cappella domus seu habitationis sue, ad quod faciendum dictus dominus de Partiniaco dicebat et asserebat solum eidem domino episcopo ad causam ecclesie Pictavensis teneri, dictus dominus episcopus tunc dixit et protestatus fuit quod casu quo reperiri possit ipsum dominum de Partiniaco teneri ad aliud quam ad dictum homagium planum, non erat intentionis dicti domini episcopi quod dicta receptio homagii plani faceret sibi et ecclesie sue aliquod prejudicium, et dictus dominus de Partiniaco in hoc consenciit, dicens quod, si per ipsum dominum episcopum inveniretur ipsum ad aliud teneri, eidem faceret homagium debitum et consuetum idem dominus de Partiniaco. Tandem dictus dominus episcopus dixit quod dictus dominus de Partiniaco tenebatur eidem domino episcopo et suis successoribus episcopis Pictavensibus facere homagium ligium de omnibus rebus quas tenebat ab eo et ecclesia Pictavensi, et de quibus predecessores ejusdem domini de Partiniaco fecerant et facere consueverant homagium ligium predecessoribus ejusdem domini episcopi, Pictavensibus episcopis pro tempore. Et illicquo, hiis dictis per memoratum dominum episcopum, dictus dominus de Partiniaco confessus fuit quod verum erat, et amoto caputio et junctis manibus inter manus dicti domini episcopi, ibidem dictum homagium ligium eidem domino episcopo ad causam predicte ecclesie Pictavensis fecit. Et nichilominus promisit et juravit quod erit bonus et fidelis dicto domino episcopo Pictavensi et ejus successoribus episcopis Pictavensibus, et quod toto ejus posse commodum et honorem ejusdem domini episcopi et dictorum successorum suorum ad causam dicte Pictavensis ecclesie procurabit, dampnumque et dedecus evitabit, aliasque erga ipsum et dictos successores suos ad causam predicte Pictavensis ecclesie se habebit sicut bonus et fidelis subditus seu homo ligius se habere tenetur erga suum dominum. Ad quod quidem homagium idem dominus episcopus eumdem dominum de Partiniaco recepit et admisit, eum recipiendo ad pacis osculum, ut est moris, salvo tamen jure suo et quolibet alieno. Deindeque dictus dominus episcopus sepenominato domino de Partiniaco injunxit quod ipse sibi traderet feudum suum seu denominationem in scriptis infra tempus ad hoc secundum consuetudinem patrie debitum et assignatum; alioquin dictus dominus episcopus ex nunc ut ex tunc, et ex tunc ut ex nunc, res et bona dicti homagii et sub eo comprehensa ad manum suam posuit, et sibi totum explectum inhibuit in eisdem. Quibus ita peractis, dictus dominus episcopus protestatus fuit quod hujusmodi receptio homagii in dicto conventu Predicatorum de Fontiniaco et extra diocesim Pictavensem facta non derogaret vel prejudicaret in aliquo juri suo nec dicte ecclesie Pictavensi : ad quod dictus dominus de Partiniaco consenciit. De et super quibus premissis omnibus et singulis petierunt dicti dominus episcopus et dominus de Partiniaco ipsis et cuilibet ipsorum per me infrascriptum notarium fieri publicum instrumentum. Acta fuerunt hec anno, die, mense, hora, locis, indictione et pontificatu supradictis, presentibus reverendo in Christo patre domino Johanne, episcopo Malleacensi, venerabilibus et circumspectis viris dominis Odone Fonboucher, decano Carnotensi, Petro Guidonis, preposito ecclesie Pictavensis, Petro Beauble, utriusque juris professore, Jacobo Pousardi, legum doctore, et quampluribus aliis ad premissa requisitis testibus et vocatis. Et ego Guillelmus Barravi, clericus Tholosane diocesis, apostolica publicus auctoritate notarius, hiis omnibus et singulis premissis, dum, eo modo quo supra referuntur, dicerentur, agerentur et fierent, una cum predictis testibus presens fui, eaque audivi et in notam recepi, et deinde ipsa omnia et singula alia manu scripta, me aliis negociis occupato, in hanc publicam formam redigendo, huic instrumento publico inde confecto signum meum requisitus apposui publicum et consuetum.

---

126. Hommage de la châtellenie du Fief-l'Evêque, fait à Simon de Cramaud, évêque de Poitiers, par Olivier, sire de Clisson et de Belleville, connétable de France et seigneur de ce fief (f° 28 r°).

24 juillet 1387.

Nous Olivier, sire de Clicon et de Belleville, connestable de France et seigneur du Fié l'Evesque, faisons savoir à touz par ces presentes que aujourduy nous avons fait homage lige à reverent pere en Dieu monsr Symon, evesque de Poictiers, à cause de notre chastellenie et terre appelée le Fié l'Evesque, et luy avons juré et promis à garder et deffendre les droiz, franchises et libertez de son eglise de Poictiers, sa personne et ses biens, si comme bon homme et vassal doit faire à son seigneur, ainsi et par la maniere que [les] predecesseurs de ladicte chastellenie et terre du Fié l'Evesque le ont acoustumé à faire à ses devanciers evesques de Poictiers, et bailler nostre nommée, et faire à mondit seigneur de Poictiers toutes autres choses et devoirs acoustumez à faire par noz predecesseurs seigneurs dudit Fié l'Evesque. Et ce qu'il a pleu audit reverent pere en Dieu monsr l'evesque dessusdit à prendre ce present homage en nostre hostel de Paris, la où il estoit venu pour aucunes grossez besoignes touchans le roy, voulons que ne porte à luy ne à sa dicte eglise aucun prejudice, aincoys seront tenuz noz successeurs faire ledit homage on lieu où faire se doit par la coustume du païs. En tesmoing de ce nous avons fait seeler ceste lettre de nostre seel. Ont esté presens ad ce que dit est messire Jehan Herpedaine, chevalier, nostre nepveu, mestre Pierre Beauble, docteur en loys et en decrez, et maistre Jehan le Roy, secretaire du roy nostre sire. Fait le mercredi xxiiiie jour de juillet, l'an de grace mil ccc iiii^{xx} et sept.

---

127. Arrêt du parlement de Paris, qui confirme un traité fait le 28 avril 1377, par la médiation de Jean, duc de Berri, comte de Poitou, entre Bertrand de Maumont, évêque de Poitiers, et Louis d'Harcourt, vicomte de Châtellerault et seigneur d'Harcourt à Chauvigny, relativement aux obligations et aux attributions du capitaine du donjon et des barrières de Chauvigny, institué par l'évêque, aux fourches patibulaires de la seigneurie d'Harcourt, etc. (f° 28 v°).

6 août 1387.

Karolus, Dei gratia Francorum rex, universis presentes litteras inspecturis, salutem. Notum facimus quod de licentia et auctoritate nostre parlamenti curie inter partes infra scriptas seu earum procuratores tractatum, concordatum et pacificatum extitit, prout in quadam cedula per procuratores dictarum parcium inferius nominatos dicte curie nostre unanimiter tradita continetur, cujus tenor talis est :

Comme sur plusieurs procès, causes et debaz pieça meuz ou esperez à mouvoir entre noble et puissant seigneur monseigneur le vicomte de Chasteauleraut, d'une part, et reverend pere en Dieu monseigneur l'evesque de Poictiers qui lors estoit, d'autre, par la volunté et ordonnance de très excellent et très doubté prince monseigneur le duc de Berri et d'Auvergne, amiable traictour entre lesdictes parties, oust esté pourparlé de traictié et accord entre icelles parties, selon ce que es lettres dudit mons. le duc est contenu, desquelles la teneur s'en suit :

Jehan, filz de roy de France, duc de Berri et d'Auvergne, conte de Poictou, amiable traictour d'entre noz amez sire Bertrant, evesque de Poictiers, à cause de son eglise, d'une part, et nostre cousin Loys de Harecourt, viconte de Chasteauleraut, d'autre, sur aucunes dissencions d'entre eulz, à touz faisons savoir que aujourdui xxviiie jour d'avril l'an mil ccc. lxxvii, presens pour devant nous en nostre chastel de Poictiers les diz evesque et viconte, veuz en nostre conseil les faiz et articles qu'ils nous ont bailliez d'une partie et d'autre, et eue bonne deliberation o les gens de nostre dit conseil, soubs les sauvacions et condicions contenues en la cedulle de laquelle la teneur est dessoubz encorporée, avons fait accors entre eulz sur les choses et par la maniere contenues en la dicte cedule, de laquelle la teneur s'ensuit : Parlé est et accordé par très haut et très excellant seigneur monseigneur le duc de Berri et d'Auvergne, conte de Poictou, amiable traicteur entre reverend pere en Dieu l'evesque de Poictiers, d'une part, et noble homme le viconte de Chasteauleraut, d'autre, en cas qu'il plaira au roy nostre seigneur et à sa court de parlement, et qu'ils en aient congié et licence, de pacefier et accorder sans amande, que ledit evesque eslira, instituera et destituera capitainne en danjon et barreres de Chauvigné, qui sera du royaume de France et de l'obeissance du roy ; lequel capitainne fera serement audit evesque, et après le fera au dit viconte, de bien et loyaument gouverner les subgiz qu'il a à cause de son chastel de Harecort, estans à Chauvigné, et de ouvrir à lui et à ses gens pour issir et entrer touteffoiz que mestiers sera ; et se feront les contrainctez, pour le comandement du dit capitainne, de deffaux de guaiz, de gardez et de toutes autres choses qui toucheront le fait de capitaine, par les sergens du dit evesque sur les habitans de sa terre et justice, et semblablement pour les sergens et officiers du dit viconte en sa terre et justice. Item les fourches qui sont dreciées en la terre du dit viconte en lieu de la Coste, et lesquelles sont à deux piez et un travers, demourront en lieu où elles sont, et ne porra en toute sa terre et justice avoir autres fourches; et se elles cheoient ou porroissoient, il les porra refaire, touteffoiz que mestiers sera, en dit lieu de la Coste. Et par mandement et auctorité du dit mons. le duc de Berri, la porte du darrere dudit chastel de Harecourt, laquelle a esté faicte nouvellement, sera murée et mise au premier estat, et demolir le pont et barrere du davant la dicte porte : fait premerement au dit viconte par le dit capitaine le serement par la maniere que dessus est declaré; et anvoieront leurs faiz et raisons sur ceste matiere les dictes parties au conseil du roy en son parlement, pour en avoir leur deliberation et advis, se le dit viconte y doit avoir porte; et la dicte deliberation eue, sera raportée par devers mons. le duc, lequel en pourra ordenner à sa volunté. Et les clers que l'on dit qu'il avoit prins ou fait pranre seront restituez au dit evesque, et adnullées les obligacions qu'il firent au dit viconte, et, ce fait, le ces *(sic)* qui avoit esté mis en son viconté de Chateauleraut sera du tout osté sans delay. Item n'aura riens ledit viconte en port de l'ayve de Chauvigné, ne en prouffiz d'icellui. Item que le dit viconte fera et sera tenuz de faire au dit evesque les hommages, un ou plusieurs, que lui et ses devanters ont acoustumé à faire, et par la maniere acoustumée. Et de touz despens et dommages, fruiz, levées et toute autre chose touchant meuble ou injures, le dit monseigneur le duc en [a] esté chargié d'en ordonner à sa volunté, et se riens n'en ordonne, riens n'en sera paié par l'une partie ne par l'autre, ne n'en pourra estre parforciez d'en ordonner. Lesquelz accors les dictes parties, o la licence et volunté que dessus, ont promis et juré par leurs seremens, le dit evesque la main mise au pis, le dit viconte le livre touché, et chascun d'eulz perpetuellement, feablement et loyaument tenir, garder, attendre, enteriner et acomplir, et en nostre presence en ont octroié l'un à l'autre lectres soubz nostre seel, et aussi soubz le seel pour nous aux contraiz establi à Poictiers, et soubs les seingns des notaires publiques dessoubs escrips : auxquelz notaires publiques et chascun d'eulz nous et les dictes parties avons requis que eulz noz lectres triples sur ce veuillent publier, en forme publique rediger, et leurs seingns à celles mectre et apposer. Et en tesmoing desquelles choses nous avons fait apposer à ces presentes nostre propre seel, et voulons et mandons que le dit seel au contraiz y soit apposé. Et lequel seel aux contraiz nous Guillaume Gabereau, garde d'icelui, par la volunté et mandement du dit mons. le duc, à la requeste des dictes parties, à la relacion de Hugues Mousseo, notaire de la court d'icellui, à ces dictes lectres avons apposé avecques les seings et subscriptions des notaires publiques dessoubs nommez. Donné et fait presens nobles hommes Jehan, conte de Sancerre, Guillaume l'Arcevesque, sire de Partennay, Pierre de Negron, chevalier, sire Pierres Domant, prevost, Guillaume Juzeo, chantre, Pierre Vassal, soubzdoien, maistre Nicholas Potarea, chanoine et official de Poictiers, maistre Pierre Genien, auditour du dit evesque, maistre Jehan Berlant, chanoine de l'eglise de Saint Hilaire le grant de Poictiers, Pierre de Mosters, Hebert Berlant et plusieurs autres tesmoings à ce requis et appellés. — Et ego Johannes Briencii, clericus Pictavensis diocesis, apostolica publicus auctoritate notarius, supradictis omnibus et singulis, dum die xxviii^a mensis aprilis, anno et loco supradictis, circa horam meridiei, indictione xv^{ta}, pontificatus sanctissimi in Christo patris et domini nostri domini Gregorii, divina providentia pape undecimi, anno septimo, per supradictum dominum ducem et in ipsius presentia fierent et agerentur modo et forma. quibus superius referuntur, una cum testibus supra et notario publico infra scriptis, presens fui, eaque omnia et singula propria manu scripta audivi, publicavi et in hanc publicam formam redegi, signumque meum una cum sigillis de quibus supra fit

mencio ac signo et subscriptione dicti infra scripti notarii, requisitus et rogatus, ibidem consuetum apposui in
fidem et testimonium omnium premissorum. — Et ego
Petrus Souron, clericus Pictavensis diocesis, auctoritate
apostolica publicus notarius, omnibus et singulis suprascriptis, dum die, mense, anno et loco supradictis circa
horam meridiei, indictione xv^{ta}, pontificatus sanctissimi
in Christo patris et domini nostri domini Gregorii, divina
providentia pape undecimi, anno vii°, modo et forma
quibus supra referuntur, fierent et agerentur, una cum
notario et testibus supra scriptis presens fui, eaque audivi
et in hanc publicam formam redigendo hic me subscripsi,
et huic instrumento publico inde confecto, manu dicti
supra scripti notarii scripto, una cum signo et subscripcione dicti notarii et sigillis de quibus supra fit mencio,
signum meum in testimonium omnium et singulorum
premissorum apposui consuetum, requisitus et rogatus.
H. Mousseo. — Seigné, quant à la juridicion et cohercion,
du seel aux contraiz à Poictiers establi par nostre dit
seigneur, du consentement des dictes parties.

Et pour la mutacion des evesques de Poictiers et autrez
causes qui depuis sont sourvenuez, le dit traictié n'ait
pas esté passé ne accordé entre les dictes parties en la dicte
court de parlement du roy nostre sire : toutevoiez, pour
bien de paix et amour norrie entre le dit mons. viconte et
ses successeurs, d'une part, et mons. Symon, à present
evesque de Poictiers, et ses successeurs du dit lieu, d'autre,
accordé est, s'il plest au roy nostre sire et à sa dicte court,
que ledit pourparlé et traictié d'acorder est et demourra en
sa force et vertu, si comme contenu est es lettres dudit
mons. le duc, excepté, sauf et reservé au dit mons. l'evesque
et ses successeurs que, en tant que touche le dit serement
que devoit faire le capitaine des diz donjon et barriere de
Chauvigny au dit mons. le vicomte, il le fera au dit
mons. l'evesque et ses successeurs evesquez ou à leurs

vicaires et officiers pour et ou nom du dit mons. l'evesque, present à ce le dit mons. le vicomte ou ses gens et officiers pour lui, se estre y voulent, sans ce que le dit capitaine soit tenuz de faire aucun serement au dit mons. le viconte, et si pourra le dit mons. l'evesque mectre es diz donjon et barriere capitaine de tel païs et nascion comme bon lui semblera. Et en tant comme touche les fruiz, dommages et despens que depuis le dit traictié et par avant icellui mons. l'evesque pourroit demander au dit mons. le viconte tant à cause de la main mise comme autrement, et le dit viconte au dit mons. l'evesque, les dictes partiez sont et demourent quictes l'une envers l'autre, sans ce qu'ilz en puissent jamais rien demander.

Ad quod quidem accordum ac omnia et singula superius contenta tenenda, complenda ac firmiter et inviolabiliter observanda, dicta curia nostra partes predictas et earum quemlibet, prout supra nominantur, ad requestam et de consensu magistrorum Johannis de Rechisyaco, dicti episcopi moderni Pictavensis, ex una parte, et Johannis de Bosco, dicti viccomitis, ex altera, procuratorum, per arrestum condempnavit et condempnat, et ea ut arrestum ejusdem curie teneri, compleri et observari ac executioni demandari voluit et precepit. In cujus rei testimonium presentibus litteris nostrum jussimus apponi sigillum. Datum Parisius, in parlamento nostro, die vi^a augusti, anno Domini millesimo ccc° octogesimo septimo et regni nostri vii°.

***

Exécutoire de cet arrêt (f° 28 r°).

Karolus, Dei gratia Francorum rex, primo hostiario parlamenti nostri Parisiensis aut servienti nostro ad quem presentes littere pervenerint, salutem. Ad supplicacionem dilecti et fidelis consiliarii nostri episcopi Pictavensis tibi commictendo mandamus quatenus, viso quodam accordo in nostra parlamenti curia inter dictum episcopum, ex una parte, et dilectum et fidelem consiliarium nostrum vicecomitem Castrileraudi, ex altera, facto et per arrestum dicte curie nostre sexta die augusti ultimo lapsi confirmato, illud juxta sui tenorem et formam, in hiis que executionem exigunt, execucioni debite demandes, in quibus et ea tangentibus ab omnibus justiciariis et subditis nostris tibi in hac parte pareri volumus efficaciter et intendi. Datum Parisius in parlamento nostro, xi^a die januarii, anno Domini millesimo ccc° octogesimo septimo et regni nostri octavo.

Rapport du sergent (f° 28 r°).

A mes très chiers et très doubtez seigneurs mes seigneurs tenant le present parlement du roy nostre sire à Paris, Guillaume Narrot, huissier du dit parlement et le vostre, honneur, service et reverance avec toute obeissance. Mes très chiers seignours, plaise vous savoir que je receu les lettres du roy nostre sire contenant ceste forme : Karolus, Dei gratia Francorum rex, primo hostiario etc. Par vertu desquelles lettres dessus transcriptes et la requeste de reverent pere en Dieu mons. l'evesque de Poictiers, je, le dimenche xiie jour de janvier l'an iiii^{xx} et sept, me transportay à Paris en l'ostel estant devant le palays du Carme, appartenant à très noble et puissant seigneur mons^r Loys de Harecourt, viconte de Chasteauleraut, et là à son dit hostel et domicile, à la personne de mestre Guillaume Tondu, son procureur, fis commandement de par le roy, nostre dit seigneur, au dit mons^r le viconte, que il feist les hommages, un ou plusieurs, que lui et ses devantiers ont acoustumé à faire et par la maniere acoustumée, si comme plus à plain est contenu et declairié en l'acort passé par arrest de parlement, èsquelles lettres dessus transcriptes est faicte mention, entre le dit reverent père en Dieu, d'une part, et le dit mons^r le vicomte de Chasteauleraut, d'autre part ; lequel mestre Guillaume Tondu me requist copie de ma relation : auquel je l'octroyay ; et me respondit que mons^r son maistre n'estoit pas en la ville de Paris, mais estoit au Parc de Harecourt, où il estoit malade, et que le plus tost qu'il lui pourroit faire savoir, il le feroit voulentiers. Et tout ce, mes très chiers seigneurs, vous certifie je avoir fait selon la forme et teneur des dictes lettres par ceste moye presente relacion seellée de mon seel, duquel je use en mon dit office. Ce fu fait l'an et jour dessus diz.

---

128. Acte par lequel Aimeri de Rochechouart, seigneur de Mortemar, Saint-Germain et Cercigny, consent que l'évêque de Poitiers fasse valoir ses droits sur la terre de Vivonne et de Cercigny, comme il eût pu faire lors du mariage de ce seigneur avec sa première femme, à qui ces terres appartenaient (f° 18 v°).

4 avril 1388.

Sachent touz que ge Aimery de Rochechouart, sire de Mortemar, de Saint Germain et de Cercigny, vueil et consent, en mon nom et comme ayant le bail de mes enfans, en toute la meilleur forme et maniere que mon consentement puit mieulx valoir quant à la fin dont cy emprès sera faicte mencion, que mons^r l'evesque de Poitiers puisse demander et requerir par toutes voies, soit en cas possessoire ou autrement, les droiz qui lui appartiennent ou devront appartenir en et sur ma terre de Vivonne et de Cercigny, tout ainsi et par la maniere qu'il eust fait au jour que ge fu marié à ma premiere femme, de laquelle lesd. terres appartiennent à moy et à mes enfans, nonobstans quelxconques exploiz, laps de temps ou usanses que moi, mes gens ou officiers à cause que dessus avons fait au contraire. Et afin que jamès moy ne mes successeurs ne puissons jamès venir au contraire, j'ay mis à ces presentes mon seel le quart jour du moys d'avril l'an mil ccc iiii^{xx} et huyt, presens messire Jehan Yzoré, chevalier, maistre Guillaume Taveau, mayre de Poitiers, Jehan de Foex. Donné comme dessus.

---

129. Bulle du pape Clément VII qui, pour mettre fin à des litiges existant entre Simon de Cramaud, évêque de Poitiers, et le chapitre de son église cathédrale, au sujet des émoluments de la cour de l'officialité dont ce chapitre réclamait le quart, supprime l'office de chevecier et en incorpore les revenus à la mense capitulaire (f° 19 v°).
22 avril 1389.

Clemens, episcopus, servus servorum Dei, venerabili fratri episcopo Engolismensi et dilectiis filiis Turonensis ac Sancti Agricoli Avinionensis ecclesiarum decanis, salutem et apostolicam benedictionem. Hodie pro parte venerabilis fratris nostri Symonis, episcopi Pictavensis, et dilectorum filiorum Guillelmi, decani, et capituli ecclesie Pictavensis, nobis exposito quod alique dissenciones inter eos fuerant exorte, nos super hoc nonnulla fecimus, statuimus et ordinavimus prout in nostris inde confectis litteris plenius continetur, quarum tenor talis :

Clemens, episcopus, servus servorum Dei, ad perpetuam rei memoriam. Romanus pontifex, pacem subditorum et maxime personarum ecclesiasticarum perquirens, ad illa partes sue solicitudinis libenter inpendit, per que disencionum sublatis materiis inter eos pax et concordia uberius foveantur. Dudum siquidem inter bone memorie Arnaldum, episcopum Pictavensem, ex una parte, et decanum qui tunc erat ac dilectos filios capitulum ecclesie Pictavensis, ratione spiritualis jurisdicionis in civitate et diocesi Pictavensibus excercende ac emolumenti provenientis ex ea, et super nonnullis aliis articulis, ex altera, diversis questionum materiis suscitatis, felicis recordationis Clemens papa V^us, predecessor noster, considerans attencius quod in ipsa ecclesia ex hoc cultus diminuebatur divinus, et quod ipse ex hoc animarum et corporum videret pericula quamplurima imminere, et graviora timebantur scandala suscitari, ac volens propterea hujusmodi questionibus finem imponere salutarem, nonnulla super premissis et circa illa statuit et etiam ordinavit, et inter cetera statuit quod episcopus Pictavensis, qui esset pro tempore, daret predictis decano et capitulo quingentas libras turonenses in redditibus in beneficiis ecclesiasticis, ita quod, deductis oneribus beneficiorum in quibus eis predictas quingentas libras assignaret, dicte quingente libre libere et integre mense ipsorum decani et capituli pro cotidianis distribucionibus faciendis applicarentur, et, quousque idem episcopus assignasset, reciperentur per ipsos decanum et capitulum de emolumento pertinente ad prefatum episcopum episcopalis ac dictorum decani et capituli communis curiarum, et predicte quingente libre sic recepte in distribucionibus cotidianis converterentur. Et subsequenter nobis exposito quod, licet assignacio hujusmodi facta fuisset, tamen decani ipsius ecclesie ac prefatum capitulum, pro eo quod fructus, redditus et proventus beneficiorum hujusmodi propter guerras et pestilencias, quamdiu in partibus illis viguerant, prout vigebant, quamplurimum diminuti existebant, eam minime acceptaverant, nec ipsa sortita fuerat effectum, secundum quod fuerat per predictum predecessorem statutum, sicque prefatus episcopus et mensa sua episcopalis non sine gravi et importabili detrimento ipsorum ad solvendam summam predictam remanebant obligati; quodque, si dictus episcopus in solucione dicte summe deficeret, divinum officium procul dubio in eadem ecclesia de facili turbaretur, ac discensiones, discordie, questiones, lites et scandala inter eosdem episcopum, decanum et capitulum orirentur : nos, ne cultus divinus in ecclesia ipsa turbaretur providere volentes, ac hujusmodi dissencionibus, discordiis, questionibus et litibus occurrere cupientes, dictoque episcopo aliquale subsidium impendere in hac parte, capiceriatum ipsius ecclesie cum omnibus juribus et pertinenciis suis eidem mense dictorum decani et capituli imperpetuum annexavimus et univimus, ita quod, cedente vel decedente dilecto filio Johanne de Loberto, tunc ipsius ecclesie capicerio, vel dictum capiceriatum alias quomodolibet dimittente, liceret eisdem decano et capitulo per se vel per alium seu alios corporalem possessionem capiceriatus ac jurium et pertinentiarum predictorum apprehendere, et nancisci fructus et redditus, et proventus, jura et obvenciones ipsius integre percipere et habere, in distribuciones hujusmodi convertenda. Hodie vero prefatus Johannes eumdem capiceriatum in manibus venerabilis fratris nostri Guydonis, episcopi Penestensis, apud sedem apostolicam libere resignavit, idemque Guydo episcopus resignacionem hujusmodi de speciali mandato nostro super hoc vive vocis oraculo sibi facto apud sedem admisit eamdem; nosque statuimus et ordinavimus quod dicti decanus et capitulum mille florenos auri de camera, boni et justi ponderis, ex tunc eidem Johanni traderent realiter et etiam assignarent pro fructibus duorum primorum annorum dicti capiceriatus; necnon ei pensionem annuam quadringintorum francorum auri de cuneo regis Francorum, boni et legitimi ponderis, sibi vel procuratori suo, ad hoc speciale mandatum habenti, in festivitate Nativitatis beati Johannis Baptiste anni Domini millesimi ccc^i nonagesimi primi, primo et ex tunc annis singulis quamdiu viveret in festivitate hujusmodi per dictos decanum et capitulum, eorum periculis et expensis, in civitate nostra Avinionensi solvendam, de et super omnibus et singulis fructibus, redditibus, proventibus, rebus et bonis aliis dictorum decani et capituli, dedimus, concessimus, constituimus et eciam assignavimus; statuentes et eciam ordinantes quod si dicti decanus et capitulum in terminis hujusmodi pensionem eamdem non persolverent, certas sententias atque penas spirituales et temporales incurrerent, ac predicta ecclesia interdicto ecclesiastico subjaceret; quodque idem Johannes, preter florenos et pensionem hujusmodi, omnes et singulos fructus, redditus et proventus dicti capiceriatus, qui a die qua synodus Ascensionis Domini nuncupata Pictavii ultimo celebrata extitit, obvenerant, et in futurum usque ad diem proxime precedentem qua dicta synodus proxime celebrabitur, seu secundum consuetudinem super hoc hactenus observatam celebrari debebit, obvenient, percipere debeat et habere, prout in ipsius predecessoris et diversis nostris inde confectis litteris plenius continetur. Cum autem, sicut exhibita nobis pro parte venerabilis fratris nostri Symonis, episcopi Pictavensis, et dilecti filii Guillelmi, decani ipsius ecclesie, et dictorum capituli peticio continebat, alique inter eosdem episcopum, ex parte una, et decanum et capitulum super quingentis predictis et centum et sexaginta similium turonensium, in quibus dicti decanus et capitulum eumdem episcopum, racione cujusdam composicionis inter eos super quarta parte emolumenti jurisdicionis curie officialatus Pictavensis facte, teneri asserunt, libris, fuerint discenciones exorte : nos desiderantes intencius discencionibus hujusmodi finem imponere, ad sedandum easdem et quascumque alias, que in futurum possent inter eos ex premissis oriri, duximus super illis, eciam de consensu parcium earumdem, prout sequitur, procedendum. Capiceriatum igitur supradictum, etiam si dictus Johannes noster, vel dilecti filii nostri Hugonis, Sancte Marie in Porticu diaconi cardinalis, aut alicujus alterius sancte Romane ecclesie cardinalis, familiaris fuerit, et etiam si dictus capiceriatus dignitas vel personatus aut officium existat, et ad illum consueverit quis per electionem assumi, et si sit generaliter vel specialiter disposicioni apostolice reservatus, ex nunc eadem auctoritate omnino supprimimus, tollimus et ab eadem ecclesia removemus, ejusque fructus, redditus et proventus, ac jura quecumque, que a dicta die qua synodus ipsa celebrabitur, ut prefertur, inclusive imperpetuum obvenient, prefate mense dictorum decani et capituli donamus, concedimus, unimus, incorporamus, anneximus, et eciam ex certa sciencia applicamus; ita quod, cujuscumque licencia ad hoc minime requisita, liceat eisdem decano et capitulo ab eadem die inclusive fructus, redditus, proventus et jura hujusmodi, ac obvenciones quascumque dicti capiceriatus, propria auctoritate percipere et habere, in distribuciones hujusmodi integre convertenda. Ac statuimus et eciam ordinamus quod omnes et singule penciones infrascripte, per episcopos Pictavenses qui fuerunt pro tempore, super ecclesiis subsequentibus, ad hoc ut idem episcopi a solucione dictarum quingentarum librarum relevarentur, imposite, videlicet quadraginta quinque super de Chevreoux, quadraginta quinque super de Brulento, quadraginta super de Prailhes, triginta super Sancti Martini Lars, viginti tres super de Sancto Segundino, quinquaginta super de Choppis, viginti quinque super Abdon et Sennes, quadraginta super de Glenosa, triginta super de Marnetis, quinquaginta super de Buxeria Pictavina, quadraginta super de Bria, quadraginta super Sancti Martini de Sanzayo, quadraginta super de Chire, triginta super de Thorignec, triginta super Sancte Neomadie, et quadraginta librarum super Sancti Aredii ecclesiis, Pictavensis diocesis, quas dicti episcopi perceperunt hactenus, et quas eisdem ecclesiis, si opus fuerit, auctoritate apostolica ex certa sciencia de novo imponimus, necnon jus patronatus dumtaxat in eisdem ecclesiis, que ad collacionem episcopi Pictavensis pro tempore existentis spectabant, ad eosdem decanum et capitulum deinceps perpetuo pertineant, illaque ipsis auctoritate predicta damus, concedimus et eciam assignamus; volentes quod si forsan pensiones predicte propter impotenciam ecclesias ipsas pro tempore obtinencium vel alias integre solvi non possent, episcopus Pictavensis qui tunc erit ad nullum propterea interesse eisdem decano et capitulo teneatur, quodque dicti decanus et capitulum personas ydoneas ad singulas ecclesias ipsas, quociens illas vacare contigerit, eidem episcopo presentare debeant, ac idem episcopus illas in eis instituat, et jurare faciat quod pensiones ecclesiis in quibus instituentur, ut prefertur, impositas dictis decano et capitulo sine contradictione quacumque persolvant, sicque episcopus et successores predicti a solucione dictarum quingentarum ac centum et sexaginta librarum eisdem decano et capitulo in antea facienda sint penitus liberati; arreragia tamen earum, a tempore quod de persona dicti Symonis episcopi eidem ecclesie Pictavensi provisum extitit, eisdem decano et capitulo debita, dictis capitulo per eumdem episcopum infra sex menses a data presencium computandos solvi volumus et jubemus. Rursus volumus et eciam ordinamus quod prefatus Symon episcopus mille florenos auri de camera, boni et legitimi ponderis, quos prefatos decanum et capitulum predicto Johanni tradi et assignari statuimus et ordinavimus, ut prefertur, predictis decano et capitulo ex nunc tradat realiter et assignet, et quod ipse et successores sui episcopi Pictavenses per quindecim dies ante dictam festivitatem Nativitatis beati Johannis anni millesimi ccc^i nonagesimi primi predicti, et deinceps annis singulis, quamdiu prefatus Johannes vixerit, per quindecim dies ante festivitatem hujusmodi, quadringentos francos auri de cuneo regis, predicti boni et legitimi ponderis, in civitate Avinionensi predicta, suis periculis et expensis dictis decano et capitulo, vel, eodem decano absente, eisdem capitulo vel eorum procuratori ad hoc sufficiens mandatum habenti solvere sint astricti. Et si idem Symon episcopus vel aliquis ex successoribus suis prefatis hujusmodi quadringintos francos in hujusmodi terminis integre non persolverit, dictus Symon vel episcopus Pictavensis qui pro tempore fuerit, ac vicarius, sigillifer, thesaurarius et receptor dicti episcopi, ac officialis suus Pictavensis, sint eo ipso excommunicationis sentencia innodati. Porro si predicte suppressio, sublacio et remocio dicti capiceriatus, ac hujus fructuum applicatio hujusmodi in futurum aliqua reformacione indigeant, dicti decanus et capitulum infra unum annum, a data presencium computandum, illa super quibus hujusmodi reformacio necessaria fuerit dicto Symoni episcopo exhibeant, idemque episcopus teneatur infra unum alium annum ex tunc inmediate sequentem reformacionem hujusmodi, prout sibi possibile fuerit, procurare suis sumptibus et expensis. Insuper statuimus et eciam ordinamus quod decanus et capitulum supradicti luminare seu redditus dicti capiceriatus in tali moneta forti seu valore ejus percipere debeant et habere in quali prefatus Johannes luminare et redditus hujusmodi habere et percipere consuevit, quodque si debentes eadem luminare et redditus illa in moneta vel valore hujusmodi solvere denegarent, et propterea vel alias super solucione et receptione dicte fortis monete questio seu lis semel aut pluries moveretur imposterum, prefatus Symon episcopus et ejus successores litem hujusmodi una cum dictis decano et capitulo prosequi, et in expensis ipsius pro medietate contribuere, alioquin ad interesse dictorum decani et capituli, teneantur. Et si forsan aliqui in futurum predictas pensionum imposiciones et assignaciones vel ipsarum aliquam adnullare vel impugnare nitantur, episcopus et successores sui predicti eosdem decanum et capitulum ad sustinendum eadem bona fide juvare, et si lites oriantur ex illis, in expensis ipsarum pro medietate similiter contribuere sint astricti. Ad hec volumus et eciam ordinamus quod omnia et singula per dictum predecessorem, ut premittitur, statuta et ordinata quoad omnes alios et singulos articulos suos in ea maneant firmitate in qua vicesima prima die mensis julii proxime preteriti existebant; quodque predictus Symon episcopus eosdem decanum et capitulum erga cameram nostram de omnibus et singulis que premissorum occasione ab eis hinc ad unum annum per eamdem cameram peti possent, penitus debeat liberare; et quod prefatum capitulum teneatur, quamdiu idem Symon episcopus vixerit, unam missam de Sancto Spiritu, et post ejus obitum pro salute anime ejus unum anniversarium annis singulis in vigilia festivitatis beatorum apostolorum Symonis et Jude in dicta ecclesia celebrare, in quo quidem anniversario decem libre de bursa dicti capituli distribui debeant canonicis ejusdem ecclesie ac clericis et presbiteris perpetuis beneficiatis, bacalariis nuncupatis, in dicta ecclesia presentibus in eodem. Cetera omnia, convenciones, tractatus et pacta inter eosdem episcopum, decanum et capitulum super premissis et eorum occasione hactenus habita atque facta, quorumcumque existant tenorum, et que presentibus habere volumus pro expressis, in quantum presentibus obviant, auctoritate predicta cassamus et irritamus, ac nullius deinceps esse volumus roboris vel momenti. Nulli ergo homini omnino liceat hanc paginam nostrarum suppressionis, sublacionis, remocionis, donacionum, concessionum, unionis, incorporacionis, annexionis, applicacionis, statutorum, ordinacionum, imposicionis, assignacionis, jussionis, cassacionis, irritacionis et voluntatis infringere vel ei ausu temerario contraire. Si quis autem hoc attemptare presumpserit, indignacionem omnipotentis Dei et beatorum Petri et Pauli apostolorum ejus se noverit in cursurum. Datum Avinione, x kal. maii, pontificatus nostri anno undecimo.

Quocirca discretioni vestre per apostolica scripta mandamus quatenus vos vel duo aut unus vestrum per vos vel alium seu alios, quocienscumque prefatos episcopum, vicarium, sigilliferum, thesaurarium, receptorem et officialem hujusmodi excommunicationis sententiam incurrisse vobis constiterit, eos excommunicatos tamdiu publice nuncietis et faciatis ab omnibus arcius evitari, donec debite absolucionis beneficium meruerint obtinere, ac omnia et singula per nos, ut premittitur, statuta, ordinata, donata, concessa et applicata, juxta statutorum, ordinacionum, donacionum, concessionum et aplicacionum ipsorum tenores inviolabiliter observari, contradictores auctoritate nostra appellacione postposita compescendo, non obstante si prefatis episcopo, decano et capitulo vel quibusvis aliis communiter vel divisim a sede apostolica indultum existat quod interdici, suspendi vel excommunicari non possint per litteras apostolicas non facientes plenam et expressam ac de verbo ad verbum de indulto hujusmodi mentionem. Ceterum volumus et apostolica auctoritate decernimus quod a data presencium sit vobis et cuilibet vestrum in premissis perpetua potestas et jurisdicio attributa, ut eo vigore eaque firmitate possitis in premissis et pro eis procedere ac si predicta omnia et singula coram vobis cepta fuissent, et jurisdicio vestra et cujuslibet vestrum in predictis omnibus et singulis per citacionem vel modum alium perpetuata legitimum extitisset, constitucione qualibet in contrarium edita non obstante. Datum Avinione, x kal. maii, pontificatus nostri anno undecimo.

130. Acte de démission de la chevecerie de l'église de Poitiers par Jean de Lobert entre les mains de Guy, cardinal, évêque de Préneste, commissaire du pape Clément VII (fº 19 rº).

22 avril 1389.

Universis presentes litteras seu presens publicum instrumentum inspecturis, Guydo, miseratione divina episcopus Penestrensis, sancte Romane ecclesie cardinalis, salutem, et presentibus fidem indubiam adhibere. Universitati vestre significamus et tenore presentium testificamur quod venerabilis vir magister Johannes de Loberto, licentiatus in legibus, capicerius capiceriatus ecclesie Pictavensis, coram nobis in presentia notariorum publicorum et testium infrascriptorum ad hoc vocatorum specialiter et rogatorum personaliter constitutus, gratis, sponte et ex certa scientia, omnibus vi, dolo, metu, fraude ac simoniaca pravitate et illicita pactione quibuscumque cessantibus, uti asseruit, capiceriatum dicte ecclesie Pictavensis predictum, quem obtinet, cum omnibus juribus et pertinenciis suis universis, pure, simpliciter et libere in manibus nostris resignavit, dictumque capiceriatum ex tunc dimisit. Et nos Guydo, cardinalis antedictus, de mandato et commissione sanctissimi in Christo patris et domini nostri domini Clementis, divina providentia pape septimi, vive vocis oraculo super hoc nobis factis *(sic)*, hujusmodi resignationem pure et libere de dicto capiceriatu cum juribus et pertinenciis suis universis in manibus nostris factam, ut prefertur, auctoritate apostolica liberaliter recipimus, ipsamque apud sedem apostolicam duximus admictendam. In quorum fidem et testimonium premissorum presentes nostras litteras seu presens publicum instrumentum, resignationem et admissionem de dicto capiceriatu factas in se continentes seu continens, ut premittitur, per notarios publicos infrascriptos subscribi et publicari mandavimus, nostrique sigilli fecimus appensione muniri. Acta fuerunt hec Avinione, in camera nostra paramenti, die jovis, vigesima secunda mensis aprilis, anno Nativitatis Domini millesimo ccc° octuagesimo nono, indictione duodecima, pontificatus dicti domini nostri pape Clementis septimi anno undecimo, presentibus venerabilibus viris magistris Roberto de Freta, legum doctore, archidiacono de Ardenna in ecclesia Leodiensi, sancti palacii causarum apostolici et nostro auditore, Helia Barberii, licenciato in decretis, Narbonensis, et Johanne de Aquis, Baronensis *(sic)* ecclesiarum canonicis, et Johanne

Bonnelli, presbitero, canonico ecclesie collegiate Sancti Juniani, Lemovicensis diocesis, testibus ad premissa vocatis specialiter et rogatis.

Et ego Bernardus de Calciata, Carturcensis diocesis, publicus auctoritate apostolica notarius, hujusmodi capiceriatus ecclesie Pictavensis renunciationi per dictum dominum Johannem de Loberto, tunc capicerium ejusdem, in manibus reverendissimi in Christo patris domini Guidonis, Penestrensis episcopi, sancte Romane ecclesie cardinalis, pure et libere facte, per eumdem admisse auctoritate apostolica et recepte, aliisque omnibus et singulis supra scriptis ut premittitur habitis, factis et gestis, dum sic agerentur et fierent, una cum testibus et notario publico infra et supra scriptis presens interfui, eaque sic fieri vidi et audivi et in notam recepi ; sed aliis occupatus negociis, per alium fideliter scribi fieri feci et me manu propria subscripsi, signoque meo solito, una cum signo et subscriptione notarii publici infrascripti et appencione sigilli dicti domini cardinalis in fidem et testimonium premissorum.

Et ego Jacobus de Jongueyo, Remensis diocesis publicus apostolica auctoritate notarius, predicti capiceriatus ecclesie Pictavensis renunciacioni per prefatum dominum Johannem de Loberto, tunc capicerium, in manibus preffati domini Guydonis, episcopi Penestrensis, sancte Romane ecclesie cardinalis, pure et libere facte, et per eumdem cardinalem auctoritate apostolica admisse et recepte, ac omnibus aliis et singulis supradictis una cum prenominatis testibus et appensione sigilli domini cardinalis et superscripcione notarii predicti presens fui, eaque in notam recepi, aliis occupatus negociis per alium scribi feci, signumque meum consuetum hic apposui, requisitus et rogatus, in testimonium veritatis et omnium premissorum.

131. Acte relatant qu'une femme détenue pour vol dans la prison de l'évêché fut mise en liberté à l'occasion du joyeux avènement d'Ithier de Martreuil, évêque de Poitiers (f° 210 v°).

3 août 1396.

Nota quod in domo episcopali Pictavensi, die tercia mensis augusti anno Domini m° ccc^{mo} nonagesimo sexto, Perreta la Paynela, commorans apud Thure de presenti, oriunda de Yvre levesque, Cenomanensis diocesis, delata in carseribus episcopalibus et aducta de Thure in dictis carseribus propter furtum commissum per ipsam in dicto loco de Thure, videlicet de quodam anulo et cruce argenteis et quibusdam pater noster de lambre furatis in dicto loco per ipsam, ut confessa fuit pluribus testibus fide dignis coram venerabili viro magistro Johanne de la Faiola, senescallo domini episcopi Pictavensis; qui quidem senescallus, ob reverenciam novi ingressus reverendi in Christo patris et domini domini Yterii, miseracione divina episcopi Pictavensis, expedivit publice dictam Perretam, sic detentam, accusatam et confessam, a dictis carseribus, relaxando crimen eidem detente. Datum presentibus Petro Moquet, domino Petro Masse, presbytero, et pluribus aliis testibus ad premissa vocatis. St. de Bornio.

---

132. Fondation de la psallette de l'église cathédrale de Poitiers pour un maître et six enfans de chœur, par Simon de Cramaud, patriarche d'Alexandrie, administrateur perpétuel de l'église de Carcassonne, et auparavant évêque de Poitiers (f° 31 r°) [1].

10 octobre 1402.

Universis presentes litteras inspecturis, Symon de Cramaudo, olim Dei gratia Pictavensis episcopus, nunc vero

---

[1]. Une partie de cet acte, le commencement seulement, a été publiée dans les *Evesques de Poictiers* de Besly, p. 200.

patriarcha Alexandrinus ac ecclesie Carcassonensis administrator perpetuus, et decanus et capitulum ecclesie Pictavensis, notum facimus quod ego dictus patriarcha, attendens quod dies mei sicut umbra pretereunt, et tempus instat quo ante conspectum illius, coram quo in die cadit sepcies etiam justus, habeo miserabiliter comparere, tremens factus, volo me infantium, ex quorum ore Deus perficit laudem, gratis intercessionibus premunire. Ad honorem ergo omnipotentis Dei et beate gloriose semper virginis Marie et beati Petri, in cujus honore dicta Pictavensis ecclesia est fundata, et pro augmento divini cultus, ipsi omnipotenti Deo et beato Petro ac decano et capitulo dicte ecclesie Pictavensis, cujus ecclesie, dum illi prefui, ubera dulcia suxi, offero et dono perpetuo in puram et perpetuam helemosinam, ad usum infrascriptum dumtaxat, terram meam de Pouento juxta Berriam, in castellania de Loduno, Pictavensis diocesis, et decimas meas quas habeo juxta Lodunum ad causam terre mee de Noisilleio, ac illam medietatem decime et illos redditus, quam et quos habeo apud Marigne, dicte Pictavensis diocesis; etiam sex libras in denariis annui redditus, quas acquisivi apud Angliam : quam oblacionem et donacionem facio pro alimento perpetuo unius magistri cantoris et musici et sex puerorum sive clericorum in arte cantoria et musica erudiendorum, continue in eadem ecclesia deserviencium. Et ut ulterius et securius possint dicti magistri et pueri habere alimenta necessaria, est actum et concordatum inter me dictum patriarcham et nos dictos decanum et capitulum, quod predicti pueri et magister, possessione terrarum, decime et reddituum predictorum paciffica per nos dictum decanum et capitulum prius habita, et ipsis terris, decima et redditibus prius amortisatis per regem et alios dominos ad quos spectat; obtentis etiam et habitis consensu, voluntate et auctoritate reverendi patris domini episcopi Pictavensis, si et quathenus indigeamus : recipient unam prebendam integram, videlicet tantum quantum unus de canonicis continue residentibus et divinis interessentibus percipiet in pane et distribucionibus et anniversariis deffunctorum, et quibuscumque aliis inter canonicos dividi et distribui consuetis nunc vel in futurum, nichil penitus excipiendo, de bursa capituli, et grossum quadraginta librarum non obtabilem per quemcumque de proventibus, redditibus et exitibus quibuscumque predicte terre de Pouento per capitulum regende. Item est actum et concordatum quod nos dicti decanus et capitulum assignabimus dictis pueris et magistro unam domum vicinam dicte ecclesie, quam ego dictus patriarcha faciam semel expensis meis reparari; qua reparata nos dicti decanus et capitulum ad perpetuam sustentacionem ipsius domus tenebimur. Item est actum et concordatum quod ego dictus patriarcha vita comite ponam et deponam predictos pueros et magistrum ad nutum meum, sicut mihi pro bono divini servicii videbitur expedire. Si tamen magister vel pueri omnes vel aliqui ipsorum removentur, illi, qui loco sic remotorum ponerentur, semper et perpetue habebunt, ut predicitur, prebendam et grossum quadraginta librarum predictarum. Post mortem vero meam poterunt dicti decanus et capitulum consimiliter ponere et deponere magistrum et pueros in capitulo ad hoc principaliter congregato, et tenebuntur statim, loco illorum qui per ipsos removebuntur, ponere alios qui similiter predictum grossum et prebendam percipiant integram, sicut superius est expressum. De modo vero servicii ad quem tenebuntur dicti magister et pueri, ordinabo ego dictus patriarcha cum consilio illorum de dicta ecclesia quos voluero mecum vocare. Item volo quod dicte sex libre sint pro raubis dicti magistri puerorum, et litteras acquisitionis tradere promitto. Item est actum et concordatum quod predicta data et assignata subastabuntur ad majorem securitatem expensis meis dicti patriarche. Item est actum et concordatum quod in casu quo, vita mea dicti patriarche comite, predicta donata vel aliquid de ipsis evincerentur seu evincentur, vel super ipsis lis aliqua moveretur seu lites moverentur, seu aliquod impedimentum apponeretur, quod ego dictus patriarcha expensis meis deffensionem cause seu caussarum hujusmodi recipiam et bonum garimentum super premissis dictis decano et capitulo quamdiu vixero faciam dumtaxat. Item est actum et concordatum quod ego dictus patriarcha semel faciam reparaciones necessarias in dicto loco de Pouento ad recolligendum et custodiendum fructus, ad arbitrium duorum proborum virorum, per duos probos de communi consensu nostro electos estimandas. Item providebo ego dictus patriarcha dictis magistro et pueris in ingressu de lectis, mappis et aliis utensilibus necessariis et raubis semel. Item est actum et concordatum quod si terre et decime superius designate vel alique ipsarum non possent per me dictum patriarcham amortisari, quod tradendo terras vel decimas equivalentes, ad estimationem proborum virorum admortisatas, in diocesi Pictavensi, ordinatio predicta et omnia et singula in eis contenta tenebunt et valebunt ac si terre predicte, in litteris super ordinatione predicta confectis expresse et declarate, essent plane amortisate. Item volumus et consentimus nos predicti decanus et capitulum quod si dictus patriarcha posset acquirere terras magis propinquas ecclesie Pictavensi in equali valore vel majori, et illas terras vellet tradere amortizatas ecclesie loco terrarum et decimarum predictarum vel alicujus earumdem, quod hoc facere valeat dictus patriarcha vita sua comite dumtaxat. Que premissa omnia et singula ego dictus patriarcha, in quantum me tangit, et nos dicti decanus et capitulum, etiam in quantum nos trangit, promittimus tenere et servare, attendere et complere, et ad omnia singula supradicta inviolabiliter observanda nos et bona nostra quecumque, quantum melius fieri potest, ypotecamus et obligamus. In quorum premissorum fidem et testimonium nos predicti patriarcha, decanus et capitulum has presentes litteras seu presens publicum instrumentum, originaliter de consensu nostro dupplicatum, per notarium publicum infrascriptum scribi et in formam publicam redigi fecimus et mandavimus, ipsiusque signo et subscripcione signari, nostrorumque sigillorum appensione muniri. Acta fuerunt hec anno Dominice Incarnationis millesimo quadringentesimo secundo, die vero martis post festum Sancti Dionisii, que fuit decima dies mensis octobris, indictione decima, ab electione domini Benedicti, ultimo in papam electi, anno octavo, hora prime dicte diei martis, in nostra ecclesia Pictavensi, videlicet in loco capitulum in eadem teneri solito, nobis ibidem prefacto Symone, patriarcha Alexandrino, ex parte una, et Guillelmo Fedelli, decano, Iterio de Martrolio, cantore, Petro Vassalli, subdecano, Petro Prepositi, abbate Beate Marie, in nostra ecclesia Pictavensi canonico, Nicholao Potarelli, Guillelmo Bar, Johanne de Blesis, Johanne Syeti, Stephano Daurati, Guillelmo Bisardi, Guillelmo Boteti, Guillelmo Arnaldo de Cailhaveto, Itherio Machon et Johanne Abibon, canonicis dicte nostre ecclesie Pictavensis, in dicto capitulo, hora capitulari pro capitulando ad sonum campane, ut est moris, specialiter pro premissis que superius describuntur fiendis, passandis et concordandis unanimiter congregatis, ex parte altera; presentibus reverendo in Christo patre Petro, miseratione divina abbate Grandimontensi, ac venerabilibus viris dominis Ludovico de Pruygns, canonico Rotomagensi, Henrico Mauberti, Thoma Bodini, Petro Ayraudi, Guillelmo de Podio Rabido, Girardo Mousseo, presbiteris, et Egidio Champion, clerico, et pluribus aliis testibus ad premissa vocatis specialiter et rogatis.

Et ego Hugo Chaucelli, clericus Pictavensis diocesis, publicus apostolica et imperiali auctoritate notarius, supradictis donacioni, oblacioni, concordiis, promissionibus, obligacionibus ceterisque omnibus aliis et singulis supscriptis, dum per ipsum reverendissimum dominum patriarcham et venerabiles dominos decanum et capitulum predicte ecclesie Pictavensis agerentur [et] fierent, una cum testibus supra nominatis presens interfui et hic me subscripsi, premissa in hanc formam publicam de eorum mandato redigendo, signumque meum hiis presentibus litteris seu presenti publico instrumento aliena manu scripto, una cum appensione sigillorum ipsorum dominorum patriarche et capituli, apposui consuetum, in testimonium premissorum, requisitus. G. Champion. Pro copia litterarum sive instrumenti et subscripcionis inmediate scripta et collatione facta cum eisdem.

---

133. Bulle du pape Benoit XIII confirmant la fondation de la psallette (f° 39 r°).

23 janvier 1404.

Benedictus, episcopus, servus servorum Dei, ad perpetuam rei memoriam. Hiis que pro divini cultus augmento et animarum salute provide facta sunt, ut illibata consistant, libenter adjicimus apostolici muniminis firmitatem. Sane pro parte venerabilis fratris nostri Symonis, patriarche Alexandrini, administratoris perpetui ecclesie Carcassonensis, per sedem apostolicam deputati, necnon dilectorum filiorum decani et capituli ecclesie Pictavensis peticio continebat quod dudum prefatus patriarcha, de propria salute cogitans et propterea cupiens terrena in celestia et transitoria in eterna, intercessionibus infantium ex quorum ore laudem perficit Deus, et alias felici commercio commutare, seque erga ecclesiam Pictavensem, cujus dulcia, dum illi alias prefuit, suxerat ubera, reddere liberalem, ad honorem Dei et beate Marie semper virginis ejus matris ac sancti Petri, in cujus honore ecclesia ipsa Pictavensis fundata existit, pro usu et alimento sex puerorum clericorum et unius eorum magistri in arte musice apti et ydonei, qui eosdem pueros in arte illa erudiret in ecclesia ipsa, perpetuo instituendorum, et continue in eclesia ipsa deserviencium pro divino cultu per eosdem pueros in eadem eclesia augmentando : quamdam suam terram de Pouento juxta Berriam in castellania de Loduno, et decimas quas habebat juxta Lodunum ad causam terre ipsius patriarche de Noisseillio, et medietatem decime ac redditus quos habebat apud Marigne, necnon sex libras in denariis perpetui annui redditus, quas ipse acquisiverat apud Angliam, dicte Pictavensis diocesis, decano et capitulo predictis in puram helemosinam obtulit et donavit; quodque patriarcha ac decanus et capitulum memorati voluerunt et concordaverunt quod dicti pueri et magister, pacifica pocessione terrarum et decime ac reddituum predictorum per ipsos decanum et capitulum prius habita, et ipsis terris et redditibus per carissimum in Christo filium nostrum regem Francorum et alios ad quos spectabat presens (sic) amortisatis, habitisque consensu, voluntate et auctoritate venerabilis fratris nostri episcopi Pictavensis, quatenus indigerent, reciperent unam prebendam integram, videlicet tantum quantum unus ex canonicis continue residentibus et divinis interessentibus percipit in pane, distribucionibus et anniversariis defunctorum, et quibuscumque aliis inter canonicos dividi et distribui consuetis nunc vel in futurum, nichil penitus excipiendo, de bursa capituli, et grossum quadraginta librarum non obtabilem per quemcumque de redditibus, proventibus et exitibus dicte terre de Pouento per dictum capitulum regende. Et nichilhominus nonnulla convenciones, condiciones et pacta super premissis inter patriarcham, decanum et capitulum predictos intervenerunt, prout et quemadmodum in quibusdam patentibus litteris inde confectis, ipsorum patriarche, decani et capituli, sigillis signatis et in formam publici instrumenti redactis, quarum tenorem de verbo ad verbum presentibus inseri fecimus, plenius continetur, quarum pro parte patriarche, decani et capituli predictorum nobis fuit humiliter supplicatum ut oblacioni, donacioni, voluntatibus, pactis, convencionibus et aliis in dicto instrumento contentis robur confirmacionis adicere, et omnes defectus, si qui forsan intervenerint in eisdem, ex certa scientia confirmare (sic) et benignitate apostolica dignaremur. Nos igitur hujusmodi supplicationibus inclinati, oblacionem, donacionem, voluntates, concordias, pacta, convenciones et omnia in dictis litteris, quas diligenter inspici fecimus, contenta, rata et grata habentes, illa ex certa scientia apostolica auctoritate confirmamus et presentis scripti patrocinio communimus, supplentes omnes deffectus, si qui forsan intervenerint in eisdem. Tenor vero dictarum licterarum talis est : Universis presentes licteras inspecturis, Symon de Cramaudo (suit la teneur de l'acte qui précède, n° 132). Nulli ergo omnino hominum liceat hanc paginam nostre confirmacionis, communicionis et supplecionis infringere vel ei ausu temerario contraire. Si quis autem hoc attemptare presumpserit, indignationem omnipotentis Dei et beatorum Petri et Pauli apostolorum ejus se noverit incursurum. Datum Tarrasconen., Avinionensis diocesis, x kal. februarii, pontificatus nostri anno decimo. P. de Paveillione.

134. Acte de la remise faite à l'évêque de Poitiers par Jean de Torsay, chevalier, sénéchal de Poitou, des biens meubles, qu'il avait fait saisir, d'un clerc marié qui avait tué un religieux, lecteur des Augustins de Poitiers (f° 22 r°).

11 août 1407.

Jehan de Torsay, chevalier, seigneur de la Roche Ruffin et de la Mote Saint Eraye, conseiller et chambellant de très excellent prince monseigneur le duc de Berry et d'Auvergne, comte de Poictou, d'Estampes, de Bouloigne et d'Auvergne, et son seneschal en Poitou, à touz ceulx qui ces lettres verront, salut. Saichent touz que comme, pour la suspection de la mort d'un religieux qui estoit lecteur des Augustins de Poitiers, lequel fu nagaires murtry et occis en la ville de Poitiers, les biens meubles de Perrot de la Fontaine, clerc marié, demourant à Poitiers, qui pour cause d'icelle mort s'estoit absenté de la dicte ville, eussent esté prins, saisiz et mis en la main de mondit seigneur le duc, et après ce ledit Perrot de la Fontaine se soit rendu en habit de clerc et tonsuré en la court de reverend pere en Dieu monseigneur l'evesque de Poitiers pour illec ester à droit sur icellui cas ; et pour ce nous ait requis et fait requerre ledit reverend pere en Dieu que, comme il ait et à lui appartiengne la cognoissance dudit cas contre ledit Perrot de la Fontaine comme de son clerc, nous lui delivrissions lesdiz biens meubles : nous, sur ce eu advis et deliberacion avecques le conseil de mondit seigneur estant à Poitiers et du consentement de l'advocat et procureur de nostredit seigneur à ce appellez, iceulx biens meubles avons delivré audit reverend pere en Dieu pour en faire ce que sera de raison. Donné à Poitiers en tesmoingn de ce soubz le seel de ladicte seneschaussie, le unsieme jour du moys d'aoust l'an mil quatre cens et sept. Ainsi signé N. Roigné et H. Giraud procureur.

---

135. Procuration donnée par Simon de Cramaud, archevêque et duc de Reims, à Jean de Rosières, prêtre, m⁰ Pierre Rivaud et Pierre Chandelier, pour faire en son nom des échanges et acquisitions de biens avec quelques personnes que ce pût être (f⁰ 37 v⁰).

27 juin 1410.

In nomine Domini, amen. Nos Symon de Cramaudo, permissione divina archiepiscopus et dux Remensis, notum facimus universis quod nos, ex nostris certa sciencia et spontanea voluntate, nostros facimus, creamus et solemniter ordinamus procuratores generales et speciales, ita quod specialitas generalitati non deroget nec e contra, quodque id quod unus ipsorum inceperit alter adimplere et prosequi valeat et finire : videlicet discretos viros dominum Johannem de Roseriis, presbiterum, magistrum Petrum Rivaudi et Petrum Chandelier et eorum quemlibet in solidum, videlicet ad acquirendum nomine proprio et privato nostro, titulo permutationis et scambii ac emptionis realis aut alias quovismodo titulo seu causa legitimis, a quibuscumque hominibus et personis, nobiscum permutare et scambiare, nobisque vendere et transferre volentibus, omnes et singulas terras, domus, prata, rura et quascumque alias hereditates, censusque, redditus quoscunque et proventus, et ubicumque existant, proque omnibus premissis et singulis permutandis, scambiandis, vendendis, acquirendis et emendis res equivalentes ac precium seu precia competens seu competencia pepigendum, dandum, tradendum, liberandum et solvendum, et de eo seu eis cum predictis personis acordandum et conveniendum ; de quibusvis predictis rebus, quovismodo seu titulo, ut premittitur, acquirendis, nomine nostro et pro nobis a dicto seu dictis, a quo seu quibus tenebuntur, investituram et pocessionem petendum et requirendum, ipsamque pocessionem nancissendum, intrandum et tenendum, et alia faciendum que propter hoc fuerint facienda; dantes et concedentes dictis procuratoribus nostris et eorum cuilibet in solidum plenam et liberam potestatem et mandatum speciale ac etiam generale premissa omnia et singula agendi et faciendi, et generaliter omnia alia que nos faceremus et facere possemus si personaliter interessemus, et que in premissis necessaria fuerint necnon et opportuna; ratum, gratum et firmum habentes et perpetuo habere promittentes totum id et quidquid per dictos nostros procuratores et eorum quemlibet actum gestumve fuerit aut alias quomodolibet procuratum; ipsosque et eorum quemlibet relevare promittimus ab omni onere satisdandi, et pro ipsis et eorum quolibet judicio sisti, si quod opus fuerit judicatum solvi, cum ceteris clausulis opportunis, sub nostrorum obligatione quorumcumque bonorum, et cum omni inde juris et facti renunciatione ad hoc debita pariter et cautela, notario publico infrascripto pro dictis procuratoribus et omnibus aliis quorum interest seu intererit presente et solemniter stipulante. In cujus rei testimonium, presentes nostras litteras seu publicum instrumentum per notarium publicum infrascriptum subscribi et publicari mandavimus, et fecimus nostri sigilli appensione muniri. Datum et actum in civitate Pictavensi, in domo videlicet venerabilis et circumspecti viri magistri Johannis Gastinelli, canonici Pictavensis, anno ab Incarnatione Domini M° CCCC^{mo} decimo, more galicano, inditione tercia, die vero XXVII mensis junii, circa horam prime, pontificatus sanctissimi in Christo patris et domini domini Johannis, divina providentia pape vicesimi tercii, anno primo, presentibus venerabilibus viris dominis Armando Bordequin et Anthonio Genesii, presbiteris Cameracensis et Carcassonensis diocesum, testibus ad hoc vocatis et rogatis. Sic signatum, J. B., et me Johanne Burgensi, Lemovicensi clerico, auctoritate apostolica notario publico, qui de predictis sic et ubi ut premittitur actis hoc presens publicum instrumentum manu mea propria scriptum recepi, cui me subscripsi, signoque meo publico dicta [qua] utor auctoritate signavi, una cum appensione sigilli prefati reverendissimi patris, requisitus in premissorum veritatis testimonium et rogatus. — Extraittes ont esté ces presentes, le derrier jour du moys de novembre l'an mil CCCC et XV, par nous Jamet Sovion et Guillaume Johannet, notaires desoubz nommés, d'une note ou propthocolle que nous avons par devers nous, du contrait dont en icelles est faitte mencion, et lequel contrait fut autreffoiz passé es nos mains par les parties nommées en icelles et par vertuz des lettres dont la teneur s'ensuit : Clemens Chevau, juge de la court spirituelle, et Jehan Vignaut, juge de la court temporelle à Chauvigny pour très reverend pere en Dieu mons' Symon, par la grace de Dieu evesque de Poictiers et cardinal vulgaument appellé de Reins, à noz amez Jame Sovion, notaire et juré des cours dessus dictes, et Guillaume Johannet, notayre et juré de la dicte court temporelle, salut. De la partie du dit très reverend mons' nous a esté exposé que autreffoiz Pearre Chandelier, en nom et comme procureur d'icelluy mons', en son nom privé, d'une part, et Gilette, suffisamment auctorisée de son dit seigneur, passerent et acorderent es mains de vous ditz notaires certain contrait, par lequel à icelluy mons' en son nom privé demourerent et li delesserent en personne de son dit procureur les dessus nommées douze mines de blés par quart, mesure de Chauvigny, esquelx les ditz Gilette et Guillaume disoient que leur estoit tenuz messire Jehan Talebast, chevalier, chacun an de rente, et que puet *(sic)* que dudit contrait vous notaires susditz en avez rendu et baillé au dit Chandelier, son dit procureur, mays que depuys icelle le dit Chandelier ne li a mye rendu, et n'en peut finer icelluy mons' pour soy en aider aucunement; en quoy, si comme il dit, il a ja heu moult grant domage, et seroit en voye d'avoir plus grant, si provision sur ce ne li estoit faicte, requerens icelle li estre faicte par nous. Pourquoy est il que nous, non obstant que la dicte lettre vous ayez rendu au dit Chandelier comme dessus, considerées plusieurs chouses qui ad ce nous ont esmehu, voulons, vous mandons et commandons par ces presentes que du prothocolle que en avez pardevers vous en extrahiez une lettre, et icelle extraitte et redditée [par] vous en forme dehue, sans aucune chouse y muer ny adjouster en matere ny en substance, rendez et baillez à icelluy mons' affin de s'en aider si et quant mestier li sera. Donné soubz noz seels le derrer jour de novembre l'an mil cccc xv. Ainsi signées J. Guion, presentes signavi tamquam unus notariorum prenominatorum et in quantum hoc facere michi incumbit.

---

136. Échange entre l'évêque de Poitiers et Gilette Agnette, femme de Jean de Montléon, écuyer, de deux rentes, l'une de six livres et l'autre de soixante sous, et du quart de l'hébergement de Teil et de ses dépendances, contre une rente de douze mines de blé, mesure de Chauvigny (f° 36 v°).

29 juin 1410.

A tous ceulx qui ces presentes lettres verront et orront... (blanc)..... de Dieu, evesque de Poictiers, salut. Sachent tous que en droit es noz deux cours spirituelle et temporelle à Chauvigny personnelment establiz, Pierre Chandelier, clerc, en nom et comme procureur de très reverend pere en Dieu mons^r Symon de Cramaud, par la grace devant dicte archevesque de Reins, ainsi que apparu nous est par une procuration seellée du seel du dit très reverend, si comme il apparoissoit de prime face, de laquelle la teneur est cy de tout après contenue, d'une part, et Gilette Agnette, femme Jehan de Montleon, escuier, et Guillaume Favre, filz de la dicte Gillette, icelle Gilette auctorisée solempneement de son dit s^r, present et expressement soy consentent aus chouses de soubz escriptes, d'autre part, ont confessé et publiquement recogneu les dittes parties avoir fait entr'eulx permutations et eschanges des chouses qui s'ensuivent, et en la maniere qui s'en suit. C'est assavoir le dit Pierre Chandelier, on nom et comme procureur susdit, avoir baillé, cedé et delessé et transporté, et par ces presentes baillet, cedet, delesse et transportet par cause de eschange perpetuel pour le dit très reverend et les siens aux ditz Gilette et Guillaume presens, acceptans et stipulans et retenans à perpetuité, pour eux et les leurs hoirs et successeurs et ceulx qui d'eulx hont et auront cause on temps à venir : c'est assavoir six livres monoye courant de rente annuelle et perpetuelle, esquelx estoit tenuz chacun an audit très reverend, et lesquelles autrefoiz li avoit vendues le dit Jehan de Montleon, si comme disoit le dit procureur et le dit Jehan le confessoit, assises et assignées sur tous et chacuns ses biens. Item et soixante sols aussi de rente annuelle et perpetuelle, esquelx disoit le dit procureur que estoit tenuz chacun an au très reverend le dit Jehan de Montleon par certain transport fait d'iceulx au dit très reverend par messire Jehan de Cramaud, chevalier, son nepveu, lequel chevalier les avoit acquis, si comme disoit le dit procureur, de Guillaume d'Ausseurre, marchand de Poictiers, auquel le dit Montleon les avoit autreffoiz vendus, semblablement assis et assignés sur chacuns ses biens. Item et la quarte partie du lieu et herbergement de Teil et des appartenances d'icelui, excepté la quarte partie du pré dit et appellé le pré de Teil ; laquelle quarte partie excepté le dit pré le dit procureur disoit estre et appartenir au dit très reverend par transport à lui fait d'icelle par le dit messire Jehan de Cramaud, et laquelle le dit procureur disoit que le dit chevalier avoit autreffoiz acquis de Margot de Montleon, seur germaine du dit Jehan. Et les ditz Gilette et Guillaume pour eulx et les leurs susditz avoir baillé, cedé, delessé et transporté, et par ces presentes baillent, cedent, delessent et transportent au dit très reverend, le dit procureur present, stipulant, acceptant et retenant à perpetuité pour le dit reverend et les siens, pour et recopensacion des chouses susdictes : c'est assavoir douze mines de blés par quart, mesure de Chauvigny, de annuelle et perpetuelle rente, esquelx disoient les ditz Gilette et Guillaume que leur estoit tenuz mesire Jehan Thalebast, chevalier, seigneur de la Thalabastere près Chauvigny, pour certaines causes contenues en certaines lettres autreffoiz balleez par eulx audit procureur, et lesquelle il confessoit avoir par devers soy, ausquelles lettres les ditz Gilette et Guillaume se rapportoient sur ce. Cedans et trans-

portans de ça et de la les dittes parties, c'est assavoir le dit
procureur pour le dit très reverend et les siens es ditz
Gilette et Guillaume et les leurs, et les ditz Gillette et
Guillaume pour eulx et les leurs au dit très reverend et es
siens, tout le droit, nom et raison, action et pocession,
obligacion, saisine, seignourie et domaine que eulx avoient
et avoir povoient et devoient es dittes chouses, ainsi par
eulx par cestui eschange baillées et delessées par quelçon-
ques voye ou manere que ce soit, sans rien y retenir à
eulx ny aus leurs ; avoir, tenir, posseder et exploitter, demander, prandre et recevoir perpetuelment dores en
avant pour les ditz très reverend, Gilette et Guillaume et
les leurs les dittes chouses ainsi par cestui eschange à eulx
baillées et delessées, paisiblement et en repos, en paient
les charges et devoirs enciennement dehuz et acoustumés
à ceulx à qui eulx sont seulement *(sic)*. Et des dittes
chouses ainsi par le dit procureur baillées et delessées a
icelluy procureur devestu et dessaisi le dit très reverend et
les siens, et en a vestu et saisy les ditz Gilete et Guillaume et les leurs, et d'icelles faitz et establiz vrays seigneurs, proprietaires, pocesseurs, aucteurs, demandeurs et
procureurs, comme de leur propre chouse et domaine, par
l'octroy et acord de ces presentes, en toute la meilleure
forme et manere qu'il a peu et deu. Et aussi semblablement se sont les ditz Gilette et Guillaume pour eulx et les
leurs devestuz et dessaisiz des dictes douze mines de blés
de rente ainsi par eulx au dict très reverend baillées et
delessées, et d'icelles ont vestu et saisi le dit très reverend
et les siens, et l'en ont fait et establi vray seigneur, pro-
prietaire, pocesseur, aucteur, demandeur et procureur,
comme du sien propre, et en toute la meilleure et plus
prouffitable manere que pehu ont et dehu ; promettens
de ça et de la les dictes parties, c'est assavoir ledit procureur pour ledit très reverend et les siens, et les ditz
Gillette et Guillaume pour eulz et les leurs, par les foy et

serement de leurs corps et soubz l'obligation, c'est assavoir le dit procureur de touz et chascuns les biens du dit très reverend, meubles, immeubles, presens et à venir, perpetuelment guarentir, delivrer et deffendre l'une partie et l'autre et aus siens tous domages, cousts, missions, despens et interets que l'une partie ou les siens feroient ou soubstendroient on temps à venir pour deffaut de l'autre ou des siens, tant pour deffaut de gariment des chouses par elles baillées et tenement des chouses susdictes que autrement; renuncians de ça et de la les dictes parties et chascune d'elles en cestuy fait par les foy et serement et obligacion que dessus à toute exception de deception, de deul, de mal, de fraude, de barat, de lesion, circunvencion, machination, colusion, à tout aide de droit canon et civil, à toutes constitutions, statutz et ordenances faittes et à faire, à toutes graces et privileges de pape ou de roy, octroyez et à octroyer, et generalment à toutes et chascunes exceptions, deceptions, oppositions, deffenses et allegations de droit, de fait, usage et coustume de pays, qui contre ces presentes et la teneur et effait d'icelles pourroient estre dictes, proposées, obicées, alleguées ou opposées, et par lesquelles la teneur et effet de ces presentes pourroient en tout ou en partie estre destruitz, corrumpuz, viciés ou adnullés, et au droit disant generalle renunciation non valoir. De et sur toutes et chascunes lesquelles chouses les dictes parties et chascune d'elles ont esté par le jugement de nos dictes cours et de chascune d'icelles jugées et comdempnées à leur requeste et de nostre auctorité, admonestées, de leur consentement, premère, secunde et tierce foiz competemment. Et en tesmoing de celes seels de nos dictes cours à ces presentes lettres originalment doublées à la requeste des dictes parties avons fait mectre et appouser. Donné et fait presens honnorable homme messire Jehan de Roseres, prestre, le penultiesme jour du moys de jung, l'an mil cccc. et x.

137. Produit de la terre de Celle-l'Évêcault (f° 215 v°).

1415.

C'est la valeur de la terre de Celle Levesquau en l'an mil cccc et quinze.

Premerement en deniers de rentes venans par tout l'an, xl l. t.

Item de froment de rente venant, xvi prevenders.

Item de seigle muable, iiii prevenders et demi.

Item d'avoyne de rente venant, xxxvi prevenders.

Item la grant desme de Celle levesquau fut affermée celle année vii^{xx} xv prevenders pour tiers froment, seigle et avoyne.

Item la deisme de Lingaudere fut baillée x prevenders pour moytié seigle et avoyne.

Item la deisme de Comblé xii b^x de froment et xii b^x d'avoyne.

Item les terrages du balliage de Chinssé furent baillez xvi prevenders pour moytié seigle et avoyne.

S'enssuit recepte d'argent de fermes de diesmes et de ventes de prés.

Premerement de la vente des herbes des prés de Celle, xii l.

Item de la deisme des agneaux et laynes, vii l.

Item des prés de Vivonne, vi l.

Item des prés de là les boys, xxx s.

Item de la deisme des gorres, xl s.

Item de la deisme des lins et cherbes, l s.

Item de la deisme des lins et cherbes de Comblé, xxv s.

Item des froteis, xv s.

Item de la ferme du four, xlv s.

Item de la ferme des ayves, xxx s.

Item de la ferme du molin, xii l.

Somme xlviii l. xv s. t.

S'enssuit aultre recepte.

Premerement poulaille, iiii gelines et vi gaus.

Item de rente vi^{xx} eufs.

Item des diesmes et terrages des vignes, xl pipes de vin.

138, 139 et 140. Actes relatifs à la déposition du pape Jean XXIII au concile de Constance (f° 216 r°).

1415.

Cedula infrascripta fuit tradita et lecta coram deputatis in conventu Minorum die veneris xxiv maii, anno Domini millesimo quadringentesimo xv^{mo}, post prandium.

Anno Domini millesimo cccc^{mo} xv^{mo}, indictione viii, die xxiv mensis maii, in oppido Celle, Constanciensis diocesis, Johannes papa XXIII^{us}, etc.

<small>Cet acte, par lequel le pape Jean XXIII promettait de se soumettre pleinement aux décrets du concile, et d'abdiquer la papauté si le concile le jugeait nécessaire pour le bien de l'Église, est imprimé dans la collection royale des conciles, t. 8, col. 341.</small>

Sequitur tenor cujusdam cedule oblate per magistrum Johannem de Persono quatuor nationibus super erroribus extirpandis :

Hec sancta synodus Constanciensis etc. specialiter deputat reverendos in Christo patres etc. ad audiendum, examinandum causas quarumcumque heresum pullulancium et ortarum contra quascumque personas, cujuscumque fuerint status aut dignitatis, de eisdem suspectas, peticiones, accusationes, delaciones eisdem propositas et proponendas recipiendum, informationes et aprisicos super eis faciendum, testes et alia probationum genera recipiendum, testes compellendum, examinandum eorum depositiones, referendum et publicandum, et omnia et singula faciendum et exercendum que in premissis et circa ea fuerint necessaria seu oportuna usque ad sententias exclusive; quas sententias dictum concilium sibi reservat. Isti tres cardinales, ut videtur, essent boni, aut duo vel alter eorum, videlicet Cameracensis, Sancti Marci, Florentinus, aut duo eorum.

Item de qualibet natione duo prelati notabiles, videlicet duo juriste, aut unus theologus et unus jurista, et quod tres eorum possint procedere etc.

Item componentur et publicentur processus contra impeditores concilii.

Coram vobis sancta synodo Constantiensi, universalem ecclesiam representante, etc.

Suit un exposé des griefs, au nombre de cinquante-quatre, articulés contre le pape Jean XXIII; imprimé, avec quelques variantes, dans la même collection des conciles, t. 8, col. 343-360, et dans celle des Pères Labbe et Cossart, t. 12, col. 69-87. Les preuves énoncées après chaque grief dans ces deux collections sont réunies à la fin de l'exposé dans le cartulaire (fol. 221 v°).

In nomine Domini, amen. Per hoc presens publicum instrumentum cunctis pateat evidenter quod anno a Nativitate Domini M° CCCC° XV°, die veneris ultima mensis maii, etc.

Cet acte, par lequel le pape Jean XXIII ratifie la sentence qui le déposait, est imprimé dans les mêmes collections des conciles, dans la première, t. 8, col. 378, et dans la seconde, t. 12, col. 96. Il y a plusieurs lacunes dans la copie du cartulaire.

---

141. Mémoire de Simon de Cramaud, cardinal de Reims, à l'appui d'un acte proposé par les cardinaux pour réunir les esprits dans la manière d'expulser du siège de Rome Pierre de Lune, connu sous le nom de Benoît XIII, et de procéder à l'élection d'un autre pape légitime pendant la tenue du concile de Constance (f° 33 r°).

1416 (après le 1er juillet).

Quoniam, sicut scribitur in canone, Deus gaudet de

fraternali concordia et gloriatur in membris suis (in c. [1] *Archiepiscopus*, ix, q. iii), et pro habendo unionem perfectam in Ecclesia Dei, unus modus est appertus et per collegium dominorum cardinalium huic sacro concilio oblatus, ut apparet per cedulam per ipsos dominos cardinales mature digestam et deliberatam, cujus tenor infra scribitur, ego Symon, cardinalis Remensis, videns quod major pars hujus sacri concilii modum predictum amplectitur tamquam justum et sanctum, et ad unionem universalis Ecclesie omnino dispositum, illis qui hunc modum predictum nundum approbaverunt, sequencia scribere disposui, obsecrans eos cum Paulo ut adunemur omnes et non sint in nobis scismata (rª ad Corinthios, ic.); nam qui sibimet dissenciunt, non faciunt concilium, quia non senciunt in unum (in c. *Canones*, xv di.), et scribitur in psalmo : Ecce quam bonum et quam jucundum habitare fratres in unum, et in Actibus apostolorum etiam scribitur : Multitudinis credencium erat cor unum et anima una (Act. iiii c., et in c. *Dilectissimis*, vii, q. i), et turpis est pars que suo non congruit universo (in c. *Que contra*, viii di.). Predicte vero cedule sequitur tenor :

Ad laudem, gloriam et honorem omnipotentis Dei, ad pacem et unionem universalis Ecclesie ac totius populi christiani, ad defferendum auctoritati hujus sacri concilii generalis Constanciensis, ut electio Romani futuri pontificis proximo fienda firmiori auctoritate et plurium roboretur assensu, satisfiatque votis multorum, et ne, attento statu Ecclesie, super dicta electione imposterum ulla retractatio, ullus scrupulus in mentibus hominum resideat, sed ex illa sequatur unio plenissima et perfecta fidelium, ac exinde serenissimus

---

1. La lettre *c* et la lettre *q* sont les abréviations des mots *canon* et *quæstio*; la lettre *c* toutefois a sa signification ordinaire de *caput* dans les deux citations de l'Ecriture sainte. La syllabe *di* est l'abréviation du mot *distinctio*.

Romanorum et Hungarie etc. rex Sigismundus suorum ad unionem habendam laborum fructum et gloriam consequatur, et ut reverendi patres episcopi et notabiles ac viri spectabiles et doctores insignes ceterique legati serenissimi regis Castelle, nomine dicti regis, prefato concilio se uniant, qui noluerunt se unire nisi prius certificati de modo electionis predicte, et maxime qui erant electores, collegium dominorum cardinalium, ad quos de jure pertinet jus eligendi Romanum et summum pontificem, dictos legatos, quantum in se est, certificans, offert eidem sacro collegio atque legatis predictis pro hac vice dumtaxat, ut, ad eligendum Romanum et summum pontificem, una cum dominis cardinalibus de qualibet natione in eodem sacro concilio pro nunc existente, denominentur aliqui prelati vel alii insignes persone ecclesiastice, quorum et quarum omnium numerus ipsorum cardinalium numerum non excedat, quos seu quas quelibet ipsarum nacionum pro se duxerit eligendos seu eligendas, [et] cum ipsorum cardinalium collegio admittantur; hoc tamen in ipsa electione observando, quod non valeat electio, neque electus pro summo pontifice habeatur, nisi due partes cardinalium in conclavi existencium, et due partes ceterorum cum cardinalibus ad eligendum admittendorum et tunc admissorum consencient et consenserint; hoc etiam observando, atque ex nunc volunt et intendunt, vota quorumcumque in hac electione emittenda nulla esse, nec aliter intendunt in aliquem consentire, nisi, ut premittitur, due partes cardinalium et due partes alie predictorum principaliter aut per accessionem in unum concurrant; hoc etiam adjecto quod prelati et alii cum ipsis cardinalibus ad electionem hujusmodi admittendi omnes et singulas constitutiones apostolicas etiam penales circa electionem Romani pontificis editas atque consuetudines observari consuetas, quemadmodum ipsi cardinales, observare teneantur et ad illam observantiam astringantur. Teneantur insuper jurare et jurent dicti electores cardinales et alii, antequam ad electionem procedant, quod in hujusmodi electionis negotio attendentes quid eis imminebit, cum de creatione agetur vicarii Jesu Christi, successoris beati Petri, universalis Ecclesie rectoris, gregis dominici directoris, puris et sinceris mentibus, et quantum credent publice utilitati universalis Ecclesie proficere, omnium cujusque nationis, persone aut alias inordinato affectu, odio, gratia vel favore abjectis, procedant, ut eorum ministerio de utili et ydoneo universali Ecclesie provideatur pastore, et hec omnia fiant, sacro primitus, si placet, approbante concilio, et super hiis interponente decretum et deffectus omnes, si qui in eo sint, supplente.

Et primo probo quod cedula ista pro bono pacis et universalis Ecclesie est ab omnibus Christi fidelibus amplectenda, et quod ita fieri licet secundum equitatem, decet secundum honestatem, expedit propter totius Ecclesie utilitatem (in c. *Magne devoto*); et quod contenta in cedula predicta fieri liceat, precipue dominis cardinalibus, de quibus erat majus dubium, ut videtur, quod propter bonum Ecclesie universalis, et non propter favorem dominorum cardinalium, Ecclesia ordinavit quod ad ipsos pertineat electio pape, et per consequens videbatur quod non possent renunciare juribus dicentibus quod ad eos spectat eligere papam (per c. *Si diligenti de foro competenti*); sed ad hoc clarissime respondetur.

Et primo per tenorem cedule ipsi non renunciant predictis juribus, sed consenciunt, quantum in ipsis est, quod sacrum concilium adjungat cum ipsis certos valentes viros in bono numero ad eligendum papam, et ad hoc ipsi possunt et debent consentire per c. *Ubi majus,* in § *Nulli de elec.* in vi°, ubi Guillermus de Montelauduno dicit quod jurisperitos et viros religiosos pro facto electionis de facto possunt secum vocare, et multo magis additos per sacrum concilium admittere, ut per sequentia apparebit.

Item in electione Romanorum pontificum sunt jura communia sicut in aliis electionibus observanda, nisi in quantum alia spiritualia sunt per jura statuta, quia quod non mutatur, quare stare prohibetur? (in l. *Precipimus,* c. *De app. modo*). In electionibus, de jure communi, illi qui habent potestatem eligendi, possunt potestatem suam transferre in alios, etiam de extra collegium, ut est textus in c. *Quia propter de elec.*; in antiquis ibi : vel saltem eligendi potestas aliquibus viris ydoneis committatur etc., ubi glossa dicit quod talis potestas potest dari aliquibus de extra collegium per c. *Causam que de elec.* Et hoc videtur tenere Paulus in cle. *Ne Romani de elec.*, ubi dicit quod si omnes cardinales essent mortui nisi unus solus, quia ille solus sustinet vicem totius collegii, ipse posset dare potestatem eligendi alteri de extra collegium, et per consequens collegium potest ad eligendum bene vocare aliquos de extra collegium, et dicit quod tunc electus per illos qui vocantur per cardinales, ymo per omnes postquam consenserunt, ut videtur casus in c. *Licet de vitanda*, ibi : Statuimus ergo de electione, si forte, inimico homine superseminante zizaniam, de eligendo summo pontifice non potuerit esse plena concordia etc.; ex quo evidenter apparet quod ubi collegium concordat in modum eligendi papam, sicut modo, cessat c. *Licet de vitanda,* et hoc expresse ponit Archidiaconus in Rosario, in c. *Si transitus*, LXXIX di. *Post hosti et compost*, ubi dicit quod cardinales possunt renunciare c. *Licet de vitanda*, tacite compromittendo vel aliam viam eligendo, et electus per modum contentum in cedula censetur electus, nedum a duabus partibus cardinalium, sed ab omnibus. Contenta igitur in cedula dominorum cardinalium, quantum ipsos tangit, sunt bene et mature et canonice deliberata.

Item illa possunt etiam facere de jure ex alio capite, quia, sede vacante, si aliquod tam grande et tam evidens periculum immineat, quod ab omnibus et singulis cardinalibus concorditer videatur illi celeriter occurrendum, tunc habent potestatem etiam supra jus (sicut per c. *Ubi majus,* ibi : iidem quoque cardinales, *De elec.* in vi°), et facit quia regule sanctorum Patrum pro tempore et pro negotio, instante necessitate, tradite sunt, ut dicit Augustinus (in c. *Regule,* xxix di.), et necessitas non habet legem (in c. *Remissionem,* I, q. I).

Et multo plus, quando auctoritas sacri concilii intervenit vel majoris partis, quia quod facit major pars capituli videtur capitulum fecisse (in c. I, *De hiis que fuerint a majori parte,* ca.). Et illud dicitur judicium integrum quod plurium oppinionibus comprobatur (in c. *Ex frequentibus de sen. exco.* in cle.).

Item non valet illud quod aliqui nituntur seminare, quod domini cardinales sunt privati hac vice potestate eligendi quia elegerunt indignum, quia supposito quod esset verum, intelligetur de illis qui eum elegerunt, et non de aliis; modo in sacro collegio sunt plures qui interfuerunt electioni sue, qui non elegerunt eum, et plures non interfuerunt electioni, quia tunc non erant cardinales, et istis nichil potest imputari, ymo nec illis qui eum realiter elegerunt, quia scienter non elegerunt indignum, quia antequam eligeretur, multum... ipse eripuerat de manu domini ducis Mediolanensis civitatem et comitatum Bononie et acquisierat Ecclesie, et illi qui noverunt eum, bene sciunt quod ipse erat homo valde boni et clari intellectus, et si postmodum fecerit aliqua propter que meruerit deponi, in hoc non peccaverunt eligentes, nec sunt tales exceptiones in electione pape admittende, sed potius repellende (per c. *Licet de vitanda de elec.*).

Item non valet quod dicunt aliqui quod, papa superstite, nec post mortem, nisi post tres dies, nec potest nec debet tractari de electione successoris (per c. *Nullus,* LXXIX di.), quia in casu nostro necessario opportet tractare de modo eligendi, quia per decreta videtur quod concilium hoc sibi reservaverit, et docte ponunt quod simpliciter in juribus super creatione Romani pontificis factis concilium nichil potest immutare, ut infra dicetur. Opportet ergo super hoc pro bono pacis tractare et deliberare, et Archidiaconus, in dicto c. *Nullus,* expresse ponit quod tractatus deliberatorius bene potest fieri.

Item decet secundum honestatem. Nam electio Romani pontificis debet esse pura, sincera et gratuita, omnium private affectionis inordinatione deposita (in c. *In nomine Domini,* xxiii di., et in c. *Ubi majus,* in § *Ceterum de elec.,* in vi° modo). In collegio dominorum cardinalium non sunt nisi de duabus nationibus Gallie et Italie. Et verissimiliter dubitatur quod de una nationum predictarum per inordinatam affectionem plus quam propter commune bonum domini cardinales eligant papam, et maxime de natione de qua est major pars dominorum cardinalium, quia ita sepe hactenus visum est, et « Ratio preteriti scire futura facit, rimor de veteri facit futura caveri ; cras poterunt fieri turpia sicut heri », ut notat Jo. mo. in c. *Ubi majus,* et in c. *Si de rescript.* li. vi ; sed per contenta in cedula clare servatur honestas dominorum cardinalium et totius sacri concilii, quia quibuscumque affectionibus inordinatis precluduntur vie per adjunctiones tot valencium virorum, sicut clare potest bene considerantibus apparere etiam per juramentum per dominos cardinales et alios sibi adjunctos juxta tenorem cedule predicte prestari.

Sed dicebam tertio quod expedit cedulam predictam sancte et juste deliberatam amplecti propter bone unionis utilitatem. O Deus omnipotens! si procederetur ad electionem Romani pontificis excluso collegio dominorum cardinalium, vere non esset sedatio scismatis, ymo introductio scismatis perpetui; nam doctores dicunt quod si cardinales eligerent unum, et totum residuum Ecclesie eligeret unum alium, electus a cardinalibus esset verus papa. Hoc ponit expresse Petrus Bertrandi in c. *Ubi majus,* Petrus de Palude in libello suo *De potestate Ecclesie* confecto, Augustinus etiam de Ancona in libello suo multum notabiliter et scientifice confecto, Jo. An. in cle. *Ne Romani de elec.*, in cle., ubi dicit quod in juribus super electione Romani pontificis factis non potest concilium aliquid immutare, et idem Paulus de Lazaris ibidem, et Hugu. in c. *Cuncta per mundum*, IX, q. III, maxime quia semper a trecentis annis citra est consuetum quod cardinales eligant Romanos pontifices, et consuetudo est optima legum interpres (in c. *Cum dilec. de consue.*). Sed per dictam cedulam omnes tales difficultates penitus tolluntur, quia cedula predicta propter causas in eadem contentas, non disputando de potestate sacri concilii, requirit quod omnia per concilium approbentur, ut per ejus tenorem clarissime apparet. Et sic luce clarius apparet quod ille qui per modum in cedula contentum eligetur in papam, erit electus concorditer per sacrum concilium et collegium dominorum cardinalium; vere electio sua erit sine quacumque macula (Rega (*sic*) in c. *Quamvis*, XXI di.). Et postquam fuerit universali consensu electus, se non ipsum destruerent qui sibi unanimiter non obedirent; verba sunt Gregorii (in c. *Sicut*, xv di.).

Attendant ergo domini nationum Germanice et Anglicane, quod cogunt nos unanimiter diversas invenire medicinas diversorum experimenta morborum, precipue nunc quando per graves dissencionum scissuras non unius aut duorum periculum, sed populorum multorum frages jacet, detrahendo juris rigori, ut majoribus malis sanandis caritate sincera subveniatur. Verba sunt Augustini ad Bonifacium (in c. *Ut constituentur*, L di.). Et quia de salute animarum et bona fide agitur, non est multum de juris apicibus nunc disputandum (in l. *Si fidejussor*, in § *Quedam* ff. *mandati*); ymo melius est ista taliter expediri quam manere totaliter impediti (de resti. spo. litteras). Et in canone scribitur quod canones sacri juxta diversitates temporum considerandi sunt, et qui in... (blanc)..... hoc non faciunt, in erroris lambernicum[1] se intricando impinguntur, et inde apostolus Paulus singularum ecclesiarum vulneribus medebatur illatis, nec ad instar imperiti medici uno colirio omnium oculos curare volebat (in c. *Sciendum* et c. *Necesse,* XXIX di.). Et est bene notandum illud quod in cedula scribitur de paritate numeri dominorum cardinalium cum illis qui per sacrum concilium pro electione futuri Romani pontificis cum ipsis addentur. Quod si major numerus adderetur, plane posset dici quod potestas eligendi ab ipsis amoveretur, ex quo contingerent inconveniencia de quibus supra tactum est. Et supposito quod indubitanter electio spectaret ad sacrum concilium, tamen pro bono unionis brevius habende esset necessarium quod concilium committeret aliquibus in modico numero potestatem eligendi papam, quia ubi multitudo, ibi sepe confusio, et inde dicit Augustinus quod, si posset fieri quod singuli diligenter interrogarentur, tot diversitates opinionum forsitan quot homines invenirentur (in c. *Sicut*, in Sacramentis de Greg. di. IIII); et inde licet sacri canones electionem ipsorum fieri debere per clerum et populum decrevissent (in c. *Sacrorum*, LXIII di.), postmodum ordinavit quod ad capitulum solum pertineat electio in juribus communibus, et merito, quia segnius expediunt commissa negotia plures. Et advertatur quod hoc concilium est hic principaliter congregatum propter duo : propter dejectionem Petri de Luna efficaciter faciendam, et propter unionem Hispanorum, et quod ista duo efficaciter consequimur amplectando cedulam predictam. Hispani enim clare dixerunt et dicunt quod, dummodo cedula predicta per hoc sacrum concilium acceptetur, parati sunt ad ejectionem Petri de Luna procedere nobiscum; que ejectio modicam potest habere efficaciam sine ipsis, quia nos de ejectione ipsius

---

1. *Sic*, peut-être au lieu de *labyrinthum*. Ce passage a été altéré par le copiste du cartulaire, de même que plusieurs autres.

nisi propter reductionem eorum non curamus ; et ipsi post unionem in omnibus per hoc sacrum concilium expediendis nobiscum unanimiter concurrent, et tunc erit unum ovile et unus pastor, juxta verbum Salvatoris (Joan. x°). Ymo postquam acceptaverunt cedulam predictam et viderunt eam acceptatam per collegium dominorum cardinalium et duas nationes Francie et Ytalie, que simul faciunt majorem partem concilii, se univerunt. Advertatur etiam quod major pars et notabilior hujus concilii in cedula predicta consentit, et quod turpis est pars que suo non congruit universo (in c. *Que contra mores,* viii di.); ymo qui societatem fraternitatis aliqua discordie peste commaculant, Deum, qui caritas est, sicut Judas produnt. Attendant etiam dominationes ad tenorem decretorum hujus sacri concilii, qui hic inseritur.

Data die xxviii maii anni m. cccc. et xvi. Sacrosancta synodus generalis Constantiensis, Ecclesiam catholicam representans, ad extirpationem presentis scismatis et errorum, Ecclesieque reformationem in capite et in membris faciendam, in Spiritu sancto legitime congregata, ad facilius, liberius et utilius unionem consequendam, pronunciat, decernit, statuit et ordinavit quod, si contingat sedem apostolicam quovismodo vacare, in prima illius vacatione ad electionem futuri summi pontificis nullo modo procedatur sine deliberatione et consensu hujus sacri generalis concilii, et si contrarium fieret, illud sit ipso facto auctoritate dicti concilii irritum et inane, nullusque electum contra hoc decretum in papam recipiat, nec illi ut pape quoquomodo adhereat, nec obediat, sub pena fautorie dicti scismatis et maledictionis eterne; punienturque hoc casu eligentes et electus, si consenciat, ac illi adherentes, penis per hoc sacrum concilium ordinandis ; suspenditque dicta sancta synodus pro bono unionis Ecclesie omnia jura positiva etiam in concilio generali edita, et ipsorum statuta, ordinationes, consuetudinesque et privilegia quibuscumque concessa, et penas contra quoscumque editas, in quantum effectum dicti decreti impedire possent quoquomodo.

Data prima die julii ejusdem anni. Sacrosancta generalis synodus Constanciensis etc., ut Ecclesie Dei eo melius, sincerius, securius provideatur, statuit, pronunciat, ordinat et decernit quod proxima electio Romani pontificis fiat modo, forma, loco et materia per sacrum concilium ordinandis, et quod idem concilium possit et valeat in futurum quascumque personas, cujuscumque status aut conditionis sint aut fuerint, ad electionem hujusmodi active et passive, et alios quoscumque actus ecclesiasticos et omnia alia opportuna, non obstantibus quibuscumque processibus, penis aut sentenciis, habilitare, recipere et deputare, modo et forma quibus pro tunc videbitur expedire, quodque sacrum concilium non dissolvatur donec hujusmodi electio fuerit celebrata, excitans dicta sancta synodus invictissimum principem dominum Sigismundum, Romanorum et Hungarie etc. regem, pariter et requirens, [ut], tamquam pius Ecclesie advocatus et sacri concilii deffensor et protector, omnem ad hoc operam efficaciter impendat, et verbo regis velle facere hoc promittat.

Ex tenore vero dictorum decretorum luce clarius apparet quod cedula dominorum cardinalium in nullo predictis contradicit, primo quia primum decretum continet quod non procedatur ad electionem Romani pontificis sine deliberatione et consensu hujus sacri concilii, quam deliberacionem et consensum expresse requirunt domini cardinales in cedula sua, sicut per tenorem dicte cedule luce clarius apparere potest, et jam dicta cedula per majorem partem sacri concilii est laudata et approbata, quia primo per collegium predictorum dominorum cardinalium, qui sunt pars notabilis hujus sacri concilii, et per nationes Francie, Ytalie et Hispanie est concorditer approbata, et petitur per residuum concilii canonice approbari.

Item in secundo decreto sunt verba que sequuntur : Sacrosancta generalis synodus Constanciensis statuit, pronunciat, ordinat et decernit quod proxima electio futuri Romani pontificis fiat modo, forma, loco et materia per hoc sacrum concilium ordinandis etc.

Item domini cardinales predicti in cedula sua predicta hoc expresse requirunt, et exprimunt modum et formam procedendi ad electionem futuri Romani pontificis justum, sanctum et canonicum, et per majorem partem concilii unanimiter approbatum, et si cessaret impressio, ut asseritur, per residuum totius concilii unanimiter approbandum. In nullo ergo discrepant predicta decreta a cedula dominorum cardinalium predictorum, et per consequens si credatur dictum regem predicta decreta jurasse, in nullo errat approbando cedulam dominorum cardinalium predictorum. Et est bene advertendum ad verba predicti secundi decreti ibi cum dicitur : quodque sacrum concilium non dissolvatur etc. donec hujusmodi electio fuerit celebrata, et ad hoc hortatur sacrum concilium vestram Majestatem, quod ad hoc omnem operam efficaciter impendat, et in verbo regis velle facere hoc promittat, videlicet quod concilium non dissolvatur, quia de ceteris contentis in decreto non potest nec debet predictus dominus Romanorum rex se intromittere quoquomodo, quia sacri canones hoc sibi prohibent (in c. *Nos ad fidem*, et c. sequenti, XVI di.) ; ymo quando tractatur de electione Romani pontificis, non debet predictus serenissimus Romanorum rex quoquomodo interesse ut in juribus predictis.

Item articuli in Narbona tractati et concordati in nullo contradicunt cedule dominorum cardinalium, nec loquuntur de electione futuri Romani pontificis, sed bene dicunt quod primo fiat ejectio Petri de Luna, et post procedatur ad electionem futuri Romani pontificis, et ita intendunt domini cardinales cedulam suam, et per consequens male faciunt illi qui sinistre informant dominum regem Romanorum super istis, quia si non fieret electio pape pure, sincere et gratuite, sed per seditionem, presumptionem vel quodlibet ingenium, sic electus non esset electus, sed apostaticus, antichristus et invasor sancte Romane ecclesie, et cum auctoribus sequacibus incurrerent maledictiones in sacro concilio alias divinitus promulgatas, que habentur in c. *In nomine Domini*, quod est decretum sacri concilii generalis (XXIII di.). Et utinam quod omnes bene advertant, illi precipue qui non verentur dicere quod electio futuri Romani pontificis facta per metum est valida de jure, quia hoc est oppositum in objecto quod electio facta per metum non potest dici electio ; nam tunc cessat electio quando... (blanc)..... libertas eligendi (in c. *Ubi majus*, in § *Ceterum de elec.*), et hoc clare dictat ratio naturalis; laudabilis enim est cautela deliberationis cum qua totum agit ; rimor et furor nil sibi vendicat (XI q. *In illa prepositorum*). Et necesse est queque negotia ecclesiastica post multarum experimenta causarum sollicitius prospici et diligencius precaveri, quatenus per spiritum caritatis et pacis omnis materia scandalorum et presumptio simplicium de Ecclesia Domini aufferantur (XLV di. *Licet* I). Et ista pro nunc dicta secundum modicam intelligentiam meam sufficiant.

---

142. Décret du concile de Constance, qui limite à la somme de six mille livres tournois le revenu total des bénéfices ou des dotations équivalentes dont pouvaient jouir les cardinaux en dehors de leur titre cardinalice. Le cardinal de Reims, Simon de Cramaud, à l'instar des cardinaux d'Ostie, de Sabine et de Saluces, qui avaient subi de grandes pertes en travaillant à la paix de l'Église est exempté de cette règle relativement à son évêché de Poitiers (f° 22 v°).

1416.

Porro quilibet ex dominis cardinalibus jam creatis, si unum archiepiscopatum, episcopatum, abbatiam, prioratum conventualem aut dignitatem aliam vel beneficium aliud quodcumque preter sui cardinalatus romanum titulum de presenti obtinet, vel in futurum secundum ordinacionem concilii faciendam obtinebit, illum, illam seu illud; si vero plures seu plura ex hiis dignitatibus vel beneficiis ejusdem generis vel diversorum obtineat, illum, illam seu ilud, quem, quam seu quod ex illis infra mensem a die oblacionis realis infrascripte sibi [1] facte optare maluerit, ad manus suas retinere valebit, in qua in antiquitate aut alias temporis exigente qualitate reducere se possit. Et hoc salvo : quotienscumque futurus summus pontifex ipsis dominis cardinalibus jam creatis vel ipsorum alteri recompensacionem valoris fructuum, proventuum, etc. annuorum qui communiter supersunt, oneribus supportatis hujusmodi reliquorum beneficiorum seu dignitatum, realiter et cum effectu obtulerit, seu provisionem in equivalenti valore ipsorum fructuum in redditu seu proventu perpetuo, presertim in patrimonio ecclesie Romane, in communibus serviciis, primis annatis vel camere apostolice juribus aliis, eisdem dominis cardinalibus jam creatis vel ipsorum alteri fecerit, decurso prefati temporis mense a die oblacionis ipsius inchoati, omne jus in hujusmodi reliquis beneficiis, pro quo vel quibus fuerit facta dicta recompensacio, presertim et primo in episcopatibus, abbaciis, prioratibus, decanatibus, preposituris conventualibus duodecim religiosorum, et in primis cathedralium ecclesiarum post pontificalem dignitatibus, et in collegiatarum principalibus, eisdem dominis cardinalibus vel ipsorum alteri, quomodolibet competens, censeatur fore revocatum, eciam eis invitis, ipso jure, vacacioque, beneficiorum ipsorum et dignitatum de jure inducta vel sit, alteri oferri possit. Itaque si pro

---

1. Au lieu de *sibi*, on lit *sive* dans le texte défectueux du cartulaire; pour le rendre intelligible, nous avons corrigé les fautes grossières de copiste qui s'y rencontrent.

singulis hujusmodi beneficiis fiat eisdem provisio in equivalenti fructuum, proventuum, etc. valore, beneficium ipsum equivalens relinquere teneantur [ei] qui illud obtinebit, et si pro omnibus beneficiis ipsis simul vel successive provisionem hujusmodi fieri contingat, equivalencia beneficia proporcionaliter semper relinquere teneantur : hoc adhibito moderamine, quod si universalis valor fructuum seu proventuum, etc. omnium predictorum beneficiorum cujusvis cardinalis ultra summam vi^m librarum turonensium ascenderit, vel omnibus, facta eisdem provisione seu recompensatione, dumtaxat usque ad vi^m, beneficia ipsa omnia et singula vaccent, et ipsa omnia et singula de facto relinquere teneantur. Neque eisdem cardinalibus seu ipsorum alicui, Hostiensi, Sabinensi et Saluciarum, qui propter prosecucionem unionis Ecclesie quamplures suos redditus perdiderunt [et] singulari privilegio gaudere debent, dumtaxat exceptis, ultra dictam summam vi^m fiat recompensatio seu provisio, eciamsi valor annuus, oneribus supportatis, suorum beneficiorium plus ascenderet. Illis vero tribus fiat usque ad valorem beneficiorum que de presenti obtinent, antequam omnia relinquere teneantur. Ceteris vero dominis cardinalibus recompensacio seu provisio usque ad illam summam vi^m, ut predicitur, et non ultra fieri valeat, eciam si valor suorum beneficiorum tantum non ascendat; beneficia tamen ipsa relinquere teneantur quociens, ut predicitur, facta fuerit recompensacio in equivalenti ipsorum valore. De summa vero vi^m recompensacionis predicte vel alterius equivalentis valoris semper deducatur, semper in illa imputetur et [in] illa comprehendatur valor dignitatis seu beneficii per quemvis dominum cardinalem pro sua reduccione sic in presenti retenti. Nomine autem beneficii etiam majora quecumque, eciam si archiepiscopatus existeret, intelligere volumus in premissis. Hac vero lege revocacionis, juris privacionis et dimissionis comprendere non intendimus dominum cardinalem Remensem quantum ad episcopatum Pitavensem, quem tenet in titulum, quacumque oblacione sibi invito facienda non obstante : quam protestationem facimus ex habundanti.

Nota quod reverendissimus pater et dominus dominus S., nunc sancte Romane ecclesie cardinalis, fuit promotus ad archiepiscopatum Remensem de mense julii anno m° cccc° ix° et deinde anno m° cccc° xiii° in vigilia Ramis palmarum in Roma sublimatus ad cardinalatum. Cui successit in dicto archiepiscopatu dominus P. Trousselli, qui decessit in mense decembris tunc sequenti, et post dictum dominum P. venit dominus R. qui nunc vivit et fuit pronunciatus de mense januarii tunc sequenti, et nunc currit annus m cccc xvi^{us}.

---

143. Acte par lequel les Dominicains de Poitiers s'engagent pour eux et leurs successeurs à célébrer à perpétuité dans leur église un anniversaire solennel pour Simon de Cramaud, cardinal, évêque de Poitiers, en reconnaissance de ses bienfaits, et notamment du don d'un Dictionnaire en deux volumes dont il avait enrichi leur bibliothèque (f° 215 r°) [1].

4 juillet 1420.

Ad perpetuam rei memoriam. Noverint universi presentes litteras inspecturi quod nos frater Guillelmus Merici, in theologia licenciatus, prior fratrum Predicatorum Pictavensium, totusque ejusdemloci conventus, inspecto diligenter et librato attencius qualiter reverendissimus in Christo pater et dominus dominus Symon de Cramaudo, pro tunc episcopus Pictavensis ac sancte Romane ecclesie titulo Sancti Laurentii in Lucina presbiter cardinalis, Remensis vulgariter nuncupatus, una cum devota et singulari affectione quam semper et continue gessit ad nostrum

---

[1]. Cette pièce a été publiée par Thibaudeau dans son *Histoire du Poitou*, t. 2, p. 440 (1re édition); mais deux passages ayant été infidèlement transcrits, nous la reproduisons.

sanctum ordinem, et maxime ad conventum nostrum et fratres Pictavenses antedictos, crebris favoribus et beneficentiis frequentibus dulciter nos amplectens, nunc insuper etiam de recenti, ampliori fervore spiritus caritatis concepto, propensius voluit manum sue largiflue bonitatis nobis aperire, in helemosinam tam honorabilem, delectabilem, utilem et fecundam, ac eciam inestimabilis precii, ut pote librum qui Dicionarius dicitur, in duobus magnis voluminibus, pro libraria nostra communi multipliciter decoranda, ad nostram et successorum nostrorum et omnium in dicto libro legencium et studencium utilitatem et profectum, quem ex mera et sincera voluntate nobis tradidit et dedit; hoc enim supramodum inclinat nostra precordia erga eum et obligat in conscientia, jure condigne gratitudinis, ad debitam servicii recompensacionem, qualiter scimus et possumus, spiritualis videlicet suffragii. Ea propter, pro viribus cupientes justi vicem quantocius exsolvere, in nostro capitulo capitulariter congregati et propter hoc capitulum facientes et tenentes, habitaque inter nos ibidem matura deliberatione super suffragiis eidem dandis et concedendis, de unanimi omnium nostrum beneplacito pariter et assensu, expresso vive vocis oraculo a quolibet presencium sigillatim, ipsum reverendissimum patrem ac dominum dominum cardinalem prefatum omnium bonorum nostrorum spiritualium, videlicet missarum, orationum, predicationum, jejuniorum, abstinenciarum, vigiliarum, laborum, ceterorumque bonorum que per nos et successores nostros fieri dederit auctor omnium bonorum Dei filius Jesus Christus, participem primitus facientes, eidem tunc in speciali concessimus et tenore presencium concedimus et damus unum anniversarium et servicium perpetuum cum vigiliis mortuorum novem lectionum et missa sollempni de mortuis et cum nota, quolibet anno, perpetuis temporibus, in ecclesia nostra per nos et successores nostros celebrandum, pro se, parentibus suis et intentis per eumdem. Et ad hoc faciendum ét integraliter sine deffectu adimplendum nosmetipsos et successores nostros obligamus, consciencias nostras et ipsorum super hoc coram Deo perpetuo onerantes ; postremoque promittimus bona fide et juramus presencium per tenorem, ut per modum statuti seu aresti perpetui hec omnia pretacta tam per eum videlicet collata nobis beneficia quam nostra eidem concessa suffragia in nostro registrentur martirologio et scribentur, et, cum Altissimo placuerit diem ejus claudere extremum, scribetur in dicto martirologio in forma que sequitur : Eodem die obiit reverendissimus in Christo pater et dominus dominus Symon de Cramaudo, episcopus Pictavensis ac sancte Romane ecclesie cardinalis, singularis pater et specialis benefactor istius conventus, qui, inter innumerabilia bona que fecit conventui, dedit sollempnem librum in duobus voluminibus Dicionarium nuncupatum, et in libraria communi incathenatum, pro quo tenetur iste conventus ista die facere ejus anniversarium, quatinus, omnibus contuitis et ad invicem equius comparatis, non negligant aut murmurent posteri, sed pocius animentur ad devote exequendum ea ad que sic merito obligantur. In quorum omnium et singulorum testimonium, sigilla prioris et conventus duximus presentibus apponenda. Datum ubi supra, anno Domini millesimo quadringentesimo vicesimo, quarta die mensis julii.

144. Enquête sur la quantité et la valeur des blés de la châtellenie d'Angle (f° 41 r°).

1420.

Enqueste faicte par moy Guillaume de Coux, cappitaine d'Angle, frere Aymeri Raguignon, prieur dudit lieu, Perrot et Regnaut Roys, freres, par vertu de certaine commission à nous envoyé pour très reverend pere en Dieu mons' l'evesque de Poitiers et cardinal de Rains pour nous infourmer de la cantité et valeur des blés de la chastellenie d'Angle de ceste presente année mil cccc et vingt.

Premierement les rentes de fourment, comme nous avons trouvé, pour les papiés qui sont de par deça, poyables, et auxy comme vous pourrés voier par les papiés de vos comptes de par dela, de fourmens, xxii sexters. — Item de segle à cause des dictes rentes comme dessus, xii sexters. — Item de ballarge à cause des dictes rentes, vi sexters. — Item de mousture à cause des dictes rentes, iii sexters. — Item d'avoyne à cause des dictes rentes, xxxv sexters.

Et lesquelles rentes dessus dictes Jehan Papot a afermé par son serement que les rentes dessus dictes sont vrayez.

C'enssuit la desposicion de ceulx qui ont pris les fermes des blés de ceste presente année iiii^c et vingt.

Premierement la dyme de Mailhec fut bailliée à Guillaume Morter, lequel despouse par son serement que lad. dyme luy cousta tout franc à mons^r pour quart, xx sexters.

La dysme de Copelle fut balhée à Guillaume Ymberton, lequel despouse pour son serement que lad. dyme lui cousta franc à mons^r pour quart, xxiiii sexters.

La dyme de Vic sur Creuse fut bailhée à Perrot Compere, lequel despouse pour son serement que ladicte dyme luy cousta franc a mons^r pour quart, viii sexters.

La dyme de Neon fut bailhée à Jehan d'Availhe l'ayné, lequel despouse pour son serement que lad. dyme lui cousta tout franc à mons^r par quart, iiii sexters.

La dyme de Conflans et les terres vagues fut bailhée à Jehan d'Availhe l'ayné, lequel despouse pour son serement que lad. dyme luy cousta franc à mons^r pour quart, iiii sexters xii b^x.

Les terrages de Herecourt furent bailhez à Perrotin le Morcea, lequel despouse pour son serement que lesd. terrages luy coustèrent tout franc à mons^r pour quart, ii sexters.

Les terrages de Chavanez furent bailhés à Jehan Guynetea, lequel despouse pour son serement que lesdis terrages luy coustèrent tout franc à mons^r pour quart ii sexters.

Les terrages de Champinceaux furent bailhez à Guillaume Gaudine, lequel despouse pour son serement que lesdis terrages luy coustèrent tout franc à mons^r pour quart, v sexters.

Les avenages d'Aspe furent bailhez à Jehan d'Avalhe, lequel despouse pour son serement que lesd. avenages luy cousterent tout franc à mons^r, d'avoyne, xxii b^x.

Les avenages des vaux de la Bonelere et de Petavea furent bailhez à Jean d'Availhe, lequel despouse pour son serement que lesd. avenages luy cousterent tout franc à mons^r, d'avoyne, xxviii b^x.

Les guains des prés de la ville d'Angle furent bailhez à Perrot de Lanebreze, lequel despouse pour son serement que lesd. guains luy ont cousté tout franc à mons^r, d'avoyne, x b^x.

Les guains des prés de Malhé furent bailhés à Martin Burgerea, lequel despouse pour son serement que lesd. guains luy ont cousté tout franc à mons^r, d'avoyne, xx boc^x.

Le molin de la Rymelle a esté bailhé à Perrot Sengler et à Symon son filz, lesquelx despousent pour leur serement que led. molin leur couste tout franc à mons^r iiii sext. fourment et iiii sext. mosture.

Le molin de Vic a valu à mond seign^r. pour le temps qu'il a molu pour la main de Jehan Giler, de mosture, xviii^{boc}.

Le molin de Mailhé a valu à mond. seigneur pour le temps qu'il a molu pour la main de Jehan Atilhou...

S'ensuit la somme des blez de la dicte chastellenie d'Angle tant des rentes comme des fermes et auxy des molins.

Premierement de fourment tant des rentes que des fermes et du molin de Rymelle, xliii sexters et demy, qui valent, à xxxv s. chacun boisseau, xii^c xviii l.

— 246 —

Item de seigles, tant des rentes comme des fermes, xxix sexters et demy, qui vallent, à xxxv s. chacun boisseau, viii^c xxvi l.

Item de baillerge, tant des rentes comme des fermes, xxiii sexters et demy, qui vallent, à xxxv s. chacun boisseau, ii^c xxiii l.

Item de mosture, tant des rentes comme des fermes, viii sexters, qui vallent, à xxxv s. chacun boisseau, ii^c xxiii l.

Item d'avoyne, tant des rentes comme des fermes, lvii sexters x boisseaux, qui vallent, à xv s. chacun boisseau, vi^c lxvi l.

Somme des blés vendus à deniers, iii^m v^c iiii^{xx} xi l.

Et ne sont point compris en compte dessusd. les vins de mond. seig^r, ses foins, ses chappons, ne gelines, ne cire, ne poevre, ne fers à chevaux qui sont dehus de rente, ne auxy la juridicion ne les aiguez, ne fourest, ne boez vendus à chauffage, et auxy pour faire selez de baz, et auxy boiez pour lever than.

Et auxy n'est pas comprins en compte dessusd. les deniers qui sont dehus tant de cens, de talhes comme des rentes, ne les fermes en deniers, lesquelles chosses dessusd. poent bien valoir pour cette presente année ii^c l. ou plus.

Et auxy n'est pas comprins en cestui compte le proffit de la pesson de vos forès, lequel repceveur a eu de Huget Beajeu: c'est assavoir x l. pour vous bareter et pour leur avoir fait leur marchié avecques vous desdis boys et fourestz.

S'ensuivent les doleances des hommes et subgès de mond. seig^r sur ce que mond. seig^r avoit deffendu à son repceveur qu'il ne vendist ses blés sy n'estoit à ses hommes et subjès de sa ville et chastellenie d'Angle, lesquelx les hussent très bien poiés. Lequel repceveur a fait tout au contraire et les a vendus au dehors de la dicte chastellenie la plus grant et seure partie, et sont lesdis habitans à crier à la fain, lesquelx se sont plains et dolus par devant les **commissaires dessusd.**

Premierement Estienne Dadit, Perrotin Lemencea, Jehan de Pindray, Bertrand Ferrant, Jehan d'Availhe et sa fame, Perrot Compere, Denis Tremat, Perrot Joly, Guillaume Petit, Estienne Paloton, Jehan de Besseborde, Mery de Rezan, Philippain Savari, Perrot Merchader, Merigot Robert, Jehan Robert, Perrot Jaren, Philippon Brunet et sa femme, Guiffroy Brunet, Guillaume Deperde, Guillaume Michea, Jehan Fourget, Perrot Beauramis, Estienne Veluet, Perrot et Jehan Juyneteaux freres, Jehan Chauvet dit Roussea, Jehan d'Availhe le jeune, tous hommes et subjès de mond. seign^r, et plusieurs autres.

---

145. Donation faite par Simon de Cramaud, cardinal, évêque de Poitiers, au chapitre de son église cathédrale, de la terre de Nouzilly et d'une rente de douze mines de blé, à la mesure de Chauvigny, pour la fondation de services et prières pour le repos de son âme, et d'une rente de cent livres pour la psallette (f° 23 r°).

2 juillet 1421.

In nomine Sancte et Individue Trinitatis, Patris et Filii et Spiritus Sancti, amen. Nos Symon de Cramaud, titulo Sancti Laurencii in Lucina presbiter cardinalis, Remensis vulgariter nuncupatus, Dei gratia Pictavensis episcopus, et nos decanus et capitulum ecclesie Pictavensis, ad ejusdem Sancte Trinitatis laudem et honorem, notum facimus universis per presentes tam presentibus quam futuris, quod hac die mercurii post festum apostolorum Petri et Pauli, secunda mensis julii, anno quo infra, in ipsa nostra ecclesia Pictavensi, de mane, hora capitulari, in nostro generali capitulo nobis existentibus et insimul congregatis post sonum campane, more solito, tractantibus, prout decet, de spiritualibus negociis ipsius Pictavensis ecclesie capitulariter, Christi nomine primitus invocato, inter nos finaliter concludimus, in presentia testium et notariorum publicorum subscriptorum, quod, quia nos Symon cardinalis prefatus, a tempore quo primo prefuimus ipsi nostre Pictavensi ecclesie, affectavimus, prout et affectamus cordialiter participes fieri perpetuo in suffragiis, orationibus et divinis serviciis que in eadem nostra sponsa ecclesia fiunt et amodo fient per venerabile collegium ejusdem ecclesie, inter cetera, pro servicio divino in eadem ecclesia quaque die fiendo, de nostris redditibus alias nostro nomine simplici et privato de tempore quo preeramus ecclesie Carcassonensi per nos acquisitis, sex clericulos chori cum eorum magistro sufficienter fundaverimus, qui qualibet die divinis horis interesse tenentur in eadem nostra Pictavensi ecclesia ; et deinde tractu temporis nos in eadem nostra Pictavensi ecclesia sepulturam elegimus et eam erigi fecimus solempniter ad latus majoris altaris ipsius ecclesie, in qua Deo duce, nostra anima a nostro corpore separata, nostrum corpus disposuimus sepelliri. Et ut nostri memoria perpetuo in ipsa nostra ecclesia habeatur, de expresso consensu et voluntate eorumdem decani et capituli disposuimus, voluimus et ordinavimus, volumusque, disponimus et ordinamus per presentes, quod ex nunc amodo et in perpetuum pro salute et remedio anime nostre et parentum atque benefactorum nostrorum tam vivorum quam deffunctorum, in eadem nostra ecclesia per collegium ejusdem collegialiter et sollempniter in choro ipsius ecclesie servitia sequentia absque defectu fiant : videlicet, in ultima die cujuslibet mensis per anni circulum de sero, post decantationem complettorii, vespere de officio deffunctorum, et in crastinum, post decantationem matutinorum, vigilia mortuorum de novem psalmis, novem lectionibus et novem responsoriis cum laudibus, prout decet, et finitis dictis vigiliis missa de deffunctis solempniter per unum canonicum ebdomadarium ipsius ecclesie cum diacono et subdiacono, canonicis ejusdem ecclesie, ad majus altare ipsius ecclesie dicantur et celebrentur ; et durantibus dictis vesperis, vigiliis et missa, quatuor cerei honesti, ardentes ante sepulcrum nostri corporis stent et sint positi pro faciendo luminare in eadem Pictavensi ecclesia. Volumus etiam quod in celebracione dictorum servitiorum divinorum sint officiantes in dicto choro duo canonici ipsius nostre ecclesie continue, et teneant cappas, prout decet, et quod post obitum nostrum, celebrata dicta missa de mortuis ad dictum majus altare, canonicus celebrans, deposita per eum casula, et eo induto cappa nigra, cum suis diacono, subdiacono et toto collegio adeant nostram sepulturam, et illic collegialiter et solempniter unum responsorium de deffunctis cum collectis ad hoc necessariis decantare habeant. Volumus insuper et ordinamus quod per manus receptoris eorumdem decani et capituli persolvantur et realiter tradantur in fine cujuslibet servicii predicto canonico celebranti missam quinque solidi monete usualis, diacono viginti, et subdiacono duodecim denarii, et cuilibet canonico tenenti cappam in dictis officiis continue tres solidi cum quatuor denariis ultra suas distribuciones. Non intelligimus autem quod tempore Paschali dicantur vigilie mortuorum nisi de tribus lectionibus, cum tempus id exposcat. Et pro hujusmodi servicio divino fiendo amodo et continuando in eadem nostra ecclesia atque supportando, nos de bonis nostris a Deo nobis collatis et per nos nostro nomine simplici et privato acquisitis tempore retroacto, damus, concedimus et dimittimus pro nobis et nostris heredibus ex nunc et in perpetuum eisdem decano et capitulo dicte nostre ecclesie locum nostrum et omnem terram nostram de Nozilleyo, cum omnibus et singulis juribus et pertinenciis universis, sive sint in domibus, virgultis, vineis, pratis, pascuis, pasquagiis, decimis, terragiis, censibus, bienniis, coustumis, redevanciis, homagiis, servitutibus, nemoribus, stangnis, molendinis, furnis, juridicionibus, terris cultis et non cultis, aut aliis rebus quibuscumque et quocumque nomine censeantur, prout et quemadmodum nos et nostri predecessores tenuimus et tenuerunt, nichil juris vel alias amodo nobis vel nostris heredibus retinendo, nos per presentes devestiendo, et eosdem decanum et capitulum, in quantum possumus, omnimode investiendo de eisdem; et volumus quod ex nunc ipsi decanus et capitulum sint veri proprietarii et domini dicti loci et terre ac pertinenciarum suarum : in quos quidem decanum et capitulum nos transferimus omne jus proprietatis et possessionis, omnemque actionem et quicquid juris quod et quam in eisdem loco et terra et eorum pertinenciis habuimus et habemus, et eos constituimus atque facimus veros dominos, proprietarios et possessores velut in rem suam; dando in mandatis omnibus et singulis tenenciariis et debitoribus dicti loci et terre atque hominibus et subditis, quatenus ipsi ex nunc et in perpetuum eisdem dominis decano et capitulo aut deputatis ab eisdem ut veris dominis et proprietariis efficaciter obediant et respondeant. Volumus insuper et ordinamus quod quatuor ebdomadarii simplices non prebendati, capellani, bachalarii et choriales ipsius ecclesie in proventibus et emolumentis dictorum loci et terre de Nozeylleyo cum suis pertinenciis, pro interessendo continue in dictis serviciis divinis, habeant et percipiant terciam partem, que equaliter dividetur inter eos qui intererunt in eisdem serviciis, et etiam ipsi decanus et canonici ejusdem ecclesie interessentes personaliter in eisdem duas partes habeant dividendas equaliter et communiter inter ipsos, dum tamen ipsi et omnes predicti choriales sint continue in eisdem serviciis a principio usque ad finem, alias careant dictis distribucionibus.

Et quia alias nos, cum maximis laboribus, missionibus, sumptibus et expensis multimode per nos habitis et supportatis, exonerari fecimus apostolica auctoritate episcopatum Pictavensem de sex centum et sexaginta libris turonensibus, in quibus annis singulis tenebatur Pictavensis episcopus super emolumento sigilli sui et alias decano et capitulo ecclesie Pictavensis, annue prestacionis versus et erga eosdem decanum et capitulum, et favore ipsius exoneracionis apostolica auctoritate et per bullam plumbeam nobis nostro nomine concessum specialiter extiterit quod nos possemus et nobis licitum esset, quociens nobis videretur expediens, pro salute et remedio anime nostre et ad nostram voluntatem, onerare eumdem episcopatum Pictavensem seu fructus et proventus sigilli episcopalis et alias de centum libris in denariis usualis monete, prout et secundum quod lacius continetur in litteris apostolicis super hoc confectis, ad quarum tenorem nos referimus in hac parte : nos, virtute et auctoritate earumdem litterarum apostolicarum, ad commodum, opus et utilitatem dictorum sex clericulorum atque sui magistri, ex nunc, pro vestitu eorumdem decenti et honesto habendo bis quolibet anno, eumdem episcopatum Pictavensem, fructusque, exitus et proventus emolumentorum ejusdem sigilli episcopalis, dicta apostolica auctoritate oneramus de ipsis centum libris monete usualis, amodo per episcopos Pictavenses seu eorum sigilliferos aut receptores ipsis magistro et sex clericulis dicte nostre Pictavensis ecclesie, ad opus predictum convertendis, persolvendis; et volumus quod episcopi Pictavenses nostri successores ad persolvendas dictas centum libras annis singulis in duobus terminis, videlicet in quolibet festo Omnium Sanctorum sexaginta, et in festo Pasche quadraginta, dictis magistro et sex clericulis cogantur per executores quoad hoc dicta apostolica auctoritate deputatos; et quoad exequendum illud mandatum apostolicum, ipsi decanus et capitulum eosdem magistrum et clericulos juvare effectualiter teneantur, cum sui servitores existant, ad instanciam eorumdem magistri et clericulorum seu eorumdem decani et capituli, cum in eorum commodum sit hec nostra presens ordinatio, quia alias tenerentur ipsis magistro et sex clericulis quolibet anno suas vestes decentes ministrare, et nos de tantum eos exoneramus. De centum vero quinquaginta libris monete tunc currentis, que alias per bone memorie dominum Geraldum de Monteacuto, nuper nostrum predecessorem, de tempore quo prefuit dicte nostre ecclesie Pictavensi, de suo et nostro consensu, extiterunt in et apud ipsos decanum et capitulum deposite, donec alias esset inter eos ordinatum, ut hec constant per legitima documenta, volumus et consentimus quod ipse remaueant eisdem decano et capitulo in redditibus ad utilitatem ejusdem ecclesie convertende, et de eisdem eos quittamus. Et quia alias nos acquisivimus, tempore quo ecclesie Remensi preeramus, duodecim minas bladorum per quartum ad mensuram de Calvigniaco annui et perpetui redditus a certis personis, [ut] in litteris super hoc confectis lacius declaratur, super omnibus bonis domini Johannis Talebast, domini loci de la Talebastiere prope Calvigniacum, quas nomine nostro simplici acquisivimus, quas nos damus et concedimus perpetuo episcopo Pictavensi et suo episcopatui sub condicione infrascripta: videlicet ut idem Pictavensis episcopus pro tempore per se vel per alium teneatur singulis diebus persolvere canonico hebdomadario ipsius nostre ecclesie Pictavensis quinque denarios usualis monete, quos nos ordinavimus sibi persolvi ut idem ebdomadarius, celebrata per eum magna missa, deposita casula ante dictum majus altare, suo vultu verso ad nostram sepulturam, cum magistro clericulorum et eisdem clericulis dicat submissa voce responsorium mortuorum *Ne recorderis* cum collectis, et *Deus qui inter apostolicos sacerdotes* etc., et *Deus venie largitor* etc. ; et cum hac condicione per nos apposita, quod eo casu quo episcopus Pictavensis pro tempore nollet in se assumere onus persolvendi dictos quinque denarios quaque die dicto ebdomadario, aut, onere in se suscepto, defficeret ei persolvere dictos quinque denarios per duodecim dies continuos et consequentes, in illo casu ipse duodecim mine bladorum redditus veniant ad sex ebdomadarios dicte nostre Pictavensis ecclesie pro dicto onere supportando et servicio fiendo, videlicet cuilibet ebdomadario due mine ; et si contingat, quod absit, dictum casum evenire, eamdem donacionem factam per nos episcopo Pictavensi irritamus, cassamus et adnullamus; et ex certo nostro proposito volumus quod ex tunc et ex nunc prout ex tunc ipse duodecim mine bladorum redditus sint dictis ebdomadariis, et quod ipsi teneantur dictum divinum servicium facere.

Nos vero decanus et capitulum prefati, attendentes sanctum et laudabile propositum ejusdem reverendissimi domini cardinalis, considerantesque quod semper suam sponsam habet cordi, eamque et nos habuit et habet recommandatos, sibi in hoc et alias complacere affectantes, matura inter nos deliberacione habita, easdem suas ordinationes et disposiciones ac bonorum suorum largitiones cum gratiarum actione acceptavimus, et ex nunc pro nobis et nostris futuris successoribus acceptamus; et per presentes promittimus nostris medio juramentis, sub obligacione omnium bonorum nobis commissorum et committendorum, easdem ordinaciones tenere et servicia predicta [in] ecclesia et choro dicte Pictavensis ecclesie solempnizare et facere atque continuare inviolabiliter : quod et nos Symon, cardinalis et episcopus predictus, eciam cum gratiarum actione acceptavimus et acceptamus. In quorum omnium et singulorum premissorum fidem et testimonium, nos predictus Simon cardinalis et episcopus, decanus et capitulum, has presentes litteras seu presens publicum instrumentum, originaliter de nostrorum mutuo consensu tripplicatum, per notarios publicos subscriptos scribi et in formam publicam redigi fecimus, et mandavimus ipsis quod et signis et subscriptionibus signari, nostrorumque sigillorum appensione muniri *(sic)*. Acta fuerunt hec anno ab Incarnatione Domini millesimo quadringetesimo vicesimo primo, dicta die mercurii, que fuit secunda dies mensis julii, indictione decima quarta, pontificatus sanctissimi in Christo patris et domini nostri domini Martini, divina providentia pape quinti, anno quarto; presentibus ad hec et interessentibus in dicto capitulo nobis Guillelmo de Faydello, decano, Ytherio de Martrolio, cantore, Johanne Vignaudi, preposito, Nicholao Tavelli, subdecano, Johanne Borrelli, succentore, Guidone de Pressaco, archidiacono Thoarcensi, Johanne Siety, Johanne Dazini, Guillelmo Lemarie, Hugone Chauvea, Guillelmo Jarrici et Johanne Galandi, dicte ecclesie canonicis prebendatis, una cum reverendo patre domino Petro, episcopo Gabulensi, ordinis Sancti Augustini, fratre Johanne de Confolans, abbate monasterii Sancti Martini de Bosco, ordinis prefati Sancti Augustini regularis, magistris Johanne Lamberti, Guillelmo Mercatoris, Gileto Champion et pluribus aliis ad hec testibus evocatis. Sic signatum : S. Claveurier.

---

146. Réception de Jean de la Trémoille, archevêque d'Auch et administrateur perpétuel de l'évêché de Poitiers, dans l'église collégiale de Saint Hilaire le Grand de cette ville [1] (fo 42 ro).

7 mars 1506 (1505 v. st.).

Hac die sabbati in jejuniis quatuor temporum post sacros cineres, septima mensis marcii, anno Domini millesimo quingentesimo quinto, reverendissimus in Christo pater et dominus dominus Johannes de Tremollia, archiepiscopus Auxitanensis et ecclesie ac episcopatus Pictavensis administrator perpetuus, ad hanc presentem ecclesiam beatissimi Hillarii accessit, in qua processionaliter per collegium usque ad finem seu exitum cimiterii inter magnas valvas domus thesaurarii et parvam portam domus canonicalis domini de Gascoignolle fuit honorifice per dominos canonicos in numero decenti receptus, et in loco predicto per vocem domini Comitis, canonici et ebdomadarii pro tunc ibidem presidentis, obnixe deprecatus quatenus presentem ecclesiam una cum personis et suppositis ejusdem haberet recom-

---

1. Cet acte a été écrit négligemment sur le *recto* et le *verso* du *folio* 42, qui a été rogné de façon qu'au *recto* le bout des lignes a été emporté.

missam, et favorabilem erga eosdem se haberet, juraque, exempciones et libertates ipsius conservaret; subjungens et adjiciens quod prefati domini canonici et collegium [eum] recipiebant secundum formam et tenorem ordinationis Urbaniste, et prout et quemadmodum pro parte ipsorum eidem reverendissimo scripto tenus nuperrime traditum fuerat. Quibus dominis canonicis ipse reverendissimus dixit quod ipse exemptiones et libertates sepedicte ecclesie posse tenus conservaret et custodiret, et cum eisdem canonicis et capitulo in hoc vivere prout et qu... sui anthecessores pro tempore Pictavenses episcopi fecerant, volebat, nec intentare seu innovare aliquid contrarium seu prejudicium intendebat, se de premissis referendo ad hoc dicte compositioni seu ordinationi Urbaniste. Et his... ipse dominus Comitis se inclinans dixit: Domine, vos bene veneritis, tanquam sedis apostolice delegatus, vos recipimus. Et inmediate dictus reverendissimus p... osculari crucem processionalem quam defferebat custos cum capa alba, quam idem dominus Comitis eidem tradidit [et] deosculari fecit. Et ad ecclesiam accedens, cruce et collegio antecedentibus, intravit eandem per portam... que vocatur Thesaurarii, et in choro sedit in loco ip... decenter parato, et devotione sua facta, quia nona... cantata fuerat, incepit *Deus, in adjutorium*, inmediate... chorum exivit, et ad capellam Cantoris nuncupatam, que pro revestitorio parata erat, conductus per dominos canonicos fuit, ubi se revestivit indumentis episcopalibus et se preparavit ad celebrandum missam, quam ad major... reliquiis et capite sanctissimi Hilarii ap.... et pa... cum nota solemniter celebravit et decantavit, ordines generales ibidem celebravit et contulit, assistentibus et ministrantibus dominis Bureau pro diacono et Joanne Rebours pro subdiacono, cum dalmaticis, de Jarrye et de Gascoignolle canonicis, cum capis sericeis, pallium ante ipsum defferendibus, tribus diaconibus et tribus subdiaconibus, presbiteris de choro presentis ecclesie, etiam cum dalmaticis decenter et honorifice ubique et in quolibet gradu inductis et revestitis, capella generali, coram eo veram crucem defferentibus, necnon quinque clericulis, in celebrandis quinque cereos defferentibus, antecedentibus. Et benedictione solemni circa finem misse, ut moris est fieri, data, officio divino completo, ad locum predictum ubi se preparaverat reversus est et depposuit ibidem vestimenta sua episcopalia, et cum quadraginta personis, in presenti die... a capitulo scripto tenus nominatis, a predictis dominis canonicis et capitulo in prandio in domibus succentoris decenter... et procuratus extitit. Prandio vero facto, gratias agens Deo et dominis canonicis ibidem presentibus, ad magnum hortum dictorum dominorum causa recreationis sumende cum comitiva decenti accessit, in quo spatio unius hore vel circa stetit, et postmodum ad propria est reversus, presentibus et ipsum reverendissimum associantibus venerabilibus et scientificis viris dominis de Gors... (la fin manque).

II

AVEUX RENDUS A L'ÉVÊQUE DE POITIERS A CAUSE DES FIEFS RELEVANT DES CHÂTELLENIES DE CHAUVIGNY, ANGLE ET THURÉ [1].

HEC SUNT FEODA ET HOMAGIA QUE PERTINENT AD CASTRUM ET CASTELLANIAM DE CALVIGNIACO, QUE MOVENT SEU TENENTUR A REVERENDO PATRE DOMINO EPISCOPO PICTAVENSI, PROUT INFERIUS PLENIUS CONTINETUR.

1. 6 juillet 1309. F° 182 r°.

HAMO DE CALVIGNIACO EST HOMO LIGIUS PROUT INFERIUS CONTINETUR.

Ceu sont les choses que Hamont de Chauvigné tient de monseignour l'evesque de Poyters, ensembleement o ceu qu'il a baillé par escript seellé du seau le roy dont l'en use à Poyters ; le quiel escript il a baillé en nom du dit evesque à monseignour Hugues de Monfaucon, chastelain de Chauvigné. — C'est assavoir quatre souz de rente que les homes de Fons Burs li devoient pour le pré de Cornet assis en la riviere de Vienne, lequiel les diz homes souloient fauchier de coustume entiene usée et exploitée de la fame du dit Hamon et de ces ancestres por certaine cause, sauf à desclairer en lieu et en temps si mestier

---

1. Tous ces aveux ayant été rendus dans un court espace de temps, de 1307 à 1311, l'ordre où ils se trouvent dans le cartulaire n'a pas été changé.

est. — Item le paquier de ses pors à l'usage de la maison de la Talebastere, c'est à dire que ces pors que il norrist et tient en son herbergement de la Talebastere por son vivre à luy et à ses gens vont et doyvent aler en la forest de la Marueille et en autres boys du dit evesque en la chastellenie de Chauvigné, en yceux o le dit Hamon et sa fame et lours predecessours d'ele ont usé et exploité anciennement à pesson et à la glant, et les i tient le dit Hamont frans et quiptes de paquier par nom et par roison de la dite fame, en la maniere que la dite fame du dit Hamon et ces ancestres l'ont acoustumé ça en arriere. Et cestes choses desus desclairées il ajouste au fié que il tient, pour et par royson de sa fame, dou dit evesque, du quiel fié il est fait mencion ou dit escript baillé au dit chastelain, si comme desus est dit. — Item le dit Hamon ajouste en dit fié et en austres contenuz en dit escript, si mester li est de adicions, ses saisines et ses dessaisines, ventes et honours, et son simple fayme droit sus ses homes et sus ses tenours, et son destroit et sa seignorie que il a comme sires desus ses subjez, en la maniere que il poet avoir et par droit et par roison, segont l'usage et la coustume du païs, ensembleement ou les libertés et ou les franchisses des diz fiez [et] de chascun de eus, en la maniere que luy et ses predecessours et ceus de qui il a cause l'ont usé et expecté ça en arrieres, en tant comme il en poent et doivent exploiter segont l'usage et la costume du païs. — Protestant le dit Hamon de feire ou de dire et de desclairer tout quanque es choses dessus dites, et à ceu qui les touche soustenir si mestier est, et que si plus se poet enquerre et encerchier qui fust du dit fié, qui lor feroit assavoir au dit seignour ou à ses gens au plus tost que il pourroit. — Doné et fait à la requeste du dit Hamont, seellé du seau de l'arceprestre de Poyto, le jor du diemenche après la feste des apostres saint Pere et saint Pou, l'an de grace mil trois cens et nuef.

2. 28 avril 1309. F° 182 r°.

HAMO DE CALVIGNIACO EST HOMO LIGIUS TER.

C'est le fié que Hamon de Chauvigné tient, por royson de Johanne sa fame, de monseignor l'evesque de Poyters à home lige. — Premierement le herbergement de la Talebastere, et le columbier et la gaignerie apartenant au dit herbergement. — Item le pré Cornet assis en la riviere de Vienne. — Item les cens de la Coste. — Item les cens de Marchefou, ensembleement o les gardes que les diz mariez ont ou poent avoir es diz clos de la Coste et de Marchefou et es apartenances, c'est assavoir en leus où il ont les cens dessus diz. — Item IIII deniers de cens assis sus la meson Johan le fil au Dous de Coudroy, la quele est assize jouste la meson à l'abé de Saint Savyn à Chauvigné. — Item les deus deners de cens sis sus la meson qui est sus le pontereau, jouste la meson Johan l'Esguiller. — Item v deniers de cens sis sus la meson du dit Johan l'Aguillier. — Item v deniers de cens sis sus la meson qui fut feu Bardin, jouste la meson dudit l'Aguillier. — Item sus les appendeis Perrin de Louchiec et sus les appartenances qui sunt jouste la dite meson du dit Bardin II deniers de cens. — Item II deniers de cens sis sus l'apenteis dou dit Bermaut, jouste la meson au verrier, devers le pré l'evesque. — Item sus le priour de Saint Just de Chauvigné II deniers de cens pour royson des terres de la noireie de Saint Just. — Item dou Doné de Coudroy douze deniers de cens de la terre qui fut Pierres Barbe. — Item XIX deniers de cens sis sus la partie de la terre de Magorant qui fut feu Beraut de Chauvignec, qui est orendroit à Johan Gilaut pour roison de sa fame, si comme l'en dit. — Item deux juez de la dite terre par devers la voie par où l'en vait à Saint Savin, qui muet du dit Hamon por roison de la dite Johanne, et est ou doit estre tenu du dit Hamon à homage lige ou de foy. — Item de monseignour Pierres Myenuit, chevalier, por roison de sa fame, des terres de Villers et austres choses, xvi deniers de cens. — Item de la batarde feu Pierres de Lage demi quartier de terre sis à Villers, que le dit feu li donna, i denier de cens. — Item des hers feu Johan Affroy de Poyters, de lors terres, xx deniers de cens. — Item de la fame feu Pierres de Pindray, de la terre qui fut Salvin, iiii deniers de cens. — Item de Johan Miot, de ses terres de la Jarriie et de Villers, xvi deniers de cens. — Item du dit Coilleton d'Engle, por roison de sa fame, des terres ... (quelques mots en blanc)..... cotez et desus la fontayne, xvi deniers de cens. — Item de la fame feu Guillaume de Lage, de la terre de la Jarriie, qui fut dou Beraut, xiii deniers de cens. — Item les hers du dit Guillaume feu, iiii deniers de lour hebergement que il meintenent, c'est assavoir de l'apenteis devers la cheneviere, o les apartenances. — Item des hers du dit Guillaume, de la meson de Vergier de Poyré et des appartenances, ii deniers de cens. — Item de hers feu Pierres de Lage, de la terre de Jarrie, viii deniers de cens et betuysse de froment de rente assize sus la dite terre. — Item du chapelain de Saint Just, de la terre de la Jarrige, iiii deniers de cens. — Item des hers Autort de Lage, de la terre de Villers, ii deniers de cens. — Item de ces hers de la terre de Guygneroie, desus la terre qui fut Ayraut Cordos feu, i denier de cens. — Item d'iceus hers dou Chiron au Raym, ii deniers et mailhe de cens. — Item des hers à la Ferrande, de la terre de la Guygnoroie, qui fut au favre du Vergier, v deniers de cens. — Item de Joious de Peyré, de la terre de Chauderea, iii deniers de cens. — Item de la bonne Villaine, de sa terre qui est jouste la terre Ferrant, i deniers de cens. — Item de la douce Asseronne, de sa chenneviere de la terre de la Guygnoroye, obole de cens. — Item de Pierre, fil Johan Grondin, de la terre de la Fontayne, qui fut Johan Chauveau, iii oboles de cens. —

Item du dit Chauveau, de la terre qui fut Babert, iii oboles de cens. — Item des hers feu Phelippon de Chastelayraut, de la terre du clos Forner, xvi deniers de cens. — Item de ceus meismes hers, de la terre de jouste la doue Saint Ligier, ii deniers de cens. — Item de Guyot de Lepines, du herbergement à la Pougesse o les apartenances, vi deniers de cens. — Item des hers Ribatea, de la cheneviere de la Guygnoroie, viii deniers de cens. — Item de Perronnele Barbedayre, de sa vigne de Puy Chevrer, iiii deniers de cens. — Item de dit Pinea et sa fame, de lor terre et lors vignes assises à Chauderea, les quiez les diz mariez devoient tenir à lour vie tant soulement, iii deniers de cens et une geline. — Item de Johan filz Peronnele Barbedayre, de sa terre de la Guygnoroye, i chapon de rente. — Item les cens du Chiron au Raym et d'environ, x souz, poi plus ou poi mains, et iiii chapons de rente. — Item v betuysses de froment de rente assises sus les boys dou Chiron au Raym et sus les appartenances. — Item plusours autres cens et rentes au dit herbergement de la Thalebastere apartenans.

Item ceu que monseignor Guy Clerebaut, chevalier, tenoit ou devoit tenir ça en arrieres, sauvé à desclairer du dit Hamon. — Item le dit Hamon a por le nom dessus dit i homage de foy que le chantre de Chauvigné li fait à ronsin de service à muance de seignor, de la value de lx souz, et de xx en droites aides, pour roison de la dame dou Groges et de petit Bonaz. — Item de Guyot Barbe i homage de foy à roncin de service à muance de seignour, de la value de lx souz, et xx souz aus droites aydes, por roison du herbergement de la Mole et des apartenances, ensembleement o autres choses. — Item de Johan Rousset i homage lige à x souz de devoir à muance de seignour, et autant aus droites aydes, por roison du fié du Chiron au Raym, ensembleement o autres choses. — Item du Dous du Coudroy 1 homage lige à cent souz rendans à droytes aydes pour royson dou fié de Villers et des apartenances, ensembleement ou autres choses. — Item de Herbergement (*sic*) de Chauvigné por roison de sa fame 1 homage lige à III souz de devoir, renduz au dit Hamon de troys ans en troys ans, por roison de la disme des poys desus les molins aus nonnayns, ensembleement o autres choses. — Et cetuy fié tient Hamont par le nom dessus dit, ou tous les devoirs, redevances ou obeissances des dites choses, ensembleement ou les emolumens de ceus qui à lui apartienent ou poent ou doyvent apartenir por royson des choses dessus dites, segont l'usage et la coustume du païs. — Item le dit Hamon tient du dit seignour à homage lige les choses qui sensegant, que il heut de monseignour Guy Clercbaut, chevalier : c'est assavoir les terrages des Barbeliers et de Taysset, et la desme du Lavour ou d'environ en la parroisse de Laveor, de blé et de vin, tant comme il souloit estre ça en arriere au dit chevalier. — Item les cens que le dit chevalier souloit avoir à Chauvigné en temps du dit assessement, et au Barbaliers et à Puy Bruylart, ensembleement o le paquier des diz leus de Puy Bruyllart. — Item les cens que le dit chevalier souloit avoir à Tessec ou environ, ensembleement ou auquyns recepz et chapons de rente que le dit chevalier avoit de rente en diz leus ou en aucuns d'eus, les quiez cens, paquier, recepz puent bien valoir et chapons x souz de rente, poy plus ou poy mains. — Item la quarte partie des boys des Broces et la quarte partie de la forest, ou toutes les apartenances des dites quartez parties des diz boys, sicomme il sunt par non devis ou madame de Gozon, ensembleement ou la mestive et o l'avenage, et à tous les autres emolumens deuz por roison des dites deus quartes parties des diz boys. — Item un homage de foy à devoir de roncin de service dou pris de LX souz et XX souz aus droites aides, que monseignour Guy Herbert, chevecier de Chauvigné, fait au dit Hamon de la moitié de la disme de Pissevin et de Charrogeys, ensembleement ou autres choses. — Item 1 homage que Johan Davy fait au dit Hamon à devoir de v souz à muance de seignour et autretant aus droites aides, por roison des choses que ledit Johan a à la Touche près Talemont, ensembleement ou autres choses. — Item 1 homage de foy que li fait Johan de la Talebastere à demi roncin de service à muance de seignor, et x souz aus droites aides, por roison des choses que il et ses personniers ont à Vanguylle, ensemblement au autres choses. — Item 1 homage lige que Johan Gopil fait au dit Hamon por roison du herbergement do Pin Saint Savynoz et des apartenances et de ceu qu'il a à Vanguylle. — Item de partie de la deme que Guopilleau a à Vanguille et environ : c'est assavoir tant comme il souloit tenir du dit chevalier, sauvé à desclairer. — Item 1 homage lige que les hers feu Pierres Oger ont fait ou doivent faire au dit Hamon por dos choses que le dit feu soloit tenir do dit chevalier, o troys souz de rente aus droites aydes. — Et cetui fié tient le dit Hamon por la cause dessus dite, ou tous les devoirs, redevances et obeissances, ensembleement ou les emolumens d'icelles qui à luy apartienent ou poent ou doyvent apartenir por royson des choses dessus dites, segont l'usage et la coustume du païs. — Item le dit Hamon tient dou dit seignor à homage lige certaines choses que les hers à la fille feu Saborin donerent au dit Hamon : c'est assavoir la moitié des x mines de blé, c'est par non devis : c'est assavoir iiii de froment et vi de seigle, assises sus la gaygnerie do Boys Sandebaut et sus les apartenances; sus lequel blé Johan Miot avoit et encore a, sicomme il dit, ii mines de froment de rente. — Item les cens et les rentes de Prissec et d'environ, et de Servouze, et de Bruyl, ceox que la dite fille soloit avoir illecques et aillours, qui bien poent valoir v souz de rente, poy plus poy mains. — Item ıı boysseaus de froment de rente que monseignor Pierres Paiaut, prestre, doit, sis sus une piece de vigne qui est aus Chalonges. — Item ıı boysseaus de froment de rente que doit li Dous dou Coudroy, assis sus une terre qui fut jadis au dit Saborin; en quelles choses Thomasse, la fame au dit feu Saborin, avoit son doaire segont la coustume du païs, le quiel le dit Hamon aquist de lie. — Et cestui fié le dit Hamon, pour la cause dessus dite, ou tout le devoir, redevances ou obeissances desdites choses, ensembleement ou les emolumens de celes qui à luy apartienent ou poent ou doyvent apartenir pour royson des choses desus dites, segont la coustume dou païs. Protestant le dit Hamon de declaracion faire en choses dessus dites et en costume de elles en leu et en temps si mestier est, et que se de plus se poet enquerre qui fust des diz fiez ou d'aucun de ceus, que il le feroit assavoir au plus tost que il pourroit en leu et en temps convenables. En tesmoig de verité des choses dessus dites, nous adecertes Michiel Amy, chennoyne des eglysses Nostre Dame la grant et de sainte Ragunt de Poyters, portant le seel le roy de France de la seneschaucie de Poyto, à Poyters establi, iceluy seel à cetuy present escript avons apposé à la requeste du dit Hamont de Chauvigné. Donné le lundi devant la feste Saint Phelippes et Saint Jaques, l'an de grace mil ccc et nuef. Et je Jeffroy le Poytevin, tabellion de l'auctorité du dit très excellent prince roy de France en la seneschaucie de Poyto, à cestuy present escript, seellé du dit seel le roy, à la requeste du dit Hamon, ay apposé mon seig acoustumé et seellé de mon seel en tesmoig de ceu. Donné le dit lundi devant la feste Saint Phelippes et Saint Jaque, l'an de grace mil ccc et nuef.

3. (sans date) F° 184 r°.

CEU SUNT LES CONQUEZ QUI ONT ESTÉ FAIZ OU FIÉ QUE HAMON DE CHAUVYGNÉ TIENT DE MONSEIGNOR L'EVESQUE DE POYTERS SEGONT CEU QUE IL S'EN EST PEU ENFORMER.

Premierement le dit Hamon retraissit comme sire de fié de mestre Johan de Saint Savin vi boysseaus de froment de rente, assis sus la terre qui fut Pierres Jalet, près de la gaygnerie de la Talebastere, laquele est orendroit au dit Hamon. — Item la fame dou dit Hamon aquist de nevou de la Ferrandi ii boysseaus de froment de rente, assis sus une piece de terre qui est du fié du dit Hamon. — Item la fame du dit Hamont, en pallant de mariage d'ele et du dit Hamont, li donna ses covrances faites et à faire et la tierce partie de son heritage a lie et aus hers qui seront engendrez et nez des diz Hamon et de sa fame. — Item le dit Hamon assensa ou afferma de monseignor Guy Clerebaut, chevalier, tout quanque le dit chevalier avoit ou avoir poet en fiez ou en rere fiez du dit evesque de Poyters, movens à homage lige, por x. livres de monnoye courant de rente en deniers paiez par la main du dit Hamont ; les quiez le dit Hamon assist et assigna au dit chevalier sus l'eritage sa fame que il tenoit du dit evesque ; les x livres de rente le dit chevalier devoit tenir du dit Hamon, que orendroit sont demorez au dit Hamon tant por faute de home que por autre cause. — Item les hers à la fille feu Saborin de Chauvygné donnerent au dit Hamon tout le droit que il avoient en la succession de la dite fille et en choses dont elle morut vestue et saisie, des quelles choses le dit Hamon est en la foy et en l'omage. — Item Johan Miot aquist du dit Saborin, si comme il dit, ii mines de froment assizes sus les dites choses. — Item l'abbé et le convent de l'Estelle de Eraut Cordons ii mines ou iii de blé de rente que il li devoient sus les apartenances do molin de Vanguylle ; les queles tenoit le dit Ayraut en parage de monseignor Guy Clerebaut, de qui ledit Hamon a la cause, si comme dessus est desclairé. — Item Symon de Maillé donna au chantre de Chauvigné une desme appelée la desme des Groges et de petit Bonaz, laquelle le dit Symon tenoit du dit Hamon à foy et à homage. — Item le dit Hamon a fet de ses fiez ses demenes toutes les foiz que il les poet avoir par achat ou par retrait ou par autre cause en bonne maniere. — Protest........

---

4.   8 avril 1310.   F° 184 v°.

JOHANNES DE RYVALLO EST HOMO LIGIUS PROUT INFERIUS CONTINETUR.

C'est le fié que Johan do Rivau, valet, tient de monseignor l'evesque de Poyters en la chastelenie de Chauvigné, à homage lige, au devoir de vi libres renduz aus droites aydes. — Premierement, c'est assavoir mon herbergement de Loborsay et les apartenances de celuy. — Item toutes les terres gaygnables et non gaignables et les vignes et les boys et les prez, les dismes, les terrages, les cens, les tayllées, les chapons, les gelines et toutes rentes que je ay en la parroisse de Bonnes et environ, queconques qu'eles soient et en queconque lieu qu'elles soient, estant en la chastelenie de Chauvigné, appartenans au dit herbergement de Loubercay. — Item le pré assis entre les Barbeleres et le [1]........ Grossart, ma justice haute et basse meine *(sic)* laquele je ay en choses dessus dites et en chascune de elles, ainssi tenues en dit homage et au devoir desus dit. — Et toutes ces choses je le dit Johan tiens de monseignor desus dit ou touz devoirs, redevances, destroit et obeissances et emolumens de celes que je ay et puis avoir et doy pour royson des choses dessus dites et de chascune de elles, en tant comme il m'en apartient et puet et doit apartenir. —

---

1. Une demi-ligne en blanc dans le cartulaire.

Item mon explet en boys de Gastine à mon herbergement dessus dit et à mon molin, au devoir de xii deniers renduz aus droites aydes. — Item les terrages que je ay en la parroysse de Bonuyl de la quarte partie du boys au Roys, assis en la dite paroisse de Bonoyl. — Item iii provendiers de froment et troys chapons de rente à la Galeysere. — Item et toutes les choses que s'ensuivent, que Aymeri do Rivau, valet, tient de moy en parage au devoir de lx souz renduz aus droites ayes : c'est assavoir son herbergement de l'Erpinere et les apartenances de celui. — Item toutes les terres et les vignes et les boys, les dismes, les terrages, les cens, les chapons, les gelines et toutes les rentes que le dit valet a en la parroisse de Bones, quesconques qu'elles soient et queconque leu elles soient, estant en la dite chastelenie de Chauvigné. — Item son herbergement et son four de la vile de Chauvigné. — Item les cens que le dit valet a en la dite ville de Chauvigné. — Item le blé et les devoirs de rente que le dit valet a en la vile de la Karronere. — Item le fié que Aymeri de Chauvigné, valet, tient dudit Aymeri, valet, à roncin de service, renduz à muance de seignor ; le quiel fié est en la chastelenie de Chauvigné. — Item le fié que Hamon tient dou dit Aymeri, valet, à roncin de service, rendu à muance de seignor ; lequiel fié est en la dite chastelenie entre les Barbeleres et les molins aus nonnayns près Chauvigné. — Item le fié que tient monseignor Johan Beau Puy, prestre, do dit Aymeri, valet, au devoir de l souz renduz à muance de seignor ; lequel fié est en la chastelenie de Chauvigné. — Item la justice haute et basse meine *(sic)*, laquele ledit valet a en choses dessus dites et en chascune de celes, ainsi tenues en parage, et cestes choses tient ledit Aymeri, valet, de moy, ou les devoirs, redevances, destroiz et obeissances et emolumenz de celes, et [que] il a et puet avoir et doit pour roysons des choses dessus dites et de chascune de elles, en tant comme il li en apartient et puet et doit apartenir. — Item les dismes, les terrages, les cens, les taillées, les chapons et les gelines que le dit valet a en la paroisse de Paysai et environ. — Protestacion faisans, je le dit Johan, valet, de croytre, de mermer *(sic)* et de desclairer en choses desus dites et en chascune de elles en leu et en temps que drois donne, si mestier est; et que si de plus me puis remembrer qui fut du dit fié, que je le feray assavoir au dit seignour ou à son certain commandement en leu et en temps convenable. En tesmoyg de la quele chose, je le dit Johan, valet, mon seau à cetuy present escript ay apposé. Ce fut fait et donné et seellé de mon propre seau le jor de merquedi devant l'Ossanne, l'an de grace mil ccc et diz. Et foiz protestacion d'estre restituez do choses de *(sic)* monseignour l'evesque me tient dessaisi. Ce fut fait et donné en l'an dessus dit.

---

5.   2 mai 1309.   F° 185 r°.

JOHANNES MILLEROTEA VEL DE CODRETO, CLERICUS, EST HOMO LIGIUS
PROUT INFERIUS CONTINETUR.

Ceu est le fié [que] Johan de la Thalebastere, valet, tient de monseignour l'evesque de Poyters à Chauvigné, à homage lige. — Premierement le herbergement et les cortillages tenanz au dit herbergement, qui fut jadis Ayraut Cordons, sis jouste la meson au chantre de Chauvygné, excepté dou dit herbergement la sale et dou vergier, si comme la sale enporte envers l'eve, que le devant dit Johan tient de madame la vicontesse. — Item la desme et les cens des prés sus les molins aus nonnayns de la Poue ou environ, tant comme Ayraus Cordons en souloit ça en arriere tenir. — Item tient le devant dit Johan dou dit seignour le pasturage à ses pors ou boys do dit seignour sans poier pasquier. — Item tient le dit Johan l'usage des poz à prendre en feires et en marchiez à Chauvygné sus les poters d'Espinasse à l'esploit de sa meson.

— Item II souz de cens, les quiex sont assis et assignez en molin et es apartenances que Doucet do Codroy tient des heirs monseignor Guillaume de la Forest, chevalier, en la riviere de Vyenne. — Item le herbergement de la Maresche, près de Belle Fons, qui fut jadis Ayraut Cordons, et la gaygnerie apartenant au dit herbergement, qui bien vaut XII mines de blé à la mesure de Chauvigné. — Item trois souz et demy de cens sis sus les terres à la dame do Chene, qui sunt sises entre Felins et la dite guagnerie. — Item sus une piece de terre sise jouste la dite guaygnerie, que Peinaut de Maresche tient, III deniers de cens. — Item sus une terre size jouste la terre dou dit Paynaut, que les hers Guarguyl tienent, III deniers de cens. — Item la disme de blé et de vin laquelle souloit tenir ça en arrieres li dit devant dit Ayraus à l'Erpinere, qui bient vaut une pipe de vin de rente et troys betuysses de blé de rente. — Item XVI deniers de cens por les choses que Aymeri Payrotea et ses personniers tienent à l'Erpinere. — Item V souz de rente sis et assignez sus les fenestres de rue do pont de Chauvygné, les quex Aymeri do Ryvau, valet, doit. — Item une chenneviere sise à Porte Bercheloy, jouste la chennevere monseignor Pierres Myenuyt, chevalier. — Item une piece de terre sise à la Guygneroie, tenant aus terres aus hers Jeffroy de Lage. — Item III souz de rente et VI deniers de cens sis sus la mayson qui fut à la Coline, que Johan de Lage doit. — Item XII deniers de rente et un chapon que Poyzart doit do courtillage tenant à la meson dou dit Poyzer. — Item XII deniers de cens sus une piece de terre sise entre la baie par où l'en vait de Chauvygné à Chasteleraut et le guey de la More, que Robert Doride doit. — Item le fondeyz qui fut jadis Ayraut Cordons, sis devant la Roche Boursaut à Chauvygné. — Item tient le dit Johan une maison à cens, jouste la meson feu Bartholomé Gueys d'une partie et jouste la meson Guillaume Jalet d'autre.

— Item tient le dit Johan les prez qui furent jadis Eraut Cordons, sis en la riviere de l'Auzon à Archiné, entre le molin de Chaurat d'une partie et la meson Pierres Limozin d'autre, quy bien valent lx souz de rente. — Item xxi souz et ii reys et demé d'avoyne de rente, les quiex doit le favre de Fonz Burz et Pierres Lemozins et lours personniers. — Item les terrages qui furent jadis Ayraut Cordos en la parroisse d'Archinec, qui bien valent vi boysseaus de blé de rente. — Item une betuysse de froment de rente, sise et assignée sus le molin de Clarec, le quiel est en la parroisse desus dite. — Item le pré Cornet, sis en la riviere de Vyenne, jouste les prez dou dit seignor, que Johan do Codroy tient do devant dit Johan en parage. — Item ii betuysses de seigle de rente et iii deners de cens, sis sus une piece de terre que Johan Baboin tient en Roygnon. — Item iiii deners de cens sis sus la meson que Guillaume Alemant tient à Chauvygné par nom et par royson de sa fame, qui fut dame Aude. — Item tient le dit Johan [à] Espinace ou environ les boys vulgaument apelez boys Cordons, sis entre Naus Costensin d'une partie et les boys Berloys devers Chauvigné d'autre. — Item iiii souz et iiii deniers et ii chapons et vii boysseaus de froment de rente à la mesure de Chauvygné, que li Bon de la Cordeliere et ses personniers doyvent sus boys et sus essarz sis entre la mayson au Pelé d'Espinasse. — Item xiiii boysseaus de froment et ii chapons de rente que Aynors de la Cordelere et ses personniers devoient, sis sus terres et sus boys sis entre la maison du dit Peley d'une partie et la voie de Chauvigné par où Jen vait à Ayllec d'autre. — Item vii boysseaus de froment à la mesure desus dite et xx deniers de cens et ii chapons que Guaygnart d'Espinasse et ses personniers doivent sus le herbergement et les apartenances de celuy. — Item xviii deniers de cens et i chapon de rente que Guillaume Richart d'Espinace et ses personniers doyvent sus une piece de terre sise jouste la terre Aymeri Lemozin et jouste les terres aus hers Guillaume do Chegne. — Item iii boysseaus de froment à la mesure devant dite et demé chapon de rente assis sus les terres Aymeri Lemozin et ses personniers, size joute la voie de Peuge et joute le boys au Bon de la Cordelere. — Item ix souz et ii chapons sis sus boys et sus terres qui sunt à Renaut Croyzer, les quex boys et terres sunt assis jouste le boys Berlay et jouste le boys au Bon de Cordalere. — Item ii boysseaus de froment à la mesure dessus dite et demé chapon de rente, sis sus les essarz do boys Cordons, que doit Giraut d'Espinasse. — Protestant le dit Johan de Charracion *(sic)* faire aux choses dessus dites et en chascune d'eles en leu et en temps, et que si de plus se poet enquerre que fust do dit fié, que il le feroit assavoir au plus [tost] que il pourroit en leu et en temps convenables. E en tesmoig de verité des choses dessus dites, nous, arceprestre de Mortemer, à la requeste du dit Johan, à cest present escript nostre seau avons mis. Donné le jour do vendredi avant l'Ascension, l'an de grace mil iii^c et nuef.

---

6.   23 mai 1309.   F° 186 v°.

AYNORDIS, DOMINA DE LA GARINERE, EST HOMO LIGIUS PROUT INFERIUS CONTINETUR.

Ceu est le fié que je Aynor, dame de la Garinere, tient de monseignor l'esvesque de Poyters à homage lige. — C'est assavoir le herbergement de Maygnec et les apartenances, la guaygnerie apartenant au dit herbergement, les boys du Gon touchant au boys P. de Jadres, d'une partie au chemin par où l'en vait de Payllec à Poyters, de l'autre partie le boys des Vlez; un quartier de pré assis au Fuseaà la Fée; là vigne de Scelleos touchant aus vignes Guillaume Laurens;

la moité de la sizieme partie de la vendenge de vignes de Past Acen ; le quart de vignes do Tertre près de Maygnec et des vignes de Servese ; un quartier de vigne assis en la vigne au Ros ; les quex vigne, syxte en quarz des vignes dessus dites, valent bien une pipe de vin de rente, poy plus ou poy mains. — Item une piece de vigne assise en clos de Pissevin, touchant aus vignes de Loreres et le chemin par où l'en vait de Prissec droit à Chauvygné ; la desme en vignes de la chaucee du clos Boursaut et de Pissevin. — Item la disme que j'ay en l'une partie des vignes de Charrogis et de la Quarte, la quele vigne et les dismes dessus dites valent bien chascun an vi pipes de vin de rente, poy plus ou poy mains. — Item les cens et les gardes des vignes de la chaucée do clos Bourssaut et de Pissevin, là où je prens la disme, et la quarte partie des cens do grant Pissevin, et les cens en l'une partie des vignes de Charrogis et de la Quarte ; les quex cenz et gardes dessus dites valent bien lx souz de rente chascun an, poy plus ou poy mains. — Item touz les cens que l'en me doit rendre lendemayn de la Touz Sainz chascun an à Maygnec, qui bien valent vint et cint souz de rente. — Item les cenz que l'en me doit rendre chascun an lendemayn de la Touz Sainz à Chauvigné, qui bien valent viii souz de rente, poy plus ou poy mains. — Item x deniers de cens que doyvent rendre cil de Servose en la feste Saint Hylaire chascun an. — Item les tayllées et recepz que je ay à Bolen, à Maygnec, à Prissec, à la Bedoerie et à Servose, qui bien valent vii livres chascun an, poy plus ou poy mains. — Item ma meson de Chauvigné et la roche et le courtillage touchant à la meson, iii mines de seigle, iiii res d'avoyne à la mesure de Chauvigné, iiii souz et iiii chapons, les quex me doit chascun an Perrins de Jarrige ; ii mines de froment, ii chapons, les quex me doit li Gauterea ; vi mines de froment, vi chapons, i res d'avoyne, que doyvent mes homes de Maygnec ; et mes biens que je ay sus mes homes dessus diz ; iiii mines de froment, vi chapons, iii gelines, la desme des aygneaus, de pourceaus et des laynes, mes biens, mes mengiers coustumaus, que je ay en la ville de Prissec; i mine de froment, i mine de seigle, iiii jalons d'oylle, que me rent chascun an Johan Bouchirez de la Rivere; vii boysseaus de froment, iii gelines, iiii chapons de rente, que me doyvent à la Bedoerie chascun an; les biens et les fromages que je ay es devanz diz villages. — Item les terrages que je ay en la parroysse de Jadres, qui bien valent vii mines de blé par quart de rente, poy plus ou poy mains; une betuysse de froment et i chapon que me doit de rente Johan de la Broce; i boisseau de froment et i chapon que me doit li douz Brunez; iiii boisseaus de froment que me doit Esteve Amains de rente. — Item la disme d'entre le pont de Chauvigné et la maison de Artiges, qui bien vaut iii mines de blé à la mesure de Chauvigné; la moité de la desme des vignes de Sunt Pase, qui bien vaut une pipe de vin de rente et une mine de seigle, que rendent les homes Helyon de la Rivere; laquele desme do pont [et] des vignes de Sive Passe et la mine de la seigle tient de moy en parage ma suer Alaïs de Barberes de Ché; un homage de foy à trois souz à muement de seignour et xii deniers aus droites aides, lequiel me fait Johan de la Talebastere pour royson des terrages de la Bodoerie et de la Belotere et de la Gaygnerie qui fut jadis feu Pierres Cordos, ensembleement o autres choses. — Item un homage de foy à trois sous de devoir, le quiel me fait Arnaus Pegnoneas, tant comme tutour et curator des enfans feu Phelippons de Pegnonea, clerc, sou frere, pour roison des cens, des gardes et de la disme des vignes et des terres do clos qui est appelez Clos Boursaut, assis jouste le clos de Pelle Chat, ensembleement ou autres choses. — Item un homage lige au devoir de v souz et autres v souz aus droites aides, le quiel me fait Hugue de Servese por roison des terrages qui sunt assis jouste la voye par où l'en vet de Chauvigné à Talemont, ensembleement ou autres choses. — Item i homage plain à v souz de devoir à muance de seignour, le quiel

me fait Jeffroy Amovins por la roison de la moité de la desme
de Champ Viver et por la moité de la desme des Groges, touchans au Champ Viver, ensembleement ou autres choses. —
Item 1 homage de foy à v souz de devoir à muance de seignor,
les quex me fait Danguys Goyvrez por roison de l'uytiesme
partie de la desme de la vendenge les vignes de la chaucée de
Pise Vin et do clos Boursaut, ensembleement ou autres
choses. — Et je devant dite dame de la Guarinere aveu à
tenir toutes cestes choses dessus dites, ensembleement ou
ceu que autre i tenent de moy, en la maniere dessus dite,
dou devant dit monseignor l'evesque de Poyters. Et faiz
protestacion de declaracion faire es choses dessus dites et
en chascune de eles en leu et en temps, si mestiers est, et
protestacion que si de plus me puis enquerre qui fust du dit
fié, quar je le feroie assavoir au plus tost que je pourroie
en leu et en temps convenable, ou touz les devoirs, redevances et obeissances des dites choses, ensembleement ou
les emolumenz d'icelles qui à moy apartienent ou poent
ou doyvent apartenir por royson des choses dessus dites,
segont usage et coustume de païs. — Et nous archeprestre
de Poyto, à la requeste de la dite dame, à cet present escript apposames le seel dont nous usons à Mortemer, en
tesmoig de la verité des choses dessus dites. Ceu fut donné
à Mortemer le vendredi devant la Trinité nostre Seignor, l'an
d'iceluy mil IIIe et nuef.

---

7.   8 avril 1309.   F^o 187 r°.

DOMINUS DE CHITRE EST HOMO LIGIUS PROUT CONTINETUR INFERIUS.

Memoriaus est que je Johanne de Chitré avoe à tenir à
homage lige de redobté pere en nostre seignor l'evesque
de Poyters à XL livres en la venue quant il vient novel
evesque tant soulement : — c'est assavoir la tour de Chitré
et le herbergement o les apartenances de celuy, ou toute

justice haute et basse en la terre de Chitré, de Savigné, de Rives, de Vonuyl, et en terroer de Chitré et en aucuns leus à Prinçay et à Mayllet [1], einssi comme mes predecessours le souloient tenir et explecter, ensembleement ou mon molin, et en m'escluse ou flueve de Vienne, et ensembleement la pescherie de la dite esgue, et les escluses et les bouchaus et les rivieres de la dite esgue apartenans à moy et à ceus quy de moy les tienent. — Item toutes mes terres, toutes mes coustures et les arbres estanz dedenz, et mon clos et plusours autres vignes et le columbier et plusours autres terres et vignes que ay en terroer ou en terroers dessus diz. — Item mon charrau et le columbier, et les landes apartenans à celuy charrau, et les boys Guillaume et le boys de la Mainferme, et les pasturages et les guarennes à grosses bestes et à menues à la maison de la Vau, et touz mes prez que je ay à Chitré, à Savigné, tant de ça Vyenne comme de la, et l'estanc de Savigné, ensembleement o les apartenances de celuy estanc. — Item et toutes les choses que je ay à Vanguylle, de la parroysse d'Archiné et de Avaylle, de Prinçay, de Saint Cerdre, de Vonuyl, soient en terres ou en vygnes ou en prez ou en boys ou en cens ou en maisons ou en rentes ou en chapons ou en gelines ou en desmes ou en terrages ou en terroers ou en autres choses estanz es leus dessus diz. — Item toutes les choses que mes homes coustumiers tienent de moy, soient en vignes ou en mesons ou en autres choses. — Item l'omage lige que tenoit de moy feu Guillaume de Chitré, chevalier, en tens que il vivoit, des choses dont il morit vestuz et saisiz et dont il estoit en possession en temps que il trespassa. — Item l'omage lige en la parroysse de Vonuyl et toutes les choses que tient de moy la fame feu

---

1. Sic, peut-être au lieu d'*Availle*.

Johan Levraut, chevalier. — Item toutes les choses que Guillaume Dayo tient de moy à homage lige en la parroysse de Vonuyl : c'est assavoir le herbergement de Ride Piere o les apartenances. — Item et toutes les chouses que Aymeri de Marcay, vallet, tient de moy à homage lige en la dite parroisse de Vonuyl o environ. — Item et toutes les chouses que la fame feu Barraut de la Celle tient de moy à homage lige en la parroisse de Availle et de Vonuyl et environ. — Item toutes les choses que la dame de Vaxserville tient de moy à Chitré et à Savigné à homage lige. — Item et toutes les choses que Hugues Boxser, chevalier, mon fiz, tient de moy ou est tenu por royson de feu Guillaume Perotet. — Item et toutes les choses que Johan Foucaut tient de moy à Chitré et à Villers à homage lige. — Item toutes les chouses que Guillaume Bastart, fiz feu Johan Bastard, tient de moy à Chitré, deça l'egue et de là, à homage lige. — Item toutes les choses que Helyon de Chitré, valet, tient de moy à Vonuyl ou environ pour royson de sa mere en parage des choses dont il est vestuz et saisiz. — Item toutes les choses que Meron de Forges tient et a à Vonuyl : c'est assavoir son herbergement o les apartenances que il tient de moy en parage. — Item toutes les choses que monseignor Geffroy de Saint Flour tenoit à Chitré de moy ou souloit tenir luy vivant en terroers dessus diz. — Item et toutes les chouses que Venan de Saint Flovier, valet, tenoit à Chitré de moy ou souloit tenir luy vivant en terroers dessus diz et tient en parage. — Item et toutes les choses que souloit tenir mons^r Heudes de Saint Flovier en temps que il vivoit en terroers et en fiez dessus diz. — Et toutes les choses et chascune de celles je avoue à tenir du dit monseignor l'evesque à homage lige et au devoir dessus dit, sauvé et reservé à la dite dame que si en plus se povet recorder, de le bailler dedenz le temps que droiz donne. En tesmoig de la quele chose je Johanne dessus dite en cestes presentes lettres ay mis mon seel. Donné le mardi après *Quasimodo*, l'an de grace mil trois cens et nuef.

---

8.   17 juin 1309.   F° 188 r°.

DOMINUS GUILLELMUS DE POYS EST HOMO LIGIUS PROUT INFERIUS CONTINETUR.

Ceu sunt les choses que je Guillaume de Poyz, chevalier, tient de monseignor l'evesque de Poyters en foy et en homage lige. — C'est assavoir le herbergement deu Ry et les apartenances, o toute justice, assize en la chastelenie de Chauvygné, les queles choses dessus dites sunt es parroysses qui s'ensegant : c'est assavoir en la parroisse de Pozeos, en cele des Eclises, en la parroisse de Saint Martin de la Riviere et de la Chapelle de Vivers et en la paroisse de Lengne et en ycele de Flaec. C'est assavoir en terres, en boys, en vignes, en prez et en garennes, en desmes et en terrages, en cens et en moysons, en taillées ou boutelgles et en gaus, en gelines, en chapons et en quauz, et especiaument toutes les choses que je tiens en la chastelenie dessus dite, soit en rentes ou en autres choses. — Item Johan Charbonier de Jovier est mon home de foy à v souz de service à muance de seignor, c'est assavoir de toutes les choses que il tient dedenz les bonnez qui s'ensegant. La premiere est de la Broce Samoau, si comme l'en vait à la meison à la Botaude, et de la mayson de la dite Botaude si comme l'en vait à la meson dou Civaut de Lengne, et de la meson dou Civaut à la Vauchevine, et de la Vauchevine jusques à la Broce Samoeau. — Item Jeffroy le Buef, valet, est home de foy à homage plain por royson de sa fame, à v souz de service à muance de seignor, de toutes les choses que il tient de moy en la chastelenie dessus dite. — Et les choses dessus dites je tiens en la maniere que dessus est dit. Et valent les choses dessus dites xxx livres de rente, poy plus ou poy mains. Et fois protestacion de croitre, ou dit fié ou d'amenuysser, ou de faire autres declaracions ou devisions en leu et en temps convenables, si mestier est. Et si plus pooie savoir ne trouver au dit fié, je le feroie assavoir au plus tost que je porroie. Et vous pri et suppli, monseignor, que si vous ne vos sergens plus y savoient, que vous le me veygnez enseigner. Ceu fut fait et saellé de mon propre seau le mardi avant la Saint Johan, l'an de grace mil trois cens et nuef.

---

9. 13 juin 1309. F° 488 v°.

JOHANNES DE AGIA TENET AD HOMAGIUM FIDEI PROUT INFERIUS CONTINETUR.

Ceu est le fié que Johan de Lage tient de monseignor l'evesque de Poyters à homage de foy. — Premierement une piece de terre sise jouste le chemin par où l'en vait au Beau Marcheys d'une partie et joute la terre Guyon Karron d'autre. — Item une piece de terre sise au Cors Saint jouste la terre Pierre Renol d'une partie et joute la terre aus Boereas d'autre partie. — Item une piece de terre sise à la Garivere jouste la terre Micheau Gorainger d'une partie et jouste la terre Johan Galichier d'autre partie. — Item III deniers de cens que Gauter Chapon doit au dit Johan de une piece de terre sise jouste la terre Johan l'Agullier d'une partie et jouste le chemin par où l'en vait à Freschiney d'autre. — Item tient le devant dit Johan do devant dit seignor, le pasturage à ses pors ou boys dou dit seignor sans paier pasquier. — Et tient le dit Johan les choses dessus dites à l'omage dessus dit du dit seignour. Et fait li diz Johans por le devoir de l'omage dessus dit un home ou une fame chascun an es prez do dit seignour pour cherchier le fain des prez qui sunt entre les Eglysses près de Chauvygné et la Varenne, et do pré qui est jouste l'aumonerie de Chauvygné, et do pré qui est jouste les terres aus heirs Jeffroy de Lage. Et doit avoir li diz message à disner pain et vin, si comme il ont acoustumé. — Et fait protestacion li diz Johans de declaracion faire es choses dessus dites et en chascune de elles en leu et en temps, et que se de plus se poet enquerre quy fust du dit fié, que il li feroit asavoir au plus tost que il pourroit en leu et en temps convenables. Et en tesmoig de verité de ses choses dessus dites, donnée et saelée do seau à l'arceprestre de Poyters, à la requeste do dit Johan, le vendredi emprès la feste de saint Barnabé, l'an de grace mil trois cens et nuef.

10. 23 mai 1309. F° 188 v°.

JOHANNES BUFFET EST HOMO LIGIUS PROUT CONTINETUR INFERIUS.

Ceu est le fié que Johan Bufet tient de monseignor l'evesque de Poyters à home lige, à v souz de devoir rendans à muement de seignor, et une personne en temps de faneysons à fener et aparelier de fourche l'erbe des prez do dit monseignor l'evesque; des quez prez l'un est assis jouste les Eglysses près de Chauvygné, et l'autre est assis jouste l'aumonerie, et l'autre est assis jouste la mayson Autort de Lage; à laquele personne les aloez do dit mons' l'evesque sunt tenuz faire ses despens jusques au seir. Ceu est assavoir la desme et les cenz des Groles et son explet en la peysson de Marueille. Protestacion fait li diz Johans de declaracion faire es choses dessus dites, et que si de plus se poet enformer, que il le fera assavoir en lieu et en temps convenables. Donné, fait et saellé, à la requeste do dit Johan, do seau à l'arceprestre de Poyto, le vendredi emprez la Penthecoste, l'an de grace mil trois cens et nuef.

11. 26 mai 1309. F° 189 r°.

HERBERTUS JALET EST HOMO LIGIUS PROUT INFERIUS CONTINETUR.

Ceu est le fié que Herbert Jalet tient de monseignor l'evesque de Poyters à homage lige, c'est assavoir à v souz de devoir renduz à muement de seignor tant soulement, et à service d'un home à fourche en ces prez : c'est assavoir es prez des Eglysses et es prez de trez l'aumonerie de Chauvygné, et es prez de trez la meson Autourt de Lage, et à fener do dit faim en deuz prez desques à tant que il soit sec et mis en mullon; et à service d'un lict à la venue de monseignor l'evesque tant soulement, toutes les foiz que li diz Herbers en est requis. Et doit avoir li dis messages en la besoigne, tant comme il est es diz prez, ses despens de pain et de vin jusques au seir. — Pemierement le diz Herbers tient do dit evesque la sergentisse des desmeries do pont de Chauvygné, c'est assavoir en chanvres, en poys bis, en veces, en navines et en peniz. — Item deus deniers de cens sis sus une piece de terre que Bartholomé Boerea tient. — Et doit li diz Herbert tenir franchement en la vile de Chavigné aus devers dessus diz et aus servises dessus diz. — Protestant li diz Herbert que se de plus se poet enquerre et enformer, au plus tost que il pourra, qui soit tenu du dit seignor, que il denunciera et fera assavoir; et de croistre et de marmer *(sic)* et de desclaracion faire en leu et en temps convenables, si mestier est, segunt usage et coustume de païs. — Donné et saellé, à la requeste do dit Herber, do seau à l'arceprestre de Poyto, en tesmoyg de verité, le lundi emprès les octaves de Penthecouste, l'an de grace mil trois cens et nuef.

---

12. 22 juin 1309. F° 189 r°.

PHILIPPUS CRIES EST HOMO LIGIUS PROUT INFERIUS CONTINETUR.

Memoriale est quod ego Philippus Cries teneo ad homagium legium a reverendo patre in Christo domino episcopo Pictavensi : — videlicet decimam de Porta et de Mansancelles, prout teneo et explecto inter decimam dicti domini episcopi ex una parte et decimam canonicorum Sancti Petri de Calvigniaco ex altera. — Item et decimam dimidii jugeris vinee, siti in dicto clauso de Mesancelles, quod tenet Johannes Chevillec. — Item decimam unius jugeris vinee de la Baudesere, sita in dicto clauso, quod tenet Henricus Cheville. — Item cujusdam terre site in dicto clauso, que fuit Petri de Chabennes, layci. — Et hec omnia predicta teneo a dicto reverendo patre domino episcopo Pictavensi, cum omnibus emolumentis dictarum decimarum, ad deverium unius talenti seu besant precio septem solidorum, reddendorum in mutacione domini, et unius persone cum fusca seu fourche anno quolibet in pratis pro fenis dicti domini episcopi preparandis. Protestor tamen ego Philippus quod si aliquid obmiserim per ignoranciam vel alias de premissis, quod michi non prejudicent, cum paratus sum vigilare et inquirere si aliqua plura sint in dicto feodo et pertinenciis ejusdem movencia a dicto domino episcopo : que si invenero, eidem domino episcopo vel ejus certo mandato infra tempora a jure debita et statuta pro viribus intimabo. Et protestor quod si aliqua superflua scripta sint in presenti cedula, michi nec meis non prejudicent in futurum. In cujus rei testimonium, sigillum venerabilis viri archipresbiteri Mortui Maris huic presenti cedule feci apponi. Datum die dominica ante Nativitatem beati Johanis Baptiste, anno Domini m° ccc° nono.

---

13. 21 mai 1309. F° 189 v°.

BURGENSIS BUFFET EST HOMO LIGIUS PROUT INFERIUS CONTINETUR.

Ceu est le fié que Bourgoys Buffet tient à homage lige

de monseignor l'evesque de Poyters. — C'est assavoir le herbergement de la Pontenere, et le boys et les terres et les vignes apartenans au dit herbergement, et les cens et les desmes des vignes do clos des Chasteniers, et nuef boysseaus de seigle et une geline de rente. — Item XIII deniers de cens, les quiex doivent Guillaume Prissec et si personnier. — Item une betuysse de froment de rente et quatre deners de cens, les quex doivent Johan Menuyt et si personnier de une terre assise près de l'eglysse de Bonnes. — Protestacion fait li diz Bourgois de declaracion faire es choses dessus dites, et que si de plus se poet informer qui meust do dit fié, que il fera assavoir en leu et en temps convenables. Donné et fait à la requeste do dit Bourgeys, seellé do seau à l'arceprestre de Poyto, le merquedi emprès la Penthecouste, l'an de grace mil trois cens et nuef.

---

14.   23 mai 1309.   F° 189 v°.

JOHANNES BERLAYS EST HOMO LIGIUS PROUT INFERIUS CONTINETUR.

Ceu est le fié que Johan Berles tient de monseignor l'evesque de Poyters à homage lige à un besant ou x souz de service à muement de seignor. — C'est assavoir le charraut Berles et les apartenances au [dit] charraut. — Item et la vigne touchant au dit charraut. — Item toutes les choses que je ay ne tieing ne à moy sunt apartenans, queles que elles soient, seyt terres, vignes, prez, boys, estans au dedans de ycestes bonnes qui se ensegant. La premiere, de la corniere do boys de Maruellie devers les murs qui jadis furent Autort de Lage desque au boys Cordos, einssi comme la voye de entre Maroylle et de ma maisson depart, de le boys Cordos duques à la terre Guillaume Karron, de au dessus mon pré do Mareys, la terre Guillaume Karron duques à la croys de la Mole, de coroys de la Mole duques à la devant dite cornere de Maroylle. — Item les esplez à mes bestes par tout le boys monseignor l'evesque de Poyters. — Protestant li diz Johans de croytre ou de marmer au devant dit fié et es choses dessus dites et en chascune par soy, ou de faire declaracion ou devision des choses dessus dites. Et si plus i puet trouver que il ait oublié à desclairer au dit fié, que il les fera asavoir au plus tost que il pourra. — Donné et fait à la requeste do dit Johan et do ceau à l'arceprestre de Poyto seellé, le vendredi avant la Trinité, l'an de grace mil troys cens et nuef.

15.   30 avril 1309.   F° 190 r°.

JOHANNES DAVID EST HOMO LIGIUS PROUT INFERIUS CONTINETUR.

Noverint universi quod ego Johannes David de Calvygniaco confiteor me tenere ad homagium ligium a reverendo patre in Christo ac domino domino Alnaldo, miseratione divina Pictavensi episcopo, ita videlicet : — quamdam peciam terre contiguam hinc et inde terris Petri Barbe. — Item et quamdam peciam contiguam vinee dicto Borgoys ex una parte et terre predicti Johannis ex altera, in parrochia Sancti Leodegarii. — Item et quamdam peciam prati sitam in parrochia de Archinec juxta la chaucee molendini predicti domini episcopi; a deverio trium solidorum in mutacione domini vel ad justa auxilia. — Datum ad peticionem dicti Johannis et sigillo venerabilis archipresbiteri Pictavensis sigillatum, die mercurii ante festum Philippi et Jacobi, anno Domini m° ccc° nono.

16.   13 mai 1309.   F° 190 r°.

JORDANUS DE MONTIBUS EST HOMO LIGIUS PROUT INFERIUS CONTINETUR.

C'est le fié que Jourdayn de Mons, valet, tient de monseignor l'evesque de Poyters à homage lige, por nom et por royson de sa fame, au devoir de x souz de monnoye corant, renduz à muance de seignor. — Premierement xvi mines de blé, c'est assavoir froment, seigle, baillarge et aveyne, à la mesure de Chauvigné, sis et assignez en la parroisse de Saint Martyn de la Riviere [et] en celle des Eglysses jouste Chauvygné. — Item sesante souz de monnoye courant, renduz chascun an, c'est assavoir en talles et en botalles et en cens. — Item vi gelines et xviii pousins es dites parroysses. — Item la moyté du boys qui est assis entre le boys appelé vulgaument le boys de la Legue, d'une partie, et l'eglysse Saint Martin de la Rivyere, d'autre partie. — Item tout le droit que le dit Jourdain a en vignes sizes en clos de la Guarde, en planteis de la parroysse. — Item et tout le droit que le dit Jourdayn a en une egue apelée la Vienne, en la parroisse Saint Martin de la Riviere et en la parroysse de Toulonp ou environ : c'est assavoir entre le poy do Tertre Fraiat et la ville Saint Martin de la Rivyere. — Item la moyté de la justice que le dit Jordain a en dites deus parroysses de Saint Martin et des Eglysses en ma terre et en mon demaine tant soulement. — Item la moité de la desme des vignes de Barbanches. — Item deus souz de guarde sis en dit clos. — Protestacion fait li diz Jourdain de declaracion faire en leu et en temps convenables, ou de croitre ou de marmer es choses dessus dites. Donné, fait et seellé do seau à l'arceprestre de Mortemer, à la peticion dou dit Jourdain, le mardi avant la Penthecouste, l'an de grace mil ccc et nuef.

---

17.   6 mai 1309.   F° 190 r°.

JOHANNES AYROART EST HOMO LIGIUS PROUT INFERIUS CONTINETUR.

C'est le fié que Johan Ayroart de Chauvygné tient de

monseignor l'evesque de Poyters à homage lige, c'est assavoir au devoir de un home ou d'une fame de service chascun an es prez dou dit seignor qui sunt assis entre Chauvygné et les Eglysses, et es prez qui sunt jouste l'aumonerie de Chauvygné, et en prez qui est assis jouste les terres aus hers Joffroy de Lage; et doit avoir li diz home ou la dite fame en prez devant dit si comme il est acoustumé. — Item iiii souz de cens et de gardes sis et assignez sus les vignes de Fosse Grant. — Item la rere desme dou dit seignor ou dit clos. — Item li diz Johan Ayroart tient dou dit seignor une vygne qui est assize ou dit clos, c'est assavoir entre la vigne monseignor Guillaume de Maylhé feu d'une partie et la terre du dit Johan de Fosse Grant d'autre partie; laquele vigne le devant dit Johan tient du dit seignor franche de cens et de desme. — Protestacion fait le dit Johan de declaracion faire de croitre ou de marmer en choses dessus dites [ou] en aucunes d'iceles; et que si de plus se puet enquerre qui soit du dit seignor tenu, que il le fera asavoir au plus tost que il le pourra en leu et en temps convenables, si mestier est. — Donné et seellé dou seau de l'arceprestre de Mortemer, à la requeste du dit Johan, le mardi avant l'Ascension, l'an de grace mil trois ccc et nuef.

18.   1309.   F° 190 v°.

JOHANNES LAUVERGNAZ EST HOMO LIGIUS PROUT INFERIUS CONTINETUR.

C'est le fié que Johan Lauvergnaz de Chauvigné tient de monseignor l'evesque de Poyters à homage lige, c'est assavoir à dis souz de devoir à muement de seignor. — Premierement douze juyz de vigne en un tenant, assis en un clos qui est appelé vulgaument le clos du Brueyl. — Item vint et un deniers de cens sis sus une piece de vigne que Johan Grondin tient, assis au dit clos du Bruyel :

sus les quiex douze juyz de vigne le devant dit seignor prent tant soulement la deme, et le devant Johan y a les cens. — Item oyt deniers de cens sis sus une piece de vigne quy est au dit clos, que la deguerpie feu Pere de Pindray tient du dit Johan. — Item sept deniers de cens sis sus une piece de terre tenant au dit clos, la quele piece de terre tient Guillaume Guorrichon. — Item ii juz de vigne assis au clos de Grossart. — Item viii deniers de cens assis sus une piece de vigne size au clos de la Quelle, que mestre Johan de Saint Savyn tient. — Item iii deniers et mailhe assis sus une piece de vygne size au dit clos de la Queylle, que dam Perre Revol tient. — Item une piece de terre assise en la Varenne, entre la terre de la mayson Dé d'une partie et la terre monseignor Hugues Helye d'autre partie. — Item xxii deniers de cens assis sus les terres assises au Brueyl, les queles terres tienent Bertholomé Porcherons et Guillaume Porcherons. — Protestacion fait le dit Johan de declaration faire et de croitre et de marmer, et que se de plus se puet enquerre des choses dessus dites ou d'aucunes de celles que soient du dit fié et tenues du dit seignor, que il denunciera et fera savoir au dit seignor au plus tost que il pourra en leu et en temps convenables. — Donné et seellé du sçau à l'arceprestre de Mortemer, à la peticion du dit Johan, l'an de grace mil ccc et nuef.

---

19.   17 octobre 1309.   F° 191 r°.

JOHANNES CHEVILLE EST HOMO LIGIUS PROUT INFERIUS CONTINETUR.

C'est le fié que Johan Chevillé tient de monseignor l'evesque de Poyters à homage lige, c'est assavoir à xx souz renduz à droites aydes tant soulement. — Premierement son herbergement de Tessec o les apartenances, c'est asavoir la touche de boys seant aus prez le dit herbergement et une piece de terre touchant à la dite touche. — Item et une piece de terre assize à Miraviau. — Item et une piece de terre assize à la Pontenere joste les terres André do Codroe. — Item et une piece de terre appelée vulgaument le Peruzo. — Item et une piece de terre assize au Sousy. — Item et une piece de terre appelée vulgaument le Vygneau. — Item une piece de terre appelée la terre de la Croyz. — Item et une piece de vigne assize à la Quarte jouste les vignes au mestayer. — Item une piece de vigne assize à Chante Jay; les queles choses dessus dites, c'est assavoir le herbergement, touches, boys, terres, vignes et autres choses desus dites, pueent bien valoir cent souz de rente, poy plus ou poy mains. — Item la taillée do Davyeres, qui bien vaut xxii souz, poy plus ou poy mains. — Item les terrages des Davyeres, qui bien valent vi mines de blé chascun an, poy plus ou poy mains. — Item xv reys d'avoyne à la mesure de Chauvyné, que les homes de Davyeres doivent, v jaus et v chapons et un eingnea et un mengier, qui bien vaut v souz de rente. — Item la septieme partie des vignes Guyont Renaut et Guyonnet Arbege, qui bien vaut ii somes de vin un an par autre. — Item une mine de froment que Phelippon dou Coudroy et ses suers doyvent. — Item ii boysseaus de froment à la dite mesure, que le dit Herberge doit de rente, sis sus une piece de vigne sise à Chante Jau, et son pasturage à ses bestes qui repairent au dit herbergement, et son esplet, c'est assavoir de boys mort, et por les bestes dessus dites en boys de la forest qui est madame de Gousson, et en boys do Broces. — Item toutes les choses que Phelippon do Coudroy tient dou dit Johan Chevillé, sisses à Taysec, c'est assavoir à homage de foy, à roncyn de service, à xx souz renduz aus droytes aydes tant soulement : — Premierement son herbergement de Tessec et une piece de terre touchant au dit herbergement, sises jouste le herbergement du dit Johan. — Item une piece de terre sise à l'Ome de Teyssec jouste la terre du dit Johan Chevillé do Perurya. — Item et une autre piece de terre assize jouste la terre do dit Johan Chevillé de Queminau. — Item et une piece de terre assize entre le vilage du Boys et les Dayveres. — Item et une piece de vigne sisse entre les vignes du dit Johan Chevillés de Mauclaveau et les terres do Vigneau. — Les queles choses dessus dites tenues du dit Johan Chevillé poent bien valoir cent souz de rente, poy plus ou poy mains, si comme li diz Phelippon les a baillés au dit Johan Chevillé, par un escript seellé do seau monseignor l'evesque de Poyters de la temporalité establi à Chauvigné. Les queles choses dessus dites et chascune de celes le dit Johan Chevillé tient do dit monseignor por non et por royson des choses dessus dites. — Protestacion fait le dit Johan Chevillé que si de plus se puet enquerre et enformer qui soit tenu du dit seignour, que il le li certiffiera et fera assavoir au plus tost que il pourra, et de croitre et de marmer, si mestier est, et de declaracion faire plus certainement es dites choses et en chascune d'yceles en leu et en temps convenables, segont usage et coustume de pays. — Donné et saellé do seau à l'arceprestre de Poyto, à la peticion do dit Johan, le vendredi devant la feste saint Luc euvangeliste, lan mil ccc et nuef.

---

20. 10 janvier 1310 (1309 v. st.). F° 491 v°.

GUYDO DE LORERIIS EST HOMO LIGIUS PROUT INFERIUS CONTINETUR.

Universis presentes litteras inspecturis, ego Guydo de Loreriis, salutem in Domino. Noverint universi quod ego teneo et confiteor me tenere, tam pro me quam a me tenentibus in paragium, a reverendo in Christo patre domino episcopo Pictavensi ad homagium ligium et ad quinque solidos, ad mutacionem domini et ad legitima auxilia persolvenda, res et bona que sequuntur. — Videlicet quatuor solidos annui redditus apud Calvigniacum solvendos quolibet anno in crastino Omnium Sanctorum. — Item apud Tornuil duodecim solidos vel circa, tam in censibus quam in talliis et receptis. — Item octo capita tam caponum quam gallorum et gallinarum et unam enserem redditus, solvenda annuatim in festo beati Martini yemalis apud Lavatorium. — Item unam minam frumenti redditus ad mensuram de Calvygniaco, debitam a pluribus personis apud Tornuyl et apud la Sivratere annuatim. — Item et partem quotam et omne infra, quam et quod ego tam pro me quam pro a me tenentibus in paragium habeo et habere possum in quadam decima seu decimaria existencia apud Tornuyl et apud la Feissele et circa, et in terragiis de Tornuil et de la Pualere et de Renoussere et de circa ; que quota pars et quod jus bene possunt valere per annum tres minas bladi, ad mensuram predictam, redditus vel circa de blado crescente in decima et terragiis supradictis. — In quorum premissorum testimonium ego dictus Guydo sigillum venerabilis viri episcopi, decani et capituli Pictavensis supplicavi et obtinui presentibus hiis apponi. Datum die sabbati post Epiphaniam, anno ejusdem M° CCC° nono.

---

21.   28 avril 1309.   F° 191 v°.

SYMON DE PINDRAY EST HOMO LIGIUS PROUT CONTINETUR INFERIUS.

Noverint universi quod ego Symon de Pindray, valetus, recognosco et publice confiteor me tenere ad homagium a domino episcopo Pictavensi in feodum, ad homagium ligium, ad deverium decem solidorum monete currentis in mutatione domini, ea que inferius sequuntur. — Videlicet primo in parochia de Pozeo undecim sextaria bladi, videlicet frumenti, siliginis et baillargie. — Item et quinque rassa avene ad mensuram Montis Maurilii. — Item viginti et unum solidos monete currentis tam in talliis quam in censibus. — Item tresdecim capita gallinarum, pullorum et caponum. — Item tria jugera vinearum sita prope villagium de Bocheaus in eadem parrochia. — Protestans quod si sint vel teneam plura alia de dicto feodo a dicto domino meo de quibus quoad presens non recolo, quamcito ad meam noticiam devenerint, dicto domino meo penitus intimabo loco et tempore competentibus. Datum et sigillo archipresbiteri Montis Maurilii sigillatum, ad peticionem et supplicationem dicti Symonis, die lune ante festum apostolorum Philippi et Jacobi, anno Domini M° CCC° nono.

22. 21 juin 1309. F° 192 r°

PETRUS PAIAUDI EST HOMO PLANUS PROUT CONTINETUR INFERIUS.

Hoc est feodum quod dominus Petrus Paiaudi, presbiter, tenet a domino episcopo Pictavensi ad homagium planum et ad servicium quinque solidorum ad mutacionem domini, et debet ponere unam personam quolibet anno ad preparanda fena dicti domini episcopi. — Item et unum pratum quod Johannes Guorichons tenet a dicto presbitero ad II denarios annui census, reddendos in crastino Omnium Sanctorum, et ad viginti denarios in justis auxiliis. — Datum et sigillo abbatis et archipresbiteri de Anglia sigillatum, ad peticionem dicti presbiteri, die sabbati ante Nativitatem beati Johannis Baptiste, anno Domini M° CCC° nono.

23. 25 mai 1309. F° 192 r°.

BERTHOLOMEUS BOERELLI EST HOMO LIGIUS PROUT CONTINETUR INFERIUS.

C'est le fié que Bertholomé Boerea tient de monseignor l'evesque de Poyters à homage lige, c'est assavoir à v souz de devoir, renduz à muement de seignor tant soulement, et à service d'un home à forche en prez do dit evesque : c'est assavoir en prez des Eglisses et en prez de trez l'aumonerie de Chauvygné, et en prez de trez la mayson Autort de Lage, et appareiller le fayn tant que il soit sec et mis en mulon; et doit avoir li message pain et vin en la besoygne jusques au seyr en faisant le dit service; et au service d'un lict à la venue de monseignor l'evesque tant soulement, toute foiz que li diz Bertholomé en est requis. — Premierement tient li diz Bertholomé du dit evesque la vigne de la Closure, tenant à la terre de la dite Boerelle d'une partie et à la vigne Johan Chevillé d'autre partie. — Item une piece de terre size jouste la terre Johan Ayroart. — Item VI deniers de cens sis sus troys quarters de vigne sis en vignes do Brueil. — Item la desme en devans diz quarters. — Et doit le dit Berthomé mettre ses porz en paquier de Maroylle, si comme li autres homes liges. Et doit li diz evesque tenir le diz Berthomé franc en la ville de Chauvygné au devers et au services dessus diz. — Protestacion fait le dit Barthomé que si de plus se poet enquerre et enformer quy soit tenu du dit seignor, que il le denunciera et fera assavoir au dit seignour au plus tost que il pourra, et de croitre et de mermer, si mestier est, et de declaracion faire plus certainement en dites choses et en chascune de celles en leu et en temps convenables, segont usage et coustume de païs. Donné et seellé do seau à l'abbé et à l'arceprestre d'Angle, à la peticion do dit Barthomé, le diemenche emprès Penthecouste, l'an mil ccc et nuef.

---

24.   25 juin 1309.   F° 192 r°.

GUILLELMUS DAYO EST HOMO LIGIUS PROUT CONTINETUR INFERIUS.

C'est ceu que Guillaume Dayo, valet, avoue à tenir,

par non et par royson de Margarite sa fame, de monseignor l'evesque de Poyters à foy et à ligance, à vint souz aus [lo]vaus aydes quant il avenent par droit ou par coustume. — C'est assavoir toutes les demes et touz les terrages qui à moy apartenent, que je [ay] en la parroysse de Leigne et d'Antignet, qui bien valent l'une année par l'autre quarante mines de blé par tierz de froment, de baillarge et de avoyne, à la mesure de Chauvygné. — Item deus sexters de froment de moysons qui me sont deues en iceluy terroer. — Item iiii livres et demie en deners de rente qui sunt deus en celuy terroer. — Item xxii que chapons que gelines, qui me sont deuz en terroer dessus dit, et la simple vaerie sus leoux et sus les personnes d'iceluy terroer, et les obeissances du dit terroer qui a moy apartienent. — Protestacion fait le dit Guillaume de croitre et de mermer, et de desclairer et corriger, et de baillier par autre escript, si mestiers est, et de faire dedenz le temps que droit et coustume de païs donnet et à quoy je sui tennuz. Donné en tesmoig de verité et seellé du seau à l'arceprestre de Chasteleraut, à la requeste du dit Guillaume, le merquedi emprès la Saint Johan, l'an de grace mil ccc et nuef.

---

25.   23 juin 1309.   F° 192 v°.

PETRUS BONELLI EST HOMO LIGIUS PROUT INFERIUS CONTINETUR.

Hoc est feodum quod Petrus Bonelli tenet legitime de domino episcopo Pictavensi, ad mutacionem domini xliiii solidos. — Primo unam peciam terre sitam juxta triliam heredum Ayraut Fabri. — Item et sex denarios quos debent heredes deffuncti Johannis Bibot super unum canebarium que (sic) est juxta domum suam. — Item et unam peciam vinee a la Malanere juxta terram Aymerici Pocheau et terciam partem de nemore de Poyzent. — Item census de la Botinera et de Selines, xi solidos et quinque capones et unam gallinam, et terragia de la Botineria et de Jalines, et iiii solidos sitos in clauso de Claret, et unum res de nucibus, et terragia dicti loci. — Item Stephanus de Bosco ii solidos ad mutacionem domini super una pecia terre tenente juxta nemus de Poyzent. — Item iii solidos super triliam de Brollio, quos tres solidos debent heredes deffuncti Johannis Bibot, reddendos in festo beati Martyni yemalis. — Item Petrus Bonelli unam peciam prati apud Jolines juxta pratum militis. — Item memoriale est quod Petrus Billot de Archinec confessus est se tenere a Petro Bonelli de Archinec, clerico, in paragium, ad servicium tercie partis unius libre cere de termino in terminum, herbergamentum suum de Broillye, una cum triliis et omnibus pertinenciis dicti herbergamenti, et terram suam sitam inter terram heredum deffuncti dicti Joquyn et canaberiam et triliam sitam prope dictum herbergamentum, et triliam suam que fuit deffuncti Nicholai Bonelli, et terram suam sitam juxta terram Mace le roer, et terram suam sitam apud tuscam dicte la Saynete, et terram suam sitam apud petram sopeyze, et quartam partem nemoris de Poysanc, et terram suam sitam apud calmam Loronda. — Item memoriale est quod Paynaudus et Thomassia, liberi deffuncti Thome Joquin, confessi sunt se tenere a Petro Bonelli, clerico de Archinec, in paragium herbergamentum suum de Brolio, una cum triliis et omnibus aliis pertinenciis dicti herbergamenti, et terram suam sitam apud fossam Lorp et terram suam sitam apud tuscam dicto la Saynera, et quartam partem nemoris do Paysant, ad servicium tercie partis unius libre cere de termino in terminum. — Item memoriale est quod Petrus Bibot, filius deffuncti Johannis Bibot, et Petrus et Thomassia, heredes deffuncti Thome Joquin, et Guillelmus Guillebaus de Capela, confessi sunt se tenere a Petro Bonelli de Archinec, clerico, herbergamentum suum de Brolio, et trilias dicti

herbergamenti, et triliam sitam juxta triliam Jaquin patr...
de Jolines, sitam juxta pratum Johannis Laureau, et nemus
do Poyssant, et terram sitam juxta nemus domini episcopi,
et terram quam tenet Stephanus de Bosco, et terram sitam
juxta grogyam dicti Jaquin, et terram de Brolio que fuit
Payn de Valle, ad terciam partem unius libre cere red-
dende de termino in terminum. — Datum et sigillo archipresbiteri Castri Ayraudi sigillatum die lune ante Nativitatem beati Johannis Baptiste, anno Domini M° CCC° nono.

26. 24 juin 1309. F° 193 r°:

STEPHANUS BEROUART EST HOMO FIDEI PROUT CONTINETUR INFERIUS.

C'est le fié que Estiene Berouart de Archinec tient de
monseignor l'evesque de Poyters en foy et en homage. —
Premierement la meson do Brueyl et la terre, la vigne joignant à la dite mayson et la place environ. — Item une
piece de terre que li heir feu Macé le royer tenent de moy
por III souz et I chapon renduz le jour de la Purificacion
Nostre Dame. — Item la maisson au favre de Fons Burs, sus
la meson Botin et sus la meson Phelippon Micheau joignant do
cymetiere d'Archigné, XIII deniers. — Item III boysseaus par
tierz tal. *(sic)* et VII estarages do Closeaus. — Item une piece
de terre joignant de monseignor l'evesque an la riviere
d'Archinec. — Item une piece de terre joignant au chevalier d'Archinec. — Item III pieces de vigne ou clos au
Marescoz joignant à l'evesque. — Item une piece de terre
joignant à la Poularde. — Item une piece de terre
joignant à la vigne Barberousse. — Item une piece de pré
joignant à la terre feu Guillot du Brueil. — Item une piece
de terre au Bouez, joignant au chevalier. — Item une
piece de terre joignant au pré Pierres de Lagodet. — Item
une piece de terre à la croix Freschet, joignant au Pignon
l'evesque. — Item une piece de terre assize à l'aumonerie,

jouste la terre feu Johan de Botigné. — Item Johan Coulars I quartau de froment tal. *(sic)*, I chapon et III deniers sus la terre do molin Chavart, renduz à la Saint Micheau. — Item li heir feu Guillet do Brueil XIII deniers et I chapon sus la vigne tenant à leur maison. — Item Johan Bardous II deniers sus un pré tenant au pré de Lagedet. — Item III provendiers de froment tal. *(sic)* et II chapons et XV deniers de recez sus les terrages de Tisec, en la parroysse de Saint Marsaut de Chauvygné. — Item VII mines de blé sus le molin de Chavart, que monseignor l'evesque acheta de mon fié. — Item la moité de la grange de Botigné et les apartenances qui si apartienent, qui bien valent III mines de blé. — Item une piece de pré au pré l'evesque, que Lesque tient. — Item la meison des prez et la terre et ceu qui si apartient. — Donné et seellé do seau à l'arceprestre de Chasteleraut, à la requeste do dit Estiene, le mardi en la Nativité Saint Johan Baptiste, l'an de grace mil CCC et nuef.

---

27. 24 juin 1309. F° 193 v°.

RELICTA JOHANNIS POLART EST HOMO FIDEI PROUT CONTINETUR INFERIUS.

C'est le fié que la fame à feu Johan Polart tient de monseignor l'evesque de Poyters en foy et en homage. — C'est assavoir le herbergement feu Johan Polart et la terre quy tient à la treilhe Johan Bibot et à la terre Estiene Berouaut. — Item un quartau de froment chastelain et I denier sus une piece de terre quy tient à la fosse Lucas, que tient Johan Ymbert. — Item I quartau de noiz et XII deniers en la nogere dessouz la meson au Giraus, en la terre que l'en appele le champ Pere Grisse. — Item V deniers sus le pré Pere de Lagodet que tient au pré Rigon. — Item VI deniers sus la vigne au dit Frere do Rochereau, tenant à la meson Estene Beroart. — Item

Guillaume de Lage et sa suer et Margarite lour suer, xv souz de ix anz en ix anz. — Item ii deniers sus les prez Helie do Boys, qui tienent à pré Coivres. — Item i boysseau de froment sus la terre de l'eglysse de Archinec, tenant aus vignes au Marescoz et au chemin qui vait au molin Chavart. — Item une piece de vygne qui tient au vignaut Estienvre Beroart. — Item une piece de terre joignant au puys de Pessea. — Item an terrages do Dosses i provendier de blé portors et xii deniers. — Item une piece de terre qui tient à la terre l'evesque de l'Ome Sauner. — Item une piece de pré qui tient au pré Estienvre Beroart. — Item iii pieces de vignes qui sunt ou clos au Marescot, tenant aus vignes monseignor l'evesque et aus Estienvre Beroart. — Item vi souz et i chapon sus la meson Phelippon Micheau, joignant au cymetiere d'Archinec. — Item Johan Raymont et Gillete sa suer, xv souz de ix ans en ix ans. — Item iii souz au pasquier et en Resset qui muet de monseignor l'evesque. — Item une piece de terre que tient Perres do Pin, joignant aus vignes au Marescot. — Item i denier de cens sus les prés de Ortios. — Item xii deniers au paquier d'Archinec. — Item ix deniers sus la terre do molin Chavart et le pré Lenger joignant au pré Sauveri Chein. — Item Estienvre et Johan Lozeas, x souz de ix ans en ix ans. — Item vi deniers sus les prez Pere de Laguodet joignant à la terre Estienne Beroart. — Item ix deniers sus le pré Longer et une rée d'avoyne. — Item iii reez d'avoyne sus le herbergement au defunt Coyllart et vi deniers. — Item vi deniers sus la vigne au defunt Guillot Beroart. — Item le pré de Plances, tenant au pré monseignor Guillaume de Archiné et au pré à la personne de Archinec. — Donné et seellé do seau à l'arceprestre de Chasteleraut, à la peticion de la dite fame, le mardi en la Nativité Saint Johan Baptiste, l'an mil ccc et nuef.

28. 4 mai 1309. F° 194 r°.

SYMON RADULPHI EST HOMO FIDEI PROUT CONTINETUR INFERIUS.

C'est le fié que Symon Raos tient de monseignor l'evesque de Poyters en foy et en homage. C'est assavoir le herbergement do Brueil, tenant au chemin de Chavart. — Item une piece de terre à la Negerie, tenant à la terre au chevalier d'Archinec. — Item une piece de terre à la dite piece de terre, tenant do chevalier. — Item une piece de terre au Boet, tenant à la terre au chevalier. — Item et le boes tenant à la dite terre au Boet et à l'Auzon. — Item une piece de vigne tenant au herbergement dessus dit. — Item une piece de vigne au clos au Marescot, tenant à la vigne Estienvre Beroart et au chemin qui vient do molin Chavart. — Item x souz aunomenage *(sic)* à muement de seignor do choses nomées. — Item une piece de pré tenant à la terre au dit Symon. — Item une piece de pré tenant aus prez monseignor l'evesque. — Item une piece de terre tenant au dit pré. — Item IIII deniers de cens sus le pré monseignor Guillaume d'Archinec, joignant au pré Autort de Lige. — Item XXIIII souz des choses qui muevent do fié Phelippons Raos au dever. — Item XVIII deniers de cens dessus la terre qui tient au pré au potier et au champ Peloquin. — Item VIII deniers sus le champ Peloquin tenant au queroet de Vaux. — Item I denier de cens sus la terre tenant à la terre Guillaume Paris. — Item XVIII deniers sus la messon et I chapon sus la terre tenant à la meson. — Item une piece de pré tenant au pré l'evesque et au molin Chavart. — Item XVIII deniers de cens sus une piece de vigne tenant au clos de la Gassilere. — Item une geline sus une piece de vigne et une piece de terre à Vanguelle. — Item XII deniers et I chapon sus la vigne tenant à la vigne Estienne Boroart. — Item le tiers en terrages des chennevères de Villenes, qui sunt au dessouz do chemin. — Item une piece de pré tenant à la terre monseignor l'evesque. — Donné et saellé do seau à l'arceprestre de Chasteleraut, à la requeste do dit Symon, le diemenche avant l'Ascension nostre Seignor, l'an mil ccc et nuef.

---

29. 11 mai 1309. F° 194 r°.

JOLIVETUS DE VILLA NOVA EST HOMO LIGIUS PROUT CONTINETUR INFERIUS.

Sachent tuit que en nostre presence confessa Jolivet de Ville Nueve [et] recognut à tenir les choses qui s'en sevent de monseignor l'evesque de Poyters. — Premierement, c'est assavoir son herbergement de Ville Nueve et les apartenances en tout ceu qui est au dedenz d'ycelles entre sains *(sic)* qui s'ensevent. Le premier de jouste les Eglysses de jouste Chauvygné duques au puy de Servon, des le poy de Servuon duques à Chateyllon, duques aus Oleres, des les Oleres duques au chene So, des le chayne So duques à la Guillonnere, des la Guillonnere duques aus Eglysses; et tout ceu que austre y tient de moy en parage, quelque chose que ce soit, soit messons, courtillages, terres, vignes, boys, herbergement. — Item en la desme de blé qui est amenez au charraut monseignor l'evesque de Poyters estans à Ville Nueve, et en terrages en clos en la desmerie de Ville Nueve amenez au dit charraut, la dissieme minne en tot blé; les cos, les bales en toute paille, excepté seyllaz et fromentaz; deme en terrage, en peniz, en nabines, en cherves, et mes mengiers acoustumez en son bien sus un home de ma boyllye, telle comme monseignor l'evesque l'a sus l'un de ses homes, por semondre le bien et la tayllée monseignor l'evesque en ma ballye. — Item la dissieme some de vendenge de toute ma ballye où monseignor l'evesque prent desme, doe mestre I home pour aüner et amasser la dite desme. — Item les cens, les gardes en clos et en vignes de ma baillie de Ville Nueve. — Item le bonnage en terres de ma baillie, et le mesurage en jallons, et le dissein panier en noys que monseignour l'evesque prent. — Item la disme des veaus, et le dissain en la disme des aygneaus et de porceaus et de la layne. — Item ceu que l'en tient de moy à Esperent qui est au dedens de ycestes bonnes : la premiere des la bonne dos cors de Verier de Esperent duques au cors do chyron aus Morios, de cors do chiron aus Morios desque au boys au Chebreas, des le boys aus Chebreas duques au vivier, des le vivier duques à la bonne de cors do vignes de Fontenelles, do cors do vignes de Fontenelles duques à la bonne de Mellen do Lage de Esperant, des la bonne do Mellen de Lage duques à la bonne do cors do Verier; — c'est assavoir ceu que l'en tient de moy au dedens de icestes bonnes. — Item le pasturage à mes porz et à mes parageours. — Et toutes ycestes choses je devant diz Jolivez de Ville Nueve me aveu à tenir de monseignor l'evesque de Poyters à homage lige à service de xx souz à muement de seignor. Et devon tenir, moy et mes parageours, le devant dit charraut ou grange où est coillie ou amassée la devant dite desme e terrage en point et tui manere, quar si il y faut mesrayn por appareillier le devant dit charraut, nous le devon prendre au boys monseignor l'evesque et amener à noz despens, sauvé les despens des bestes. Et si plus pooie trouver ne savoir en dit fié de plus, vous feroye assavoir au plus tost que je pourroye. Ceu fut donné le jour do diemenche devant Penthecouste, l'an de grace mil ccc et nuef.

30.   7 août 1307.   F° 194 v°.

PETRUS GALICHER, PRESBITER, EST HOMO LIGIUS PROUT INFERIUS CONTINETUR.

Noverint universi quod ego Petrus Galicher, presbiter, recognosco me tenere a reverendo patre domino episcopo Pictavensi ad homagium ligium et ad servicium viginti quinque solidorum monete currentis in mutacione domini et recta auxilia facienda : videlicet decimam de Pozeoz [et] partem census de Segelons sitam in parrochia de Pozeouz. — Item quartam vinearum de domo Botinea. — Item terciam partem in censibus do Chalonges. — Item census de Portis. — Item medietatem in censibus de Genestis. — Item usagium et explectamentum meum in nemore de Landa. — Item terras de Beliners. — Item recognosco me tenere a domino episcopo ad homagium ligium et ac servicium quinque solidorum camerario domini episcopi Pictavensis in mutacione domini et ad servicium unius hominis vel unius mulieris ad prata dicti domini episcopi facienda : videlicet terragia mea sita circa la Gorilliere, circa Lagodet et circa les Paqueres. — Item census sitos in locis predictis et circa. — Item tres boyssellos frumenti ad mensuram de Calvigniaco, que michi debent annuatim dicta la Renensse et ejus parcionarii, sita in parrochia de Archineyo. — Item terragia mea sita prope lo Pyn in parrochia Ecclesiarum prope Calvigniacum. — Protestans quod si aliqua alia devenerint que essent de dictis feodis, prefato reverendo patri vel ejus certo mandato quam cicius potero intimabo et legitime significabo. Et hec omnibus quorum interest significo per presentes litteras, sigillo venerabilis officialis Pictavensis sigillatas. Nos vero officialis predictus, ad peticionem et requestam dicti Petri Galicher, presentibus litteris sigillum curie nostre apponi fecimus in testimonium premissorum. Datum die lune post festum beati Syxti, anno Domini m° ccc° septimo.

31. 11 août 1310. F° 125 r°.

DOMINUS DE MORTUO MARI EST HOMO LIGIUS PROUT CONTINETUR INFERIUS.

Universis presentes litteras inspecturis, archipresbiter Pictavensis et Guillelmus de Gorvilla, miles, tenens baillium liberorum de Dyene, salutem in Domino. Noveritis quod ego miles predictus, nomine ballii predicti, advoho me habere et tenere ad homagium ligium sine deverio a reverendo patre in Christo ac domino domino episcopo Pictavensi ea que sequntur. — Videlicet nemus vocatum de le Ligine. — Item omnes redditus quos habeo in parrochia de Pozeos et in villacio Sancti Martini, tam in talliis, terragiis, decimis, censibus, gallinis et pullis, et aliis rebus existentibus in parrochia et in villagio predictis, qui valere potest uno anno pro alio viginti octo libras in redditibus. — Item advoho me tenere sub homagio predicto quicquid habeo et teneo nomine quo supra in castellania Sancti Savini, quod valet uno anno pro alio octo libras redditus. — Item advoho me tenere sub homagio predicto quicquid tenet a me nomine quo supra in dictis locis, in feodum, in servientelam, Guillelmus Moysset ad homagium ligium, ad quinque solidos de deverio, et res que sub ipso homagio tenentur. — Item quicquid in dicto territorio locorum tenet in feodum a me nomine quo supra in servientela Petrus Gaudins, ad homagium planum, ad deverium decem novem solidorum cum dimidio et ad sex solidos octo denarios racione Petri Gaudini, filii deffuncti Garnerii Gaudini, in mutacione domini solvendorum, et ad deverium duorum solidorum de charnagio redditus in quolibet festo Nativitatis Domini, et res que sub ipso homagio tenentur. — Item quicquid in dictis locis tenet in feodum, in servientela, a me nomine quo supra ad homagium ligium, ad decem solidos de deverio, Andreas Moysset, et res que sub ipso homagio tenentur. — Item quicquid in dictis locis tenet in feodum a me nomine quo supra Giletus de Loreriis de Chauvygne ad homagium ligium, ad deverium quinque solidorum reddendorum in justis auxiliis, et res que sub ipso ad homagium tenentur. — Item nemus et vineas de Foresta et gardas deu Mazeres, quas tenet in feodum a me nomine quo supra ad homagium planum sine deverio Guillelmus Clareti, valetus, et res que sub ipso homagio tenentur. — Item quicquid in dictis locis tenet in feodum a me nomine quo supra Petrus de la Chese senior in servientela, ad homagium ligium, ad deverium quadraginta solidorum in mutacione domini, et duorum solidorum de charnagio in quolibet festo Nativitatis Domini, et quinque alnarum canabi in quolibet tercio anno, et res que sub ipso homagio tenentur. — Item quicquid in dictis locis tenet a me nomine quo supra Petrus de la Cheze junior, nomine et racione Ossanne, uxoris sue, in feodum, ad homagium ligium, ad deverium viginti solidorum, et res que sub ipso homagio tenentur. — Item quicquid in dictis locis tenet in feodum a me nomine quo supra Johannes, prior Sancti Martini, ad homagium ligium, ad quinque solidos de deverio in mutacione domini, et ad duos denarios redditus in festo Nativitatis Domini, et ad sex denarios redditus in festo Pasche, et ad quatuor alnas cum dimidia panni canabi solvendas in quolibet tercio anno, et res que sub ipso homagio tenentur. — Item quicquid in dictis locis tenet in feodum nomine quo supra Vivianus Gaudins ad homagium ligium et ad deverium tresdecim solidorum et quatuor denariorum in mutacione domini. — Item quicquid in dictis locis tenet a me nomine quo supra in feodum Johannes de Mazeas, nomine et racione Johanne Gaudine, uxoris sue, ad homagium planum, ad quinque solidos de deverio in mutacione domini, et res que sub ipso homagio tenentur. — Item quicquid in parrochia de Leigne tenet in feodum a me nomine quo supra Thomas Castelli ad homagium ligium, ad decem solidos de deverio in mutacione domini et ad decem solidorum *(sic)* in justis auxiliis, et res que sub ipso homagio tenentur. — Item advoho me tenere sub homagio predicto altam et bassam justiciam quam habeo in dictis locis, excepto territorio Sancti Savini, in quo non habeo altam justiciam. — Protestans de premissis corrigendi, addendi, diminuendi et supplendi et advohandi quam cicius de aliquibus obmissis fuerit michi notum. Supplicans eidem domino episcopo ut super abmissis et ineptis *(sic)*, si que sint, me certificet, quoniam ea ex tunc emendare paratus sum, et quantum rationis fuerit advohare. Et hec vobis, reverende pater, significo per has patentes litteras, sigillo dicti domini archipresbiteri, ad preces meas et instanciam, sigillatas. Datum die martis ante Assumptionem beate Marie, anno Domini M° CCC° decimo.

32.   30 novembre 1310.   F° 195 v°.

JOHANNES DE VILLA NOVA EST HOMO LIGIUS PROUT INFERIUS CONTINETUR.

Hoc est feodum. Universis presentes litteras inspecturis, archipresbiter Pictavensis, salutem. Noveritis quod ego Johannes de Villa Nova cum meo personario Petro Estore de Castro Melle confessi sumus nos tenere a reverendo patre domino episcopo Pictavensi, in feodo ligio, rivagium circuitus herbarum prati et residuum post fulcas herbarum prati siti inter vineas varene parve et pratum Hamonis de Sancto Postano, cum residuo trossarum seu pelis ad tale servicium, videlicet quod quolibet anno in falcaturis nos prefati Johannes et Petrus debemus facere in dicto prato et in prato contiguo canabro Ecclesiarum prope Calvygniacum et in prato elemosinarie de Calvigniaco, quocienscumque gramina habent defalcari, quamdam falcam ad properandum fenum illorum pratorum supradictorum, et quinque solidos in mutacione domini. Unde vobis, reverende pater, supplicamus et unde *(sic)* vices gerentibus quod si aliquid dederimus oblivioni, quod nobis notificare dignemini, si placeat, quam cicius poteritis, et nos vobis quam cicius poterimus, si aliquid ulterius possimus scire nec invenire. Datum die festi beati Andree apostoli, anno Domini M^c CCC^o decimo.

---

33. 20 juin 1310. F^o 196 r°.

HODONINUS DE PUTEO, DOMICELLUS, EST HOMO LIGIUS PROUT INFERIUS CONTINETUR.

Universis presentes litteras inspecturis, Johannes, archipresbiter de Oblinquo, omnibus allocatis domini episcopi Pictavensis constitutis apud Calvigniacum, salutem in Domino. Noverint universi quod in mea presencia personaliter constitutus Hodoninus de Puteo, domicellus, recognovit et avoavit se tenere in feodo et in homagio ligio a reverendo patre domino episcopo Pictavensi herbergamentum suum de Grogiis, cum pertinenciis ejusdem herbergamenti, et quicquid ipse in toto territorio Grogiarum, quocunque nomine sit et quocunque nomine censeantur : videlicet garenam suam, pratum suum, nemus suum, guagneriam suam, terragia sua, taillias suas, census suos de parvo Bonaz, et maxime advenagium suum de Grogiis, de Bello Visu, et galinas suas quas consuevit levare apud Grogias et apud Bellum Visum et apud Charau, exceptis decem minis bladi per quartum, quas Guillelmus Clerebaudi habet super omnibus rebus Grogiarum, et omnia que habet in toto territorio de la Bodoerie, et decem minas bladi per quartum annui redditus, videlicet frumenti, siliginis, ballargie et avene : quas decem minas bladi Hamo de Sancto Porciano tenet et explectat minus juste, maliciose et indebite ; sitas et assignatas predictas decem minas bladi in territorio decimarum et terragiorum de la Barbeliere et de Tesset. — Item et suum paquerium in dicto nemore. — Item et quamdam domum quam tenet a dicto Hodonino Aymericus de Ryvallo, sitam in burgo Calvygniaci. — Protestans dictus Hodoninus quod, si aliquid dederit oblivioni, quam cicius ut ad noticiam suam devenerit domino episcopo vel ad ejus allocatos intimabit. Et datum et sigillo nostro sigillatum, ad requestam dicti Hodonini, die sabbati ante Nativitatem beati Johannis Baptiste, anno M° CCC° decimo.

---

34. 22 mars 1317 (1316 v. st.). F° 196 r°.

[Acte par lequel Hodonin du Puy se dessaisit du fief qu'il tenait de l'évêque de Poitiers en faveur de Jean de Mausay, damoiseau, mari de sa sœur, lequel jure fidélité à l'évêque.]

Anno Domini M° CCC° XVI°, die martis ante Ramos palmarum, personaliter constitutus Hodoninus de Puteo confessus fuit et expresse concenciit de voluntate sua propria et ad nos requisivit quod Johannes de Mausayo, domicellus, deveniret homo ligius domini episcopi et quod intraret in homagium domini episcopi Pictayensis nomine et racione Philippe, uxoris sue, sororis dicti Hugoni *(sic)*, de rebus de quibus predictus Hodoninus erat homo ligius, prout in retro folio continetur. Et dictus Hodoninus demisit se et devestiit se et petiit quod predictus J. de Mausayo intraret in homagio supradicto et quod faciat homagium supradictum domino episcopo, prout predictus Hodoninus et sui predecessores consueverant facere temporibus retroactis dicto domino episcopo et ad deveria consueta. Actum testibus presentibus domino J. de Monte-Aquosso, milite, Guillelmo de Tebaut, valeto, domino J. rectore ecclesie Sancti Stephani de Oblinquo, P. Lemozin de Grogiis, Philippo Cries et Bernardo, serviente domini episcopi. — Eodem die dominus Johannes de Mausayo, valetus, juravit fidelitatem domino episcopo et quod citius quod dominus episcopus veniret ad partes istas, quod infra mensem post adventum domini episcopi, quod faciet homagium predictum domino episcopo modo consueto et prout homo ligius tenetur facere homagium domino suo, et maxime prout feodum requirit, et sic remensit in respectu domini. Datum et actum predictis presentibus ut supra, dictis die et anno ut supra.

35. (sans date) F° 197 r°.

[Aveu du fief de la Molle, que Guyot Barbe, écuyer, tenait de Hamon de Chauvigny.]

Hoc est feodum quod tenet Guyotus Barbe, valetus, ab Hamone de Calvygniaco ad homagium fidei, ad deverium roncini servicii, valoris sexaginta solidorum reddendorum in mutacione domini, et ad viginti solidos reddendos in rectis auxiliis. — Videlicet de herbergamento de la Mole, cum pertinentibus ad dictum herbergamentum. — Item decimam et terragium de la Mole, existentia in blato et vino, usque ad estimacionem trium minarum bladi, parum plus vel minus. — Item ibidem novem solidos census de vino de la Mole, parum plus vel minus. — Item pasturagium ad porcos in nemore de Mareille ratione dicti herbergamenti. — Item duos denarios census de terra de viridario Gaste Rape. — Item de domo domini Petri de Graille, sita ante viridarium quod quondam fuit domini Johannis Codreti, presbiteri, quatuor denarios census. — Item de domo Petri Grener, sita juxta domum Marie Brunete, ɪ denarium census. — Item de domo Guillelmi Poyssonner ɪ denarium census. — Item duos denarios census de parte domus Petri de Vo. — Item tenet in dicto feodo una cum parcionariis suis terras de Briselate, quas habent et possident Petrus de Graille, Johannes Cheville et Hugo Chevres ad certam firmam loco et tempore declarandam. — Item domum quam habent et possident Johannes Villain et Petrus Roya, cum viridario ejusdem domus. Et protestans etc.

36. 5 juillet 1307. F° 197 r°.

PETRUS MYENUIT, MILES, EST HOMO LIGIUS PROUT INFERIUS CONTINETUR.

Hec sunt que tenet dominus Petrus Mienuit, miles, a reverendo patre in Christo domino episcopo Pictavensi in homagio et ligentia. Videlicet decimam que vocatur decima de Bosco Bernardi et dictum boscum et pascagium ad usus porcorum in nemore de Marolia tantummodo, ad quedam calcaria alba ad mutacionem domini tantummodo. Datum et sigillo curie officialis Pictavensis sigillatum die mercurii post festum apostolorum Petri et Pauli, anno Domini M° CCC° septimo.

37. 5 juillet 1307. F° 197 r°

DOMINUS GUILLELMUS MYENUIT, MILES, EST HOMO LIGIUS PROUT INFERIUS CONTINETUR.

Hec sunt que tenet dominus Guillelmus Myenuit, miles, in homagio et ligencia a reverendo patre in Christo domino episcopo Pictavensi. Videlicet medietatem census et gardis et vendis de clauso au Bruneys et pascagium nemoris de Marolia ad porcos ipsius militis tantummodo, et ad quedam calcaria deaurea ad mutacionem domini tantummodo, et ad percipiendam vindemiare *(sic)* in clauso predicto. Datum et sigillo meo sigillatum die mercurii post festum apostolorum Petri et Pauli, anno Domini M° CCC° septimo.

38.   10 juillet 1307.   F° 197 r°

GUIDO HERBERTI, CAPICERIUS BEATI PETRI DE CALVIGNIACO, EST HOMO
LIGIUS PROUT INFERIUS CONTINETUR.

Hoc est feodum quod ego Guydo Herberti, capicerius beati Petri de Calvygniaco, habui ex successione paterna, movente a reverendo in Christo patre ac domino, domino Arnaldo, Dei gratia episcopo Pictavensi, in homagium planum, ad unum par cirothecharum de valore sex denariorum monete currentis, vel sex denarios reddendos de tercio in tercium annum de servicio. Videlicet herbergamentum de Montibus cum pertinenciis et guagneriam, prout ego consuevi tenere a domino Guydone de Monte Leonis, milite, medietatem census super terris, vineis de plano de Montibus et quibusdam domibus de castro, ad dictum feodum pertinentibus. Protestans quod si de dicto feodo possint aliqua in presentibus non contenta ad meam noticiam devenire, declarare predicta loco et tempore competente. Datum et sigillo meo sigillatum die lune post octabas apostolorum Petri et Pauli, anno Domini M° CCC° septimo.

---

39.   6 août 1307.   F° 197 v°,

PETRUS RANULPHI EST HOMO LIGIUS PROUT INFERIUS CONTINETUR.

Noverint universi quod ego P. Ranulphi de Calvigniaco recognosco me tenere a reverendo patre in Christo domino episcopo Pictavensi ad homagium ligium et ad servicium unius hominis vel mulieris quolibet anno ad fenanda prata reverendi patris predicti, pertinentia castello dicti reverendi patris, apud Calvigniacum sita, et deveria quinque solidorum camerario dicti domini episcopi in mutatione domini, omnia que sequntur. Videlicet quamdam peciam terre sitam apud Corpus Sanctum prope

Calvigniacum, juxta terras Symonis Guobert. — Item recognosco me tenere a dicto reverendo patre ad homagium planum et ad decem solidos monete currentis in mutacione domini, et ad quinque solidos dicte monete camerario dicti domini episcopi, omnia que sequntur. Videlicet sex solidos et octo denarios censuales, quos habeo super aliquas vineas sitas in closo de Ruppe Forti prope Calvygniacum. — Item quartam partem quinque jugerum vinearum vel circa sitarum in dicto closo de Ruppe Forti. — Item quamdam domum sitam apud la Galisere et quamdam peciam terre pertinentem dicte domui, et quamdam peciam terre sitam apud Veaucorp, vulgaliter appellatam terram Proeter, pertinentem dicte domui, sitam in parrochia Ecclesiarum prope Calvygniacum; quas terras et domus Helyas Puya et ejus comparcionarii tenent a me ad annuam firmam unius mine frumenti ad mensuram Calvygniaci, et ad annuum censum sexdecim denariorum monete currentis. — Protestans quod si aliqua alia devenirent que essent de dictis feodis, dicto domino episcopo vel ejus certo mandato cicius quam potero intimabo et legitime significabo. Et hec omnibus quorum interest significo per presentes litteras, sigillo venerabilis officialis Pictavensis ad meam instanciam sigillatas. Nos vero dictus officialis Pictavensis apposuimus vel apponi fecimus in testimonium premissorum. Datum die dominica ante festum beati Laurencii martyris, anno Domini M° CCC° septimo.

40. (sans date) F° 197 v°.

PETRUS BONELLI, CLERICUS, EST HOMO LIGIUS PROUT INFERIUS CONTINETUR.

Noverint universi quod ego Petrus Bonelli, clericus de Archine, confiteor et recognosco me tenere a reverendo in Christo patre ac domino domino episcopo Pictavensi ad homagium ligium et ad servicium quadraginta quinque solidorum monete currentis in mutacione domini, omnia que sequntur. — Videlicet quamdam peciam terre sitam prope trilleam Guillelmi Pocheau, valoris unius prebendarii frumenti. — Item terragia de la Botinere, valoris duarum minarum bladi per quartum. — Item quinque solidos censuales sitos apud Jolines et a la Botinere. — Item quoddam pratum situm prope Jolines, valoris trium solidorum. — Item quatuor capones et quamdam gallinam apud Jolines et a la Botinere. — Item medietatem nemoris de Poyzant. — Item quamdam peciam terre sitam circa Poyzant, valoris unius prebendarii frumenti redditus. — Item terragia de Taysson, sita in clauso de Clarec, valoris trium prebendariorum bladi et quatuor solidorum censualium. — Item quamdam peciam vinee sitam prope molendinum domini episcopi in Podio Aniay. — Item sex denarios censuales quos michi debet Johannes Bibot. — Item duodecim denarios censuales sitos ad domum fabri de Fontibus, prope domum Stephani Beroart. — Item res quas Johannes Bossardi, presbiter, Johannes Bibot et heredes deffuncti Thome Choquin et Petronille ejus uxoris tenent a me dicto Petro Bonelli ad servicium unius libre cere de tercio anno in tercium annum, herbergamentum suum ... (La suite se trouvait sur un autre cahier qui a été omis par le relieur; la pagination est sans lacune en cet endroit).

41. 2 février 1310 (1309 v. st.) F° 198 r°.

LAURENCIUS AGUAYT EST HOMO LIGIUS PROUT INFERIUS
CONTINETUR [1].

Memoriale est quod coram nobis Guillelmo, abbate et

---

1. Cet aveu et les suivants, jusqu'au 56°, concernent les fiefs de la châtellenie d'Angle. La rubrique qui manque se trouvait probablement dans le cahier perdu, qui contenait la suite de l'aveu de Pierre Bonneau.

archipresbitero de Anglia, personaliter constitutus Laurencius Aguayt, clericus, confessus fuit coram nobis se tenere a domino episcopo Pictavensi ad homagium ligium : — Primo herbergamentum ipsius Laurencii de Malhac, una cum vineis et pratis contiguis dicto herbergamento. — Item terras sitas prope cimiterium Sancti Fidoli de Malhac. — Item terram de Larez, que vocatur terra de Larrez, terras et nemora in costallis do Roches. — Item piscaturam in aqua de Guartinpa ad omnia ingenia, incipiendo a principio aque dicti Guillelmi de Cohec usque ad aquas jungentes. — Item tranchiam et usagium in nemore de Gastine ad omnia necessaria ipsius Laurencii ad herbergamentum predictum. — Item domum de la Guadezere, et terras et nemus situm prope dictam domum, que predicti heredes, deffuncti Hugonis Milles tenent a dicto Laurencio, et vineas de Bello Loco, quas Guillelmus de Cannovo tenet a dicto Laurencio. — Item quamdam aliam peciam terre sitam prope la Guardezere, quam heredes Guidonis de Groes tenent a dicto Laurencio ad decem solidos servicii in mutacione domini. — Item dictus Laurencius dicit se esse hominem ligium dicti domini episcopi de rebus infrascriptis, quas tenet ab ipso : videlicet duas partes tocius nemoris mortui de Gastine ad faciendam suam omnimodam voluntatem. — Item pasturagium ad animalia ipsius Laurencii in dicto nemore, et medietatem emolumentorum dicti pasturagii. — Item pasquerium de porco solo et de duobus in dicto nemore, de quibus reddit dicto domino episcopo quolibet anno viginti et sex solidos ex deverio. — Item terciam partem emendarum seu guagiamentorum que idem Laurencius per se vel per personam interpositam percipiet et levabit in pratis et nemoribus supradictis. — Protestans idem Laurencius quod si aliqua sint in dicto homagio hic non scripta de quibus non recolit quoad presens, quam cito ad ejus memoriam atque noticiam devenerit, intimabit ei cui fuerit intimandum. Datum et sigillo curie nostre in premissorum testimonium sigillatum, ad peticionem et requestam dicti Laurencii, secunda die februarii, anno Domini m° ccc° nono.

42. 13 décembre 1309. F° 198 r°

GUILLELMUS AGUAIT EST HOMO LIGIUS PROUT INFERIUS CONTINETUR.

Memoriale est quod ego Guillelmus Aguayt teneo et confiteor me tenere ad homagium ligium a reverendo in Christo patre domino episcopo Pictavensi ad servicium quinque solidorum in mutacione domini et ad justa auxilia, ea que inferius declarantur. — Explectamentum meum et usagium meum in nemore de Gastina ad opus herbergamenti mei de la Guaytere. — Item decimam de la Rivere, prout extenditur de Brolio usque ad aquam que vocatur Guartinpa, quam Johannes Agayt et ejus nepotes tenent a me in paragio, que decima sita est in parrochia Sancti Petri de Malhec. — Item explectamentum ad usagium in dicta aqua, prout extenditur ab aqua domini Guillelmi de Cohec, militis, usque Juniant seu Joignant, ad opus herbergamenti Johannis Agayt et ejus neptum, quem tenent a me in paragio. — Et protestans quod si aliqua teneo a dicto domino episcopo vel ejus mandato, si scire vel informare me possum per me vel per alium, intimabo loco et tempore competenti. In quorum testimonium sigillum Guillelmi, abbatis et archipresbiteri de Anglia, judicis ordinarii, ad mei instanciam, presenti memoriali feci apponi in testimonium veritatis. Datum die sabbati in festo beate Lucie virginis, anno Domini m° ccc° nono.

43. 2 avril 1310. F° 198 v°

PETRUS BABIN EST HOMO LIGIUS PROUT INFERIUS CONTINETUR.

Memoriale est quod coram nobis Guillelmo, abbate et

archipresbitero de Anglia, personaliter constitutus Petrus Babini confessus fuit se tenere in feodo a reverendo in Christo patre domino episcopo Pictavensi ad unum talentum auri solvendum in mutacione domini, ea que inferius declarantur. — Primo herbergamentum suum de Bors et pertinencias dicti herbergamenti, excepta quadam vinea sita juxta plevram cujusdam veteris grangie, site in dicto loco de Bors, et excepta eciam dicta plevra : que excepta movent a domino de Tahec. — Item quamdam peciam terre vocate vulgaliter les Borneys, contiguam pratis vocatis vulgaliter les Plasses. — Item quamdam vineam et quamdam thuscam sitam apud locum qui dicitur les Grohes, contiguum vineis et terris quas Petrus Babin tenet ab heredibus deffuncti Petri Millonis. — Item quoddam pratum vocatum pratum de la Coransse, et tres pecias terre contiguas dicto prato, sitas juxta nemus et terras quas dictus Petrus tenet ab heredibus deffuncti Petri Millonis. — Item quamdam peciam terre vocatam terram dou Coug et les gas dicte terre pertinent.., contiguam vie per quam itur de Bors ad molendinum dicti loci de Bors. — Item quamdam peciam terre vocatam les Exssarz, contiguam nemoribus de Liners. — Item quoddam pratum situm apud locum qui dicitur Lespinacere de Liners. — Item quoddam pratum quod vocatur pratum Sancti Petri, contiguum prato prioratus Sancti Bertholomei de Rocha Pozay. — Item illa que Guillelmus Guyter et ejus parcionarii tenent ab ipso Petro de dicto feodo : videlicet unum sextarium terre ad mensuram de Englia, cum arboribus dicte terre. — Item duos denarios census sitos super terras vocatas de Grans Fons, quos Petronilla Granere debet dicto Petro quolibet anno. — Item et duos denarios census sitos super dictis terris, quos debent dicto Petro quolibet anno heredes Johannis Paignonea. — Item nemora et terras incultas sitas prope locum de Grohes.— Item calmam sitam inter fossata dicti loci. — Protestans dictus Petrus quod si que alia tenet de dicto domino suo et scire vel informare se possit, paratus erit eidem vel certo mandato suo tradere in scriptis loco et tempore competenti. Datum et sigillo curie nostre sigillatum apud Engliam, ad peticionem dicti petri Barbin, anno Domini m° ccc° decimo, die jovis post *Letare Jerusalem*, anno ut supra.

---

44. . 25 juin 1310. F° 198 v°.

JOHANNA, RELICTA DEFFUNCTI PETRI GRELET, EST HOMO LIGIUS PROUT INFERIUS CONTINETUR.

Hec sunt que Johanna, relicta deffuncti Petri Grelet, tenet a reverendo patre in Christo domino episcopo Pictavensi ad fidem et homagium, ad deverium quinque solidorum monete currentis, solutorum quolibet anno in festo Omnium Sanctorum. — Primo quamdam peciam vinee vocatam clausum Guellart. — Item quoddam appenticium contiguum domui Mauricii Jarrent. — Item trenchiam et explectamentum in nemoribus de Aspa, exceptis dictis ples, ad domum ipsius relicte de Aspa, et pasturagium in dictis nemoribus ad omnia et singula animalia ipsius, et paquerium ad porcos ipsius. — Item piscatura in aqua que appellatur Croza, in qua est jus domini episcopi, cum omni ingenio ad opus et necessaria dicte domus sue. — Item tuscham vocatam Tuscha Prepositi, contiguam tusche Johannis Marquet. — Protestans dicta relicta quod si magis tenet a dicto domino episcopo vel ejus mandato et scire vel informare se possit per se vel per alium, eidem domino episcopo vel ejus mandato intimabit loco et tempore competenti. Datum et sigillo nostro Guillelmi, abbatis et archipresbiteri de Anglia, sigillatum, ad peticionem ipsius relicte, die jovis post Nativitatem beati Johannis Baptiste, anno Domini m° ccc° decimo.

45. 26 octobre 1309. F° 199 r°.

JOHANNES FOASSE EST HOMO LIGIUS PROUT INFERIUS CONTINETUR.

Memoriale est quod coram nobis Guillelmo, abbate et archipresbitero de Anglia, personaliter constitutus Johannes Foasse confessus fuit coram nobis se tenere ad homagium planum seu de fide a reverendo in Christo patre domino episcopo Pictavensi ea que inferius declarantur. — Primo tallias de Conflans et de Aspa, debitas in Assumptione beate Marie Virginis, que valent triginta solidos vel circa. — Item biennia dictorum locorum in mense septembris, que debent valere triginta solidos vel circa. — Item tallias dictorum locorum debitas in Nativitate Domini, que debent valere triginta solidos vel circa. — Item biennia dictorum locorum, debita in mense marcii, que debent valere novem solidos vel circa. — Item duodecim denarios pro coustumis dictorum locorum. — Item quinque solidos censuales apud Conflans, apud la Becheronoie et apud la Daleere. — Item avenagia de Conflans, de Aspa, avenagia de Yzorio, avenagia de Crozam, avenagia de Codon, avenagia de Podio super Maler, et avenagia de bordagiis de Conflans et de la Becheronere et de la Daleere. — Item medietatem pasturagii nemoris de la Chateygneree, excepta castenea viridi. — Item et tranchiam in nemore de Gastina ad nemus vivum et mortuum. — Item pasturagium et trancham in nemore de Aspa, exceptis les pleys. — Item tres minas et unum boyssellum siliginis redditus de mestiva apud Conflans et apud Aspam. — Item unum prebendarium siliginis apud Yzorium redditus. — Item apud Vicum super Crozam quinque boyssellos siliginis redditus. — Item apud Varenas unum prebendarium siliginis redditus. — Item apud Codom tres boyssellos siliginis, unam gallinam, quandam torchiam de chenvre et unum panem. — Item apud Roche septem boyssellos siliginis. — Item apud Aspam et apud Conflans tres torchias de chenvre, tres gallinas et tres panes precio trium denariorum. — Item apud conaid. castellan. *(sic)* de Englia et de extra, que debent valorem decem solidorum vel circa. — Pro quibus omnibus et singulis supradictis dictus Johannes debet dicto domino episcopo sexdecim solidos in mutacione domini et totidem ad juxta auxilia. Tenetur eciam dictus Johannes reddere dicto domino episcopo quolibet anno in premissis in castro de Anglia triginta sextarios avene et centum et quinque solidos. Item dicit dictus Johannes se habere una cum premissis bonagia in omnibus et singulis locis predictis, in quibus redditus dicti Johannis debentur, in terragiis de nemoribus et extra nemora. — Protestans dictus Johannes Foasse quod si que alia tenet a dicto domino episcopo de quibus non recolit quoad presens; si scire vel informare se possit, eidem domino episcopo intimabit et sibi tradet in scriptis loco et tempore competenti. Datum et sigillo curie nostre sigillatum, ad peticionem dicti Johannis Foasse, die dominica ante festum Omnium Sanctorum, anno Domini M° CCC° nono.

---

46. 11 mars 1310 (1309 v. st.). F° 199 r°.

THOMASSIA, RELICTA DEFFUNCTI JOGRION, EST HOMO LIGIUS PROUT INFERIUS CONTINETUR.

Memoriale est quod coram nobis Guillelmo, abbate et archipresbitero de Anglia, personaliter constituta Thomassia, quondam relicta deffuncti Philippi Jogrion, confessa fuit coram nobis se tenere a reverendo in Christo patre domino episcopo Pictavensi ad homagium de fide, ad triginta solidos de deverio in mutacione domini : videlicet herbergamentum suum de Broliis, quod herbergamentum vocatur les Bruez Brachecz, una cum circuitibus dicti herbergamenti, sicut muri vadunt aviron le dit herbergement. Protestans dicta relicta quod si amplius tenet a dicto domino episcopo vel scire vel informare se possit, eidem domino suo tradet in scriptis loco et tempore competenti. Datum et sigillo curie nostre sigillatum, ad peticionem dicte relicte, die mercurii post *Invocavit me*, anno Domini m° ccc° nono.

---

47. 15 juillet 1309. F° 199 v°.

STEPHANUS ROUSSET EST HOMO LIGIUS PROUT INFERIUS CONTINETUR.

Memoriale est quod coram nobis Guillelmo, archipresbitero de Anglia, personaliter constitutus Stephanus Rousset confessus fuit coram nobis se tenere a reverendo in Christo patre domino episcopo Pictavensi ad homagium ligium, ad viginti solidos in mutacione domini et ad viginti solidos ad recta auxilia : — Primo herbergamentum suum de la Roussetere, una cum vineis contiguis dicto herbergamento. — Item terras sitas prope dictum herbergamentum. — Item quoddam pratum situm juxta terras predictas. — Item duas pecias terrarum sitas apud la Botinere.— Item terram de Pynu.—Item terram de Codra. — Item canaberiam sitam juxta domum dicti Bolet. — Item canaberiam quam tenet ab ipso Stephano dictus Moremea, sitam apud Podium Martini. — Item pratum Chanyn. — Item duas pecias terre quas tenent Petrus Bernart et dicta la Morande ab ipso Stephano, sitas prope la Baratere.—Item medietatem decimarum et terragiorum et terrarum existencium inter domum dicti Truter et domum dicti Rateas. — Item terciam partem terragiorum de Fros. — Item tres boyssellos frumenti redditus apud Forneox. — Item duos boyssellos siliginis renduales super prioratu de Lurayo. — Item tres pecias terre sitas juxta vineam dicte la Chevalere et juxta vineam deffuncti Petri

Lagrice de Vigl., quam tenent Matheas Ridea ab ipso Stephano. — Item duodecim denarios reddendos super domum Gaufridi Arnaudet, sitam subtus castrum de Anglia. — Item tranchiam et usagium in nemore vivo de Gastina ad omnia sibi necessaria ad herbergamentum de la Roussetere. — Item quartam partem nemoris mortui in dicta Gastina ad faciendam suam omnimodam voluntatem, et quartam partem pasquerii dicte Gastine de porco solo et de duobus, et terciam partem emende captionum quas dictus Stephanus, vel serviens constitutus et juratus per dictum dominum episcopum et predictum Stephanum, communiter faciet in dicta Gastina. — Item terram de Lambor sitam prope fontem. — Item herbergamentum Guillelmi Rousseteau et vineam contiguam dicto herbergamento. — Item duas pecias terre sitas prope dictum herbergamentum, cum quadam canaberia. — Item domum Johannis Bibot cum canaberia sita ante dictam domum. — Item vineam quam tenet Petrus Acer ab ipso Stephano. — Item medietatem vinee quam tenet dictus Parias ab ipso Stephano. — Item quartam partem prandiorum coustumalium. — Protestans dictus Stephanus quod si amplius tenet a dicto domino episcopo et scire vel informare se possit, eidem domino suo tradet in scriptis loco et tempore competenti. Datum et sigillo curie nostre sigillatum, ad peticionem dicti Stephani, die martis post festum beati Cypriani, anno Domini M° CCC° nono.

---

48. 21 juin 1309. F° 199 v°.

HEREDES DEFFUNCTI HUGONIS MILEZ DE ENGLIA.

Memoriale est quod ego Guillelmus Millonis, tutor seu curator Hugonis et Margarite, liberorum deffuncti Hugonis Millonis, quondam fratris mei, [confiteor] me tenere nomine et racione liberorum ad homagium ligium a reverendo in

Christo patre domino episcopo Pictavensi, aulam seu la sale, appenditium contiguum dicte aule, rochas et cellaria a parte superiore [et] inferiore dicte aule pertinencia, sita juxta vulgultum prioratus Sancti Martini de Anglia ex parte una et juxta viam per quam itur de ecclesia Sancti Martini de Anglia apud turrim de la Corne, ad quasdam cerotechas albas valoris sex denariorum in mutacione episcopi. Protestans quod si que alia teneo de quibus non recolo, quam cicius me potero informare, dicto domino episcopo vel ejus certo mandato intimabo loco et tempore conpetenti. Datum et sigillo venerabilis viri domini Guillelmi, abbatis et archipresbiteri de Anglia, ad meam instanciam sigillatum, die sabbati ante Nativitatem beati Johannis Baptiste, anno Domini M° CCC° nono.

49.   13 juillet 1309.   F° 200 r°.

GUILLELMUS GUILLEBAUT EST HOMO LIGIUS PROUT INFERIUS CONTINETUR.

Memoriale est quod coram nobis Guillelmo, [abbate] et archipresbitero de Anglia, personaliter constitutus Guillelmus Guillebaut confessus fuit coram nobis se tenere a domino episcopo Pictavensi ad homagium ligium, ad deverium decem solidorum in mutacione domini et ad decem solidos ad recta auxilia, terras, domus, vineas, prata, arbores et omnia alia que ipse habet apud la Durantere. — Item terras, vineas, domus, arbores, prata et alia que Johannes Costantini habet apud la Durantere. — Item terras, domus, vineas, prata et arbores que Johannes Vevien habet ibidem, quas tenet ab ipso. — Item terras, vineas, domus, prata, arbores, quas dicta Daviere tenet ab ipso. — Item unam peciam terre quam dicta Brisse Marssaudo tenet ab ipso. — Item duas pecias terre sitas apud la Morinere, quas Petrus Lemart et dictus Guerinet et dicta Chauve tenent ab ipso. — Item quandam peciam terre site apud les Marches Benest, quas Petrus Brenart tenet ab ipso. — Item bonagia de Capella, in quibus habet medietatem. — Item tresdecim denarios in vendis de hered. *(sic)* que venduntur in Capella. — Item terras, prata et domus quas Petrus, filius dicte Brisse, tenet apud la Durantere. — Item terram de Campo.......... et domum quas Petrus, clericus de Peruce, tenet ab ipso. — Item pasturagium in Gastina ad omnia animalia ipsius Guillelmi, et pasquerium ad porcos suos, et tranchiam et usagium suum in dicta Gastina ad omnia et suis necessaria ad domum suam de la Durantere. — Item quamdam peciam terre sitam apud podium de cruce de la Durantere, quam dictus Beloz, frater dicti Guillelmi, tenet ab ipso. — Item quamdam peciam terre sitam apud Leysezeres, quam Hugo Betines tenet ab ipso. — Protestans dictus Guillelmus coram nobis quod si magis tenet a dicto domino episcopo et scire vel informare se potest, paratus erit eidem domino episcopo tradere in scriptis loco et tempore competenti. Datum et sigillo curie nostre sigillatum die dominica ante festum beati Cypriani, anno Domini M° CCC° nono.

---

50.   13 juillet 1309.   F° 200 r°.

PETRUS TARGIS EST HOMO LIGIUS PROUT INFERIUS CONTINETUR.

Hec sunt que Petrus Targis dicit se tenere a reverendo patre in Christo domino episcopo Pictavensi ad homagium plenum de fide, ad decem solidos de servicio et ad viginti solidos ad recta auxilia et ad quinque solidos de chambellage. — Primo avenagia de Varenis. — Item avenagia de la Baratere. — Item avenagia de Peogle. — Item avenagia de Ceoden. — Item avenagia de Bossa Borda. — Item avenagia de Cremille : de quibus avenagiis dictus Petrus reddit apud castrum de Anglia quolibet anno duodecim sextaria cum dimidio avene. — Item talliam de cergies, que valent viginti solidos vel circa. — Item novem solidos de tallia de Prulliaco villa et de Lurayo et de Censsayo. — Item tres minas siliginis reddendas apud Poligne in maso Sancti Petri, ad mensuram de Oblinquo. — Item apud Corgees unum sextarium siliginis ad eandam mensuram. — Item in parrochiis Sancti Petri et Sancti Martini de Tornon unum sextarium siliginis ad mensuram de Anglia. — Item apud Cedoen quinque boyssellos siliginis et unam gallinam et quadam torte et duos denarios. — Item apud Thee penes la Brassardere quamdam tortuy et 1 galinam et duos denarios. — Item apud Lajojere sex solidos. — Item apud Lajojere sex boyssellos frumenti, quos Raginaldus tenet ab ipso Petro. — Item abbatissa *(sic)* Fontis Combaudi unum prebendarium frumenti. — Item apud le Reelis unum prebendarium avene ad mensuram de Oblinquo. — Item apud Varenes unum boyssellum siliginis super herbergamento de Varenis et super pertinenciis. — Item medietatem nemoris mortui de la Chateneree et pasturagium. — Item apud Lemagneo octo denarios. — Item apud Cromille unum denarium. — Item comendas de circumcirca, que bene valent quindecim solidos vel circa. — Item tranchiam et explectamentum in nemore de Gastina ad nemus vivum et mortuum, ad chaufagium et omnia neccessaria domus de Codra ipsius Petri vel apud Luraium, ibi ubi faciet mensionem. — Item et pasturagium et explectamentum plenarium, prout in Gastina, ad predictam domum et locum ipsius Petri in nemore de Plano Bosco. — Pro quibus talliis predictis dictus Petrus reddit et reddere consuevit quolibet anno quadraginta solidos ad castrum de Anglia. Et si magis tenet dictus Petrus a dicto domino episcopo et scire possit, paratus erit tradere in scriptis loco et tempore competenti. — Item usagium quod habet et habere consuevit capiendi super homines et mansionarios de Grossea. — Datum et sigillo curie nostre abbatis et archipresbyteri de Englia sigillatum die dominica ante festum beati Cypriani, anno Domini M° CCC° nono.

---

51.   23 juillet 1309.   F° 200 v°.

HELYAS DE PODIO GIRAUT EST HOMO LIGIUS PROUT INFERIUS CONTINETUR.

Memoriale est quod coram nobis Guillelmo, abbate et archipresbitero de Anglia, personaliter constitutus Helyas de Podio Giraut, valetus, recognovit et confessus fuit coram nobis se tenere a domino episcopo Pictavensi ad homagium de fide, ad roncinum servicii, precii sexaginta solidorum, et ad viginti solidos ad recta auxilia : — Primo herbergamentum ipsius Helye de Podio Giraut, spectans ex parte ipsius Helye, una cum trileis, terris, pratis spectantibus ad dictum herbergamentum ipsius Helye. — Item molendinum ipsius Helye, situm in aqua de l'Anglain, cum ecclusia dicti molendini et aqua ad faciendum ipsum molere, et cum dicto bocheau, una cum piscatura ad dictum bocheau cum omni ingenio. — Item terras de territorio de Gragiis, incipientes a prata *(sic)* dicte Raine prout itur ad grangiam domini de Ripis, una cum nemoribus de Mannorri, una cum garena de dicto territorio. — Item grangias sitas in cotalia supra aquam de l'Anglain, una cum terris sitis prope dictas grangias, et una cum garena de dictis coteus. — Item terragia terragiorum que sunt circa nemus de Mannorri, cum omnia alia que ipse habet in prato dicte Alaraine usque ad cumbam de Brocia Bruyllet, una cum portu dicte aque. — Item magnum nemus et parvum nemus de Froz. — Item pasturagium ad animalia ipsius valeti in nemore aus Queuz. — Item terragia, avenagia et alia que ipse habet quolibet anno apud Merigne, prata et census et alia. — Item tranchiam in nemore de Gastina ad omnia et singula neccessaria ad herbergamentum ipsius valeti de Podio Giraut. — Item res quas dictus Torea, valetus, habet apud Merigne, quas tenet ab ipso. — Item vineas de Podio Grifer et vineas de Monteiz. — Item de Monpreterins et vineis de Podio de Monter. — Item vineas de cruce do cerizer. — Item quamdam plevram sitam subtus castrum de Englia. — Item viridarium situm prope furnum dicti domini episcopi, quod Johannes Cayllat senior tenet ab ipso. — Protestans dictus valetus coram nobis quod si magis tenet a dicto domino episcopo et scire vel informare se possit per se vel per alium, paratus erit tradere in scriptis loco et tempore competenti. Datum die mercurii post festum Marie Magdalene, anno Domini M° CCC° nono.

52. 18 mars 1311 (1310 v. st.). F° 201 r°.

AYMERICUS CLAVEA EST HOMO LIGIUS PROUT INFERIUS CONTINETUR.

Hec sunt que Aymericus Clavea dicit se tenere a reverendo patre in Christo domino episcopo Pictavensi ad homagium ligium : videlicet tranchiam et explectamentum in nemore de Gastina ad omnia et singula neccessaria ad herbergamentum de la Clavalere. Protestans quod si magis tenet a dicto domino episcopo et scire vel informare se posset, eidem notificabit loco et tempore competenti. Datum die jovis ante *Letare Jerusalem*, anno Domini M° CCC° decimo.

53. 7 mars 1311 (1310 v. st.). F° 204 r°.

GUILLELMUS, SIRE DE VUHEC, EST HOMO LIGIUS PROUT INFERIUS
CONTINETUR.

A touz ceus qui cestes presentes lettres verront et or-

-ront, Guillaume, sirés de Vuhec, damoysseaus, salut en nostre Seignor. Sachent tuit presens et avenir que je recognoigs et avohe à tenir à homage lige de redoutable pere et seignor l'evesque de Poyters les choses qui s'en seguent. — Premierement le herbergement de Vohec. — Item à Vohec et à la Vau vint et deus maignées de homes o les hers et leurs biens, en pris de vint et deus livres de rente. — Item le molin de Vohec ou pris de XL sexters de blé de rente, valer x livres de rente. — Item les prez et les vignes de Vohec, entor IIII arpenz, valer c souz de rente. — Item la disme du vin des vignes de Voec, en pris de LX souz. — Item les dismes et les terrages de Vohec ou pris de L sexters de blé de rente, valer XII livres et demie. — Item le village de Charpenec et do Places VII maygnées de homes en lor hers et en leurs biens, valer IIII livres de rente. — Item le disme et terrage de Charpenec, de vint et cinc sexters de blé, valer VI livres de rente. — Item le herbergement de Font Morant, et le molin et les prez et les boys et les homes de celuy leu, et les homes de Prissac ou les hers et lor biens, entor XVII souz, tout en pris de xx livres de rente. — Item les avenages de Voaceys XL sexters, valer VI libres de rente. — Item le village de Chivelhe en lours hers, en lours biens, en pris de cent souz de rente. — Item la dime groz et menu de Conflans, en pris de XL souz de rente. — Item le village de Vavre, un feus, en lor hers, en lours biens, en pris de XL souz de rente. — Item toutes les gelines de rente que il a en diz leus, xxv souz de rente. — Item la moyté en trois parties de toute la justice de Voazeys. — Item l'omage et les homes qui tenent du dit Guillaume : primo Perrot de la Tour, item Phelippon de la Ronde, Perrot du Closea, Resniaut, chapelain do Dun, Guionet Chevreo, Bernart de la Buyssere, Chaban Bernart, Nauron Perovin, Gualabrun Bernardet de la Ranoffere, item Bernart Bochart, Johan Guodet, Guillaume Poinet, Ysambert de Cifort, Joceaume Ungevie, item le boutet Yoihous, lo Genre son fiz, Peronet Jarric, le fil Girau Jarric, le botet à la Rousse, Rannous de la Rannossere et Guillaume Borde. — Item à Lagnac x magnées de homes et lor hers et lours biens, en pris de IIII livres de rente. — Et se de plus me puis acertener, je le rendray par escript, et suppli à monseignor l'evesque de Poyters et à son bon conseil que se de plus se poent escienter, que il m'en vueillent aviser et acertener. Donné et de mon seel seellé l'an de grace M CCC et diz, le diemenche que l'en chante *Reminiscere*.

---

54. (sans date) F° 201 v°.

JOHANNES BALLIF, CLERICUS, EST HOMO LIGIUS PROUT INFERIUS
CONTINETUR.

C'est le fié que Johan Baillif tient por sey et por ses freres de l'evesque de Poyters en fié et en homage plain, à une mailhe d'or de v souz de service à muement de evesque. — Premierement la moité du herbergement de la Serene en les apartenances, en son demayne, poy plus ou poy mains, et l'autre moité du dit herbergement en son parageau, poy plus ou poy mayns. — Item la moité do gaignage de celuy herbergement ou les arbres en son demaine, poy plus ou poy mains, et l'autre moité do gaignage en son paragea, ou les arbres, poy plus ou poy mains. — Item la moité do pré de l'Omea en son demaine, poy plus ou poy mains, et l'autre moité en son parageau, poy plus ou poy mains. — Item le pré desouz la planche de Montein en son parage, poy plus ou poy mains. — Item III mines de blé de terrages de rente, et si à Montain en son demaine, poy plus ou poy mains. — Item III mines de blé de terrages de rente ont dit leu en son parageau, poy plus ou poy mains. — Item III boysseaus de froment et demi de mestive de rente en dit leu, et i boysseau et demi de seigle de mestive de rente en dit leu en son demayne, poy plus ou poy mayns, et autent en son paragea, poy plus ou poy mains. — Item iiii sexters et xi boysseaus d'aveyne de rente on dit leu en son demaine, poy plus ou poy mains. — Item iii boysseaus d'avoyne illec en son parageau, poy plus ou poy mains. — Item xv souz de taillée et iii souz de cense et vi deniers de cens ou dit leu en son demaine, poy plus ou poy mains. — Item une betuisse de noiz de rente por sa partie des noiers de Montain en son demaine, poy plus ou poy mains, et autant à son parageau, poy plus ou poy mains. — Item viii boysseaus de chasteignes de rente por sa part des chasteigners de Monters et de Villers en son demaine, poy plus ou poy mains, et autant en son parageau, poy plus ou poy mains. — Item l'usage en la Gastine ou boys mort et ou boys vif à l'estoveir do herbergement dessus dit. — Protestant li dit Johan que si plus tient dudit evesque et il s'en puisse enformer, au plus tost que il pourra il le baudra en escript en lieu et en temps convenables.

---

55. (sans date) F° 201 v°.

GUILLELMUS DE SANCTO MAURICIO EST HOMO LIGIUS PROUT INFERIUS CONTINETUR.

Hec sunt que tenet Guillelmus de Sancto Mauricio, filius defuncti Symonis de Sancto Mauricio, a reverendo in Christo patre domino episcopo Pictavensi ad homagium de fide, ad viginti solidos in mutatione domini. Videlicet domum de Sancto Mauricio in parrochia et burgo de Yzorio, una cum vineis contiguis dicte domui, et vineas Johannis Domin et tranchiam in nemore de Gastina ad nemus vivum et mortuum ad chaufagium dicte domus. Item pasturagium ad animalia ipsius Guillelmi in nemore de Aspa et chaufagium in dicto nemore, exceptis les ples, et piscaturam in aquam que vulgariter appellatur la Croze ad omnia ingenia. Et si magis tenebat dictus Guillelmus a dicto domino episcopo et scire possit, paratus est tradere in scriptis loco et tempore... (La fin manque.)

56. 23 juin 1307. F° 202 r°.

HUGO MILONIS EST HOMO LIGIUS PROUT INFERIUS CONTINETUR.

Hoc est feodum quod ego Hugo Milonis de Anglia confiteor me tenere a domino episcopo Pictavensi. Videlicet trenchiam meam in bosco de Gastina. — Item magnam aulam meam que se tenet torculari prioris Sancti Martini de Anglia ex una parte et meo torculario ex altera parte. — Et sum homo ligius domini episcopi et liberatus de omnibus costumis et francus seu franc. — In cujus rei testimonium nos officialis Pictavensis presenti cedule, ad peticionem dicti Hugonis, sigillum curie nostre duximus apponendum. Datum die veneris ante Nativitatem beati Johannis Baptiste, anno Domini M° CCC° septimo.

HEC SUNT FEODA ET HOMAGIA QUE PERTINENT AD CASTELLANIAM DE TURE, QUE MOVENT SEU TENENTUR A REVERENDO PATRE DOMINO EPISCOPO PICTAVENSI, PROUT INFERIUS CONTINETUR.

57.   30 juin 1307.   F° 203 v°.

PETRUS DE PODIO GARRELLI EST HOMO LIGIUS PROUT INFERIUS CONTINETUR.

Memoriale est quod ego Petrus de Podio Garrelli, valetus, confiteor me tenere a reverendo patre episcopo Pictavensi feodum quod inferius continetur. — Videlicet duas pecias terre et duas pecias nemoris vulgariter appellatas aus Brueres, contiguas viam seu caminum per quod itur de Podio Garrelli apud Fayam Vinosam ex una parte et chagneiam seu la chaynee Petri Berne ex altera, ad duos solidos de deverio annui redditus. — Item duodecim denarios aus leyaus ayes. — Item unam peciam nemoris quam Hugo de Leture tenet a me pro dicto Petro, et aliam peciam nemoris quam Guillelmus Perer et Michael le Bloy tenent a me Petro, sitas dictas duas pecias nemoris aus Brueres, prout superius est declaratum. — In cujus rei testimonium ego predictus Petrus supplicavi, in presencia Thome de Paysec, clerici, venerabili officiali Pictavensi, cujus dictus clericus est juratus, ut ipse presentibus litteris sigillum suum faciat apponi in testimonium premissorum. Nos vero officialis predictus, ad peticionem et requestam dicti Petri et ad veram et fidelem relacionem dicti clerici jurati nostri, presentibus litteris sigillum nostrum duximus apponendum in testimonium premissorum. Datum die veneris post festum apostolorum Petri et Pauli, anno Domini M° CCC° VII°.

58. 14 août 1309. F° 203 v°.

JOHANNES AGRISSAY EST HOMO LIGIUS PROUT INFERIUS CONTINETUR.

Universis presentes litteras inspecturis et audituris, gerens vices venerabilis archipresbiteri Castri Ayraudi, salutem in Domino. Noverint universi quod in jure coram nobis personaliter constitutus Johannes Agrissay, de parrochia de Tureyo, confessus fuit coram nobis se tenere ad fidem et ad deverium quinque solidorum, in mutacione cujuslibet episcopi Pictavensis persolvendorum, a reverendo in Christo patre ac domino domino episcopo Pictavensi quamdam peciam terre sitam prope ulmum Agrissay, contiguam vie per quam itur de Claris Vallibus apud Romonolium ex una parte et vie per quam itur de Tureyo apud Sossayum. — Item quamdam peciam vinee quam Guillelmus Hervet tenet a dicto Johanne ad terciam partem fructuum et exituum ejusdem, sitam juxta terram predictam et contiguam predicte terre. — Item quamdam vineam contiguam predicte terre et vinee, quam vineam tenent heredes deffuncti Petri Herve et Hugo de la Peyrere et heredes Affredi de Bosco Graler, ad terciam partem fructuum et exituum predicte vinee, a predicto Johanne. — In cujus rei testimonium nos, ad peticionem et supplicationem predicti Johannis, presentibus litteris sigillum curie nostre duximus apponendum. Datum die jovis post festum beati Laurencii, anno Domini m° ccc° nono.

---

59. 6 juillet 1307. F° 203 v°.

PETRUS GARNER DE TURE EST HOMO LIGIUS PROUT INFERIUS
CONTINETUR.

Memoriale est quod coram nobis officiali Pictavensi personaliter constitutus Petrus Garner de Ture confessus fuit se tenere in homagium fidei a reverendo in Christo patre domino Arnaldo, episcopo Pictavensi, ad quinque solidos servicii ad mutacionem domini solvendos, duo jugera terre sita apud Tiors juxta terris *(sic)* Benedicte do Ponters, et nescit si plus a domino episcopo aliquid [tenet] in feodum. Datum die jovis post festum apostolorum Petri et Pauli, anno Domini M° CCC° septimo.

---

60.   19 janvier 1310 (1309 v. st.).   F° 203 v°.

PETRUS GAUDEA EST HOMO LIGIUS PROUT INFERIUS CONTINETUR.

Ceu sunt les choses que je Pierres Gaudea tiens et avou à tenir à fey et à homage de monseignor l'evesque de Poyters et le foy de devoir porter les chapons qui annuaument li sunt deu à Turé, à rendre lendemayn de la Touz Sainz à Poyters ou à Venduevre ou à Dicay, à son playsir. — C'est assavoir deus pieces de terre que li diz Pierres Gaudea tient à demaine soens jouste la vigne Johan Thomas et l'aubespin feu Pierre Lemozin. — Item demi jeu de vigne que la dame de la Massardere tient de moy à II deniers de rente, quant li chapon sunt portez de devoir. — Item I joit de vigne que sire Aymeri Amassart tient de moy à IIII deniers en meisme maniere, seanz au dit leu. — Item une piece de terre seant au dit leu, que Aymeri Liger tient de moy à IIII deniers en meisme maniere. — Item I joit de terre seant au dit leu, que Guillaume Leger tient de moy à IIII deniers de semblable devoir. — Item un joit et demé de terre seant au dit leu de jouste la terre Perre Sauneron, que tient de moy Johan et Guillaume Ligers à VI deniers dou dit devoir. — Item deuz joyz et demé de terre seanz au dit leu, que Pierres Sauners tient de moy aus diz devoirs du dit devoir. — Item demé joyt seant au dit leu jouste la terre Johan Debor, que tient Guillaume Leger à deus deniers du dit devoir. — Item demé joyt seant au dit leu, que tient Henri Courdevient à deus deniers. — Item I joyt de terre seant au dit leu, que tient Guillaume Frogier à IIII deniers. — Item I joyt et demé seant au dit leu, que tient Aymeris Affollarz à III mailles do dit devoir. — Item I joyt seant au dit leu, que tient Pierre Gaudea à III mailles. — Item II joyz de terre seanz au dit leu, que tient Johan Legers à IIII deniers do dit devoir. — Item II joyz de terre seanz aus diz leuz jouste la terre Henri Courlivient, que tiennent les heirs feu Pierre Barricher. — Et cestes choses je baille sauvé toutes royssons de desclairer et de croitre, si de plus me puis enquerre ou enfourmer dedenz le temps que droit et coustume de païs dorront. — Et en tesmoyg de verité je ay supplié et requis et optinu à cest present escript le seel de la court à l'arceprestre de Chasteleraut estre mis et apossé. Donné le lundi emprès la Chaire Saint Pierre, l'an de grace M CCC et nuef.

---

61.   3 juillet 1307.   F° 204 r°.

GUILLELMUS AUTAY EST HOMO LIGIUS PROUT INFERIUS CONTINETUR.

Ceu sunt les choses que Guillaume Autays tient à homage de foy de monseignor l'evesque de Poyters à douze deners de service au tierz anz. C'est assavoir la messon jouste le poez tenant à la messon do fourneo Pierre Autrays d'une partie, et la messon do fornea au dit Guillaume et à son frere de l'autre partie; et bien le tierz de la treille de son courtil, tenant à la terre Pierre Autays d'une partie et la treille que li dit Guillaume et son frere tiennent à cous [1] de monseignor l'evesque dessus dit; et enquore une piece de terre assize au desouz de la dite treille, tenant à la terre Pierre Autays d'une partie et à la terre du dit Guillaume et à son frere, qui muet de monseignor l'evesque au cous [2] de l'autre partie; et encores la terre

---

1 et 2. Peut-être pour à cens.

de Oregeret, tenant aus terres et la treylle Pierres Autays d'une partie et d'autre. Et fait protestacion de acroitre et de amermer à cest escript et de s'en enquerre dedenz tens convenable, si comme usage et coustume donra. Ce fut fait et donné soz le seau Philippon de Bonay, clerc et juré de la court à home honorable l'officiau de Poyters, le jour du lundi avant la feste Saint Martin de esté, l'an de grace M CCC et sept.

---

62.   3 juillet 1307.   F° 204 v°.

PETRUS AUTAYS EST HOMO LIGIUS PROUT INFERIUS CONTINETUR.

Ceu sunt les choses que Pierres Autays tient de reverent pere l'evesque de Poyters à homage de foy, à douze deners de service au tierz an. — C'est assavoir une piece de terre assize au dessouz des treilles au dit Pierre, tenant à une piece de terre qui est au dit Pierre, movant du devant dit pere honorable l'evesque dessus dit à cens. — Item la moité de sa treille devers la mete, et la meson à la dite treille, et la roche touchant à la dite meson, et une terre tenant à la dite meson et à la dite treille d'une partie et à la terre de la Pasturaliere de l'autre, et une autre terre assize jouste le chemin par où l'en vait de la meson aus Auteys à la Coretere d'une partie et aus terres au dit Pierre, que il tient à cens du dit pere honorable, de l'autre partie. — Et fait protestacion le dit Pierres de detraire et de accreytre à cest escript et de s'en enquerre dedens temps convenable, si comme usage et coustume donrra. Ce fut fait et donné souz le saing et souz le seau Philippon de Bonea, clerc juré de la court de home honorable l'officiau de Poyters, le jour du lundi avant la feste Saint Martin de esté, l'an de grace mil ccc et sept.

63. (sans date) F° 204 v°.

HUGO FROGER EST HOMO LIGIUS PROUT INFERIUS CONTINETUR.

Ceu est le fié Hugue Froger que il tient de monseignor l'evesque de Poyters. C'est assavoir terres qui sunt au puy de l'Eperenche, touchanz à la terre de Saint Sire d'une partie et au chemin que vait de Chiré [1] à Poyters de l'autre partie. — Item brueres en chaumes qui sunt au Tiers entre les brueres Johan d'Auson d'une partie et le pré Auray et joignant aus terres de monseignor l'evesque de l'autre partie, sauvé les autres choses dont je me pourray segont droit et coustume de païs enformer. — Item brueres et terres que Aymeris Frogers tient de moy au puy de le Peranche et aus brueres de Tiers. — Item terres et brueres que Guillaume le boucher et Estiene-du Pin a au puy de l'Eperanche et aus brueres de Tiers. — Item Guillaume li Dus et Roger son freres terres et brueres que il tenent de moy, qui sunt au puy de l'Eperanche et aus brueres de Tiers. — Item terres et brueres que li air feu Hugues Froger tenent de moy, qui sunt au puy de les Peranche et au Tiers. — Item terres et brueres que li air Beriguiet tienent de moy, qui sunt au puy de le Peranche et au Tiers.

---

64. (sans date) F° 204 v°.

STEPHANUS AMIOT EST HOMO LIGIUS PROUT INFERIUS CONTINETUR.

Ceu sunt les choses des queles Estienvre Amiot est home lige monseignor l'evesque de Poyters et en rent L souz à muance de seignor. — Premierement tient li diz Estienvre ligement de monseignor l'evesque le herberge-

---

1. Chiré a peut-être été écrit par erreur au lieu de Thuré.

ment qui fut Bertholomé Amiot son pere et les treilles qui se tienent au dit herbergement, excepté un apendiz qui se tient à la porte du dit herbergement : lequel il tient des heirs feu Guillaume de Cursay, chevalier, et excepté assin vn coig de la dite treille, qui se tient au chemin aus Bermars, laquiel il tient de la vicontesse de Chasteleraut. — Item tient la terre de l'Ome Jomont, joignant au quaroye de l'Ome Jamont. — Item les ajaens joignans au boys de la Touche d'une partie et de l'autre à la terre feu Froger Gastinea. — Item tient XIII deniers de cens, les quiex Guillaume de Romenuyl, valet, li doit du boys tenant au.. (La suite de cet aveu était transcrite sur le feuillet 205, qui a été coupé et enlevé.)

---

65.   17 juillet 1309.   F° 206 r°.

Ceu sont les choses que Guillaume Robert et ses confreres tienent on fié dou dit Estienvre. — Premierement le boys de la Chaine Morete à IX deners de service à muement de seignour tant soulement. — Item Michea de Torssoe doit au dit Estienvre Amiot XIIII deners obole à muance de seignour, assis sus le herbergement et sus les apartenances. — Item doit III souz sus les roches et sus les autres choses que il ot de Bournea. — Et cestes choses baillent li diz Estienvre Amiot sauvé sa royson de desclairer, de muer et de mermer et de plus bailler, si de plus s'en puet enformer, en leu et en temps que droiz et coustume de païs donet. Et en tesmoig de verité, li diz Estienvrez a supplié et obtenu le seel de la court l'arceprestre de Chastelleraut estre mis. Donné le juedi avant la Magdalene, l'an de grace M CCC et nuef.

66. (sans date) F° 206 r°.

JOHANNES DO PRÉ EST HOMO LIGIUS PROUT INFERIUS CONTINETUR.

C'est le fié que je Johan do Pré ay de monseignor l'evesque en mon homenage. C'est assavoir mon herbergement et le vergier derreres, mes terres de la Grenollere, et le herbergement Aymeri Crepoye et le vergier derreres, et le herbergement feu Henri Colment et la terre devant, et le herbergement Aymeri Peleter, et le herbergement Guillaume Peleter, et le herbergement Thomas Menguo et une piece de terre qui est devant sa maison et une piece de terre joignant à icele, que tienent les herrs feu Aymer de Cursay, la quele souloit tenir Pierres Giraut; et II pieces de terre qui sunt au pas de Grenetru, dont tient l'une Pierres Giraut, et l'autre Estienvre Moreas; et une piece de pré appelé pré Baril, que tient Phelipons Pagueneas et Pierres Guoriden; et une piece de terre qui est près de la Garde en la parroysse de Sosay, que tienent Johan et Renaut et Robins Popelins; et le herbergement feu Hugue de Boine et les terres et les vignes et teilles qui se tienent, et une piece de vigne joignant à iceles, que tienent les hers au feu juze de Turé; et une piece de terre joignant à iceles vignes, que tienent la fame feu Briccon; et une piece de terre qui est à la Panchaude, que tient Guillaume Barrau; et une piece que tient Aymeris Audruz; et une piece de terre qui est à la croiz Audu, que tient Johan Babin, et une piece de boys joignant à icele terre, que tient Johan Liceus et si confreres; et une piece de boys joignant à iceluy boys dessus dit, que tient la duchesse de la Guerche; et une piece de terre que tient Aymeris de la Guerche; et une piece de terre assize à icelle Guerche, que tient la fame feu Johan Bourlont; et une piece de boys quy est appelée la Vau de la Garde, que tient Aymeris de la Touche, valet; et III souz et demi que je ay en cens Johan de la Touche, qui sunt assis en iceluy Vau;

et une piece de terre que tient Pierres Sarrazin ; et une piece de terre que tient Phelipon Paguenea ; et une piece de vigne et une de terre, que tienent entre Guillaume Aceluy et Pierres Guoridez ; et une piece de vigne et une de terre que tient Guillaume Chevalier et ses confreres ; et iii pieces de terre que tient Jeffroy Marium et si confreres ; et quatre pieces de terre que tient Estienne Tailler et si confreres ; et une piece de terre que tient Barins de Bort et si confrere ; et une piece de terre que tient Estienvre Moreas, et une que tienent li heir feu Bouz Helyes, et une que tient Micheaus Baudoin, et une piece que tient Renaut Jobert et si confreres ; et une piece de terre que tient Huge Maynin ; et une piece que tient Guillot Menua ; et une piece que tient Guillaume Bernart et si confrere ; et une piece que tient Micheau de la Peire ; et une piece que tient Aymeris de la Feire ; et une piece que tient Renaut Autays ; et une piece que tient Henris Viviens, et une que tenent la Thomasse ; et une piece de vigne que tient Aymeri Viviens ; et une piece de terre que tient Aymeri do Vau ; et une piece de terre que tienent li heir feuge Ainor de Bort ; et iii oboles que j'ay en cens Morin de Benouer de rende, et la moité du herbergement aus hers ; et vi juez de terre, et iiii deniers que j'ay en cens aus hers feu monseignor Guillaume de Cursay ; et une piece de terre que tienent li her feu Aymer de Cursay ; et deus pieces de terre que tient Renaut Chargelart, et une piece de terre tenant à ycelle, que tient Pierres Jubins ; et une piece que tient Aymeris Veviens, et une piece tenant à ycelle, que tient Guillaume Galout, et une piece tenant à ycelle que tient Guillaume Pelordes, et une piece tenant à icelle, que tient Johan do Pré li corloenners ; et une piece de treille tenant à la meson Gratelou, que tienent li her au feu juze ; et une piece de terre que tient la fame feu Estienvre Giraudea ; et le herbergement et le cheneverau Johan Soti ; et le herbergement et le vergier au

Robert; et le herbergement et la treille feu Icenet, que tient la Moricete; et le herbergement et le vergier feu Pierres de Molles; et le herbergement feuge Alayz do Pré; et le vergier derrere la mayson feu Thomas do Pré; et une piece de terre que tient icil Johan do Pré, qui est en la closure; et une piece de vigne que icil Johan tient, qui est emprès; et une piece de vigne tenant à ycele, que tient la fame feu Pierres Boutaut; et une piece de terre tenant à icele, que tient Pierres do Baus; et une piece de terre que tient la fame feu Pierres Boutaut; et une piece de terre que tient Thomas Buns Amys; et le herbergement feu Prine et la court par devant; et le herbergement feu Hugue Rousseau et le chenneverau derrere; et trois souz et demy que j'ay en cens communaus aus Maulains; et une piece de pré qui tienent li heirs au feu juze; et une piece de terre que l'eglysse tient; et une piece de terre que tient la fame feu Martin Ayroart; et un chenneverau que tient Legerons do Pré et si confrere.

---

67.   (sans date)   F° 206 v°.

PETRUS DANIZAY EST HOMO LIGIUS PROUT INFERIUS CONTINETUR.

C'est le fiez que Pierres Danizay de la Plente ay en ligeance de monseignor l'evesque de Poyters. Premierement ay et tieig le herbergement feu Pierres Giraut et une piece de terre que tient la fame feu Pierres de la Fuee, joignant au herbergement dessus dit, et une piece de terre que tient Pierres Autays, joignant aus terres Guillaume de Romenuel d'une partie et de l'autre à la terre à la Morine. — Item icele Morine une piece de terre qui se tient aus terres Guillaume de Romenuel. — Item le governeour de l'eglysse de Turé un herbergement qui fut feu Pierres Giraut, le quiel il tient. — Et yceus dessus diz sunt mi parageour et tienent les choses dessus dites au parage à v souz à muance de seignour.

68. 6 juillet 1307. F° 207 r°.

PETRUS BLEAC EST HOMO LIGIUS PROUT INFERIUS CONTINETUR.

Ceu est le fié que Pierres Bleac tient de monseignor l'evesque à x souz à evesque muant. — Premierement une piece de vigne à la Tesche, joignant aus vignes aus Cosineas. — Item une piece de vigne tenant à la terre au priour de Beaumont, laquele vigne Johan Acousay tent en la Touche. — Item une piece de chaume tenant aus vignes de la Toche, laquele tient Johan Chauce Courte. — Item une piece de chaume tenant aus poebleas Johan Garner, que li diz Johan tient; Johanne Normandine une piece de chaume tenant aus vignes de la Touche. — Item une piece de chaume tenant aus vignes de la Toche, laquele tient Johan Colin. — Item une piece de chaume tenant aus pobleas Johan Garner, et une piece de vigne à la Touche, tenant aus vignes aus Cosineas. — Item une piece de chaume tenant au pui de l'Esperenche, lequiel tient Agaysse Boerelle. — Item II pieces de varennes tenans au puy de l'Esperenche et aus terres au priour de Beaumont, les queles tient Aymeri Rousseaus. — Item une piece de chaume tenant au puy de l'Eperenche, la quele tient la fame Johan Mirebea et la fame Symon Lambert. — Datum sub sigillo officialis die jovis in octabis apostolorum Petri et Pauli, anno Domini M° CCC° septimo.

III

INVENTAIRE DE TITRES DE L'ÉVÊCHÉ DE POITIERS FAIT AU COMMENCEMENT DU XIVe SIÈCLE [1].

IN ARCHA SIGNATA PER DUPLEX AA SUNT HOMAGIA DE ANGLIA.

Primo feodum Gaufridi de Feydello.
Littera de hiis que tenent prior et fratres domus Dei Montis Maurilii in castellaniis de Anglia et de Sivrayo.
Feodum Johannis Tardi.
Feodum Guillelmi Jedoyn.
Feodum domini de Bosco Garnaudi.
Feodum domini Guychardi de Anglia.
Homagium Petri de Calvigniaco.
Homagium domini Guillelmi de Exoduno.
Homagium Hugonis de Launay, domicelli.
Feodum Johannis de Nentre.
Feodum Philippi de Podio Geraudi.
Feodum Johannis de Couhe.
Feodum domini Petri de Poqueriis, militis.
Feodum Hugueti, militis.
Feodum Philippi Guofferii.
Feodum Petri Guilhebaudi.
Feodum Aymerici de Alamannia.
Feodum Guillelmi de Foresta.
Feodum Johannis de Nentreyo.
Homagium Guydonis Clerbaudi.
Feodum Petri de Plesseys.

---

1. Cet inventaire occupe les seize premiers feuillets du cartulaire. Il n'y est précédé d'aucune rubrique.

Feodum Johannis de Targis.
Feodum Philippi Guoffer.
Feodum Laurencii Aguayt.
Feodum domini de Vouhec.
Feodum Johannis Arpini do' Boys.
Homagium Radulphi Bibot.
Feodum domini Guydonis de Tremolhia.
Feodum Stephani de Armencenges.
Feodum Reginaldi de Buxeria.
Feodum Guillelmi Rousset.
Feodum Gaufridi Targevayre.
Feodum Guillelmi, prepositi de Vico.
Feodum Johannis de Joco.
Feodum Thomassie, relicte deffuncti Philippi Jogeron.
Feodum Petri de Barbariouz.
Feodum Marie Tronelle, domicelle.
Feodum Guillelmi de Ris.
Feodum Bartholomei Preconis, domicelli.
Feodum Scolastice, domine de Joco.
Feodum Hugonis Badestrau.
Feodum domini Stephani de Plainmartin.
Feodum Guillelmi Bourde.
Feodum Hugonis Loubelli.
Feodum Petri de Brolio.
Feodum Johannis Leterii.
Feodum domini Guydonis Harberti.
Feodum Guillelmi Gastinea, domini de Margnet.
Feodum Johannis Ballivi de Cerenea.
Feodum Petri de Rivallo.
Feodum Ilayreti Roucelli.
Feodum Johanne, relicte deffuncti Petri Grolet.
Feodum prioris de Carpenia.
Feodum Johannis Caorcini.
Feodum Johannis de Meignaco.
Feodum Petri Vilamondi.

Feodum Hugonis Milonis.

Feodum Petri Caorcini.

Feodum capituli Sancti Marcialis Montis Maurilii.

Littera de hiis que tenet abbas et conventus Fontis Combaudi ab episcopo Pictavensi, et de duobus bezanciis solvendis in mutacione episcopi et abbatis.

Feodum Margarite, relicte deffuncti domini Johannis Morandi.

Littera quod Helias de Podio Geraudi erat homo ligius domini Helie de Anglia.

Feodum Petri Berboini.

Feodum Andree Berboini.

Feodum prioratuum de Fonte Moron et de Fonte Audigerii, movencia de feodis et retrofeodis ecclesie Pictavensis.

Copia de quodam feodo quod tenet Johannes de Maignec.

Resignacio feodi quem fecit Berbinus de feodo ecclesie Pictavensis, quod non potuit.

Copia confirmacionis Hugonis episcopi de hiis que adquisivit abbas et conventus Fontis Combaudi in feodis ecclesie Pictavensis.

Quedam littera super homagio ligio quod Petrus Durandi, rector de Lastucio, tenetur facere domino episcopo racione patrimonii sui.

Copia feodi seu homagii domini Johannis de Ayracuria.

Instrumentum quod Johannes de Meignac et heredes sui debent facere homagium in mutacione domini episcopi et debent xx solidos in mutacione.

Processus super facto Castri de Anglia.

Procuratorium super facto Castri Guillelmi.

Monicio prioris et fratrum de Monte Maurilio et abbatis Fontis Combaudi.

Littera de advohacione Castri Guillelmi a Guydone de Tremolhia milite.

Commissio super facto Castri Guillelmi.

Processus super facto castellanie de Anglia.

Instrumentum de compromisso facto inter episcopum et abbatem de Anglia et Heliam de Podio Giraudi et quosdam alios de Anglia.

Quedam inquesta contra Philippum Aguayt de quodam feodo.

Nomina homagiorum de Anglia in quodam rotulo.

Copia feodi de Rocha Pouzaii.

Feodum Hugonis militis.

ISTA QUE SEQUNTUR FUERUNT APORTATA DE ANGLIA ET TRADITA PER DOMINUM PETRUM DE PODIO.

Primo feodum domini de Mortuomari.

Feodum Amelii de Lazayo.

Feodum Perroti de Peaton.

Feodum Seguini, domini de Podio Geraldi.

Feodum Helie de Foresta.

Littera quod Helias de Anglia, domicellus, dedit Gaufrido Pichon trancheam in nemore de Gastina.

Feodum Johannis Peregrini.

Littera de advohacione feodi Guydonis de Tremolhia.

Feodum Aymerici de Alemaignia, militis.

Homagium Guydonis de Corberia, domini de Joterello.

Homagium Guillelmi Badestraut, valeti.

Feodum Hugonis de Loubeau alias Odart.

Feodum Audeberti de Peateau, valeti.

Feodum Petri Paiaudi.

Feodum Johanne Rogeronne.

Feodum Petronille de la Vau.

Feodum Aymerici de Brolio.

Feodum Petri de Maulay.

Copia feodi Marie, relicte Petri de Bernolio.

Feodum Petri de Levre, domini de Maulay.
Feodum Johannis Leterii.
Feodum Guillelmi Bracheti de Brolio.
Feodum Philippi Gastineau.
Homagium Johannis Peregrini, domini de Tahe.
Feodum Guillelmi Cornet de la Guerche.
Feodum Philippi de Alamaignia.
Feodum Philippi Baylhi, domini de Cerena.
Feodum Symonis de Bors.
Feodum Guilhermi de Saint Morilhee.
Feodum Ysabellis de Borcheman.
Feodum Perroti de Poqueriis, domicelli.
Feodum domini de Conflans.

IN ARCHA SIGNATA PER SIMPLEX A SUNT LITTERE PERPETUALES CASTELLANIE DE ANGLIA.

Primo due littere de Prulhiaco et de Rocha Pozaii, qualiter tenet ad homagium ab episcopo Pictavensi castrum de Rocha, excepto feodo Amobergie.

Instrumentum de homagio ligio domini Aymerici Bechet, facto episcopo Pictavensi de castro et Rocha Pozaii.

Copia in qua continentur ea que tenet ad homagium ligium dominus de Prulhiaco ab episcopo Pictavensi.

Littera quod dominus Guillelmus Josserant dedit Petro Caorcini nemus suum de Fornello de Biers le veylhz, in parochia de Jornec.

Littera de sexaginta solidis annui et perpetui redditus venditis domino Petro Caorcini, presbitero, a Johanne de la Bertholere.

Littera de compromisso et pace inter dominum episcopum Pictavensem et dominum de Castro Radulphi.

Instrumentum quod dominus episcopus Pictavensis precepit abbati de Anglia et suis prioribus quod ponerent extra manum omnia que adquisiverunt in feodo dicti domini episcopi a quinquaginta annis.

Littera de covrancia facta ab Stephano de Pons in parochia de Betines precio LX librarum.

Littera quod dominus Aymericus de Brolio, miles, et ejus uxor vendiderunt domino episcopo Pictavensi herbergamentum de Nehon cum pertinenciis et triginta libris annui redditus.

Composicio inter dominum episcopum Pictavensem et quosdam homines de Mailhec.

Littera de tribus quarteriis prati venditis Petro Caorsini a Johanne Jocerandi, valentibus XII solidos redditus.

Instrumentum quod prioratus de Marignec et de Marsilhec sunt in castellania de Anglia, in feodis domini episcopi Pictavensis.

Littera quittacionis facte archipresbytero Montis Maurilii.

Littera de adquisitis a Guillelmo de Ture in castellania de Tremolhia precio XXX librarum.

Littera divisionis nemoris de Plano Bosco et de Beri inter dominum episcopum Pictavensem et Johannem de Bello Monte, militem.

Composicio pacis inter dominum episcopum Pictavensem et Johannem de Meighnac super XX solidis annui servicii.

Quidam homines de parochia archipresbyteri Montis Maurilii recognoscunt avenam et alia que debent domino episcopo Pictavensi, sub sigillo dicti archipresbyteri.

Compromissum inter dominum episcopum et Philippum de Josseran.

Littera emptionis quatuor sextariorum bladi ad mensuram de Anglia et duorum caponum in parochia Sancti Phidoli a Gaufrido de Columberiis.

Littera de quadam permutacione facta ab Helia de Anglia.

Littera de covranciis factis ab archipresbytero Montis Maurilii in castellania de Tremolhia.

Processus et littere domini episcopi Pictavensis super castellania de Anglia.

Littere contra priorem et fratres domus Dei Montis Maurilii, qualiter moniti fuerunt auctoritate apostolica ut dent in scriptis ea que adquisiverunt in feodis ecclesie Pictavensis.

Copia quod Alphonsus, comes Pictavensis, recognovit castrum de Anglia esse de feodo episcopi Pictavensis.

Littera de covrancia facta a Guillelmo Amfochier ab episcopo Pictavensi.

Littera quod Aymericus Chemes vendidit episcopo Pictavensi quicquid juris habebat in mensura salis de castellania de Anglia.

Johannes de Boxssia et Finilla ejus uxor et Rosa eorum filia vendiderunt episcopo Pictavensi omne jus et actionem quod habebant in decimaria de Mazeriis et pertinenciis.

Littera quod abbas de Misericordia Dei vendidit episcopo Pictavensi quemdam domum.

Littera quod Guillelmus de Jarrigia valetus vendidit episcopo Pictavensi nemus de Menesse prope Sanctum Savinum.

Instrumentum de retractu facto a domino episcopo Pictavensi ab Stephano Caorcini de feodo de Jornec.

Littera vendicionis facte a Guillelmo et Johanne Josserandi Petro Caorcini, presbytero, de quibusdam redditibus.

Littera de covrancia facta a Gaufrido de Columberiis et ejus uxore.

Littera de covrancia facta a domino Guillelmo de Chitre, milite, et Petronilla, ejus uxore, de viginti sextariis bladi ad mensuram de Anglia, et de quatuor libris cum dimidia monete currentis.

Littera quod Hugo Pellislupi, valetus, dominus de Chingeyo, et Thomassia, ejus uxor, vendiderunt episcopo Pictavensi quamdam domum vocatam le Charrau.

Littera vendicionis olim facte Petro Caorsini ab Agneta

vidua, quondam filia Hugueti de Martrays, de viginti solidis et duobus quartonibus olei redditus.

Littera domine Agathe, domine de Lezayo, super quictacione duorum homagiorum et quinque solidorum pro quolibet homagio, que petebat racione domus de la Chatre et decime de Viridario.

Littera quod Petrus Barbe, miles, quittavit et dimisit episcopo Pictavensi homagium quod sibi faciebat Philippus de Exoduno.

Littera de covrancia facta a Petro Bourde et ejus uxore.

Confirmacio domini episcopi Hugonis de bonis adquisitis a priore Montis Maurilii in feodis episcopi Pictavensis, et debet in novitate episcopi tres besancios.

Littera quod Guillelmus de Chenon vendidit episcopo Pictavensi decem et septem minas cum dimidia frumenti.

Littera quod Guydo Clerbaudi vendidit episcopo Pictavensi duo sextaria avene ad mensuram de Anglia et octo solidos annui et perpetui redditus.

Littera herbergamenti et pertinenciarum de Castra, emptis ab archipresbytero Montis Maurilii.

Littera quod Helias de Podio Giraudi vendidit episcopo Pictavensi tres solidos census.

Guillelmus Chavea vendidit episcopo Pictavensi duodecim denarios census.

Littera de quinque solidis et quatuor denariis et una mina avene redditus, adquisitis in parochia de Jornec prope la Chatre.

Littera super facto Castri Guillelmi.

Littera empcionis molendini de Nova Villa, facta ab Amenone Grimaudi, valeto.

Littera adquisicionis facte ab Amenone Grimaudi, scilicet de septem sextariis bladi ad mensuram de Anglia.

Littere Petri Pinchaut de adquisicione facta apud Jornec prope la Chatre.

Littera de duobus sextariis et una mina frumenti et siliginis emptis apud Nehon, que vendidit abbas Sancte Crucis de Anglia.

Johanna Gobete et ejus maritus vendiderunt episcopo Pictavensi quartam partem et omne jus quod habebant in molendino publice vocato de Rocha, sito in riparia de Saleron.

Littera super agricultura decimarum de la Chatre.

Littera vendicionis duarum partium castri et castellanie de Anglia per dominum Heliam de Anglia.

Littera de quinquaginta solidis annui redditus emptis ab Amenone Grimaudi.

Littera de una mina frumenti redditus vendita a Pasquerio Joberti.

Littera quod Guillelmus de Turre, valetus, vendidit domino episcopo Pictavensi duodecim denarios annui redditus, quos habere solebat in molendino de Chatra.

Littera quod Mathias Jarguea et ejus uxor confessi fuesunt esse homines domini episcopi Pictavensis ad annuum redditum dimidie libre cere.

Littera de Rocha Aubetons de sex libris redditus venditis Guillelmo Brachet a Perroto Voce, valeto, et Almodi, ejus uxore.

Quittacio Guillelmi, Petri et Morelli de Agia de hiis que habebant in decima et aliis de Castra.

Littera Guillelmi, prepositi de Cerena, de vendicione nemoris de la Chasteighnereye prope Vicum.

Littera de herbergamento de Castra et pertinenciis emptis ab archipresbytero Montis Maurilii.

Littera quod Aymericus Chyboilheas vendidit domino Petro Caorcini pratum suum subtus vadum de la Grolere in riparia de Saleron.

Littera reddituum de Jornec prope la Chatre.

Littera quod Herbertus de Castra et Agneta ejus uxor vendiderunt Johanni Caorcini decem solidos redditus.

Composicio inter dominum episcopum Pictavensem et dominum Castri Radulphi.

Littera de decem solidis de la Pogue.

Littera de hiis que rector ecclesie de Lastucio tenet ab episcopo Pictavensi.

Testes adducti alias domino episcopo Pictavensi quod heredes domini de Lazayo non poterant retrahere Villam Lutosam et Angliam.

Hii sunt in quibus impedit domina de Mazere Symonem Clerbaudi, militem,

Littera vendicionis facte a Stephano Lobersac Johanni Caorcini de duobus prebendariis siliginis.

Littera quod Geraldus et Johanninus Anerii, fratres, vendiderunt Martino Mangaudi de Landa, parochiano beate Radegundis in Gastina, et ejus uxori octo solidos et octo denarios redditus.

Littera empcionis cujusdam prati siti in parochia de Tremolhia.

Littera empcionis quarti partis molendini de Rocha, in parochia de Jornec.

Littera de covrancia facta a Gaufrido de Columberio.

Composicio pacis facte inter dominum episcopum Pictavensem et dominum de Castro Radulphi de quibusdam juribus que dictus dominus petebat apud Vicum.

Guillelmus et Johannes Josserant, fratres, Johannes Gaberii et nepos suus Geraldus, et Johannes de Ameat, Perrinellus de Couperis, Johannes Rouceas, Johannes Mauduyt de Jornec vendiderunt sexaginta solidos redditus.

Littera quod Guydo Clerbaudi, miles, vendidit Petro Caorcini, presbytero, homines suos de Soliers et tenutam dictorum hominum et pertinenciarum eorumdem, et tresdecim mensuras avene et quatuor mensuras siliginis et tres solidos redditus.

Littera de herbergamento et pertinenciis de Castra, venditis archipresbytero Montis Maurilii a Guillelmo de Lazayo et ejus uxore.

Littera de retracto trium sextariorum bladi ab abbate de Misericordia Dei apud Serol..

Littere Philippi de Exoduno, qui vendidit episcopo Pictavensi quedam que habebat en la Barbelere.

Vidisse composicionis seu compromissi inter dominum episcopum et Johannem de Bello Monte, militem.

Copia confirmacionis domini H. episcopi de hiis que abbas et conventus Fontis Combaudi adquisiverunt in feodis ecclesie Pictavensis.

Littera empcionis pasturagiorum de Vallibus, in parochia de Mailhe.

Emptio de septem sextariis cum dimidio avene super avenagiis de Loruylh.

Littera quod prior de Ysorio et Aymericus de Podio et quidam alii vendiderunt episcopo Pictavensi quartam partiem terre de Anglia.

Instrumentum quod abbas Fontis Combaudi tradidit duos bezancios aureos episcopo Pictavensi racione homagii de hiis que tenet in diocesi Pictavensi a dicto domino episcopo.

Littera archipresbyteri Montis Maurilii, certificans quod quidam vendiderunt episcopo Pictavensi duas partes unius boicelli quarti frumenti et alias duas partes alterius boicelli quarti siliginis.

Procuratorium domini de Castro Radulphi.

Littera de herbergamentis et pertinenciis de Nehon emptis a domino Aymerico de Brolio.

Littera de covrancia molendini de Vic.

Instrumentum pro episcopo Pictavensi super castellania de Anglia, qualiter Helias de Anglia, miles, vendidit castrum et castellaniam de Anglia fratri Galtero, Pictavensi episcopo.

Littera quod Guillelmus Bracheti vendidit Helie de Anglia feodum quod habebat apud Sanctum Savinum a dicto Helia.

Littera quod Henricus de Corberia, miles, et ejus

uxor vendiderunt Galtero, episcopo Pictavensi, totum nemus suum cum feodo de Nehon.

Littera emptionis molendini de Rocha, in parochia de Jornec, in riparia de Saleron.

Littera de quinque tonellis vini emptis ab Henrico de Corberia.

Littera de xiiii solidis redditus emptis ab Ysamberto de Porta in parochia de Tremolhia.

Littera rupta, cum dominus H. episcopus Pictavensis permutaverat Villam Lutosam pro villa de Anglia.

Decime domini episcopi Pictavensis que habet in castellania de Anglia.

Littera de quadam adquisicione facta ab Hameno Grimaudi de viginti solidis annui redditus et tribus sextariis frumenti.

Quedam cedula qualiter abbas et conventus de Anglia dimittunt episcopo Pictavensi certam quantitatem bladorum.

Littera quittacionis molendini de Nova Villa in parochia de Ysoyre.

Littera quod Johannes Nuyrii vendidit episcopo Pictavensi totum bladum quod habebat in grangia domini episcopi de Capella et alia multa.

Littera quod Petrus de Vyona et Gaufridus ejus filius vendiderunt episcopo Pictavensi decem et novem solidos quos habere solebant ab heredibus de Portu Baudet.

Littera quod Guillelmus de Campo Focherii vendidit episcopo Pictavensi viginti quinque solidos.

Littera de viginti quinque solidis emptis super prioratu de Mayrignec ab Aymerico Leterii et ejus uxore, et de quibusdam aliis.

Littera quod abbathia de Misericordia Dei vendidit episcopo Pictavensi viginti denarios.

Littera de tribus minis siliginis emptis a rectore ecclesie de Nehon.

Littera empcionis quadraginta solidorum redditus a Petro de Cohec, valeto.

Littera Alfontis, comitis Pictavensis, qui recognoscit castrum de Anglia esse de feodo episcopi Pictavensis.

Littera quod Guydo de Calvigniaco, miles, debet Lucie, relicte Guillelmi Caorcini, quinquaginta libras turonenses.

Littera quod Philippus de Corberia vendidit Richardo Chenuelli duo sextaria siliginis.

Littera de duabus salmis olei quas debet Henricus de Corberia.

Littera de covrancia facta a Philippo de Corberia, videlicet de septem sextariis et una mina avene ad mensuram Anglie.

Littera de duobus denariis annui census emptis apud Sanctum Savinum super duobus domibus.

Littera quod rector ecclesie de Chiaux vendidit episcopo Pictavensi unum sextarium siliginis ad mensuram de Vohec.

Littera quod Guydo de Albigniaco, miles, vendidit episcopo Pictavensi herbergamentum suum apud Sanctum Savinum, cum pertinenciis, in feodo dicti domini episcopi Pictavensis.

Littera quod Aymericus de Cohec vendidit episcopo Pictavensi octies viginti sextarios bladi.

Littera de covrancia facta a Petro Lagrice de duobus sextariis bladi emptis ab ipso Petro a Guillelmo de Campo Fulcherii, et retractus eorumdem.

Littera quod Andreas de Bruxia, in parochia de Benesia, vendidit episcopo Pictavensi sex pecias vini.

Littera quod Petrus Bourde, clericus, et Hugo Bourde vendiderunt quicquid habebant in quadam decima sita apud Mayzarez in parochia de Jornec.

Littera de covrancia facta apud Sanctum Savinum ab Henrico de Corberia, milite.

Littera quod Aymericus Leterii, valetus, vendidit episcopo Pictavensi servientelam suam, videlicet illam partem quam habebat in nemore mortuo.

Littera quod Guillelmus de Jarrigia, valetus, vendidit episcopo Pictavensi quartam partem herbergamenti sui cum pertinenciis ejusdem.

Littera de tribus sextariis bladi ad mensuram de Anglia, emptis pro episcopo Pictavensi apud Nehon ab Aymerico Leterii et Thomassia ejus uxore.

Littera de covrancia facta a Petro Lagrisse de rebus de Nehon.

Littera de duobus sextariis bladi redditus in ballivia Sancti Savini, quos vendidit Vincencius Mazoers.

Littera de Castra.

Littera quod Petrus Barbe, miles, quittat et dimittit episcopo Pictavensi omnia homagia et deveria que sibi debebant.

Philippus de Exoduno, Thomas de Exoduno confitentur quod villa de Vico est de castellania de Anglia.

Littera quod Gaufridus de Brocia vendidit episcopo Pictavensi totam decimam quam solebat habere in masso de Viridario.

Littera de decem libris emptis ab Helia de Anglia apud Sanctum Savinum.

Littera de covrancia facta apud Sanctum Savinum ab Henrico de Corberia.

Littera de covrancia facta a Guillelmo Tardi, valeto, et ejus uxore apud Vicum.

Littera de decimacione de Champaignelles et de quibusdam tenutis aus Ververs, quas vendidit Petrus de la Monere episcopo Pictavensi.

Littera de nemore sito inter Serenam et Vicum, in castellania de Anglia.

Littera quod Johannes Targevayre, valetus, vendidit quamdam plateam suam sitam infra castrum Sancti Savini.

Littera vendicionis molendini riparie de Gartimpa in parochia de Vic.

Composicio facta inter Heliam de Anglia, valetum, Gaufridum et Johannem Enjogeran, fratres, super quibusdam talhiis sive collectis.

Littera quod dictus Chaveneas et ejus uxor, dictus Borreas junior et ejus uxor vendiderunt episcopo Pictavensi quemdam domum et quemdam ortum situm apud Angliam.

Littera de Castra.

Quittacio a Petronino de Rocha de hiis que habebat in masso de Castra et in decima de la Chatre.

Littera quod Philippus de Joterea, valetus, vendidit episcopo Pictavensi quemdam turrim, appendicium, cortilagium et plateas contiguas dicte turri.

Quittacio facta a dicto Roilh de Ispannia, de hiis que habebat in masso de Castra et in decima de Castra tempore G.

Littera quod Guillelmus de Cohec, miles, vendidit episcopo talhiam quam habebat super hominibus de la Botatere.

Littera quod Hamenus Geraldi et ejus uxor vendiderunt episcopo Pictavensi quicquid habebant in quibusdam domibus episcopi et predecessoris sui in castro de Anglia.

Littera de Rocha aus Bocans.

Littera quod dictus li Brez de la Coilhe vendidit episcopo Pictavensi partem cujusdam orti siti juxta castrum de Anglia.

Littera quod Guillelmus de Mailhc, procurator ecclesie Pictavensis, sede vacante, emit a Guidone Rocelli, valeto, quatuor quadrigatas feni et plures redditus.

Littera de permutacione Guillelmi Theobaldi, facta apud Vicum cum Thoma de Exoduno, de quibusdam rebus que sunt apud Raincec.

Copia littere domini Hugonis de confirmacione illorum que habent prior et fratres domus Dei Montis Maurilii.

Littera de tradicione cujusdam domus site apud Montem Maurilii, facta ab episcopo Pictavensi.

Littera quod Henricus de Corberia et ejus uxor vendiderunt episcopo Pictavensi duo sextaria frumenti et duo siliginis, sita super guaigneriis suis de la Perrere et de la Guarguerie.

Littera quod Guillelmus Foucherii vendidit episcopo Pictavensi duodecim solidos monete currentis.

Littera quod Philippus de Corberia et Aynordis ejus uxor promittunt quod non retractabunt vendicionem quam Helias, miles, fecit episcopo Pictavensi.

Littera de covrancia facta a dicto Clavea apud Loroih. Hugo Badestraut tenetur perficere.

Littera de covrancia facta Petro Chinet et Audeberto Chinet de tribus minis siliginis apud Tremolhiam.

Littera de quinque solidis redditus emptis de Rochars apud Angliam ab episcopo Pictavensi.

Acta et compromissum contra dominum de Castro Radulphi de feodo de Vico pro episcopo Pictavensi ex alia parte.

Empcio facta per Johannem Pinelli a Johanne de Quarta de quinque solidis sex denariis.

Littera Philippi Jogeron de quictacione ab ipso facta domino episcopo Pictavensi de una quadrigata feni redditus.

Littera quod Philippus de Corberia quittavit episcopo Pictavensi jus retractus sibi competens in hiis que alias vendidit eidem episcopo apud Angliam deffunctus Helias de Anglia, miles.

Littera quod Henricus de Corberia, miles, et ejus uxor vendiderunt episcopo Pictavensi decem solidos et duos capones redditus.

Littera in qua continetur quod dominus Guillelmus de Tremolhia debet in mutacione domini de homagio centum solidos.

Littera de illis que habent prior et fratres Montis Maurilii ab antiquo in feodo ecclesie Pictavensis.

Littera quod Garnerius de castro de Anglia vendidit episcopo Pictavensi quemdam cameram sitam juxta muros.

Littera de covrancia facta a Philippo de Corberia ab episcopo Pictavensi.

Littera de confirmacione seu ratificatione facta ab uxore Aymerici Leterii de rebus ab ipso Aymerico venditis episcopo Pictavensi.

Littera quod dicta la Blonde, relicta Michaelis de Rocha, vendidit fratri Galtero, episcopo Pictavensi, xv boicellos siliginis et unum sextarium..... ad mensuram de Tremolhia.

Littera quod rector ecclesie de Aubernayo vendidit episcopo Pictavensi unum prebendarium bladi.

Littera de covrancia facta a Thoma de Exoduno.

Littera quod Guydo Clerbaudi junior vendidit episcopo Pictavensi quosdam redditus in blado et aliis et in denariis et quoddam nemus.

Littera quod Guydo Clerbaudi, miles, quittavit episcopo Pictavensi quicquid juris et proprietatis habebat in molendino de Vico et bosco de Plano.

Littera quod Aymericus de Couhec vendidit episcopo Pictavensi quatuor sextarios avene et sex boicellos quos habebat super hominibus de Conflans.

Littera quod Johannes Bacions de Sancto Savino vendidit episcopo Pictavensi sex solidos annui redditus.

Littera de covrancia facta a Jordano de Martrayz de Vico.

Composicio facta inter episcopum Pictavensem et priorem de Ysorio.

Littera covranciarum factarum per dominum episcopum Pictavensem in capella de Clusello, in parochia de Lastucio.

Littera quod Petronilla, uxor Thome Barthonea, vendidit episcopo Pictavensi decem denarios et unum caponem.

Quedam acta inter comitem Alfonsum et dominum de Lazayo super castro et castellania de Anglia.

Littera abbatis et conventus Sancti Savini de LX solidis redditus quos frater Galterus episcopus Pictavensis emit.

Littera quod Guillelmus de Campo Foucherii vendidit episcopo Pictavensi XXIIII solidos et unum denarium annui redditus et quedam alia.

Littera quod Guydo Clerbaudi, miles, vult et confitetur quod episcopus Pictavensis habeat medietatem, et dividentur inter episcopum et ipsum omnia que sunt communia tam in feodis quam in aliis.

Littera quod Philippus de Exoduno, valetus, vendidit episcopo Pictavensi quartam partem nemoris de Nehun, sitam in castellania de Anglia.

Copia litterarum super vendicione castri et castellanie de Anglia.

Instrumentum continens bullam pape, quod papa scribit regi Francie quod reddat castrum et castellaniam de Anglia una cum bonis.

Littera permutacionis facte de Villa Lutosa cum castro de Anglia cum domino Guillelmo de Lazayo, milite.

Littera de empcione terre de Anglia.

Littera quod Helias de Anglia, miles, vendidit castrum et castellaniam de Anglia episcopo Pictavensi.

Quedam littera in qua Stephanus Bieti vendidit Ricardo Chenueau precio VI librarum unum sextarium frumenti et unum sextarium avene ad mensuram de Tremolhia. Prepositus de Chatra debet recipere. Loquatur cum ipso.

Littera in qua Guillelmus de Pleyliz et Johanna ejus uxor vendunt fratri Galtero partem quam habebant super censibus aus Godetz, qui consueverunt solvi apud Angliam.

Alia littera in quâ Philippus de Exoduno confitetur se habuisse ab episcopo Pictavensi C solidos pro vendis de adquisicionibus factis per dictum episcopum in feodis et paragiis dicti Philippi.

Littera in qua Guarvenus de Turre, valetus, vendidit

Richardo Chanueau duo sextaria cum dimidio siliginis ad mensuram de Tremolhia precio vii librarum. Prepositus de Chatra debet recipere. Cum ipso loquatur.

Littera in qua Petrus de Cohec vendit episcopo Pictavensi XL solidos redditus. Castellanus de Anglia recipiet.

Littera super donacione facta domino F. de Auxio, episcopo Pictavensi, per Laurencium Agayt, de medietate quam habere solebat in nemore de Gastina [1].

IN ARCHA SIGNATA PER DUPLEX B SUNT HOMAGIA CASTELLANIE DE CALVIGNIACO.

Primo homagium Hamonis de Calvigniaco.
Homagium Symonis de Pindrayo.
Homagium heredum Gaufridi de Agia et Hugonis Raymont.
Feodum Bartholomei Boerelli.
Feodum Jordani de Monet.
Feodum Herberti Jalet.
Feodum Hylarii, filii deffuncti Guillelmi de Agia.
Feodum Johannis Berlays.
Feodum domine de Chytreyo.
Feodum Johannis de Lantignec.
Feodum Stephani Bernart d'Archignec.
Feodum Johanne, domine de Chitreo.
Feodum Guillelmi de Creys, valeti.
Feodum Aynordis, domine de Guarigneria.
Quedam permutacio facta inter dominum episcopum et Aymonem de Calvigniaco per parcellos.
Feodum domini Guillelmi de Puteo.
Feodum Yvonis de Monte Falconis.
Feodum Reginaldi de Monte Falconis.

---

1. Ce dernier article est d'une écriture moins ancienne.

Feodum Petri Brechon.

Feodum Guilhemete de Monte Falconis.

Feodum Gaufridi de Agia.

Feodum deffuncti Johannis Polart.

Feodum Johannis Chevilhe.

Feodum Guydonis de Lorreriis.

Feodum heredum Herberti Sechau, valeti.

Homagium Guydonis de Lorreriis.

Feodum Petri de Gozonio.

Feodum Johannis Chevilhe.

Feodum domini Guillelmi Herberti.

Feodum Johannis Berlays.

Instrumentum homagiorum Herberti Senescalli, domini de Diene.

Feodum Johannis Buffeti.

Feodum domini Petri Medienoctis.

Feodum domini Guydonis Clerbaut.

Feodum Johannis, filii deffuncti Mathei Fratris de Rocherea, tamquam tutoris seu habens ballium Thomassie, filie deffuncti Perronini, filie deffuncti Mathei.

Feodum Dyonisii de Varena.

Feodum Petri Bonelli, clerici.

Feodum magistri Johannis de Menot.

Feodum Guydonis Herberti, filii deffuncti Herberti de Calvigniaco.

Homagium Odonini de Puteo, domicelli.

Homagium Hamonis de Calvigniaco.

Feodum domini Herberti Senescalli.

Feodum Aynordis, domine de la Garignere.

Feodum Guillelmi de Alemannia.

Feodum Guydonis de Lorreriis.

Copia feodi Hamonis de Calvigniaco.

Quedam raciones contra Hamonem de Calvigniaco in quodam rotulo.

Feodum domini de Mortuo Mari.

Feodum Johanne, relicte deffuncti Johannis Polardi.

Covrancie facte in feodo quod Haymon de Calvigniaco tenet a domino episcopo Pictavensi.

Homagium Guyoti de Castro Ayraudi.

Homagium Haymonis de Calvigniaco.

Littera quod Gaufridus de Lezighnen fecit homagium episcopo Pictavensi de terra de Calvigniaco et de la Plante et aliis pertinenciis.

Feodum Petri Deute.

Feodum Symonis de Pyndrayo.

Feodum Johannis Lauvergnaz.

Feodum Joliveti de Villanova.

Feodum domini Petri Galicherii, presbyteri.

Feodum Philippi Cries.

Feodum Symonis de Pindrayo.

Feodum Bartholomei Boneau, clerici.

Feodum Helie de Chitreyo, valeti.

Feodum domini Petri Aquini, militis.

Feodum Mathei dicti le Frere de Rocherea, parochiani d'Archinghec.

Homagium Petri Archinbaut.

Feodum Johannis de Rivallo, valeti.

Homagium Guydonis Barbe.

Feodum Johannis de Agia.

Homagium domini Symonis Bruneti.

Feodum Johannis Eroart de Calvigniaco.

Feodum Johannis de la Touche.

Feodum Guydonis Herberti.

Feodum Symonis Roux.

Feodum Petri Ranulphi.

Feodum Guillelmi Medienoctis.

Feodum Guydonis Herberti.

Feodum Johannis de Lantignec.

Feodum Petri Galicherii.

Feodum domini Petri Medienoctis, militis.

Littera excusacionis vicecomitis Castri Ayraudi, quod non poterat de presenti facere homagium.

Feodum Johannis Buffeti.

Feodum Johannis Chevilhe.

Feodum Haymonis de Calvigniaco racione uxoris sue.

Homagium dicti Haymonis de Calvigniaco.

Raciones in quodam rotulo facte inter dominum episcopum et capitulum beati Ilarii super jurisdictione de Jadres.

Copia feodi domini vicecomitis Castri Ayraudi.

Feodum Johannis Davidis.

Copia plurium homagiorum castellanie de Calvigniaco.

Item in quodam pixide seu quadam bustia sunt instrumenta super homagio domini Andree de Calvigniaco.

IN ARCHA SIGNATA PER SIMPLEX B SUNT LITTERE CASTELLANIE
DE CALVIGNIACO QUE SEQUUNTUR.

Primo copia litterarum et articulorum ac deposicionum testium super negocio furcarum inter dominum episcopum Pictavensem et hospitalem Templi, que sunt prope nemus de Maroilhia.

Vidisse super amocione furcarum terre Hospitalis seu Templi prope Maroilhiam.

Alia copia super litteris factis.

Item copia articulorum super negocio furcarum de Calvigniaco ac deposicione testium contra Hospitalem.

Littera regia super amocione furcarum de Landa.

Inquesta contra Gaufridum de Sancto Flodoveo, militem, pro episcopo Pictavensi, super eo quod episcopus emit vendas et alia que habuit dominus Clerbaudus, miles, in Calvigniaco.

Littera de covrancia facta a domino Guydone de Monte Leonis, milite, de hiis que habuit prope Calvigniacum.

Instrumentum super facto domini de Gozonio.

Littera de covrancia facta a domino Guydone de Monte Leonis, milite, de castro et aliis que habuit in Calvigniaco et prope.

Compromissum factum inter episcopum Pictavensem et dominum de Castro Radulphi.

Littera de decem solidis redditus emptis a Johanne de Ponte et Johanna ejus uxore.

Littera de covrancia facta a domino Honestacio de Montsorber, milite, de quibusdam redditibus.

Copia de quindecim minis bladi : frumenti, siliginis, bailhargie et avene, emptis a domino Guillelmo de Archignec, milite.

Littera sine sigillo et signo super vendicione terrarum Guydonis de Monte Leonis, militis.

Gravamina domini Hugonis Turpini.

Littera domini Aymerici de Botigne, militis, qui vendit decem libras redditus domino episcopo Pictavensi.

Littera de covrancia facta a Benevenuta, relicta deffuncti Guydonis Barbe, de tribus minis frumenti redditus.

Littera quomodo dominus Guydo de Monte Leonis, miles, dedit helemosinariam de Calvigniaco episcopo Pictavensi.

Littera de covrancia facta a Guilhoto de Buxeria et ejus uxore de duabus partibus medietatis molendini de Rochereou.

Littera de duodecim denariis redditus emptis a Benevenuta, relicta deffuncti Galteri Chaperon.

Littera decem solidorum redditus super domo Philippi Guilhebaut.

Littera quod Guillelmus de Archigne, miles, vendidit episcopo Pictavensi quindecim minas bladi super decima de Archignec.

Littera empcionis duorum solidorum sitorum super vinea de Rochaforti.

Littera empcionis facte sex solidorum redditus et duorum denariorum census a Galtero Chaperon et ejus uxore.

Littera de sexaginta solidis legatis a Guillelmo Chadenne abbati Sancti Savini, emptis ab episcopo Pictavensi, et est duplex.

Littera quod dominus Johannes de Bello Monte avouhat ab episcopo Pictavensi omnia que habet in castro et castellania de Calvigniaco.

Littera quod abbas Sancti Severini vendidit episcopo Pictavensi feodum et deverium quod habebat Eustachius miles.

Littera decime et censuum de Podio assensatorum precio XII solidorum.

Littera quod dominus Johannes de Aracuria vendidit magistro et fratribus Templi molendinum de Vayres, et ipsi magister et fratres vendiderunt fratri Galtero, episcopo Pictavensi.

Littera quod Guydo Clerbaudi vendidit episcopo Pictavensi decem libras annui redditus.

Littera de novem minis frumenti emptis a Bella Domina, relicta Ranulphi Badestraut, sitis in parochia de Fleec.

Littera trium minarum frumenti redditus super molendino de Rochereo de Calvigniaco.

Littera empcionis facte a Benevenuta, relicta deffuncti Galteri Chaperon, de VII denariis redditus.

Littera de confirmacione adquisicionum factarum a priore, priorissa et monialibus de Podia.

Littera de covrancia facta de VIII minis mixture annui et perpetui redditus, quas Petrus et Johannes Guy habere consueverunt annuatim in molendino de Rochereo.

Littera empcionis facte a Guydone de Rivallo de alta justicia et alta veyreya.

Vidisse quod dominus Johannes de Haracuria et uxor sua devestiunt se de bonis que tenent in Pictavia ab episcopo, volentes quod vicecomes Castri Ayraudi faciat homagium episcopo Pictavensi.

Littera de uno prebendario siliginis et uno prebendario

bailhargie que habebant super decima de Fressinayo prope Calvigniacum.

Littera de covranciis factis a Petro de Fraxinayo de molendino vulgariter appellato molendinum de Chavart.

Littera quomodo dominus Guydo de Monte Leonis, miles, dedit helemosinariam de Calvigniaco episcopo Pictavensi.

Littera quod Guydo Clerbaudi, miles, vendidit episcopo Pictavensi decem libras annui redditus.

Littera de una mina frumenti redditus empta a domino Petro Aquin, milite.

Copia littere super facto domine Blanchie de Gozonio de rebus de Landa.

Littera regia certificans quod Johannes de Harecuria, vicecomes Castri Ayraudi, et uxor sua permutaverunt cum patre uxoris terram quam tenent ab episcopo Pictavensi.

Littera de covrancia facta ab Helia Bouger et ejus uxore in molendino d'Archignec.

Littera empcionis feodi Petri Bonea d'Archignec.

Littera quod prior de Tylhia debet episcopo Pictavensi in novitate sua XL solidos.

Littera quod ea que Guydo Senescalli tenet a fluvio Gartimpe usque ad fluvium Clanis totum est de feodo domini episcopi Pictavensis.

Littera de septem minis bladi per medium frumenti et siliginis.

Littera quod Aymericus de Botigne, miles, vendidit episcopo Pictavensi quicquid juris et proprietatis habebat in grangia dicti domini episcopi apud Archignec.

Vidisse cujusdam littere regie super amocione furcarum per templarios erectarum in castellania de Calvigniaco.

Littera quod Guydo de Calvigniaco et Eustachius de Monte Sorberii vendiderunt episcopo Pictavensi decem libras annui redditus.

Littera seu vidisse super quadam permutacione de quadam domo.

IN ARCHA SIGNATA PER C SUNT LITTERE DE CELLA EPISCOPALI, QUE SEQUUNTUR.

Primo composicio pacis inter episcopum Pictavensem et dominum de Vivonia.

Copia littere Gyleberti, episcopi Pictavensis, de quibusdam redditibus, videlicet de Vineta.

Raciones super feodo de Ceys ex parte domini episcopi.

Transcriptum quarumdam litterarum domini Hugonis de Cella.

Processus contra Johannem de Pelis.

Littera donacionis facte episcopo Pictavensi de jurisdictione et homagio de Vivonia a domino Guydone de Rupe Choardi et Sybilla ejus uxore.

Littera de mille solidis quos Hugo Bruni petebat super homagio de Lesigniaco, quos postea confitetur sibi non deberi.

Littera de donacione facta episcopo Pictavensi de jurisdictione et homagio de Vivonia a domino Guydone de Rupe Choardi et Sibilla, ejus uxore.

Littera quod Hugo, dominus de Lesigniaco, vendidit episcopo Pictavensi Cohec et vinetam de Cella pro mille solidis andegavensibus.

Littera de tresdecim libris et tresdecim solidis VIII denariis annui redditus, venditis apud Vivoniam ab Hugone de Villedon et ejus fratribus episcopo Pictavensi.

Compromissum factum per episcopum Pictavensem et comitem Marchie super rebus de Cella.

Composicio facta inter episcopum Pictavensem et comitem Marchie de quibusdam bonis de Vineta.

Vidisse cujusdam littere regie.

Copia cujusdam alterius littere super facto de Ceys et castellanie de Lesigniaco.

Littera de covrancia facta a Guydone Senescalli de centum solidis et una bursa.

Vidisse super facto de Montferrant et de Rivallo et de la Tyfonelere.

Vidisse super facto de Ceys.

Inquesta de controversia super Valle Chaton, que est inter fratrem G. episcopum Pictavensem ex una parte et comitem Marchie ex altera parte.

Item et de quibus vicecomes Castri Ayraudi debet facere homagium episcopo Pictavensi.

Injurie facte episcopo Pictavensi per comitem Marchie.

IN ARCHA SIGNATA PER D SUNT LITTERE DE ULMO DOYRE, DE TUREYO ET DE SANCTO CHRISTOPHORO, ET HOMAGIA DICTORUM LOCORUM IN DUABUS POCHIS.
ET PRIMO DE ULMO DOYRE.

Littera quod Fulcherius de Logiis vendidit episcopo Pictavensi vi solidos redditus de tercio anno in tercium annum et vi solidos de legali auxilio.

Littera quod Galterus Bonini et uxor sua vendiderunt episcopo Pictavensi xii sextaria bladi : frumenti, siliginis et bailhargie, per tercium.

Littera quod Guillelmus de Rivallo, miles de Ulmo Doyre, vendidit episcopo Pictavensi quicquid juris habebat in terris, hominibus, redditibus et redevanciis apud Ulmum Doyre.

Informacio facta senescalli Pictavensis de jurisdictione quam dominus episcopus habet apud Ulmum Doyre.

Littera quod Galterus Bonini vendidit episcopo Pictavensi xii sextaria bladi, ad mensuram Castri Ayraudi, in parochia de Ulmo Doyre, per tercium frumenti, siliginis et bailhargie, et est duplex.

Monicio de fundando unam domum apud Ulmum Doyre.

Littera de v solidis iiii denariis quos Guillelmus Milon

vendidit episcopo Pictavensi, quos habebat apud Ulmum Doyre.

Littera de Eblone de Ventador de tenemento de Ulmo Doyre.

Littera de quatuor sextariis frumenti annui redditus emptis ab Aymerico de Faya pro domino episcopo Pictavensi apud Senillec.

Littera Guillelmi de Faya et Hugueti Bozonis super tenemento de Ulmo Doyre.

Littera de covrancia facta ab Aymerico de Faye per dominum episcopum de xxIIII trossis feni annui et perpetui redditus.

Compromissum inter dominum episcopum et dominum de Castro Radulphi.

Littera quod Johannes Jaffardi et Dulcia, relicta deffuncti Reginaldi Jaffardi, vendiderunt episcopo Pictavensi viginti solidos annui redditus quos habebant in medietaria Philippi Juvenis de Sancto Maxencio, sita in territorio de Sazina, et in medietaria quarte partis de vastis seu gast de Mala Spina, que sunt in parochia de Valle Tabis.

Littera de quittacione Eblonis de Ventadour, facta a Guillelmo de Rivallo de omnibus juribus, proprietatibus et aliis que habebat apud Ulmum Doyre.

Littera de covrancia facta ab episcopo Pictavensi de Guillelmo de Aneriis de tribus sextariis cum dimidio bladi, videlicet de duobus de bailhargia, uno avene et dimidio frumenti.

Littera quod Guillelmus de Faya, valetus, vendidit episcopo Pictavensi vIII solidos et unum anserem redditus, unam minam frumenti, unam avene ad mensuram Castri Ayraudi, et unum caponem redditus.

Littera de duobus sextariis frumenti redditus emptis ab episcopo Pictavensi de Aymerico de Faya.

SEQUNTUR LITTERE ET HOMAGIA DE TUREYO, QUE SUNT IN UNA POCHA IN DICTA ARCHA SIGNATA PER D.

Primo littera de adquisicione facta de quibusdam domibus apud Castrum Ayraudi.

Littera de sexaginta solidis redditus emptis a Guillelmo de Saerria et Dyonisia, ejus uxore.

Littera de xv solidis emptis a Matheo de Marcayo.

Littera de hiis que Thomas de Malhiaco tenet in terra de Tureyo.

Feodum Petri Gaudea.

Feodum Gaufridi Aguilhon.

Feodum Petri Entays.

Feodum Petri de Podio Garrelli.

Feodum uxoris Raginaldi de Mondion.

Feodum Petri de Vizay.

Feodum Aymerici de Curzay.

Feodum Stephani Amiot.

Feodum Johannis de Prato.

Feodum Petri Garner.

Feodum Hugonis Fragerii.

Articuli dati per comitissam Castri Ayraudi.

Feodum Johannis Agrissay de Tureyo.

SEQUNTUR LITTERE DE SANCTO CHRISTOFORO, QUE SUNT IN QUADAM POCHA IN DICTA ARCHA SIGNATA PER D.

Primo littera quod Aymericus de Lueas vendidit episcopo Pictavensi xv sextaria bladi annui redditus.

Littera quod Eblo miles vendidit domino episcopo Pictavensi quicquid habebat in Sancto Christoforo.

Littera quod Aymericus de Lueas vendidit episcopo Pictavensi xv sextaria bladi annui redditus, et est duplex.

Quedam littera de Sancto Christoforo super jurisdictione.

Littera quod Eblo miles vendidit episcopo Pictavensi omnia que habebat apud Sanctum Christoforum.

IN ARCHA SIGNATA PER E SUNT LITTERE ET HOMAGIA DE VENDOVRIA, DE CHAUSENOLIO ET DE DYSSAYO.

ET PRIMO DE CHAUSENOLIO.

Primo retractio molendini de Vayres.
Littera quod Addemarus de Forgiis vendidit episcopo Pictavensi duo sextaria moduranchie.
Littera covrancie molendini de Vayres.
Littera molendini de Vayres.
Feodum Petri Affredi.
Feodum Thome de Vaube, valeti.

SEQUNTUR LITTERE DE VENDOVRIA.

Et primo, quod Johannes, judex de Vendovria, vendidit episcopo Pictavensi juszeriam de Vendovria.
Feodum Gaufridi de Maulay.
Feodum Aymerici de Alameignia.
Feodum Johanne, relicte deffuncti Gaufridi de Maulayo.

SEQUNTUR LITTERE DE DISSAYO.

Et primo, quod Petrus Bellelance, armeurer, vendidit domino episcopo IIII solidos et I gallinam redditus.
Feodum Guillelmi Dayo.
Feodum Stephani Cailhea.
Feodum Petri Arvey.

IN ARCHA SIGNATA PER F SUNT LITTERE ET HOMAGIA DE VILLA LUTOSA.

Et primo littera vendicionis Guillelmi de Lazayo de Cella Episcopali et Villa Lutosa.

Littera de empcione terre de Vilefeignen, quam vendidit Guillelmus de Lasayo episcopo Pictavensi.

Littera seu vidisse de hiis que dominus Guillelmus de Lazayo et Agatha, ejus uxor, vendiderunt episcopo Pictavensi quicquid habuerunt apud Villam Lutosam, Cellam et Angliam.

Relaxacio cujusdam femine capte de Villa Lutosa per gentes senescalli Angolimensis.

Littera quod rector ecclesie de Villa Lutosa debet x solidos annui redditus.

Sentencia lata contra Aymericum Herberti ab episcopo Pictavensi.

Acta de Villa Lutosa.

Inquesta facta contra Aymericum Herberti de Villa Lutosa.

Alia inquesta.

Sequntur feoda pertinentia ad Villam Lutosam.

Primo feodum Herberti de Villa Lutosa.

Feodum dicti Velon.

Feodum Guillelmi Barrerez, militis.

Feodum Hugonis Barrerez, militis.

Feodum Herberti de Fonte.

Feodum Guillelmi Falberti.

Feodum Petri Tysonis.

Homagium Andree Fouberti, clerici, parochiani de Villa Lutosa.

Homagium Petri Barrerez, domini de Savellis, parochiani de Paysay Nodoyn.

IN ARCHA SIGNATA PER G SUNT LITTERE ET HOMAGIA DE SANCTA PEXINA SEU PESANA.

Primo littera retractus facti per episcopum Pictavensem de Guillelmo Clavelli de sexta parte feodi de Senconio.

Littera composicionis inter episcopum Pictavensem et dominum Johannem Clavelli de decimis et terragiis.

Sentencia data super decimis quas petebat dominus episcopus Pictavensis in herbergamento Petri Berlandi de Suyrim.

Littera de IIII denariis cum obolo emptis a domino episcopo.

Littera de covrancia facta de decima de Venayo.

Ordinacio arbitrorum prioris de Valle Dei et magistri Egidii super controversia decime vinearum inter episcopum Pictavensem et priorem de Nyortello.

Littera de emptione terre et aliorum reddituum quam et quos vendiderunt Guillelmus de Lazaio et Agatha, ejus uxor, episcopo Pictavensi in castellania de Venayo.

Littera de emptione facta in preposituris de Venayo et de Sancta Pexina et de hiis que Petrus et Michael Berthon habebant in decimaria de Venay.

Compromissum factum super decima de Suyrim.

Littera prioris Sancti Remigii de duobus solidis annui redditus.

Littera de emptione facta ab episcopo Pictavensi de sexta parte feodi de Senconio, quam habebat Johannes de Sancto Vazio.

Littera satisfactionis facte Olive, uxori Gaufridi de Vyconio, de sexta parte feodi de Xenconio.

Declaratio facta per priorem de Valle Dei super decima terrarum, vinearum, locorum herbergamenti de Suyrim.

Littera abbatis de Corona, quod prior de Bello Fonte et Sancti Martini juxta Nyortum debent procurationem episcopo.

Littera divisionis inter episcopum Pictavensem et dominum Clavellum de feodo de Xenconya.

Quedam informacio super quadam decima de Sancta Pexina.

Inquesta et ordinacio facta de decima terrarum, vinearum et locorum infra clausuram herbergamenti de Suyrim.

Sequntur feoda dicti loci de Sancta Pexina.

Primo feodum Mathei Garnerii.

Littera quod Johannes Clavelli debet facere homagium de domo sua in novitate sua ad deverium duorum calcarium alborum et xxxii solidorum redditus annuatim.

Feodum Johannis Pasqueti.

Feodum Johannis de Centbaiche de Nyorto.

IN ARCHA SIGNATA PER H SUNT LITTERE ET HOMAGIA DE VALLE TOBIS, TOBIE.

Primo, quod Reginaldus Jaffardi dedit Aymerico Paterelli pro filia sua maritanda x libras annui redditus.

Composicio facta inter episcopum Pictavensem et Philippum Juvenis de Sancto Maxencio.

Littera de borderia de la Rochardere.

Vendicio loci de la Rochardere et de Valle Tobie cum justicia et pluribus aliis.

Littera quod Philippus Juvenis et ejus frater quittaverunt Reginaldo Giffardi terram de Valle Tobie juxta Sanctum Maxencium, quam postea emit episcopus Pictavensis.

Littera quod Johannes Giffardi et Dulcia, ejus mater, quittaverunt Philippo Juvenis et ejus fratri omnes actiones quas habere poterant in fructibus levatis existentibus in territorio de Sazina.

Littera quod Reginaldus et Johannes Giffart vendiderunt episcopo Pictavensi herbergamentum appellatum le Vignau.

Littera de empcione xxv solidorum redditus emptorum ab heredibus Johanne Challesse super domo et pertinenciis de la Rochardere.

Littera quod Johannes Giffardi et Dulcia, relicta deffuncti Reginaldi Giffardi, approbant ea que alias vendiderunt episcopo Pictavensi apud Vallem Thobie.

Littera quod Johannes Jaffardi vendidit episcopo Pictavensi omnia que habebat apud Vallem Thobie.

Littera de empcione x solidorum redditus apud la Rochardere.

Littera quod Dulcia, relicta deffuncti Raginaldi Jaffart, vendidit Philippo Juveni de Sancto Maxencio decem libras annui redditus.

Littera de v sextariis siliginis ad mensuram Sancti Maxencii annui redditus.

Sequntur feoda et homagia dicti loci.

Primo feodum Nicholai Astes.

IN ARCHA SIGNATA PER J SUNT LITTERE DE CHYRE, ET COMPOSICIO ABBATIS MONASTERII NOVI SEU RECOGNICIO DE HIIS QUE TENET IN TERRA EPISCOPI PICTAVENSIS.

Et primo recognicio abbatis Monasterii Novi de hiis que tenet in terra episcopi Pictavensis.

Littera quod Reginaldus de Cos vendidit fratribus domus de Avalhia, Grandimontensis ordinis, duos solidos annui redditus, quos episcopus Pictavensis retraxit.

Littera quod Petrus Borsaudi, valetus, vendidit nemora de Chirec, et episcopus Pictavensis retraxit.

Littera quod Bozo de Insula, miles, dedit fratribus de Avalhia, Grandimontensis ordinis, quicquid habebat in domo et pertinenciis que fuerunt deffuncti Robichon de Podiobuzin, et frater Galterus episcopus retraxit.

Littera quod Raginaldus et Gaufridus de Cos, fratres, dederunt domui de Avallia Grandimontensi unum prebendarium frumenti ad mensuram de Genssiaco redditus; frater G. episcopus retraxit.

Littera quod Ysabellis, relicta deffuncti Petri Borsaudi, dedit dictis fratribus de Avalhia quamdam peciam nemoris cum feodo terre quod habuerunt a domino de Insula Jordani, et quedam alia nemora, que frater G. episcopus Pictavensis retraxit.

Littera quod Hugo de la Troncee et Petrus de Cos,

valeti, dederunt dictis fratribus Grandimontensibus, scilicet dictus Hugo nemus suum in parochia de Chirec, et dictus Petrus usum quem habebat in nemore predicto ; frater G. retraxit.

Littera quod Gaufridus de Caos, valetus, dedit priori et fratribus domus de Avalhia Grandimontensi pasturagium in nemoribus de Brugeriis que habet dictus Gaufridus in parochia de Chirec, et frater G. episcopus retraxit.

Littera quod Petrus de Caos vendidit correctori domus de Avalhia unum prebendarium frumenti annui redditus, quod G. episcopus retraxit.

Littera per quam Saborinus, Hugo et Johannes, ejus frater, et quidam alii dederunt quoddam herbergamentum et terras de Podio Buzen cum terris et aliis, que frater G. episcopus retraxit.

Littera quod Bozo de Insula, miles, dedit fratribus de Avalhia Grandimontensibus vi prebendaria terre gaste, quam terram retraxit Galterus episcopus.

Littera pacis inter dominum G. episcopum et abbatem Monasterii Novi Pictavensis de decem solidis solvendis dicto domino episcopo in novitate sua.

Littera quod corrector domus de Avallia, Grandimontensis ordinis, confitetur se habuisse a fratre G. episcopo Pictavensi pro quibusdam adquisicionibus xxx libras.

Littera quod frater Petrus, corrector domus de Avalhia Grandimontensi confitetur quod quicquid adquisivit in parochia de Chyrec a Bozone de Insula Jordani, milite, Petro Borsaudi, valeto, Guillelmo et Petro de Caos, sunt de feodo episcopi Pictavensis, et quittavit omnia fratri G. episcopo Pictavensi, qui retraxit. Et solvit pro predictis iiii^{xx}xviii libras.

Littera quod Gaufridus Borsaus ratificat donacionem quam Petrus Borsaus, ejus filius, fecit de quibusdam nemoribus domus de Avalhia, que frater G. episcopus retraxit.

Littera de nemore de Podio Buzen, quod dedit Guilhemotus de Avalhia et Bozo de Insula Jordani ; quod retraxit frater G. episcopus Pictavensis.

Littera per quam Guillelmus Mesteer dedit unam libram cere redditus priori de Avalhia, quam Galterus episcopus retraxit.

Littera quod Petrus de Caos, valetus, approbavit donacionem quam Ysabellis, relicta Petri de Boysborsaut, militis, fecit de quadam pecia nemoris, cum feodo et fundo terre, domus de Avalhia, Grandimontensis ordinis; quod frater G. episcopus Pictavensis retraxit.

Littera quod Gaufridus de Caos dedit priori Grandimontensi de Avalhia terram suam de la Fosse Charlac, de Podio Buxi, nemus deou Serayrazons et totum fundum nemoris, in parochia de Chirec.

Littera quod Raginaldus de Caos dedit fratribus de Avalhia, Grandimontensis ordinis, quasdam terras suas quas habebat in parochia de Chirec; quas frater G. episcopus retraxit.

Littera quod corrector de Avalhia Grandimontensis emit unam peciam terre a quibusdam personis; quam frater G. episcopus Pictavensis retraxit.

Littera quod Petrus Borsaudi, valetus, Gaufridus de Caos, dederunt quasdam terras fratribus de Avalhia Grandimontensi ; quas frater G. episcopus retraxit.

Littera quod Raginaldus et Gaufridus de Caos vendiderunt dictis fratribus Grandimontensibus unum prebendarium frumenti ad mensuram de Gensayo redditus, situm super quadam pecia terre juxta cimiterium de Chyrec; frater G. episcopus Pictavensis retraxit.

Littera quod Michael Breteaus vendidit dictis fratribus Grandimontensibus duas quartas frumenti redditus, quas frater G. episcopus retraxit.

Littera quod Gaufridus de Caos vendidit fratribus domus de Avalhia iiii prebendaria frumenti redditus ad mensuram de Gensayo ; que frater G. episcopus Pictavensis retraxit.

Littera quod corrector domus de Availhia Grandimontensis recognovit quod ea que adquisivit in parochia de Chyrec sunt de feodo seu retrofeodo episcopi; que retraxit frater G. episcopus Pictavensis.

Littera quod Petrus de Caos, valetus, dedit Grandimontensibus de Availhia v prebendaria frumenti annui redditus, que habebat in parochia de Chyrec; que frater G. episcopus retraxit.

Littera quod Gaufridus de Caos, valetus, dedit Grandimontensibus de Avalhia quamdam partem nemoris sui de Failher, siti in parochia Sancti Mauricii de Gensayo, cum fundo terre; frater G. episcopus retraxit.

Procuratorium correctoris domus de Avalhia.

IN ARCHA SIGNATA PER K SUNT LITTERE ET HOMAGIA DE MIRABELLO, QUE SEQUNTUR.

Primo de II sextariis frumenti redditus emptis a Petro Barbotelli per capellanum de Mirabello de pecunia eidem data a fratre G. episcopo Pictavensi.

Littera de xxxii solidis et uno sextario siliginis redditus emptis a Guillelmo de Alamannia.

Littera quod Stephanus Ovrardi debet duo sextaria frumenti redditus ecclesiis curatis de Mirabello.

Littera capellani Sancti Petri de Mirabello de emptione sex sextariorum frumenti redditus emptis, pro quibus frater Galterus episcopus Pictavensis solvit xii libras.

Littera de composicione inter procuratores Galteri episcopi ex una parte et Radulphum de Ry, militem, ex altera, super adquisicione facta ab episcopo de xx^{ti} sextariis frumenti ad mensuram de Mirabello.

Memoriale de xx libris solutis.

Littera quod Reginaldus de Monteilh, valetus, dominus de Encremero, vendidit episcopo Pictavensi omnes decimas quas habuit in terris aus Povereas de Pozeas.

Littera quod capellani de Mirabello emerunt redditus de pecunia per fratrem Galterum episcopum Pictavensem tradita in adjutorium procuracionis faciende.

Littera quod Reginaldus de Monte Aureo reddidit fratri Galtero xxiiii sextaria bladi que emerat a Petro Charbonelli, milite.

Littera Petri Agnea, Vendevrie commorantis, de una pipa vini et duobus sextariis frumenti ad mensuram de Mirabello, xi solidis, iii caponibus et v gallinis annui redditus, quos frater G. episcopus Pictavensis emit ab eodem.

Littera archipresbyteri de Mirabello, quod executores deffuncti Aymerici de Chopis, militis, dimittunt domino episcopo servitutem seu servientelam que dicitur lo charroage.

Littera quod Petrus Charbonelli, miles, in parochia de Vendovrio, et Petrus, ejus filius, vendiderunt Raginaldo de Monte Aureo, clerico, xxiiii sextaria frumenti ad mensuram de Mirabello annui redditus precio L librarum, et episcopus Pictavensis retraxit dictum redditum.

Instrumentum super confessione Guillelmi de Chopes, valeti, scilicet quod vult quod servitus vulgariter appellata le charroiage sit domini episcopi Pictavensis perpetuo.

Instrumentum simile.

Quedam raciones et attestaciones.

IN ARCHA SIGNATA PER L SUNT LITTERE ET HOMAGIA DE CELLA EPISCOPALI.

Primo, quod archiepiscopus Burdegalensis et P. Forti de Lesigniaco, dicentes se tenere in feodo c solidos a Giliberto, episcopo Pictavensi, et petentes sibi de hiis justiciam sibi fieri, e contra episcopo Pictavensi hoc negante, cognovit de hiis et judicium dedit.

Instrumentum Johannis Baldoyni, quondam archipresbyteri de Romio, qui posuit feodum in manu episcopi.

Copia quarumdam litterarum seu composicio pacis inter episcopum Pictavensem et Hugonem Bruni.

Sequntur feoda et homagia dicti loci.

Primo feodum Roche de Maingne.

Aliud feodum ejusdem loci.

Feodum Guillelmi de Lezayo, valeti, quod tenet a domino episcopo Pictavensi.

Feodum Symonis de Lazayo, valeti, traditum per manum magistri Bertrandi Papaudi.

Feodum et recognicio homagii de Vivonia.

Feodum de hiis que tenet Pontius de Castellario a domino episcopo in parochia de Istillio et in aliis locis.

Feodum Aymerici de Monte Cugulli in castellania de Cella episcopali.

Recognicio feodi de Lesigniaco.

Articuli de Montferrant.

Littera de hiis que emit Johannes Baudoyni in feodo domini episcopi Pictavensis.

Feodum Aymerici de Chenayo.

Aliud simile feodum de Gopilhon et pluribus aliis.

Homagium Egidii de Montibus.

IN ARCHA SIGNATA PER M SUNT LITTERE PICTAVENSES ET HOMAGIA ET ASSIGNACIONES HOMAGIORUM ET RECOGNICIO EORUMDEM ET QUEDAM LITTERE DE DECANATU THOARCII

Primo littera vendicionis sex sextariorum frumenti in decimaria Sancti Macharii, facte episcopo Pictavensi.

Littera prioris domus helemosinarie Sancti Michaelis prope Thoarcium.

Littera de decima quam frater G. episcopus Pictavensis retraxit in parochia de Sancto Machario.

Littera prioris et fratrum helemosinarie de Thoarcio de decima de Voilhe Loerez.

Alia littera super dicta decima.

Feodum deffuncti Hugueti quadrigarii.

Littera emptionis cujusdam herbergamenti cum nemore et terris in parochia Sancti Macharii, in decanatu Thoarcii.

Composicio inter episcopum Pictavensem et capitulum beate Radegundis, scilicet quod episcopus habet ibidem centum solidos pro procuracione et potest facere unum canonicum in novitate sua.

Ordinacio facta inter dominum episcopum Pictavensem et abbatem de Ferreriis de quibusdam terris, nemoribus et quodam herbergamento in parochia de Sancto Machario.

Tres littere super dicta decima de Volhe Loerez.

Littera quod Guillelmus Choquier vendidit episcopo Pictavensi unum sextarium frumenti ad mensuram Pictavensem annui et perpetui redditus.

Alia littera quod capitulum beate Radegundis Pictavensis debet episcopo Pictavensi centum solidos pro procuracione et facere unum canonicum in novitate sua.

Littera de vineis clausi Garnerii.

Littera quod episcopus habet procuracionem in ecclesia beate Radegundis Pictavensis.

Littera et ordinacio Prenestrini cardinalis, quod quinque priores abbatis de Burgolio solverunt unam procuracionem episcopo Pictavensi.

Littera de quinque sextariis frumenti ad mensuram Thoarcii et decem denariis solvendis in festo beati Michaelis per capellanum de Sancto Machario.

Littera quod Symon Clerbaudi, miles, vendidit episcopo Pictavensi xv coxas frumenti et siliginis.

Instrumentum quod episcopus Pictavensis habet procuracionem annuatim in prioratibus de Fulgerouse, de Vallecoloris, de Verilhe et de la Giraudiere, Pictavensis diocesis.

Littera quod rector de Brullenco debet episcopo Pictavensi anno quolibet in festo beati Luce xxx solidos.

Littera quod episcopus Pictavensis habet procuracionem in ecclesia de Chasteign.

In quadam parva boeta sunt assignaciones homagii de Bellavilla et quoddam instrumentum qualiter dominus Oliverius de Clisson fecit homagium dicto domino episcopo de Mota de Malo Leone.

IN ARCHA SIGNATA PER N SUNT LITTERE QUE SEQUNTUR.

Primo littera de helemosinaria Carroffensi, quod capellanie vacantes ad quarantenam et alia non tenentur.

Composicio facta inter episcopum Pictavensem et abbatem Fontis Comitis de ecclesiis Sancti Christofori et de Xirolio.

Littere regie seu vidisse quod non fiant indebite novitates contra episcopum Pictavensem.

Compromissum inter episcopum Pictavensem et dominum de Castro Radulphi.

Littera de compromisso monialium de Thoarcio et quorumdam aliorum.

Littera presentacionis cujusdam clerici chori ecclesie beati Ilarii Pictavensis, presentati ad subdiaconatus ordinem episcopo Pictavensi.

Collacio capellanie Sancti Johannis Angeliacensis facta per fratrem Galterum episcopum Pictavensem.

Copia mandati regii super exercicio Flandrensium.

Littera regia sub sigillo..... Parisiensis, in qua mandabatur senescallis suis quod bona capta et saysita ab episcopo et personis ecclesiasticis diocesis Pictavensis, pro qua tamen nichil factum fuit *(sic)*.

Transcriptum litterarum comitis Pictavis de liber[t]ate ecclesie, scilicet quod quittat regalia si qua habet in ecclesia Pictavensi.

Expedicio temporalitatis domini episcopi Pictavensis.

Littera senescalli Pictavensis super exempcione domorum episcopalium Pictavensium.

Littera quod rex non habet regalia super episcopo Pictavensi.

Tres rotuli in quibus continentur ea que adquisivit abbas Monasterii Novi in feodis et retrofeodis episcopi Pictavensis.

Littera de bonis que emit rector ecclesie de Villareto de bonis episcopi Pictavensis pro ecclesia sua.

Item duo vidisse super gravaminibus latis contra dominum episcopum Pictavensem.

IN ARCHA SIGNATA PER O SUNT HOMAGIA EXTRA LOCA ET QUEDAM CITACIONES ET LITTERE SUPER PORTACIONE DOMINI EPISCOPI PICTAVENSIS ET PLURES ALIE PROUT SEQUNTUR.

Primo homagium Guillelmi del Magni in parochiis de Vigano et Sancti Martini Lars.

Instrumentum requisicionis facte de castro et castellania de Sivrayo.

Littera quod Juliana Painperiona de Carroffio constituit heredem Jodoynum Barlotini de Carroffio, tunc archipresbyterum de Boyno.

Copia littere regie quod castellania de Sivrayo pro homine prestando domino episcopo Pictavensi (*sic*).

Recognicio feodi dicti Brulencii in parochia de Focis, quod tenetur ab episcopo Pictavensi.

Littera super juramento abbatis Nobiliacensis.

Requisicio regi facta de castro de Syvrayo.

Requisicio de homagio faciendo, facta comiti Augi.

Alia similis requisicio super dicto facto.

Item alia similis requisicio.

Littera recognicionis abbatis Sancti Cypriani, quod prioratus de Vigennia est in feodo domini episcopi.

Alia requisicio facta comiti Augi super dicto facto.

Monicio facta comiti Augi sub manu publica.

Alia requisicio facta gentibus dicti comitis de castellania de Sivrayo.

Littera decani de Thoarcio et archipresbyteri Alperiensis de responsione regis Philippi.

Responsio regis facta per decanum Thoarcensem et archipresbyterum Alperiensem.

Feodum de Exoduno.

Feoda que domina de Beoxia tenet ab episcopo Pictavensi in parochia Sancti Citronini et vicinarum archipresbyteratus de Loduno.

Littera archipresbyteri de Boyn super resignacione facta domine de Podio Chebrer de feodo suo, de quo rogat episcopum quod recipiat filium suum ad homagium, et est ibi expressum novum feodum.

Composicio facta inter episcopum Pictavensem et abbatem de Regali super herbergamento de Vigano, pro quo debet prior dicti loci dicto episcopo in festo beati Georgii quinque solidos.

IV

LISTE DES ÉVÊQUES DE POITIERS [1].

NICTARIUS PICTAVENSIS EPISCOPUS. — Is ipse est S. Victorinus inclyto martyrio clarus sub Diocletiano, de quo S. Hieronym. ad Paulin. epist. 13, et 84 ad Magn. orat. Vide Baron. Annot. ad martyrolog. Rom. 7 novemb. quo die occurrit solennitas S[ti] Vict. alias Victorini.

LIBERIUS —
TUPIANUS —
AGON —
HILPIDIANUS —
JUSTINUS —
BELLATOR —
ALIPHIUS —
HYLARIUS —
PASCENTIUS —
QUINCIANUS —
GELASIUS —
ATTENIUS —
MAXENTIUS —
PERHENNIS —
MIGETIUS —
LUPICINUS —
PELAGIUS —
LISTICIUS —
LUPICINUS —
ESICHUS —

---

1. Cette liste remplit les cinq derniers feuillets du cartulaire. Elle n'y est précédée d'aucune rubrique. Les dates et les notes qui suivent les noms de quelques évêques ont été ajoutées au XVIe et au XVIIe siècle, sauf la note relative à *Froterius*.

— 383 —

Esichus pictavensis episcopus.		
Antonius	—	
Adelfius	—	
Elapius	—	
Danihel	—	
Pientius	—	
Pascentius	—	
Maroveus	—	
Platonus	—	
Fortunatus	—	
Caregisilus	—	
Ennoaldus	—	
Johannes	—	
Dido	—	Preerat anno Domini 621. — Erat avonculus beati Leodegarii martiris et Eduensis episcopi.
Ansoaldus	—	
Eparchius	—	
Maximinus	—	
Gautbertus	—	
Godo	—	de Rochechouart, 841.
Magnibertus	—	
Bertalidus	—	
Benedictus	—	
Johannes	—	
Bertrandus	—	
Sigibrannus	—	
Ebroinus	—	
Ingenaldus	—	
Hegfridus	—	
Froterius	—	Hic construxit monasterium Sancti Cypriani extra muros Pictavenses, et in eodem sepultus [1].

---

1. Cette note, jusqu'au mot *Pictavenses* inclusivement, a été écrite au XVe siècle.

Alboinus pictavensis episcopus.

Petrus	—	1095.
Gislebertus	—	
Isembertus	—	
Isembertus	—	enterré à St Cyprian en la chapelle de Nostre Dame du costé gauche, et saint Guillaume, aussy evesque de Poictiers, du costé droit.
Petrus	—	
Guillermus	—	de Ragioles.
Guillermus	—	Adhelm.
Grimoardus	—	
Gislebertus II	—	de la Porée, natif de Poictiers, seigneur de Ruffec, chanoine de Saint Hylaire, du temps de sainct Bernard et du roi Loys 7e du nom, le 40 roy de France.

TABLE

DES NOMS DE PERSONNES ET DE LIEUX.

A

Abdon et Sennes (ecclesia de); 201. Dandesigny, c^{ne} de Verrue, c^{on} de Mirebeau, Vi [1].
Abibon (Johannes), canonicus ecclesiæ Pictavensis, 212.
Abiezez (Willelmus), 4.
Aceluy (Guillaume), 336.
Acer (Petrus), 318.
Acharnet, al. Acharniz (P.) 56, 57.
Acousay (Johan), 338.
Adelfius, episcopus Pictavensis, 383.
Aenaldis, soror Audeberti de Chalepie, 19, 20, 21.
Affollarz (Aymeri), 331.
Affredi (Petrus), 368.
Affroy (Johan), 57, 260.
Agatha, domina de Lezayo, 346.
— uxor Guillelmi de Lezayo, 47, 58, 59, 60.
— relicta Josberti de Decalopi, 18, 19, 20.
Agayt (Guillelmus), 312.
— (Johannes), 312.
— (Laurentius), 311, 340, 357.
— Philippus, 342.
Agennensis, civitas et diocesis, 109, 166, Agen, L.-et-G.
— episcopus, 109.
Ages (les), 61, 62. C^{ne} de Lignac, c^{on} de Bélabre, Indre.
Agia (Gaufridus de), 357, 358.
— (Guillelmus de), 357.
— (Hylarius de), 357.
— (Johannes de), 359.
— (Guillelmus, Petrus et Morellus de), 347.
Agnea (Petrus), 376.
Agnes, uxor Aymerici de Luens, 30.
Agneta, uxor Herberti de Castra, 347.
— vidua, filia Hugueti de Martrays, 345.
Agnette (Gilette), femme de Jean de Montléon, 220, 221, 222.
Agon, episcopus Pictavensis, 382.
Agrissay (Johannes) de Tureyo, 329, 367.
Aguayt. V. Agayt.
Aguilhon (Gaufridus), 367.
Agullier (Johan l'), 278.
Aiguillier, al. Esguiller (Johan l'), 259.
Aillé, 270. C^{ne} de Saint-Pierre-les-Eglises, c^{on} de Chauvigny, Vi.
Aimericus, episcopus Pictavensis, 180, 182, 183.
Ainordis (domina), 3. Voy. Aynor, Aynordis.
Alamaignia (Philippus de), 343.
Alamannia (Aymericus de), 339.
— (Guillelmus de), 375.

---

1. Pour éviter les répétitions très fréquentes des noms des trois départements du Poitou, nous les indiquons ainsi en abrégé. D.-S. : Deux-Sèvres. — Ve : Vendée. — Vi : Vienne.

— 386 —

Alameignia (Aymericus de), 368.
Alemaignia (Aymericus de), miles, 342.
Alemannia (Guillelmus de), 358.
Albigniaco (Guydo de), miles, 351.
Alboinus, episcopus Pictavensis, 384.
Albuciensis (Robertus) archipresbyter, 139. *Aubusson, Creuse.*
Albuini (Guillelmus), 154.
Alcos (parochia de), 135, 136, 138.
Alemant (Guillaume), 270.
Alexander papa IV, 44.
Alexandrinus patriarcha, 209.
Aliphius, episcopus Pictavensis, 283.
Alperiensis archipresbyter, 381.
Alphonsus, comes Pictavensis et Tolosanus, 32, 42, 43, 49, 345, 351, 355.
Amains (Estève), 273.
Amarvili (Petrus), vicesgerens archipresbyteri de Boyg, 115.
Amassart (Aymeri), 330.
Ambasiensis canonicus, 166. *Amboise, Indre-et-Loire.*
Amea, al. Emeau (Joffroy), 150.
Ameat (Johannes de), 348.
Amfochiea (Guillelmus), 345.
Amici (Michael), canonicus beatæ Mariæ majoris et sanctæ Radegundis, 123, 145, 153 ; collector focagii. 74.
Amiot (Bertholomé), 334.
— (Etienne), 333, 334, 367.
Amobergiæ feodum, 343.
Amovins (Jeffroy), 274.
Amy (Mich.), chanoine de Notre-Dame et de Sainte-Radegonde de Poitiers, 264.
Andegavensis ballivus, 75. *Angers, Maine-et-Loire.*
Anerii (Geraldus et Johanninus), 348.
Aneriis (Guillelmus de), 366.
Anerus, 53.
Angla. V. Anglia.
Anglain (aqua de l'), 322. *L'Anglin, rivière, affluent de la Gartempe.*
Anglia, Angla, Engla, 209, 214, 316, 348, 350, 353, 354, 357, 369. *Angle, con de Saint-Savin, Vi.*
— abbates, 70, 342, 343, 347, 350. Voy. Guillelmus, Thomas.
— archipresbyter, 290, 291. V. Guillelmus.

Anglia, castellania, 46, 47, 64, 68, 69, 70, 75, 243, 339, 342, 353, 355, 396.
— castrum, 318, 321, 323, 341, 345, 347, 351, 353, 355, 356.
— dominus. V. Helias.
— prepositura, 16, 17.
— prioratus sancti Martini, 319, 327.
— prior. Voy. Raguignon (A.).
— terra, 349, 356.
— turris de la Corne, 319.
— (Guichardus de), 339.
— (Helyas de), miles, 64, 341, 342, 344, 347, 352, 353, 354, 356.
— (Rorgo de), nobilis vir, 17.
— (Willelmus de), nobilis vir, 16, 17.
Ansoaldus, episcopus Pictavensis, 383.
Antignet, 292. *Antigny, con de St-Savin, Vi.*
Antonius, episcopus Pictavensis, 383.
Aquensis episcopus, 83. *Dax, Landes.*
Aquin, Aquini (Petrus), miles, 359, 363.
Aquis (Johannes de), canonicus Baronensis, 206.
Arabi (J.), 56.
Aracuria (Johannes de). V. Haracuria.
Arbege (Guyonnet), 287.
Arcevesque (Guillaume l'), sire de Parthenay, 192. V. Archiepiscopi.
Archambaudi (Petrus), clericus, apostolica et imperiali auctoritate notarius, 95, 114.
Archiepiscopi (Guillelmus), dominus de Partiniaco, 106, 182, 183, 184, 186, 192.
Archigné, Archignec, Archinec, Archiniacum, Archinghec, 16, 17, 270, 275, 283, 293, 294, 296, 297, 300, 309, 359, 361, 363. *Archigny, con de Vouneuil-sur-Vienne, Vi.*
— (Guillelmus de), miles, 296, 297, 361.
Archinbaut (Johannes), 53.
— (Petrus), 359.
Archinec. V. Archigné.
Archinghec. V. Archigné.
Ardrecozan (dominus), miles, 68, 70.

Ardunum, 6. *Ardin*, c^{on} *de Coulonges-les-Royaux, D.-S.*
Ardunensis archipresbyter. V. Arnaudus (J.).
— prior. V. Petrus.
Argentonio (Aymericus de), miles, 185.
Armeneenges (Stephanus de), 340.
Arnaldi (Petrus), 177.
— (Raymundus), clericus Agennensis diocesis, 166.
Arnaldus, archiepiscopus Burdegalensis, 78, 85, 91, 92, 95, 96, 99, 100, 101, 102, 104, 106, 108, 124, 134, 140, 175.
— episcopus Pictavensis, 105, 106, 116, 117, 118, 119, 120, 121, 124, 127, 129, 134, 141, 143, 197, 283, 308, 330.
— presbyter cardinalis, 129, 130.
Arnaudet (Gaufridus), 318.
Arnaudus, episcopus Pictavensis, 43.
— (J.) archipresbyter Ardunensis, 7.
— prepositus abbatie Malleacensis, 7.
Arnaut de l'Estanc (Pierre), 148.
Arpini (Johannes) de Boys, 340.
Artige, 273. *C^{ne} de Chauvigny, Vi.*
Arvey (Petrus), 368.
Asianensis (Guillotus, decanus). *Aizenay*, c^{on} *du Poiré-sous-la-Roche, Ve.* V. Guillotus.
Aspa (nemora de), Aspe, 314, 315, 316, 327. *Bois-d'Aspe*, c^{ne} *d'Izeure*, c^{on} *de Preuilly; Indre-et-Loire.*
Assaillie, Assailliz (Aenordis), 56.
Assailly (P.), 55.
Asseronne (la douce), 260.
Astes (Nicholaus), 372.
Atilhon (Jehan), 245.
Attenius, episcopus Pictavensis, 382.
Aubernayo (rector ecclesiæ de), 355.
Aude (dame), 270.
Audruz (Aymeri), 335.
Auffrois (Johannes), 56.
Augi, comes, 72, 380. *Eu, Seine-Inférieure.*
Augio (Agia de), 61.
Auray (le pré), 333. *C^{ne} de Dissay*, c^{on} *de Saint-Georges, Vi.*
Aureævallis (abbas). *Airvault, D.-S.* V. Petrus.
Aurelianensis episcopus. V. Guillelmus. *Orléans, Loiret.*
— (G. de Roffinhaco canonicus), 95, 114.
Ausenciæ pons, 171. *Auzance*, c^{ne} *de Migné*, c^{on} *nord de Poitiers, Vi.*
Auson (Johan d'), 333.
Ausonio (præceptor de), 57. *Ozon*, c^{ne} *de Châtellerault, Vi.*
Ausse (Hugo), 53, 54.
— (Stephanus), 53.
Ausseurre (Guillaume d'), marchand de Poitiers, 221.
Autays (Guillaume), 331.
— (Pierre), 331, 332, 337.
— (Renaut), 336.
Auxio (Arnaldus de), presbyter, 139.
— (Guillelmus de), canonicus S.-Radegundis, 106.
Auxitanensis archiepiscopus, 254. *Auch, Gers.*
Auzon (l'), rivière. *Affluent de la Vienne*, 270, 297.
Availhe (Jean d'), 244, 245, 247.
Availle, Avalha, Avallia, paroisse, 39, 41, 275, 276. C^{on} *de Vouneuil-sur-Vienne, Vi.*
Avalhia (domus de), Grandimontensis ordinis, 372, 373, 374, 375.
Availle, c^{ne} *de Nouaillé*, c^{on} *de la Villedieu, Vi.*
Avanton, 171, 172. C^{on} *de Neuville.* V.
Avenio, 91, 170, 197, 199, 202, 204, 205, 206. *Avignon, Vaucluse.*
Aymer, 14.
Aymerici (Johannes), 57.
Aymericus, abbas sancti Severini, 34.
Aymo, Haymon, Hamo, de Calviniaco, 357, 358, 359, 360.
Aynor, dame de la Garinère, 271.
Aynordis, uxor Philippi de Corberia, 354.
Ayquin (Guillelmus), miles, 46.
Ayracuria (Johannes de). V. Haracuria.
Ayraudi (Johannes), vicarius archipresbyteri de Savigniaco, 178.
— (Petrus), presbyter, 212.
Ayre (Hugo d'), 57.
— (Johannes), 56.
Ayroart (Johan) de Chauvigné, 284, 291.
— (Martin), 337.

— 388 —

B

Babert, 261.
Babin (Johan), 335.
Babini (Petrus), 313.
Baboin (Johan), 270.
Bacheti (Johannes), clericus, 164.
Bachime (Thomas), major communitatis de Niorto, 116.
Bacions (Johannes) de sancto Savino, 355.
Badestrau, Badestraut (Guillelmus), valetus, 342.
— (Hugo), 340, 354.
— (Ranulphus), 362.
Bailhi (Johannes) de Cerenea, 340.
— (Philippus), dominus de Cerena, 343.
Baillif (Johan), 325.
Baillo (Willelmus), clericus, 56.
Baionensis episcopus, 83. *Bayonne, Basses-Pyrénées.*
Baldoyni, al. Baudoyni (Johannes), archipresbyter de Romio, 376, 377.
Bar (Guillelmus), canonicus ecclesiæ Pictavensis, 212.
Baratère (la), 317, 320.
Barbaliers, al. Barbeliers (les), Barbelières (les), 262, 266, 267, 305, 309. *Les Barbalières, c^{ne} de Bonnes, c^{on} de Saint-Julien-l'Ars, Vi.*
Barbanches (vignes de), 284. *Vers S.-Martin-la-Rivière, c^{on} de Chauvigny, Vi.*
Barbariouz (Petrus de), 340.
Barbe (Guydo), 359, 361.
— (Guyot, Guyotus), valet, 261, 306.
— (Petrus), miles, 68, 70, 259, 283, 346, 352.
Barbelère, Barbelière (la). V. Barbaliers.
Barbelinge (la), 156.
Barbedayre (Perronnelle), 261.
Barbères (Alaïs de) de Ché, 273.
Barberii (Helias), canonicus Narbonensis, 206.
Barberousse, (vigne, 294. *C^{ne} d'Archigny, c^{on} de Vouneuil-sur-Vienne, Vi.*
Barbet (Aymericus), 54.

Barbeti (Andreas), archipresbyter de Luciaco, 74, 77.
Barbini (Andreas), canonicus S. Radegundis Pictavensis, 46.
Barbotelli (Petrus), 375.
Barbotini (Petrus), 142.
Bardin, 259.
Bardon (Hugo), 56.
Bardous (Johan), 295.
Baril (le pré), 335, *C^{ne} de Thuré, c^{on} de Châtellerault, Vi.*
Barlotini (Jodoynus), archipresbyter de Boyno, 380.
Barnea (Aimericus), 171.
Baronensis canonicus, 206.
Barra (Guillelmus de), serviens regis, 142.
Barrau (Guillaume), 335.
Barravi (Guillelmus), clericus, publicus auctoritate apostolica notarius, 187.
Barrerez (Guillelmus), miles, 369.
— (Hugo), miles, 369.
— (Petrus), dominus de Savellis, 369.
Barricher (Pierre), 331.
Barthonea (Thomas), 355.
Basin (Estièvre et Huguet), 148.
— (Regnaut), 147, 148.
Basogiis (prioratus de), 6, 7. *Bazoges-en-Pareds, c^{on} de la Châtaigneraie, Ve.*
Bassayum. Voy. Bouçay.
Bastart (Guillaume), 276.
— (Johan), 276.
Bauçay (Guy de), chevalier, 145, 146, 149, 150, 153, 154.
Baudesère (vinea de la), 281. *Vignes près la haute ville, à Chauv., Vi.*
Baudet (Colinus), clericus, 118.
— (Johannes), 53.
Baudoin (Micheau), 336.
Baus (Pierre de), 337.
Beajeu (Huget), 246.
Beate Mariæ majoris ecclesia. V. Sanctæ Mariæ Majoris.
Beate Radegundis capitulum. V. Sanctæ Radegundis.
Beati Ilarii capitulum. V. Sancti Hilarii.
Beau (Regnaut le), 151.

Beauble (Petrus), utriusque juris doctor, 187, 189.
Beau-Marcheys, 278. C^{ne} de Saint-Pierre-des-Eglises, c^{on} de Chauvigny, Vi.
Beaumont (le prieur de), 338. C^{on} de Vouneuil-sur-Vienne, Vi.
Beau-Puy (Johan), prêtre, 267.
Beauramis (Perrot), 247.
Becheronere al. Becheronole (la), 315.
Bechet (Aymericus), 343.
Bedoerie (la), la Bedourie, la Bodoerie, 272, 273, 304. C^{ne} de Saint-Pierre-les-Eglises, c^{on} de Chauvigny, Vi.
Beliners (terre de), 300.
Bella Domina, relicta Ranulphi Badestraut, 362.
Bellator, episcopus Pictavensis, 382.
Bellavilla, 379. Belleville, c^{on} du Poiré-sous-la-Roche, Ve.
— (Mauricius, dominus de), 106.
Bellefont, 269. C^{on} de Vouneuil-sur-Vienne, Vi.
— prior de Bello Fonte, 370.
Bellelance (Petrus), armeurer, 368.
Bello Loco (vineæ de), 311. Beaulieu, c^{ne} d'Angle, c^{on} de Saint-Savin, Vi.
Bello Monte (Johannes de), miles, 344, 362.
— (magister Petrus de), 155.
Bellus Visus, 304. Beauvais, c^{ne} de Saint-Pierre-des-Eglises, c^{on} de Chauvigny, Vi.
Belotère (la), 273.
Beloz, frater Guillelmi Guillebaut, 320.
Benedictus, episcopus Pictavensis, 383.
— papa XII, 176. 178.
— papa XIII, 212, 213.
Benesia (parochia de), 351. Saint-Hilaire-de-Benaise, c^{on} de Bélabre, Indre.
Beneventanus (magister), diaconus cardinalis sancte Marie in Aquizo, 10.
Benevenuta, relicta Galteri Chaperon, 361, 362.
— relicta Guydonis Barbe, 361.
Benouer (Morin de), 336.
Beoxia (domina de), 381. Beuxe, c^{on} de Loudun, Vi.

Beras (Petrus de), clericus Agennensis diocesis, 166.
Beraut, 260.
Berbinus, 341.
Berboini (Andreas), 341.
— (Petrus), 341.
Berchorium, domus Dei sancti Jacobi, 118, 119, 120. Bressuire, D.-S.
Beri (nemus de), 344.
Beriguiet, 333.
Berlandi (Petrus) de Suyrim, 370.
Berland (Hébert), 192.
— (Jehan), chanoine de Saint-Hilaire. 192.
Berlay, al. Berlois (les bois), 270, 271.
Berlays (Johan), 282, 357, 358.
Bermars (chemin aux), 334.
Bermaut, 259.
Bernard (Aucenz), sergent de l'évêque de Poitiers, 150.
Bernardet (Gualabrun), 324.
Bernardi de Berrencas (Guillelmus), canonicus beatæ Mariæ de Mirabello, 106, 128.
— (Raymundus), archipresbyter Feodi Marconis, 106, 120, 130.
Bernardus, serviens episcopi, 306.
Bernart (Chaban), 324.
— (Guillaume), 336.
— (Petrus), 317, 320.
— (Stephanus), d'Archignec, 357.
Berne (Petrus), 328.
Bernolio (Petrus de), 342.
Bereart, al. Berouaut (Etienne), d'Archigny, 294, 295, 296, 297, 310.
— (Guillot), 296.
Berta, abbatissa monasterii Fontisebraudi, 13.
Bertalidus, episcopus Pictavensis, 383.
Bertholère (Johannes de la), 343.
Berthon (Michael et Petrus), 370.
Berton (Hervé le), 152.
Bertoneres (territorium de), 22.
Bertrand I, évêque de Poitiers, 383.
— II, évêque de Poitiers, 189.
Bertrandus, 54.
— archiepiscopus Burdegalensis, 136.
Besseborde (Jehan de), 247.
Betines (parochia de), 344. C^{on} de Saint-Savin, Vi.

Betines (Hugo), 320.
Bibot (Johannes), 292, 293, 295, 310, 318.
— (Petrus), 293.
— (Radulphus), 340.
Biers le Veylh, in parochia de Jornec, 343. *Biard, c^{ne} de Journet, c^{on} de la Trimouille, Vi.*
Bieti (Stephanus), 356.
Bigarrupes, 135, 136, 138, 139.
Bigart (Stephanus), 54.
Billot (Petrus) de Archinec, 293.
Birazello (Bertrandus de), clericus, 139.
Bisardi (Guillelmus), canonicus ecclesiæ Pictavensis, 212.
Bitri (Guido de), clericus, 82.
Bituricensis archiepiscopus, 83. *Bourges, Cher.*
Bladunius. 34.
Blandin (W.), canonicus Cellensis, 7.
Blanlayum, 153. *Blalay, c^{on} de Neuville, Vi.*
Blasius (frater), procurator abbatissæ Fontis Ebraudi, 23.
Blavo (Petrus de), miles, senescallus Pictavensis, 75.
Bleac (Pierre), 338.
Blesis (Johannes de), canonicus ecclesiæ Pictavensis, 212.
Bloay (Guillaume le), 149.
Blonde (la), relicta Michaelis de Rocha, 355.
Bloy (Michael le), 328.
Bloyac (Rampnulphus de), cantor Burdegalensis, 139.
Bochart (Bernard), 324.
Bocheaus (villagium de), 290. *Les Bouchaux, c^{ne} de Pouzioux, c^{on} de Chauvigny, Vi.*
Boderri (Phelipon), 152.
Bodini (Thomas), presbyter, 212.
Bodoerie (la). V. Bedoerie.
Boer (Martin), 150.
Boerca (Bartholomé), 280, 290.
— (les), 278.
Boerelle (Agaysse), 338.
Boerelli (Bartholomeus), 357.
Boine (Hugues de), 335.
Bois (le), village, 288. *C^{ne} de Saint-Martial, c^{on} de Chauvigny Vi.*
Bois-aux-Roys (le), 267. *C^{ne} de Bonneuil-Matours, c^{on} de Vouneuil, Vi.*

Bois-Sandebaut (le), 263. *Bois-Senebault, c^{ne} de Chauvigny, Vi.*
Bola Episcopi, nemus, 166. *C^{ne} de Sainte-Flaive, c^{on} de la Mothe-Achard, Ve.*
Bolen, lieu, 272. *Bolin, c^{ne} de Jardres, c^{on} de Saint-Julien-l'Ars, Vi.*
Bolet (dictus), 317.
Bonaudus, gener Johannæ Guiberte, 166, 167.
Bonavilla (Sanctus Johannes de), 104. *Bonneville, c^{on} de Vélines, Dordogne.*
Bonay, al. Bonea (Philippon de), 332.
Bonaz (le petit), 261, 266, 304. *Les Bonneaux, c^{ne} de Bonnes, c^{on} de Saint-Julien, Vi.*
Bonea (Huguet), 147.
— (Petrus), d'Archignec, 363.
Boneau (Bartholomeus), clericus, 359.
Bonelère (la), 245. *La Bonnellière, c^{ne} de Mérigny, c^{on} de Tournon, Indre.*
Bonelli (Nicholaus), 293.
— (Petrus), clericus, 292, 309, 310, 358.
Bonifacius papa VIII, 64, 72, 76, 84, 85, 93.
Bonini (Galterus), 365.
Bonnelli (Johannes), canonicus Sancti Juniani, 207.
Bonnes, paroisse, 266, 267, 282. *C^{on} de Saint-Julien-l'Ars, Vi.*
Bononiæ civitas et comitatus, 231. *Bologne, Italie.*
Bonoyl, Bonuyl, par., 267. *Bonneuil-Matours, c^{on} de Vouneuil, Vi.*
Borcheman (Ysabellis de), 343.
Borde (Guillaume), 325.
Bordeguin (Armandus), presbyter, Cameracensis diocesis, 318.
Bordis (Bertrandus de), presbyter, 139.
Boret (Martin le), 152.
Borgoys, 283.
Borneys (les), terre, 313. *Les Bornais, c^{ne} d'Angle, c^{on} de Saint-Savin, Vi.*
Bornio (St. de), 208.
Borreas (dictus), 353.
Borrelli (Johannes), succentor ecclesiæ Pictavensis, 254.

Bors, 313.
— (Symon de), 343.
Borsaudi (Gaufridus), 373.
— (Petrus), valetus, 372, 373, 374.
Bort (Ainor de), 336.
— (Barin de), 336.
Boscho (Bertrandus de), domicellus, 139.
Bosco (Helias de), valetus, 171, 172.
— (Johannes de), 54, 194.
— (Petrus de), 171.
Bosco Bernardi (decima de), 307.
— (Stephanus de), 293, 294.
— Garnaudi (dominus de), 339. C^{ne} de Vicq, c^{on} de Pleumartin, Vi.
— Graler (Affredus de), 329.
Bosonis (Hugo), miles, 11, 12, 366.
Bossa Borda, 320.
Bossardi (Johannes), presbyter, 310.
Botatère (la), 353.
Botaude (la), 277.
Botet (Aymericus), 55.
Boteti (Guillelmus), canonicus ecclesiæ Pictavensis, 212.
Botigné, 295. C^{ne} d'Archigny, c^{on} de Vouneuil, Vi.
— (Aymericus de), miles, 361, 363.
— (Johan de), 295.
Botin, 294.
Botinea (domus), 300. *Boutigny*, c^{ne} d'Archigny, c^{on} de Vouneuil, Vi.
Botinère, Botineria (la), 293, 310, 317. *La Boutinière*, c^{ne} de Saint-Pierre-de-Maillé, c^{on} de Saint-Savin, Vi.
Bouçay, Bassayum, 145, 147, 148, 149, 151, 154. *Boussay*, c^{ne} de Vendeuvre, c^{on} de Neuville, Vi.
Bouchirez (Johan) de la Rivère, 273.
Bouet (le), 294, 297. C^{ne} d'Archigny, c^{on} de Vouneuil, Vi.
Bouger (Helias), 363.
Boulay (Petrus du), archipresbyter de Partinlaco, 180, 181.
Bourde (Guillelmus), 340.
— (Hugo), 351.
— (Petrus), clericus, 346, 351.
Bourlont (Johan), 335.
Bournea, 334.
Boursaut (le clos), 272, 273, 274.
Boutaut (Pierre), 337.

Boxser (Hugues), chevalier, 276.
Boxssia (Johannes de), 345.
Boyg, al. Boyno (archipresbyter de), 115, 380, 381. *Bouin*, c^{on} de Chef-Boutonne, D.-S.
Boys (Hélie do), 296.
Boysborsaut (Petrus de), miles, 374.
Bozonis (Huguetus), 366. V. Bosonis.
Brachet (Aymericus), 53.
— (Guillelmus), 343, 347, 349.
Bralo (prior de), archipresbyteratus Faye, 14. *Braslou*, c^{on} de Chinon, Indre-et-Loire.
Bramansone (Bertrandus de), clericus, publicus apostolica auctoritate notarius, 177, 179.
Brassardere (la), 321.
Brechon (Petrus), 358.
Breteaus (Michael), 374.
Brez de la Coilhe (dictus li), 353.
Bria, 201. *Brie*, c^{on} de Thouars, D.-S.
Briccon, 335.
Briencii (Joannes), clericus, publicus auctoritate apostolica notarius, 185, 192.
Brioc, 115.
Briocensis archidiaconus, 6. *Brioux*, D.-S.
Briselate (terra de), 307.
Brisson (Matheus), clericus, 142.
Briton (Matheus), 56.
Britonis (Martinus), 142.
Broce (André de la), 273.
Broce Samoau (la), 277. C^{ne} de Leigne, c^{on} de Chauvigny, Vi.
Broces (bois des), 262, 287. C^{ne} de Saint-Pierre-des-Eglises, c^{on} de Chauvigny, Vi.
Brocia (Gaufridus de), 352.
— Bruyllet, 322.
Broillye, al. Brolio (herbergamentum de), 293, 294; — du Brueyl, 294, 297. *Le Breuil*, c^{ne} de Pouzioux, c^{on} de Chauvigny, Vi.
Brolio (Aymericus de), miles, 342, 344, 349.
— (Petrus de), 340.
Brolium, 312, 343. *Le Breuil*, c^{ne} de Saint-Pierre-de-Maillé, c^{on} de Saint-Savin, Vi.
Brollio (trilia de), 293.
Brueil, Brueyl (le), 285, 291. *Le Breuil*, c^{ne} de Chauvigny, Vi.

— 392 —

Brueil, (Guillot du) 294, 295.
Bruères (les), 328. C*ne* de *Faye-la-Vineuse, con de Richelieu, Indre-et-Loire.*
Bruez Bachecz (les), herbergamentum de Broliis, 316.
Brugeriis (nemora de), 373. *Les Bruyères, bois, cne de Vernon, con de la Villedieu, Vi.*
Brulencius (dictus), 380.
Brulentum, Brullencum, 201, 378. *Brûlain, con de Prahecq, D.-S.*
Brunet (li doux), 273.
Brunet (Guiffroy), 247.
— (Maria), 306.
— (Philippe), 247.
Bruneti (Symo), 359.
Bruneys (clausum au), 307.
Bruxia (Andreas de), 351.
Bruyl, 263. *Le Breuil, cne de Jardres, con de Saint-Julien-l'Ars, Vi.*
Buef (Jeffroy le), valet, 277.
Bufet (Johan), 279.
Buffet (Bourgois), 281.
Buffeti (Johannes), 358, 360.
Bug (Johannes de), ordinis Fratrum Minorum. 66.
Buns Amys (Thomas), 337.
Burdegala, 79, 105. *Bordeaux, Gironde.*
— ecclesia sancti Severini, 108, 167.
Burdegalensis archidiaconus. V. Sarven.
— archiepiscopus, 80, 86, 87, 96, 97, 98, 99, 100, 103, 104, 108, 133, 134, 143, 157, 158, 159, 160, 161, 162, 163, 376.
Burdigalensis archiepiscopi, V. Arnaldus, Bertrandus, P.
— canonici. V. Lignago (E. de), Podeo (R. de).
— cantor. V. Blayac (R. de).
— diocesis, 139, 141.
— ecclesia, 78, 83, 86, 93, 97, 102, 103, 108, 125, 130, 131.
— officialis. V. Montepessulano (P. de).
— provincia, 86, 92, 93, 94, 96, 108, 113, 133, 157, 158, 159, 160, 161, 162, 169.
Bureau (dominus), canonicus sancti Hilarii, 255.
Burgensis (Johannes), clericus Lemovicensis, 218.
Burgerea (Martin), 245.
Burgolium, al. Burgulium, 174. *Bourgueil-en-Vallée, Indre-et-Loire.*
— monasterium, 173.
— abbas, 378. V. Gervasius, Gilbertus.
Burgundi (Petrus), burgensis Niorti, 116.
Butembaudi (J.), capicerius ecclesiæ Pictavensis, 7.
Buxeria (Guilhotus de), 361.
— (Reginaldus de), 340.
Buxeria Pictavina, 201. *Bussière-Poitevine, Haute-Vienne.*
Buyssère (Bernart de la), 324.

C

Cacaudi (Hugo), clericus, 141, 142.
Cailhaveto (Guillelmus Arnaldus de), canonicus ecclesiæ Pictavensis, 212.
Cailhea (Stephanus), 368.
Caladzocum, 127. *Calès, con de Payrac, Lot.*
Calandreas (Philippus), 54.
Calciata (Bernardus de), publicus auctoritate apostolica notarius, 207.
Calopi (Audebertus de). V. Chalepic.
Calvigniaco, Calvygniaco, Calviniaco (Andrea de), 360.
— (Hamo, Haymo, Aymo de), 306, 357.
— (Guillelmus de), dominus de Castro Radulphi, 67, 68, 70, 71, 343, 347, 348, 349, 354, 361, 366, 379.
— (Guydo de), miles, 351, 363.
— (Petrus de), 339.
Calvigniacum, Calviniacum, 18, 19, 20, 21, 37, 47, 141, 152, 190, 191, 193, 219, 221, 257, 259, 262, 267, 268, 269, 270, 272, 280,

285, 288, 291, 304, 305, 308, 359, 360, 361. V. Chauvigny. *Chauvigny, Vi.*
Calvigniacum, castellania, 47, 257, 258, 266, 267, 277, 357, 360, 362, 363.
— castellanus. V. Montfaucon (H. de).
— castrum, 362.
— helemosinaria, 361, 363.
— sancti Leodegarii parrochia, 283.
Cameracensis diocesis, 66, 218. *Cambray, Nord.*
Campania (Augerius de), domicellus, 139.
— (Ello de), miles, 139.
Campo Focherii, al. Fulcherii (Guillelmus de), 350, 351, 356.
Cannovo (Guillelmus de), 311.
Caorcini (Guillelmus), 351.
— (Johannes), 340, 347, 348.
— (Petrus), presbyter, 341, 343, 344, 345, 347, 348.
— (Stephanus), 345.
Capela, Capella, 293, 320, 350. *La Chapelle, c^{ne} de Nallier, c^{on} de Saint-Savin, Vi.*
Capella, parochia prope sanctum Cyprianum, 135, 136, 137, 138. *Saint-Cyprien, Dordogne.*
Caprarii (Bernardus), publicus imperiali auctoritate notarius, 139.
Carcassonensis ecclesia, 209, 213, 248. *Carcassonne, Aude.*
— diocesis, 218.
Cardi (Guillelmus), 68, 70.
Caregisilus, episcopus Pictavensis, 383.
Carnotensis decanus. V. Fonboucher (Odo de).
Carpenia (prior de), 340.
Carroffium, 380. *Charroux, Vi.*
— Carroffensis helemosinaria, 379.
Casæ Dei monasterium, 88. *La Chaise-Dieu, Haute-Loire.*
Castello rex, 228. *Royaume de Castille, Espagne.*
Castellario (Pontius de), 377, 352.
Castelli (Thomas), 303.
Castra, Chatra, 346, 347, 348, 353, 356, 357.
— (Herbertus de), 347.
Castrileraudi vicecomes. V. Castrum Ayraudi.

Castri Novi de Anio decanus, 167. *Castelnau d'Aude, c^{on} de Lezignan, Aude.*
Castrum Airaudi, Ayraudi, 11. *Châtellerault, Vi.* V. Châtellerault.
— vicecomes, 189, 195, 196, 334, 360, 363, 365, 367. V. Harecourt (Louis de), Johanna.
Castro Ayraudi (Guyot de). V. Guyot.
Castrum Guillelmi, 61, 62, 341, 342, 346. *Château-Guillaume, c^{ne} de Lignac, c^{on} de Bélabre, Indre.*
Castrum-Melle, 303. *Château-Merle, c^{ne} de Savigny-l'Evécault, c^{on} de Saint-Julien-l'Ars, Vi.*
Castrum-Radulphi, dominus. V. Calvigniaco (Guillelmus de).
Casuaco (Guillelmus de), miles, 139.
Cathena (Petrus de), canonicus Sancti Cipriani, 139.
Cayllat (Johannes), 323.
Caylleais (Guillelmus), 21.
Cedoen, al. Ceoden, 320, 321.
Cella, oppidum, Constanciensis diocesis, 225.
— (Hugo de), 154, 364.
Cella episcopalis, 46, 58, 364, 368, 369. *Celle-l'Evécault, c^{on} de Lusignan, Vi.*
— canonicus. V. Gopil (Johan).
— castellania, 377.
Celle (Barraut de la), 276.
— (Bermaut de la), valet, 147.
Celle-l'Evécault (terre de), 224.
Cellensis (W. Blandin, canonicus), 7.
Censsayum, 321.
Centbaiche (Johannes) de Nyorto, 311.
Cercigny (terre de), 196. *C^{ne} de Vivonne. Vi.*
Cerena (domini de), 340, 343. *La Serène, c^{ne} de Vicq, c^{on} de Pleumartin, Vi.*
Cernay, 148. *C^{on} de Lencloitre, Vi.*
Ceys (feodum de), 364, 365. *Sais, c^{ne} de Vivonne, Vi.*
Chabennes (Petrus de), 281.
Chadenne (Guillelmus), 362.
Chaine-Morete (bois de la), 334.
Chalac (pons de), 115.

Chalari (Stephanus), clericus de Sancto Juniano, 74, 77.
Chalepic (Audebertus de), armiger, 18, 19, 20.
Chales (Guillelmus), canonicus ecclesiæ B. Mariæ Majoris Pictavensis, 31.
Challesse (Johanna), 371.
Chalonges (les), 264, 300.
Champaignelles, 352. *Champignolles*, c^{ne} *de Journet*, c^{on} *de La Trimouille, Vi.*
Champdener (prioratus de), 6. *Champdeniers, D.-S.*
Champinceaux, 245.
Champion (Egidius), clericus, 212.
— (Giletus), 213, 254.
Champ-Viver, 274.
Chanalia, filia Guillelmi de Senon, 20.
Chandelier (Petrus), 217, 219, 220.
Chante Jau, al. Chante Jay, 287. *Chanlegeai*, c^{ne} *de Saint-Martial*, c^{on} *de Chauvigny, Vi.*
Chantereau (Guillaume), 147.
— (Nicholas), 150.
Chanuau. V. Chenuau.
Chanyn (pratum), 317.
Chapelle-de-Viviers (la), paroisse, 277. *La Chapelle-Viviers*, c^{on} *de Chauvigny, Vi.*
Chaperon (Galterus), 361, 362.
Chapon (Gauter), 278.
Charau, 304.
Charboneau (Guillaume), 147.
— (Pierre), valet, s^{gr} de Bouçay, 145, 146, 149, 150, 151, 152.
Charbonelli (Petrus), miles, 376.
Charbonier (Johan) de Jovier, 277.
Chardonchamp (Thebault de), 150.
Chargelart (Renaut), 336.
Charpencc, 324. *Charpenet*, c^{ne} *de Prissac*, c^{on} *de Bélabre, Indre.*
Charracion (Johan de), 271.
Charrages (vignes de), 272.
Charrau (le), domus, 345.
Charraut-Berlais (le), 282.
Charrogeys (dime de), 263.
Charroneria, villa, 51.
Chassenolium, Chassenol, 55, 56, 57, 368. *Chasseneuil*, c^{on} *de Saint-Georges, Vi.*
Chastanayo (hérbergamentum de), in parochia de Verdovrio. 38. *Le Chasteigner*, c^{ne} *de Vendeuvre*, c^{on} *de Neuville, Vi.*
Chasteauleraut, 195. V. Châtellerault.
Chasteign, 378. *Châtain*, c^{on} *de Charroux, Vi.*
Chasteighnereye (la), nemus. V. la Chateygnerée.
Chastelayraut (Phelippon de), 261.
Chasteleraut (l'archiprêtre de). V. Châtellerault.
Chasteniers (clos des), 282.
Chatet (Pierre), 148.
— (Regnaut), 148.
Chatenere (la), 324.
Châtellerault. V. Castrum Airaldi.
— archiprêtre, 292.
— archiprêtré, 41, 294, 295, 296, 298, 331, 334, 329.
— vicomté, 39, 191.
Chateygnerée (la), 315, 347. *Bois. de la* c^{ne} *de Vicq*, c^{on} *de Pleumartin, Vi.*
Chateyllon, 298.
Chatra, Chatre (la), 346, 347. C^{ne} *de Journet*, c^{on} *de la Trimouille, Vi.*
Chaucecourte (Johan), 338.
Chaucelli (Hugo), clericus, publicus apostolica et imperiali auctoritate notarius, 212.
Chauce-Roe (molendina de). *Chausseroue, moulin*, c^{ne} *de Dissay*, c^{on} *de Saint-Georges, Vi.*
Chauderea (terre de), 260, 261. *La Chaudrée*, c^{ne} *de la Rochepozay*, c^{on} *de Pleumartin, Vi.*
Chaurat (moulin de), 270.
Chausenolium. Voy. Chassenolium.
Chauve (dicta), 320.
Chauvea (Hugo), canonicus ecclesiæ Pictavensis, 254.
Chauveau (Johan), 260, 261.
Chauvet (Jehan), dit Roussca, 247.
Chauvigné (Aimeri de), valet, 267.
— (Beraut de), 259.
— (Hamon de), 257, 259, 261, 265.
Chauvigné, al. Chauvigney. V. Calvigniacum.
Chauvigny, chantre, 261, 266, 268.
— chapelain, 260.

Chauvigny chapitre de Saint-Pierre, 281.
— chevecier. V. Hubert (G.).
— Saint-Just (prieur de), 259.
— Saint-Léger (la doue), 261.
— paroisse de Saint-Marsaut, 295.
Claret (clausum de), 293, 310.
Chavanez, 244. *Chavanne*, c^{ne} d'*Angle*, c^{on} *de Saint-Savin*, *Vi*.
Chavart (moulin), 295, 296, 297. C^{ne} *d'Archigny*, c^{on} *de Vouneuil*, *Vi*.
Chavea (Guillelmus), 346.
Chaveneas (dictus), 353.
Chebreas (bois aus), 299.
Chegne (Guillaume do), 271.
Chein (Sauveri), 296.
Chembault (dictus), 68, 70.
Chemes (Aymericus), 345.
Chenayo (Aymericus de), 377.
Chêne (la dame do), 269.
Cheniché, Chiniché, 147, 148, 154. *Cheneché*, c^{on} *de Neuville*, *Vi*.
— (Nicholaus de), 54.
— (Guillelmus), 57,
Chenon (Guillelmus de), 346.
Chenueau, al. Chenuelli, Chanuau (Ricardus), 7, 351, 356, 357.
Chese (Petrus de la), 302.
Chevalere (dicta la), 317.
Chevau (Clément), juge de la cour spirituelle à Chauvigny, 218.
Chevalier (Guillaume), 336.
— (Pierre), 151.
Cheville, Chevillec (Henricus), 281.
— (Johannes), 281, 286, 291, 307, 358, 360.
Chevreo (Guionet), 324.
Chevreoux, 201. *Cherveux*, 1er c^{on} *de Saint-Maixent*, *D.-S.*
Chevres (Hugo), 307.
Chiaux (ecclesia de), 351. *Bourg-Archambault*, c^{on} *de Montmorillon*, *Vi*.
Chinet (Audebertus et Petrus), 354.
Chingeyo (dominus de), 345.
Chinssé, 224. C^{ne} *de Celle-l'Evécault*, c^{on} *de Lusignan*, *Vi*.
Chipra (Guillelmus de), archipresbyter de Genciaco, 74, 77.
Chiré, 201. C^{ne} *de Vernon*, c^{on} *de la Villedieu*, *Vi*.
— (Hugo), clericus, publicus imperiali auctoritate notarius, 119, 120, 142.
Chirec, parochia, 372, 373, 374, 375. *Chiré-les-Bois*, c^{ne} *de Vernon*, c^{on} *de la Villedieu*, *Vi*.
Chiron (Robert de), 152.
Chiron-au-Raym (le), 260, 261.
Chitré, fief, 274. C^{ne} *de Vouneuil-sur-Vienne*, *Vi*.
— (dominus de), 357.
— (Guillaume de), 275, 345.
— (Hélion de), 276, 359.
— (Johanne de), 274, 357.
Chivaler, valetus, 62.
Chivelhe, village, 324.
Chopis (Aymericus de), miles, 376.
— (Guillelmus de), valetus, 376.
Chappæ, 201. *Chouppes*, c^{on} *de Monts-sur-Guesnes*, *Vi*.
Choquier (Guillelmus), 378.
Choquin (Thomas), 310.
Chyboilheas (Aymericus), 347.
Chytreyo. V. Chitré.
Cifort (Ysambert de), 325.
Cisterciensis ordo, 17.
Civaut de Lengne (maison du), 277.
Civray (château de), 76. *Civray*, *Vi*.
Clamnocelli (Stephanus), clericus, 179.
Clanis, fluvius, 363. *Le Clain*, *rivière*.
Claræ Vallis, 329. *Clairvaux*, c^{ne} *de Scorbé-Clairvaux*, c^{on} *de Lencloitre*, *Vi*.
Clarec (moulin de), 270. *Cléret*, c^{ne} *d'Archigny*, c^{on} *de Vouneuil*, *Vi*.
— claret (clausum de), 293, 310.
Clareti (Guillelmus), valetus, 303.
Claromontensis diocesis, 88. *Clermont*, *Puy-de-Dôme*.
Clavea (Aymericus), 323, 354.
Clavelere (la), 323. C^{ne} *de Nalliers*, *Vi*.
Clavelli (Guillelmus), 369
— (Johannes), 116, 369, 371.
Clavellus (dominus), 370.
Claveurier (S.), 254.
Clemens, abbas Malleacensis, 4.
— cantor Malleacensis, 7.
Clément V, pape, 42, 78, 79, 80, 83, 85, 88, 91, 92, 95, 96, 98, 99, 100, 101, 102, 103, 105, 107, 116, 118, 119, 124, 127, 129, 131, 133, 134, 140, 141, 143, 164, 197.
Clément VII, pape, 185, 197, 206.

Clément (Raginaldus), 53.
Clerebaudi, Clerbaut (Guillelmus), miles, 70, 304.
— (Guydo), miles, 68, 70, 261, 262, 265, 266, 339, 346, 348, 355, 356, 358, 362, 363.
— (Symon), 348, 378.
Clerbaudus (dominus), miles, 360.
Clisson (Oliverius de), 379.
— (Olivier de), connétable de France, 188.
Cloenayo (prioratus de), 6.
Closea (Perrot du), 324.
Closeaux (les), 294.
Closure (vigne de la), 291. Vigne sise c^{ne} de Fleix, c^{on} de Chauvigny, Vi.
Cloytres (Regnaut), 150.
Clusellum in parochia de Lastucio, 355. Pièce de terre en la c^{ne} de Latus, c^{on} de Montmorillon, Vi.
Codon, 315.
Codouli (Petrus), 168.
Codra (domus de), 317, 321. La Coudre, c^{ne} d'Izeure, c^{on} de Preuilly, Indre-et-Loire.
Codreceau (Guillelmus) de Vendovrio, 38.
Codreti (Johannes), presbyter, 306.
Codroe (André do), 287.
Codroy (Jean du), 270.
Cohec, 364. Couhé, Vi. V. Couhé.
— (Aymericus de), 354, 355.
— (Guillelmus de), miles, 311, 312, 353.
— (Petrus de), valetus, 351, 357.
Coivres (pré), 296.
Colin (Johan), 338.
— (Pierre), 150.
Coline (la), 269.
Colment (Henri), 335.
Colongiæ, 164, 165. Coulonges-les-Royaux, D.-S.
Columbea, 55.
Columberiis (Gaufridus de), 344, 345, 348.
Comblé, 224. C^{ne} de Celle-l'Evécault, c^{on} de Lusignan, Vi.
Compere (Perrot), 244, 247.
Condomensis diocesis, 177. Condom, Gers.
— episcopus, 94, 113.
— sacrista, 106, 117.
Conflans, 244, 315, 316, 324, 355. C^{ne} d'Izeure, c^{on} de Preuilly, Indre-et-Loire.

Conflans, (dominus de), 343.
Confo locus, 62.
Confolans (Johannes de), abbas Sancti Martini de Bosco, 254.
Constance (concile de), 225, 226, 227.
Conversi (Petrus), archipresbyter de Sançayo, 130. V. Petrus.
Copelle, 244. Coupelle, c^{ne} de Saint-Pierre-de-Maillé, c^{on} de Saint-Savin, Vi.
Coquil (Johan), 149.
Coransse (pratum de la), 313.
Corberia (Guydo de), dominus de Joterello, 342.
— (Henricus de), miles, 68, 70, 349, 350, 351, 352, 354.
— (Philippus de), 351, 354, 355.
Cordeliere (Aynor de la), 270.
— (li Bons de la), 270, 271.
Cordon, al. Cordos (Ayraut), 260, 265, 268, 269, 270.
Cordons, Cordos (les bois), 270, 271, 282.
Cordos (Pierre), 273.
Coretere (la), 332.
Corgées, 321.
Cornet (pré de), 257, 259, 270.
Cornet (Guillelmus, de la Guerche, 343.
Corona (abbas de), 370. La Couronne, Charente.
Corpus Sanctum. V. Cors saint.
Cors saint (le), 278, 308. Les Sables des Corps-Saints, c^{ne} de Saint-Pierre-des-Eglises, c^{on} de Chauvigny, Vi.
Corteriaus, quidam, 34.
Cosineas (les), 338.
Cos, al. Caos (Gaufridus de), valetus, 372, 373, 374, 375.
— (Guillelmus de), 373.
— (Petrus de), valetus, 372, 374, 375.
— (Reginaldus de), 372, 374.
Costantini (Johannes), 319.
Coste (la), 190, 191, 259. C^{on} de Chauvigny, Vi.
Costensin (Naus), 270.
Coudroy (le Doux, al. le Doné de), 259, 261, 264, 269.
— (Phelippon dou), 287, 288.
Coug (terra dou), 313. Coust, c^{ne} de Fleix, c^{on} de Chauvigny, Vi.
Couhec. V. Cohec.
Couhé (Johannes de), 339.
Coulars (Johan), 295.

Couperis (Perrinellus de), 348.
Courlevient (Henri), 330, 331.
Cotet (Meron), 151.
— (Phelippon), 147.
— (Pierre), 147.
Coux (Guillaume de), capitaine d'Angle, 243.
Coyllart, 296.
Coynde (Guillelmus), civis Pictavensis, 170, 171, 172.
Cragonea (Guillaume, Johan et Regnaut), 148.
Cramaud (Jean de), chevalier, 221.
Cramaudo (Symon de), patriarcha Alexandrinus. 208. V. Simon.
— archiepiscopus Remensis, 216, 219, 220.
— cardinalis, 227, 241, 243, 247.

Crepoye (Aymeri), 335.
Cretons (Johannes), clericus Cameracensis diocesis, 66, 117.
Creys (Guillelmus de), valetus, 357.
Cries (Philippus), 280, 306, 359.
Cromille, 321. *Cremille*, c^{ne} *de Pleumartin, Vi.*
Croyzer (Renaut), 271.
Croza, 314, 315, 327. *La Creuse, affluent de la Vienne.*
Cruce (Aymericus de), prior de Bralo, 14.
— (Guillaume de), chevalier, 334, 336.
— (Johannes de), 3, 150.
Cursay, Curzay (Aymericus de), 335, 336, 367.

D

Dadit (Estienne), 247.
Daleerella, 315.
Danayna (Geraldus de), clericus, 177.
Danihel, episcopus Pictavensis, 383.
Danizay (Pierre) de la Plante, 337.
Dantifort (Guillelmus), 62.
Daosses, les Dosses, 68, 69, 296. *Dousses, c^{nes} de Vicq et d'Angle, Vi.*
Daurati (Stephanus), canonicus ecclesiæ Pictavensis, 212.
David (Johannes) de Calvigniaco, 283, 360.
— (P.), 57.
Daviere (dicta), 319.
Davy (Jehan), 263.
Davyères (les), 287, 288. *C^{ne} de Saint-Martial, c^{on} de Chauvigny, Vi.*
Dayo (Guillaume), valet, 276, 291, 368.
Dazini (Johannes), canonicus ecclesiæ Pictavensis, 254.
De (Michael), 56.
Debor (Johan), 330.
Deperde (Guillaume), 247.
Deugot (Gualhardus), 140.
Deute (Petrus), 359.
Dido, episcopus Pictavensis, 383.

Diçay. V. Dissayum.
Diene (dominus de). V. Senescalli.
Dissayum, Diçay, Diçayum, Dyssayum, 21, 22, 37, 330, 368. *Dissay, c^{on} de Saint-Georges, Vi.*
Dolensis diocesis, 43. *Dol, Ille-et-Vilaine.*
Domant (Pierre), prévôt de l'église de Poitiers, 192.
Domin (Johannes), 326.
Dorgeti (Guillaume), valet, 152.
Doride (Robert), 269.
Dosses (les). V. Daosses.
Dource (Hugo), 55.
Dulcia, relicta Reginaldi Jaffardi, 366, 371, 372.
Dun (Resniaut, chapelain do), 324. *Dun-le-Poélier, c^{on} de Saint-Christophe, Indre.*
Durandi (Petrus), rector de Lastucio, 341.
Durantère (la), 319, 320. *C^{ne} de Saint-Pierre-de-Maillé, c^{on} de Saint-Savin, Vi.*
Dus (Guillaume et Roger li), 333.
Dyçayum. V. Dissayum.
Dyene, 301. *Dienné, c^{on} de la Villedieu, Vi.*
Dyssayum, Dyçayum. V. Dissayum.

E

Eblo (miles), 367, 368.
Ebroinus, episcopus Pictavensis, 383.
Ecclesiæ, Sanctus Petrus de Ecclesies. V. Les Eglises.
— de Argentholio, 115. *Les Eglises d'Argenteuil, c^on de Saint-Jean-d'Angely, Charente-Inférieure.*
Egidius (magister), 370.
Eglises (les), près Chauvigny 277, 279, 280, 284, 285, 291. *Saint-Pierre-des-Eglises, c^on de Chauvigny, Vi.*
Elapius, episcopus Pictavensis, 383.
Elloduno (Radulfus de), miles, 14, 15. *On doit lire* Radulfus de Essoduno.
Encremero (dominus de), 375. *Encrevé, c^ne de Mazeuil, c^on de Montcontour, Vi.*
Engla. V. Angla.
Engle (Coilleton d'), 206.
Englia. V. Anglia.
Engolisma, 94, 109, 113. *Angoulême, Charente.*
Engolismensis, civitas et diocesis, 197.
— episcopus, 94, 109, 113, 197.
— senescallus, 369.
Enjambia, *alias* Linambia, 4. *Enjambes, c^ne de Lusignan, Vi.*
Enjogeran (Gaufridus et Johannes), 353.
Ennoaldus, episcopus Pictavensis, 383.
Entays (Petrus), 367.
Eparchius, episcopus Pictavinus, 383.

Eperanche (l'), *al.* l'Esperanche, 333, 338. *C^ne de Dissay, c^on de Saint-Georges, Vi.*
Eroart (Johannes) de Calvigniaco, 359.
Erpinière (l'), héberg., 267, 269. *C^ne de Saugé, c^on de Montmorillon, Vi.*
Esabellis, abbatissa Sanctæ Crusis Pict., 127.
Esichus I, episcopus Pictavensis, 382.
— II — — 383.
Esperent, 299. *Epran, c^ne de Saint-Pierre-des-Eglises, c^on de Chauvigny, Vi.*
Espinasse, 268, 270, 271. *C^ne de Saint-Pierre-des-Eglises, Vi.*
Espine (l'), domus versus Martignec, 171. *C^ne d'Avanton, c^on de Neuville, Vi.*
Estelle (l'abbé de l'), 265. *L'Etoile, c^ne d'Archigny, c^on de Vouneuil, Vi.*
Estor (Petrus) de Castro Melle, 303.
Eustachia (domina), 34.
Eustachii (Johannes), miles, 34.
Eustachius, miles, 362.
Exoduno (feodum de), 381. *Exoudun, c^on de la Mothe-Saint-Héraye, D.-S.*
— (Guillelmus de), 339.
— (Henricus de), 68.
— (Philippus de), 68, 346, 349, 352, 356.
— (Thomas de), 68, 70, 352, 353, 355. V. Elloduno (Radulfus de).

F

F. de Auxio, episcopus Pictavensis, 357.
Fabri (Ayraut), 292.
— (Raymundus), presbyter, 139.
Faha, *al.* Faia (Guillelmus de), miles, 39. V. Faya.
Failher (nemus de), in parochia

S. Mauricii de Gensayo, 375. *Bois de la c^ne de Saint-Maurice, c^on de Gençay, Vi.*
Failleas (Gaufredus), 53.
Faiola (Johannes de la), senescallus episcopi Pictavensis, 208.
Falberti (Guillelmus), 369.

Favercili(Guillelmus), senescallus, 46.
Favre (Guillaume), 220, 221, 222.
Favrea (Guillelmus), 22.
Fauchet (Symon), 21.
Faya, 52.
— (Aymericus de), 366.
— (Guillelmus de), 366.
— (Willelmus de), miles, 11, 12, 13, 39.
Faya Vinosa, 328. *Faye-la-Vineuse*, c^{on} *de Richelieu, Indre-et-Loire.*
— Fayæ archipresbyteratus, 29.
Faydello (Guillelmus de). V. Fedelli.
Fayole (Harvey de), 171.
Fedelli, al. de Faydello, (Guillelmus), decanus ecclesiæ Pictavensis, 212, 253. V. Feydello.
Feissele (la), 289.
Feleton (Guillelmus de), senescallus Pictavensis, 185.
Felins, 269. *Felin, tour dans la ville de Chauvigny, Vi.*
Fenions (Aymericus), 54.
Feodi Marconis, archipresbyter Agennensis diocesis, 106, 120, 130. *Fimarcon, Gers.*
Ferrant, la Ferrande, 260, 265.
— (Bertrand), 247.
Ferreriis (abbas de), 378. *Ferrières*, c^{ne} *de Bouillé-Lorêt*, c^{on} *d'Argenton-Château, D.-S.*
Feydello (Gaufridus de), 339. V. Faydello.
Fié l'Evesque (le), 171. C^{ne} *d'Avanton*, c^{on} *de Neuville, Vi.*
Fief l'Evêque (le), châtellenie, 188.
Flaec, Fleec, paroisse, 277, 362. *Fleix*, c^{on} *de Chauvigny, Vi.*
Flos, priorissa de Tucione, 13.
Foassé (Johannes), 315, 316.
Focier, al. Frociet (Galterus), miles, 18, 20.
Focis (parochia de), 380.
Foex (Jehan de), 197.
Fonboucher (Odo), decanus Carnotensis, 187.
Fons Burs, 257, 270, 294. *Fombeure*, c^{ne} *de Bonneuil-Matours*, c^{on} *de Vouneuil, Vi.*
Fons Combaudi, monasterium, 341, 349. *Font-Gombaud*, c^{on} *de Tournon, Indre.*

Fons Combaudi abbas, 321.
Fontaine (terre de la), 260.
— (Perrot de la), clerc marié, 216.
Fonte (Herbertus de), 369.
— (Johannes de), prior domus Dei Sancti Jacobi de Berchorio, 119, 120.
Fonte Audigerii (prioratus de), 341.
Fonte-Morum (prioratus de), 324, 341. *Fontmoron*, c^{ne} *de Liglet*, c^{on} *de la Trimouille, Vi.*
Fontenelles (vignes de), 299.
Fonteniacum, al. Fontiniacum Comitis, 185. *Fontaine-le Comte*, c^{on} *sud de Poitiers, Vi.*
— Fratres Predicatores, 185, 187.
— Sanctus Hilarius, 6.
Fontibus (faber de), 310.
Fontis Comitis abbas, 379. *Fontaine-le-Comte*, c^{on} *sud de Poitiers, Vi.* V. Fonteniacum.
Fontisebraudi abbatissa. Voy. Berta. *Fontevrault, Maine-et-Loire.*
— monasterium. 22, 23, 28, 44.
— ordo, 13.
Font-Morant, V. Fonte-Morum.
Forcius, archipresbyter de Boyg, 115.
— episcopus Pictavensis, 170, 172, 176, 178.
Forest (Guillaume de la), chevalier, 269.
Foresta (nemus de), 302.
— (terra de), 57.
— (prioratus de), 6.
— (Guillelmus de), 339.
— (Helias de), 342.
Forestarius (Johannes), seu le Clerc, de Rocha de Margnec, 170.
Forges (Ademarus de), 21, 368.
— (Meronde), 276.
Fornello de Biers le Veylh (nemus de), 343.
Forneax, 317.
Forner (le clos), 261.
Forti (P.) de Lesigniaco, 376.
Fortunatus, episcopus Pictavensis, 383.
Fosse Charlac (terre de la), 374.
Fosse Grant (vignes de), 285. *Fosse Grande*, c^{ne} *de Liniers*, c^{on} *de Saint-Julien l'Ars, Vi.*

Fosse Grande (Johan de), 285.
Fouberti (Andreas), clericus, 369.
Foucaut (Johan), 276
Fouchart (Guillelmus), prior Domus Dei Sancti Jacobi de Berchorio, 118, 120.
Foucherii (Guillelmus), 354.
Fourget (Jean), 247.
Fragerii (Hugo), 367.
France (rois de). V. Louis VII, Philippe III, Philippe IV.
Franceis, 53.
Frangeto, al. Frantere (Guillelmus de), officialis Pictavensis, 120, 130.
Frater (Johannes), 358.
— (Matheus) de Rocherea, 358.
— (Perroninus), 358.
— (Thomassia), 358. V. Frère (le).
Fraxinayo (Petrus de), 363.
Frayrors, al. Fraytors (terræ de), 55, 56.
Frère de Rocherea (Matheus, dit le), 359. V. Frater.
Freschet (la croix), 394.
Freschinsy, Fressinayum, prope Calvigniacum, 278, 363. Fressinay, c^{ne} de Saint-Pierre-des-Eglises, c^{on} de Chauvigny, Vi.
Freta (Robertus de), archidiaconus de Ardenna in ecclesia Leodiensi, 206.
Friams (Gauffredus), 57.
Frociet (Galterus), miles, 18, 20.
Froger (Aymeri), 333.
— (Hugues), 333.
— (Johannes), 55.
Frogier (Guillaume), 331.
Fros (terragia de), 317. C^{ne} d'Yzeure, c^{on} de Preuilly, Indre-et-Loire.
Froterius, episcopus Pictavensis, 383.
Froyderen, 115.
Froz (nemus de), 322.
Fuec (Pierre de la), 337.
Fulcherii (Helias), domicellus, 139.
Fulgerouse (prioratus de), 378. Loge-Fougereuse, c^{on} de la Châtaigneraie, Ve.
Fumaderiis (Sanctus Avitus de), 104.
Fuseau à la Fée (le), 271.

G

Gabees, prope Sanctum Cyricum, 21. C^{ne} de Saint-Cyr, c^{on} de Saint-Georges, Vi.
Gabereau (Guillaume), garde du scel aux contrats, 192.
Gaberii (Johannes), 348.
Gaborea nayda, 171. Gabouret, c^{ne} de Cloué, c^{on} de Lusignan, Vi.
Gabulensis (Petrus) episcopus, 254. Mende, Lozère.
Gaignemalle (Buysart), sergent, 145, 146, 149, 150, 151, 152.
Gaignerie (la), 273.
Galandi (Johannes), canonicus ecclesiæ Pictavensis, 254.
Galer (Philippus), 55.
Galeysère, Galisère (la), 267, 309. La Galisière, c^{ne} de Saint-Pierre-des-Eglises, c^{on} de Chauvigny, Vi.
Galichea (Petrus), presbyter, 300, 359.
Galichier (Johan), 278.
Galipes (Hugo), 56.
Galisère (la). V. Galeysère.
Galona, tituli sancti Martini in Montibus presbyter cardinalis, 26.
Galout (Guillaume), 336.
Galter (Philippe), 55.
Galteri (Johannes), de Vencovrio, 38.
Galterus (frater), episcopus Pictavensis, 64, 67, 82, 349, 350, 355, 356, 362, 365, 372, 373, 374, 375, 376, 377, 379.
Gandensis archidiaconus, 167. Gand, Belgique.
Garde (la), 335. C^{ne} de Sossay, c^{on} de Lencloître, Vi.
Garignère, Garinere (Aynor, dame de la), 271, 274, 278, 357, 358. V. Guarigneria.
Garivère (la). V. Garignère.

— 401 —

Garner (Johan), 338.
— (Petrus) de Ture. 329, 367.
Garnerii, clausum. 378.
— (Aymericus), 56.
— (Matheus), 371.
Garnerius de castro de Anglia, 355.
Gartimpa, Guartimpa, fluvium, 311, 312, 352, 363. *La Gartempe, affluent de la Creuse.*
Gascoignolle (de), canonicus sancti Hilarii, 254, 255.
Gassilère (clos de la), 297. *Les Gassilères, c^ne d'Archigny, c^on de Vouneuil, Vi.*
Gaste Rape, viridarium, 306.
Gastina (nemora de), in castellania de Lizigniaco, 48, 141. *Bois de la c^ne de Coulombiers, c^on de Lusignan, Vi.*
Gastine (nemus de), 267, 311, 312, 315, 318, 320, 321, 323, 326, 327, 342, 357. *Bois répandus dans les communes de Saint-Pierre-de-Maillé, la Puye et la Buxière, Vi.*
Gastinea (Froger), 334.
— (Guillelmus), dominus de Margnet, 342.
Gastineau (Philippus), 343.
Gastinell (Johannes), canonicus Pictavensis, 218.
Gaucher (Pierre), 151.
Gaudea (Pierre), 330, 331, 367.
Gaudin (Garnerius), 301.
— (Johanna), 302.
— (Petrus), 301.
— (Vivianus), 302.
Gaudine (Guillaume), 245.
Gauffredus (P.), 57.
Gaufridus, decanus ecclesiæ Pictavensis, 4, 7, 29, 30.
Gaufridus (Frater), procurator abbatissæ Fontis Ebraudi, 23.
Gautbertus, episcopus Pictavensis, 383.
Gauter (P.), 57.
Gauterea (li), 272.
Gelasius, episcopus Pictavensis, 382.
Gelees, 21. *C^ne de Saint-Cyr, c^on de Saint-Georges, Vi.*
Genesii (Anthonius), presbyter Carcassonensis diocesis, 218.
Genestis (census de), 300. *Les Genets, c^ne de Néons, c^on de Tournon, Indre.*

Genien (Pierre), auditeur de l'évêque, 192.
Gensayum, Gensiacum, Gentiacum, 372, 374. *Gençay, Vi.*
— archipresbyter. V. Ch. (G. de).
Geraldi (Amenus), 353.
Gerbert, al. Girbert, 55, 57.
Gervasius, abbas Burgulii, 172.
Giffard, al. Jaffardi, (Johannes), 366, 371.
— (Reginaldus), 366, 371.
Gilaut (Johan), 259.
Gilbertus, abbas Burgulii 172.
— episcopus Pictavensis, 364, 376.
Giler (Jehan), 245.
Gilette, 319, 220.
Girarde (Johanna), 56.
Girardi (Johannes), 56.
— (Petrus), 177.
Giraud (H.), procureur, 216.
— (Pierre), 335.
Giraudea (Etienne), 336.
Giraudi (Johannes), 57.
Giraudiere (prioratus de la), 378. *C^ne de Saint-Amand, c^on de Châtillon, D.-S.*
Giraus (le), 295.
Giraut d'Espinasse, 271.
— (Pierre), 337.
Gislebertus I, episcopus Pictavensis, 384.
— II. — 384.
Glenosa, 201. *Glenouze, c^on des Trois-Moutiers, Vi.*
Gobete (Johanna), 347.
Godetz (les), 356.
Godo, episcopus Pictavensis, 383.
Gon (bois du), 271.
Gopil (Johan), 142, 263, canonicus de Celle episcopali.
Gopilhon (feodum de), 377. *Goupillon, c^ne de Vivonne, Vi.*
Gorainger (Micheau), 278.
Gorgauz (Galterus), 34.
Gorilhère (la), 300. *La Gorlière, c^ne d'Archigny, c^on de Vouneuil, Vi.*
Gors (dominus de), 256.
Gorvilla (Guillelmus de), miles, 301.
Goupillon (Pierre), 152.
Gouraudi (Hugo), 129, 130.
Gousson (Madame de). V. Gozon.
Goyvrez (Danguys), 274.
Gozon (Madame de), 262, 287.

TOME X. 26

Gozonio (Blanchia de), 363.
— (domini de), 361.
— (Petrus de), 358.
Gragiis (territorium de), les Grohes, 313, 322. *Les Groges, cne de Saint-Pierre-de-Maillé, con de Saint-Savin, Vi.*
Graille (Petrus de), 306, 307.
Grandimontensis (Petrus, abbas). *Grandmont, Haute-Vienne.* V. Petrus.
Granere (Petronilla), 313.
Grans Fons, terra, 313.
Gras (Johannes), canonicus ecclesiæ B. Mariæ Majoris Pictavensis, 31.
Gratant (Meron), 151.
Gratelou (maison), 336.
Gregorius papa XI, 192, 193.
Grelet (Petrus), 314.
Grener (Petrus), 306.
Grenetru (le pas de), 335,
Grenollère (la), 335. *La Grenouillère, cne de Thuré, con de Châtellerault, Vi.*
Greve (la), 22. *Cne de Dissay, con de Saint-Georges, Vi.*
Grimaudi (Omeno), 346, 347, 350.
Grimoardus, episcopus Pictavensis, 384.
Grobelli (Johannes), clericus, 118.
Groes (Guido de), 311.
Groges (les), 261, 266, 274, 304, 306. *Cne de Saint-Pierre-des-Eglises, con de Chauvigny, Vi.*
Grohes (les), locus. V. Gragiis.
Grolere (vadum de la), in riparia de Saleron, 347.
Groles (les), 279. *Les Groliers, cne de Saint-Pierre-des-Eglises, con de Chauvigny, Vi.*
Grolet (Petrus), 340.
Grondin (Johan), 260, 285.
Grossart (clos de), 266, 286.
Grossea, 322.
Grossi Brolii parochia, 51. *Grosbreuil, con de Talmont, Ve.*
Guadezere (la), domus Guardezère, 311.
Guarde (clos de la), 284. *Cne de Saint-Martin-la-Rivière, con de Chauvigny, Vi.*
Guarguyl, 269.
Guarguerie (guaigneria de la), 354.
Guarigneria (Aynordis), domina de. V. Garignère.

Guarnaut (Jouffrey), 152.
Guartinpa. V. Gartimpa.
Guaygnard d'Espinasse, 270.
Guaytère (la), 312. *La Guitière, cne de Saint-Pierre-de-Maillé, con de Saint-Savin, Vi.*
Gué (Aimeri do), 147.
Guellart (clausum), 314.
Guerche (la) , 335, 343. *Cne de Thuré, con de Châtellerault, Vi.*
— (Aymeri de la), 335.
— (la Duchesse de la), 335.
Guerinet, 319.
Gueymau (le pré), 147.
Gueys (Bartholomé), 269.
Guiberte (Johanna), 166.
Guidet (Johannes), 55.
Guido, capellanus de Yzorio, 66.
— comes Marchiæ, 106.
Guido, al. Guydo, episcopus Penestrensis, 199, 205, 205, 207.
Guidonis (Petrus), præpositus ecclesiæ Pictavensis, 187.
Guigneroye (terre de la) ou la Guygneroye, 260, 261, 269.
Guilhebaudi (Petrus), 339.
Guilhebaut (Philippus de), 361.
Guilhemotus de Avalhia, 373.
Guillaume (les bois), 275.
Guillaume, sire de Vohec, 324.
Guillebaus (Guillelmus) de Capela Guillebaut, 293, 319.
Guillelmus, frater Audeberti de Chalepic, 18, 19, 20.
— abbas et archipresbyter de Anglia, 18, 20, 310, 312, 314, 315, 316, 317, 319, 322.
— decanus ecclesiæ Pictavensis, 197, 200
— episcopus Aurelianensis, 35.
— par erreur, au lieu de Galterus, episcopus Pictavensis, 64.
— I, episcopus Pictavensis, 384.
— II, — — 384.
— III, — — 1, 3.
— IV, — — 10.
— præpositus de Cerena, 347.
— præpositus ecclesiæ Pictavensis, 60.
— præpositus de Vico, 340.
— rector Sancti Petri de Maylle, 66.
— (Johannes), 56.
Guillonnère (la), 298. *La Guionnerie, cne d'Archigny, con de Vouneuil, Vi.*

Guillotus, canonicus Pictavensis, decanus Asianensis, 7.
Guion (J.), notaire, 219.
Guistella (Robertus de), clericus, 68, 71.
Guobert (Symon), 309.
Guodet (Johan), 324.
Guoffer (Philippus), 339, 340.
Guopilleau, 263.
Guoriden (Pierre), 335, 336.

Guorrichon (Guillaume), 286.
— (Johannes), 290.
Guy (Johannes et Petrus), 362.
Guydo. V. Guido.
Guynetea (Jehan), 244.
Guyot de Castro Ayraudi, 359.
Guyter (Guillelmus), 313.
Gyraudus (Benedictus), presbyter, 66.

H

Hamelinus, abbas Vindocinensis, 10.
Haracuria, Harecuria, Aracuria, Ayracuria (Johannes de), Vicecomes Castri-Ayraudi, 341, 362, 363.
Harberti (Guydo), 340.
Harcourt (château d'), 190, 191. *Dans la haute ville de Chauvigny, Vi.*
— (Louis de), vicomte de Châtellerault, 185, 190, 195.
— (le parc de), 196.
Haye (Nicholas de la), 149, 150.
Hayricuria (Ludovicus de), vicecomes Castri Ayraudi. V. Harcourt.
Hecfridus, episcopus Pictavensis, 383.
Helias, dominus de Englia, 64.
Helye (Bouz), 336.
— (Hugues), 286.
Hemer (Pierre), 147.
Henricus, archidiaconus Pictavensis, 18, 20.
Herberge (le dit), 287.
Herbert (Guy), chevecier de Chauvigny, 262.
Herberti (Aymericus), 369.
— (Guillelmus), 358.
— (Guido), capicerius beati Petri de Calviniaco, 308.

Herberti de Calvigniaco, 358.
— (Guydo), 358, 359.
Herecourt (terrages de), 244.
Herpedaine (Jean), chevalier, 188.
Hervet (Guillelmus), 329.
— (Petrus), 329.
Hilarius, episcopus Pictavensis, 382.
Hilpidianus, episcopus Pictavensis, 382.
Hodoy (Aymericus), 53.
Hostiensis cardinalis, 240. *Ostie, Italie.*
Hugo Bruni, Hugo dominus de Lesigniaco, comes Marchiæ et Engolismæ, 4, 48, 364, 377.
— canonicus Sanctæ Radegundis Pictavensis, 8.
— capellanus de Linambia, 4.
— diaconus cardinalis Sanctæ Mariæ in Porticu, 200.
— episcopus Pictavensis, 40, 41, 45, 48, 49, 58, 341, 349, 350, 353.
— miles, 342.
— prior de Sancto Cypriano, Petragoricensis diocesis, 134, 136.
Huguetus, miles, 339.
— quadrigarius, 378.
Hulmus de Auriaco, 11. V. Ulmus de Auriaco.
Hyneart (P.), 56.

I

Icenet, 337.
Ingenaldus, episcopus Pictavensis, 383.

Innocent III, pape, 8.
Innocentius papa IV, 25, 27, 44, 90.

— 404 —

Insula Jordani (Boso de), miles, 372, 373, 374.
— (dominus de), 372. *Isle-Jourdain* (l'), Vi.

Isembertus I, episcopus Pictavensis, 384.
— II, 384.
Istillio (parochia de), 377. *Iteuil*, c^{on} de Vivonne, Vi.

J

Jadres, 19, 273, 360. *Jardres*, c^{on} de Saint-Julien-l'Ars, Vi.
— prior de Jadris, 34.
Jaffardi, al. Giffart (Johannes), 366, 371.
— (Reginaldus). 366, 371.
Jalet (Herbertus), 357.
— (Guillaume), 269.
— (Pierre), 265.
Jamonet, 57.
Jaquelin (Michau), 148.
Jaquin, 294.
Jaren (Perrot), 247.
Jarguea (Mathias), 347.
Jarrent (Mauricius), 314.
Jarria (la), villa, 54.
Jarrici (Guillelmus), canonicus ecclesiæ Pictavensis, 254.
Jarric (Girau), 325.
— (Peronet), 325.
Jarrie (terre de la), 260.
Jarrige (terre de la), 260, 272.
Jarrigia (Guillelmus de), valetus, 345, 352.
Jarrye (dominus de), canonicus Sancti Hilari, 255.
Jaunayum, 55. *Jaunay*, c^{on} de St-Georges, Vi.
Jaunayo (Guillelmus de), 55.
Jean, duc de Berry, 189.
Jedoyn (Guillelmus), 339.
Jobert (Renaut), 336.
Joberti (Pasquerius), 347.
Jocerandi (Johannes), 344.
Joco (Johannes de), 340.
— (Scolastica, domina de), 340.
Jocosus, archipresbyter Montis Maurilii, 62.
Jogrian (Philippus), 316, 354.
Johanna, 340.
— comitissa Castri Ayraudi, 106.
— relicta defuncti Petri Grelet, 314.
Johannes, filius Guillelmi de Senon 20, 21.

Johannes archipresbyter de Oblinquo, 304.
— Belles Mains, episcopus Pictavensis, 51, 52.
— episcopus Malleacensis, 187.
— episcopus Pictavensis, 22, 28, 29, 31, 32, 34, 35, 36, 37, 38, 43.
— I, episcopus Pictavensis, 383.
— II, 383.
— III. — Pictavensis, postea archiepiscopus Lugdunensis, 4.
— judex de Vendovrio, 30.
— magister, 8.
— monachus Monasterii Novi Pictavensis, 8.
— papa XXII, 95, 113, 167.
— — XXIII, 218, 225, 226.
— rector S. Stephani de Oblinquo, 306.
Johannet (Guillaume), notaire, 218, 219.
Joia, soror R. Mirepe, 57.
Joignant, al. Juniant, 312.
Jolains (Hugo), 54.
Jolet (Herbert), 280.
Jolines, al. Jalines, al. Selines, 293, 294, 310. C^{ne} d'Archigny, c^{on} de Vouneuil, Vi.
Jolivet de Villanave, 359.
Joly (Perrot), 247.
Jongueyo (Jacobus de), publicus apostolica auctoritate notarius, 207.
Joquin, 293. V. Jaquin.
— (Thomas), 293.
Jorginus (Hugo), 4.
Jornec, paroisse, 343, 346, 348, 350, 351. *Journet*, c^{on} de la Trimouille, Vi.
— feodum, 345.
Josserandi, Josserant (Guillelmus), 343, 345, 348.
— (Johannes), 345, 348.
— (Philippus de), 344.
Joterea (Philippus de), valetus, 353.

Joterello (Guido de Corberia, dominus de), 342.
Jouber (les), 22.
Jubin (Pierre), 336.
Judæi, 75. Les Juifs.
Juhellus, archiepiscopus Remensis, 22, 28.
Jumellis (Petrus de), presbyter, 173.
Justinus, episcopus Pictavensis, 382.

Juvenis (Philippus), de Sancto Maxentio, 366, 371, 372.
Juyneteau (Jehan et Perrot), 247.
Juze (Aymericus), 21, 22.
Juzeo (Guillaume), chantre du chapitre cathédral de Poitiers, 192.
Juzii (Guillelmus), 55.
— (Guillaume), 282.

K

Karron (Guyon), 278.
Karronère (la), 267. La Caronnière, c^{ne} de Saint-Pierre-des-Eglises, c^{on} de Chauvigny, Vi.

L

Lage (Autart de), 260, 279, 280, 282, 290, 297.
— (Guillaume de), 260, 296.
— (Jeffroy de), 260, 269, 285.
— (Johan de), 269, 278.
— (Mellen de), 299.
— (Pierre de), 260.
Lagnac, 325.
Lagodet ou Lagedet, 295, 300. C^{ne} d'Archigny, c^{on} de Vouneuil, Vi.
— (Pierre de), 294, 296.
Lagrice (Petrus), 318, 351, 352.
Lajojère, 321.
Lambert (Symon), 338.
Lamberti (magister Johannes), 254.
Lambor (terra de), 318.
Landa (nemus de), 300.
— 348. La Lande, c^{ne} de Sainte-Radegonde-en-Gâtine, c^{on} de Chauvigny, Vi.
— 360, 363.
Landraudere (feodum de), 3. C^{ne} de Celle-l'Evécault, c^{on} de Lusignan, Vi.
Lanebreze (Perrot de), 245.
Lantignec (Johannes de), 357, 359.
Laralant (Michael de), 53.
Larez, al. Larrez (terra de), 311.
Lari (Vitalis), clericus, 179.
Larmenaut (prioratus de), 6, 7. L'Hermenault, Ve.

Lastucium, 341, 348, 355. Latus, c^{on} de Montmorillon, Vi.
Latran (concile de), 1, 5, 8, 10, 27.
Lateranum, 9.
Launay (Hugo de), domicellus, 339.
Laureau (Johannes), 294.
Laurens (Guillaume), 271.
Lauvergnat (Johan), de Chauvigné, 285, 359.
La Val (dominus de), 180, 181.
Lavatorium, 289.
Laveor, al. Lavour (le), 262. Lavoux, c^{on} de Saint-Julien-l'Ars, Vi.
Laydeti, Ledeti (Andreas), clericus, 66, 82.
Laygnat (parochia de), 61, 62.
— (Jocosus de), 62.
Lazayo. V. Lezayo.
Ledeti. V. Laydeti.
Leger ou Liger (Guillaume), 330.
— (Johan), 331.
Liger (Aymeri), 330.
Legignec. V. Licignec.
Legue (bois de la), 284. C^{ne} de Saint-Martin-la-Rivière, c^{on} de Chauvigny, Vi.
Legudiacum, prioratus, 6, 7. Ligugé, c^{on} sud de Poitiers, Vi.
Legugé, 171. Id.
Leigne, paroisse, 277, 293, 303. Leigne, c^{on} de Chauvigny, Vi.

— 406 —

Lemagneo, 321.
Lemarié (Guillelmus), canonicus ecclesiæ Pictavensis, 254.
Lemart (Petrus), 319.
Lemencea (Perrotin), 247.
Lemovicensis diocesis, 207. *Limoges, Haute-Vienne.*
Lemoz (P.), de Grogiis, 306.
Lemozin (Pierre), 330.
Lempgnes, 114. *C^{ne} de Villefagnan, Charente.*
Lengne. V. Leigne.
Leodiensis ecclesia, 206. *Liège, Belgique.*
Lépines (Guyot de), 261.
Lesart (Johan de), 152.
Lesigniacum, Lezigniacum, 4, 364. *Lusignan, Vi.*
— castellania, 48, 141, 364, 376.
— castrum, 142.
— feodum, 377.
Lespinacere de Liners, 313. *L'Epinasse, c^{ne} de Saint-Pierre-des-Eglises, c^{on} de Chauvigny, Vi.*
Lessete (Johannes), 55.
Leterii (Aymericus), 350, 351, 352, 355.
— (Johannes), 340, 343.
Leture (Hugo de), 328.
Levraut (Johan), chevalier, 276.
— (Regnaut), valet, 149.
Leysezeres, locus, 320.
Lezayo, Lazayo (Guillelmus de), miles, 46, 47, 58, 59, 60, 348, 355, 356, 368, 369, 370, 377.
— (Agatha, domina de), 346, 369, 370.
— (Symon de), valetus, 377.
Lezighnen (Gaufridus de), 359.
Lezigniacum. V. Lesigniacum.
Lezigniaco (Hugo de), comes Marchie et Engolisme, 14, 15, 16.
Lezigniacense dominium, 16.
Liberius, episcopus Pictavensis, 382.
Liceus (Johan), 335.
Licignec, al. Legignec, 61, 62. *C^{ne} de Lignac, c^{on} de Belâbre, Indre.*
Ligine (le), bois, 301.
Lignano, al. Lilhano (Bernardus de), canonicus Burdegalensis, 95, 114.
Limozin (Aimeri), 271.
— (Pierre), 270.
Linambia. V. Enjambia.

Lingaudère (dime de), 224. *Ligaudière, c^{ne} de Cloué, c^{on} de Lusignan, Vi.*
Liners (nemora de), 313.
Lisoya, uxor Hugonis Bosonis, 11, 12.
Listicius, episcopus Pictavensis, 382.
Lizigniaco. V. Lesigniacum.
Lobersac (Stephanus), 348.
Loberto (Johannes de), capicerius ecclesiæ Pictavensis, 199, 200, 206, 207.
Loborsay, fief, 266. Voy. Louberçay.
Loduno (Nicolaus de), 66.
Lodunum, Losdunum, 209, 214. *Loudun, Vi.*
— Sancte Crucis ecclesia, 11.
— Sancti Petri capitulum, 75.
— archipresbyter, 75.
— archipresbyteratus, 21, 381.
Logiis (Fulcherius de), 365.
Longavilla, al. Ruppe (Johannes de), clericus diocesis Dolensis, 43.
Longer (le pré), 296.
Longus Pons, 43. *Longpont, c^{on} de Lonjumeau, Seine-et-Oise.*
Loreres (vignes de), 272. *Lorière, c^{ne} de Liniers, c^{on} de Chauvigny, Vi.*
Loreriis (Giletus de), 302.
— (Guydo de), 288, 358.
Loroilh, 354.
Loronda (calma), 293.
Lorp (fossa), 293.
Loruylh, 349.
Losdunum. Voy. Lodunum.
Loubeau, al. Loubelli (Hugo), 340, 342.
Louberçay, al. Loborsay, 266. *Loubressay, c^{ne} de Bonne, c^{on} de Saint-Julien-l'Ars, Vi.*
Louchiec (Perrin de), 259.
Louis VII, roi de France, 67.
Lozeas (Estienne et Johan), 296.
Lucas (la fosse), 295.
Lucia, relicta Guillelmi Edorcini, 354.
Luce III, pape, 1.
Lucas (Aymericus de), 367.
Luchec (G. de), 4.
Lucionensis ecclesia, 167. *Luçon, Ve.*
Lucius III, pape, 97.

— 407 —

Luens (Aymericus de), valetus, 29.
Lugdunensis (Johannes, archiepiscopus), 5.
Lugdunum, 25, 26, 27, 28, 85, 88. *Lyon, Rhône.*
Luna (Petrus de), 234, 237.
Lupicinus I, episcopus Pictavensis, 382.
— II, — 382.
Lurayum, 321.
Lussac (archiprêtre de). *Lussac-le-Château. Vi.* Voy. Barbeti (Andreas).

M

Macé le roer, 293, 294.
Machon (Itherius), canonicus ecclesiæ Pictavensis, 212.
Magnibertus, episcopus Pictavensis, 383.
Magorant (terre de), 259. *Mongaurand, cne d'Antigny, con de Saint-Savin, Vi.*
Mahengati (Johannes), 56.
Magni (Guillelmus de), 380.
Maignec (Johannes de). Voy. Meignaco (Johannes de).
Mailhe (Guillelmus de), 285, 353.
Mailhec, Malhac, Malhec, Mailhé. Voy. Mailli (Sanctus Petrus de).
Maillé (Simon de), 266.
Mailli (Sanctus Petrus de), Mailhec, Mailhé, 64, 66, 244, 245, 311, 344, 349. *Saint-Pierre-de-Maillé, con de Saint-Savin, Vi.*
— parrochia Sancti Phidoli, 344.
— parrochia Sancti Petri, 312.
— cimeterium S. Fidali, 311.
— (Guillelmus de), canonicus beatæ Radegundis Pictavensis, 60.
Mainferme (bois de la), 275. *Cne de Dissay, con de Saint-Georges, Vi.*
Mala Spina (gast de), 366. *Malépine, cne de Vautebis, con de Menigoute, D.-S.*
Malhiaco (Thomas de), 367.
Malpeter (G.), 57.
Mangaudi (Martinus) de Landa, 348.
Mantrole (Johannes), prior ecclesiæ beatæ Radegundis, 128.
Malanère (la), 292.
Malechapse (Arnaudus), miles, 3, 4.

Malleacense abbatie prepositus. Voy. Arnaudus. *Maillezais, Ve.*
— aquarius, 7.
— camerarius. Voy. Si.
— (Clemens, abbas) 4.
— diocesis, 185.
— ecclesia, 167, 168, 169, 170.
— episcopus, 94, 113, 168. Voy. Johannes.
— monasterium, 4, 7.
— prior. Voy. W.
Manille (Guillelmus de), canonicus beatæ Radegundis, 69, 71.
Mannorri (nemora de), 322.
Mansancelles, al. Mesancelles (decima de), 281. *Mérancelles, près la haute ville de Chauvigny, Vi.*
Mansiacum, Mosiacum, 67.
Mapinac (dominus de), 39.
Marçay (Aimeri de), valet, 276.
Marçayo (Matheus de), 367.
Marchefou, 259.
Marcher (Raymundus), sacrista Condomi, 117.
Marches Benest (les), 320.
Marchia (Guillelmus de), 56, 141, 142, 364, 365.
— comites : Guido, Hugo Lezigniaco (H. de).
Marcillec (territorium de), 115. *Marcillié, cne de Brettes, con de Villefagnan, Charente.*
Marconay (la personne de), 152.
Mareschau (Guillaume), clerc, 152.
Maresche (la), près Bellefont, 269. *Cne de Bellefont, con de Vouneuil, Vi.*
Marescot (clos à), 294, 296, 297.
— (vignes au), 296.
Mareuille (la), Mareille, Maroylle (la), Marolia, 258, 279, 282, 283,

291, 306, 307, 360. *Forêt, sise c^ne de Saint-Pierre-des-Eglises, c^on de Chauvigny, Vi.*
Mareys (pré de), 282.
Margarita, relicta Johannis Morandi, 341.
Margne (Aymericus de), 53.
Margnec, 170. *Marigny-Chemerault, c^on de Vivonne, Vi.*
Margnet (Guillelmus Gastinea, dominus de), 340.
Maria, uxor Willelmi de Anglia, 16.
Maria, relicta Petri de Bernolio, 342.
Marignec (prioratus de), 344.
Marigné, Marignec, Mayrignec, Mérigné, 209, 214, 323. *Mérigny, c^on de Tournon, Indre.*
— (prioratus de), 344, 350.
Maris (Egidius de), 22.
Marium (Jeffroy), 336.
Marnetis (ecclesia de), 201. *Marnes, c^on d'Airvault, D.-S.*
Marolio (decanatus de), 82. *Mareuil-sur-le Lay, Ve.*
Maroveus, episcopus Pictavensis, 383.
Marquet (Johannes), 314.
Marsilhec (prioratus de), 344. *Marcilly, c^ne de Liglet, c^on de la Trimouille, Vi.*
— Marsilii (Petrus), canonicus Ambasiensis, 166.
Marsaudo (Brisse), 319, 320.
Martigne (Aymericus de), 52.
Martigné, Martignec, 54, 56, 57, 171. *Martigny, c^nes de Chasseneuil, c^on de Saint-Georges, et d'Avanton, c^on de Neuville, Vi.*
Martin (Estèvre), 151.
— (Johan), 151.
Martinière (hébergement de la), 147. *Au village de Boussay, c^ne de Vendeuvre, c^on de Neuville, Vi.*
Martinus papa V, 253.
Martinville (Robert de), 145, 150, 152, 153.
Martrayo (Humbertus de), valetus, 62.
Martrayz (Jordanus de), de Vico, 355.
Martraye (Huguetus de), 346.
Martrolio (Iterius de), cantor ecclesiæ Pictavensis, 212, 253.

Massardère (la dame de la), 330.
Masse (Petrus), presbyter, 208.
Mauberti (Henricus), presbyter, 212.
Mauclaveau, 288.
Mauduys (Johannes) de Jornec, 343.
Maulains (les), 337. *Terres à Chailly, c^ne de Saint-Genest, c^on de Lencloître, Vi.*
Maulay (Gaufridus de), 368.
— (Petrus Levre, dominus de), 343.
— (Petrus de), 342.
Mauricius, episcopus Pictavensis, 4, 7, 10, 37,
Mauritagnia (Johannes de), prior de Colongiis, 164.
Mauritania (Petrus de), presbyter, 139.
Mausayo (Johannes de), domicellus, 305, 306.
Mauzens (parochia de), 135, 136, 138. *C^on de Bugue, Dordogne.*
Maxentius, episcopus Pictavensis, 382.
Maximinus, episcopus Pictavensis, 383.
Maygnec (fief), 271, 272.
Mayllet, 275. Voy. Availle,
Maynin (Hugue), 336.
Mayré (Guillaume de), clerc, 149.
Mayreventum, 6. *Mervent, c^on de Saint-Hilaire-des-Loges, Ve.*
Mayzarcz, 355. *C^ne de Journet, c^on de la Trimouille, Vi.*
Mazères (les), Mazeriæ, 302, 345. *C^ne de Saint-Pierre-de-Maillé, c^on de Saint-Savin, Vi.*
Mazeas (Johannes de), 302.
Mazere (domina de), 348.
Mazeriis (decimaria de). Voy. Mazères.
Mazoers (Vincencius), 352.
Mechini (Johannes), burgensis Niorti, 116.
Medienoctis (Guillelmus), 359.
— (Petrus), miles. 359
Mediolanensis dux, 231. *Milan, Italie.*
Meditarii (Johannes), 154.
Meighnac (Johannes), 344.
Meignaco (Johannes de), 340, 341.
Meigné, Meygnec, in parochia de Poline, 68, 70.
Menesse (nemus de), 345. *Bois-*

— 409 —

- Menassé, c^{ne} de la Bussière, c^{on} de Saint-Savin, Vi.
Menguo (Thomas), 335.
Menua (Guillot), 336.
Menot (Johannes de), 358.
Menuyt (Johan), 282.
Mercator (P.), canonicus ecclesiæ S. Radegundis Pictavensis, 43.
Mercatoris (Guillelmus), 254.
Mercer (Johannes), 55.
Mercerii (Guillelmus), 53, 54.
— (Raymundus), sacrista Condomii, 106.
Merchader (Perrot), 247.
Meremanda (Guillelmus de), miles, 48.
Merici (Guillelmus), prior Fratrum Predicatorum Pictavensium, 241.
Merigné, 323. Voy. Marignec.
Merlandi (magister Petrus), 128.
Mesteer (Guillelmus), 374.
Metulo (Maingotus de), miles, 185.
Meygnec. Voy. Meigné.
Michael, abbas Salmuriensis, 10.
Michea (Guillaume), 247.
Micheau (Phelippon), 294, 296.
Mienuit, Myenuit (Petrus), miles, 307.
Migetius, episcopus Pictavensis, 382.
Milhet (dictus), 171.
Millerote (molendinum de), 38. C^{ne} de Vendeuvre, c^{on} de Neuville, Vi.
Millerotea (Johannes) vel de Codreto. clericus, 268.
Milles, al. Millonis (Guillelmus), 318.
— (Hugo), 311, 318.
Millon (Petrus), 313.
Milon (Guillelmus), 365.
Milonis (Hugo), 327, 341.
Mineres (les), terra, 171. Les Minières, c^{ne} de Payré, c^{on} de Couhé, Vi.
Miot (Johan), 260, 263, 265.
Mirabellum. Voy. Mirebeau.
Mirebea (Johan), 338.
Mirebeau, Mirabellum, 24, 46, 148, 152, 375, 376. Vi.
— archipresbyteratus, 24.
— canonicus. V. Berardus (G.).
— capellanus Sancti Petri, 375.
Miraviau, 287.
Mirepe (R.), 57.

Misericordia-Dei (abbas de), 345, 349, 350. La Merci-Dieu, c^{ne} de la Roche-Posay, c^{on} de Pleumartin, Vi.
Mole (la), 261, 282, 283, 306. La Molle, c^{ne} de Saint-Pierre-des-Eglises, c^{on} de Chauvigny, Vi.
Molins (Johannes de), 54.
Molles (Pierre de), 337.
Monachus, miles de Rivallo, 40.
Monasterium Novum Pictavis, 8, 50, 372, 373, 380. Montierneuf, anciennement abbaye, aujourd'hui église paroissiale de Poitiers, Vi.
Mondion (Reginaldus de), 367.
Monere (Petrus de la), 352.
Monet (Jordanus de), 357.
Montferraut, 377.
Moniac (Briccius), presbyter, 116, 117.
Monpreterins, 323.
Mons (Jourdain de), valet, 283.
Monsolio (prioratus de), 6. Mouzeuil, c^{on} de Lhermenaut, Ve.
Montain, 325, 326. C^{ne} de Vicq, c^{on} de Pleumartin, Vi.
Monte Aureo (Reginaldus de), 376.
Mons Aureus, 41. Montoiron, c^{on} de Vouneuil, Vi.
Mons Maurilium, 353. Montmorillon, Vi.
— archipresbyter, 290, 344, 346, 347, 348, 349. Voy. Jocosus.
— capitulum Sancti Marcialis, 341.
— fratres Domus Dei, 339, 341, 345, 353, 354.
— prior, 346.
Monteacuto (Geraldus de), episcopus Pictavensis, 251.
Monte Aquossa (J. de), miles, 305.
Monte Cugulli (Aymericus de), 377.
Montedionis (rector de). Voy. Petrus. Mondion, c^{on} de Leigné-sur-Usseau, Vi.
Monte Falconis (Hugo de), presbyter, castellanus de Calvigniaco, 141, 142, 154. Voy. Montfaucon.
— (Johannes de), 68, 70.
— (Reginaldus de), 357.
— (Yvo de), 357.
— (Guilhemete de), 358.
Monteilh (Reginaldus de), valetus, 375.
Monteiz (vinea de), 323.

— 410 —

Montelhaudino, al. Montelhauduno (Guillelmus de), operarius Bazatensis, 128 ; al. Lezatensis, 130.
Montelauduno (Guillermus de), 229.
Monte Leonis (Guydo de), miles, 308, 360, 361, 363.
— Montepessulano (Petrus de), officialis Burdegalensis, 129, 130.
Monter (podium de), 323.
Monters, 326.
Monte Reparato (Guillelmus de), rector ecclesiæ de Blanlayo, 153.
Monteyl (Moricet de), 149.
Montfaucon (Hugues de), châtelain de Chauvigny, 257. V. Monte Falconis.
Montferaut, Montferraut, 156, 365. Monfrault, c^{ne} de Celle-l'Evécault, c^{on} de Lusignan, Vi.
Montibus (hebergamentum de), 308.
— (Egidius de), 377.
— (Petrus de), 46.
Montisacuti (P. decanus), 7. Montaigu, Ve.
Montis Revelli castrum, 104. Montravel, c^{on} de Mélines, Dordogne.
Montléon (Jean de), écuyer, 220, 221.
— (Margot de), 221.
Montsorber (Eustachius de), miles, 361, 363.
Moquet (Petrus), 208.
Morande (dicta la), 317.
Morandi (Johannes), 341.
Morcea (Perrotin le), 244.
More (le guey de la), 269.
Morea (Etienne), 335, 336.
Moremea (dictus), 317.
Morez (herbergamentum aus), 172. Les Morez, c^{ne} de Vendeuvre, c^{on} de Neuville, Vi.
Morice (Pierre), 152.
Moricete (la), 337.

Morin (Guillaume), 152.
Morine (la), 337.
Morinere (la), 319. C^{ne} d'Yzeure, c^{on} de Preuilly, Indre-et-Loire.
Morios (le chiron aus), 299.
Mortemar (Aimeri de Rochechouart sire de), 196.
Mortemer, 271, 274. C^{on} de Lussac-le-Château, Vi.
— (l'archiprêtre de), 281, 284, 285, 286.
— sgr de), 301.
Morter (Guillaume), 244.
Mortuo Mari (dominus de), 342, 358.
Mosiacum. V. Mansiacum.
Mosnerii (Johannes), rector de Tucione, 14.
Mosters (Pierre de), 192.
Mota, 21. La Motte, c^{ne} de Cissay, c^{on} de Saint-Georges, Vi.
— (Bertrandus de), canonicus Sancti Cipriani, 139.
Mota de Malo Leone, 279. La Mothe de Mauléon, à Châtillon-sur-Sèvre, D.-S.
Moterolio (P. de), 56.
Mothe-Saint-Eraye (sgr de la), 245. La Mothe-Saint-Héraye, D.-S.
Moulins aux Nonnains (les), 262, 267. Le Moulin des Dames, C^{ne} de Saint-Martin, c^{on} de Chauvigny, Vi.
— de la Poue, 268.
Mousseo (Hugues), notaire, 192, 193.
— (Girardus), presbyter, 213.
Moysart (Pierre), 147.
Moysen (Petrus), presbyter, 118.
Moyssart (Hilairet), 150.
Moysset (Andreas), 302.
— (Petrus), 301.
Munerii (Petrus), 55.
Muroliis (Johannes de), rector ecclesiæ de Senon, 142.
Myenuit (Pierre), chevalier, 260, 269.

N

Naemon (podium), 62. Penemont, c^{ne} de Lignac, c^{on} de Belâbre, Indre.
Nantholium, monasterium, 79. Nanteuil-en-Vallée, c^{on} de Ruffec, Charente.

Narbona, 237. Narbonne. Aude. Narbonensis canonicus. V. Barberii (Helias).
Narrot (Guillaume), huissier du parlement, 195.
Negerie (la), 297.

Negron (Pierre de), chevalier, 192.
Nehon, Nehun, 356. V. Néon
Neiron (Guillaume de), clerc, 149, 150.
Nentre (Johannes de), 339.
Néon, Néhon, Nehun, 244, 344, 347, 349, 350, 352, 356. *Néons-sur-Creuse*, c^{on} *de Tournon, Indre.*
Nicolaus papa III, 62.
Nicholaus de Podio Sicco, 166, 167.
Nictarius, episcopus Pictavensis, 382.
Niolium super Altisiam, prior monasterii. V. Velhet (P.).
Niortum, 371. *Niort, D.-S.*
— Sanctus Stephanus, 6.
— major communitatis. V. Bachime.

Niortum officialatus, 168, 169.
Niorto (helemosinaria de Veteri), 146, 117. *Niort, D.-S.*
Nobiliacensis abbas, 380. *Nouaillé,* c^{on} *de la Villedieu, Vi.*
Noisilleio, Nozilleyo (terra de), 209, 214, 249, 250. *Nouzilly,* c^{ne} *de Chalais,* c^{on} *de Loudun, Vi.*
Normandine (Johanne), 338.
Novavilla (molend. de), 346, 350. *Neuville,* c^{ne} *d'Yzeure,* c^{on} *de Preuilly, Indre-et-Loire.*
Noviaco (Th. de), senescallus Pictavensis, 43.
Nozilleyo (terra de). V. Noisilleio.
Nuyrii (Johannes), 350.
Nyortello (prior de), 370.

O

Oblinquum, 321. *Le Blanc, Indre.*
— archipresbyter, 304.
— rector S. Stephani, 306.
Odart (Hugo de Loubeau, *alias*), 342.
Oger (Pierre), 263.
Ojardi (Johannes), 184, 185.
Olères (les), 298.
Oliva, uxor Gaufridi de Vyconio, 370.
Olivier, sire de Clisson et de Belleville. V. Clisson.

Olona (prioratus de), Vindocinensis, 10.
Ome Jamont, *alias* Jomont (terre de l'), 334.
Omea (pré de l'), 325.
Ome Sauner (terre de l'), 296.
Oregerei (terre de), 302.
Ortios (prés de), 296. *Les Ortioux,* c^{ne} *d'Archigny,* c^{on} *de Vouneuil, Vi.*
Osanna, uxor Petri de la Chese, 302.
Ovrardi (Stephanus), 375.

P

P. archiepiscopus Burdegalensis, 94, 113.
— decanus Montisacuti, 7.
Paguenea (Phelipon), 335, 336.
Paiaudi (Petrus), 290, 342.
Paiaut (Pierre), 264.
Paignonea (Johannes), 313.
Paillizon (Johannes et Petrus). 62.
Painperiona (Juliana), de Carrofio, 380.
Paisai, 268. *Paizay-le-Sec,* c^{on} *de Chauvigny, Vi.*
Palea Raos, 114. *Pailleroux,* c^{ne} *de Villefagnan, Charente.*
Paloton (Estienne), 247.

Panchaude (la), 335.
Papaude (Bertrandus), 377.
Papot (Jehan), 244.
Paquères (les), 300. *Les Pâquerons,* c^{ne} *de Flez,* c^{on} *de Chauvigny, Vi.*
Parent (P.), 55.
Parias (dictus), 318.
Paris, Parisius, 73, 121, 122, 123, 124, 143, 144,, 145, 155, 157, 158, 159, 160, 161, 162, 163, 164, 188, 194, 195.
— palais du Carme, 195.
Paris (Guillaume), 297.
Parthenay (sire de). V. Arcevesque, Archiepiscopi.

Parthenay (archiprêtre de). V. Boulay (Petrus du). *D.-S.*
Pascentius I, episcopus Pictavensis, 382.
— II, 383.
Pasqueti (Johannes), 371.
Pasturalière (terre de la), 332.
Pastacen (vignes de), 272.
Payllec, 271. *Pouillé, c^{on} de Saint-Julien-l'Ars, Vi.*
Paterelli (Aymericus), 371.
Paveillione (P. de), 215.
Paynaudus, 293.
Paynaut, *al.* Peinaut de Maresche, 269.
Paynela (Perreta la), 208.
Payrec (Fulcaudus de), 172.
Payrères (les), 57. *Les Pierrières, c^{ne} de Dissay, c^{on} de Saint-Georges, Vi.*
Payrotea (Aimeri), 269.
Paysay Nodoyn (parochia de), 369. *Paizay-Naudouin, c^{on} de Villefagnan, Charente.*
Paysec (Thomas de), 328.
Pazayo (Amelius de), 342.
Peateau (Audebertus de), valetus, 342.
Peaton (Perrotus de), 342.
Pecheloche (Guillelmus de), 56.
Peygonea (Arnaut), 273.
— (Phelippon), clerc, 273.
Peicters. V. Pictavis.
Peire (Ameri de la), 336.
— (Micheau de la), 336.
Pelagius, episcopus Pictavensis, 382.
Pelé d'Espinasse (le), 270.
Peleter (Aymeri), 335.
— (Guillaume), 335.
Pelis (Johannes de), 364.
Pelle-Chat (clos de), 273. *C^{ne} de Fleix, c^{on} de Chauvigny, Vi.*
Pellislupi (Hugo). valetus, dominus de Chingeyo, 345.
Peloquin (le champ), 297. *C^{ne} d'Archigny, c^{on} de Vouneuil, Vi.*
Pelorde (Guillaume), 336.
Peogle, 320.
Perdigone (Raymundus de), 154.
Peregrini (Johannes), 342, 343.
Perer (Guillelmus), 328.
Perhennis, episcopus Pictavensis, 382.
Perotet (Guillaume), 276.
Perovin (Nauron), 324.

Perrere (guaigneria de la), 354.
Perrin de Jarrige, 272.
Perrot (Petit), 171.
Persono (Johannes de), 225.
Pertica prope Pictavis, 118. *Saint-Eloi, c^{nes} de Poitiers et de Buxerolles. Vi.*
Peruce, 320. *Pérusse, c^{ne} de Saint-Pierre-de-Maillé, c^{on} de Saint-Savin, Vi.*
Peruya (le), 288.
Peruzo (le), terre, 287.
Pessacum, 92, 94, 96, 98, 99, 100, 101, 102, 103, 140. *Pessac, Gironde.*
Persea (le puy de), 296. *Le Pesseau, c^{ne} d'Archigny, c^{on} de Vouneuil, Vi.*
Petavea, 245. *Petanin, c^{ne} de Vicq, c^{on} de Pleumartin, Vi.*
Petit (Guillaume), 247.
Petra (terra de), 54, 55, 56.
— (Raginaldus de), 54.
Petragorensis civitas et diocesis, 104, 109. *Périgueux, Dordogne.*
— diaconus, 134, 139.
— episcopus, 94, 109, 113.
— senescallia, 163.
— senescallus, 143, 157, 158, 159, 160, 161, 162.
Petra Sopeyze, 293. *Pierre-Levée, c^{ne} d'Archigny, c^{on} de Vouneuil, Vi.*
Petronilla, uxor Petri de Ruciaus, 38.
— uxor Thome Barthonea. 355.
— uxor Guillelmi de Chitre, 345.
— la Chartère, 53.
Petrus, abbas Aureevallis, 7.
— abbas Grandimontensis, 212.
— archipresbyter de Sansayo, 117, 119, 120, 128, 130.
— aquarius Malleacensis, prior Ardunensis, 7.
— clericus de Peruce, 320.
— corrector domus de Avalhia, 373.
— presbyter cardinalis titulo Sanctæ Susannæ, 168.
— rector de Montedionis, 74, 77.
— rector de Savigniaco episcopali, 74, 77.
— I, episcopus Pictavensis, 384.
— II, 384.
— episcopus Gabulensis, 254.

Petrus, prior de Tucione, 13.
Peregrisse (le champ), 295.
Peycters. V. Pictavis.
Peyré (Joious de), 260.
Peyrère (Hugo de la), 329.
Philippa, uxor Johannis de Mausayo, 305.
Philippe III le Hardi, roi de France, 63, 67.
— IV, roi de France, 72, 73, 74, 76, 121, 122, 123, 131, 132, 133. 143, 154, 155, 156, 157, 158, 159, 160, 161, 162, 163.
Philippus, decanus Pictavensis, 10.
— episcopus Pictavensis, 11, 13, 15.
— li Juze, 56.
Pichon (Gaufridus), 342.
Pictavis, 7, 15, 16, 22, 37, 38, 50, 56, 72, 106, 113, 126, 130, 131, 132, 133, 145, 153, 260, 282, 283, 288, 301, 344, 345, 347, 349, 350, 352. *Poitiers, Vi.* V. Poitiers.
— comes. V. Alphonsus, Jean.
— prior Fratrum Predicatorum. V. Merici (G.).
— senescallia, 163.
— senescallus, 121, 122, 123, 131, 132, 133, 142, 143, 144, 154, 155, 156, 157, 158, 159, 160, 161, 162. V. Blava (P. de), Feleton (G. de), Noviaco (T. de), Torsay (J. de).
— V. Monasterium Novum, Sanctæ Crucis, Sanctæ Mariæ Majoris, Sanctæ Radegundis, Sancti Hilarii.
Pictavensis ecclesie administrator perpetuus episcopatus. V. Tremollia (J. de).
— archidiaconi. V. Henricus Rebuffa (S.).
— canonici. V. Abibon (J.), Bar (G.), Bisardi (G.), Blesis (J.), Boteti (G.), Cailhavicta (G. de), Chauvea (H.), Daurat (S.), Dazini (J.), Galandi (J.), Gastinelli (J.), Guilletus, Jarrici (G), Lemarié (G.), Machon (I.), Placencia (J. de), Pontyos (G. de), Potarea (N.), Prepositi (P.), Siety (J.).
— capicerii. V. Butembaudi (J.), Loberto (J. de).
— capitulum ecclesiæ cathedralis, 15, 16, 29, 36, 56, 60, 106, 118, 127.

Pictavensis chantre. V. Juzeo (G.), Martrolio (I.).
— decani. V. Fevelli (G.), Gaufridus, Guillelmus, Philippus, Radulphus.
— ecclesia, 2, 4, 5, 8, 10, 25, 33, 52, 60, 65, 68, 81, 118, 182, 186, 197, 209, 213, 247.
— episcopi. V. Aimericus, Arnaldus, Arnaudus, Bertrand, Cramaudo (S. de), Forcius. F. de Auxio, Galterus, Gilbertus, Guillelmus III, Guillelmus IV, Hugo, Johannes I, Johannes II, Johannes III, Mauricius, Monteacuto (G. de), Philippus, Simon, Yterius. V. aussi la liste générale des évêques, p. 382.
Nous n'avons pas relevé les mentions d'évêques de Poitiers sans désignation de personne, vu qu'elles se rencontrent presque à chaque page du volume.
— prepositi. V. Domant (P.), Guidonis (P.), Guillelmus, Vignaudi (J.), Vouhec (P. de).
— subdecani. V. Raginaldus, Tavelli (N.), Vassalli (P.).
— succentor. V Borrelli (J.).
Pientius, episcopus Pictavensis, 383.
Pignon l'évesque (le), 294.
Pin (l'abbé du), 7. *Le Pin, c^{ne} de Béruges, c^{on} de Vouillé, Vi.*
— (Etienne du), 333.
— (Guyot de), 152.
— (Perres do), 296.
Pinchaut (Petrus), 346
Pindray (Jean de), 247.
— (Pierre de), 260, 286.
— (Simon de), 289, 357, 359.
Pinea, 261.
Pinelli (Johannes), 354.
Pinu (tenamentum de), 51.
— (Gauffridus de), valetus, 62.
Pin-Saint-Savinoz (le), 263. *Le Pin, c^{ne} de Saint-Pierre-des-Eglises, c^{on} de Chauvigny, Vi.*
Piquart (Estèvre), 151.
Pisai (feodum de), 3. *Pisay, c^{ne} de Celle-l'Evécault, c^{on} de Lusignan, Vi.*
Pissevin (dîme de), 263, 272, 274.
Placencia (Johannes de), canonicus ecclesie Pictavensis, 43.

— 414 —

Places (village do), 324.
Plainmartin (Stephanus de), 340.
Plances (pré de), 296.
Plano Bosco (nemus de), 321, 344, 355.
Plante (la), 359.
Plasses (les), prata, 313.
Platonus, episcopus Pictavensis, 383.
Plesseys (Petrus de), 339.
Pleyliz (Guillelmus de), 356.
Pocheau (Aimericus), 292.
— (Guillelmus), 310.
Podeo (Raimundus de), canonicus ecclesiæ Burdegalensis, 43.
Podia (moniales de), 362. *La Puye*, c^{on} *de Pleumartin, Vi.*
Podio (Aymericus de), 349.
— (Petrus de), 342.
— (Philippus de), 339.
— Buxi (terra de). V. Podium Buzen.
— Chebret (domina de), 381.
— Garrelli (Petrus de), valetus, 328, 367.
— Giraudi (Helias de), 341, 342, 346.
— Giraut (Helyas de), valetus, 322, 323.
— Grifer (vineæ de), 323. *Pied-Griffé*, c^{nes} *d'Angles et de Saint-Pierre-de-Maillé, Vi.*
— Rabido (Guillelmus de), presbyter, 212.
Podium, 362.
— Aniay, 310.
— Buzen, 372, 373, 374. C^{ne} de Vernon, c^{on} de la *Villedieu, Vi.*
— Martini, 317. *Peumartin*, c^{ne} de *Pouzioux*, c^{on} *de Chauvigny, Vi.*
— Siccum, 166.
— super Maler, 315.
Pogue (la), 348.
— Poigne, al. Pugnio (ecclesia Beatæ Mariæ de), 172, 173. *Pugny*, c^{on} *de Moncoutant, D.-S.*
Poinet (Guillaume), 325.
Poiré (maison de Vergier de), 260.
Poitevin (Jeffroy le), tabellion, 264.
Poitiers, 279, 330. V. Pictavis.
— archiprêtre 260, 279, 280.
— Augustins, 246.
— Dominicains, 241.
— Pons Golbœ, 56.
— maire. V. Taveau.

Polart, Polardus (Johannes), 295, 358.
— (Johanna, relicta Johannis), 359.
Pollip (Stephanus), 54.
Poligne, 321. *Poligny*, c^{ne} de *Chouppes*, c^{on} *de Monts, Vi.*
Pons (Stephanus de), 344.
Ponte (Johannes de), 361.
Pontenère (la), fief, 282, 287. *La Pontonnière*, c^{ne} *de Saint-Martial*, c^{on} *de Chauvigny, Vi.*
Ponters (Benedicta do), 330.
Pontyos (Gaufridus de), canonicus ecclesiæ Pictavensis, 60.
Pontoyl (le), 148. *Le Ponteil*, c^{ne} de *Vendeuvre*, c^{on} *de Neuville, Vi.*
Popelin (Johan, Renaut et Robin), 335.
Poqueriis (Petrus de), miles, 339.
— (Perrotus de), domicellus, 343.
Porcher (Jehan), 147.
Porcheron (Bertholomé et Guillaume), 286.
Porta (decima de), 281.
— (herbergamentum de), 58.
— (Nicholaus de), 55, 57.
— (Michael de), 56.
— (Ysambertus de), 350.
Porte Bercheloy, 269.
Porteville (Johannes), 142.
Portis (census de), 300.
Portu (Hugo de), 56, 57.
Portus Baudet, 350.
Potarea (Nicolas), chanoine et official de Poitiers, 192. V. Potarelli.
Potarelli (Nicolaus), canonicus ecclesiæ Pictavensis, 212. V. Potarea.
Pouento juxta Berriam (terra de), 209, 210, 211, 214. *Pouant*, c^{ne} de *Nueil-sur-Dive*, c^{on} *de Trois-Moutiers, Vi.*
Pouge (la voie de), 271. *Près Chauvigny, Vi.*
Pougesse (la), 261.
Pousardi (Jacobus), legum doctor, 187.
Poularde (la), 294.
Poverelli (Guillelmus), miles, 177.
Povereas de Pozeas (les), 375.
Poyssonnet (Guillelmus), 303.
Poyters. V. Poitiers.
Poyto. V. Poitiers (archiprêtre).
Poyz (Guillaume de), chevalier, 277.

Poyzart ou Poyzet, 269.
Poyzent (nemus de), al. Paysant, al. Poyssant, Poyzant, 292, 293, 294, 310. Le Trait-Paysan, terres incultes, c^{ne} d'Archigny, c^{on} de Vouneuil, Vi.
Pozeos, Pozeoux, paroisse, 277, 289, 300, 301. Pouzioux, c^{on} de Chauvigny, Vi.
Praeco (prioratus de), 6. Prahecq, D.-S.
Prailhes, 201. Prailles, c^{on} de Celles, D.-S.
Praer (P.) de Jaunayo, 55.
Pranzai (B. capellanus de); 3, 4. Pranzay, c^{ne} de Lusignan, Vi.
Prato (Johannes de), 367.
Pré (Alayz do), 337.
— (Johan do), 335, 336, 337.
— (Legeron do), 337.
— (Thomas do), 337.
Preconis (Bartholomeus), domicellus, 340.
Prenestrinus cardinalis, 378. Preneste, Italie.
Prepositi (Johannes), prior de Colongiis, 165, 166.
— (Petrus), abbas Beatæ Mariæ, canonicus ecclesiæ Pictavensis, 212.
Pressaco (Guido de), archidiaconus Thoarcensis, 254.
Prinçay, 275. C^{ne} d'Availle, c^{on} de Vouneuil, Vi.
Prissac, 324. C^{on} de Belâbre, Indre.
Prissec, 263, 272, 273. Pressec, c^{ne} de Jardres, c^{on} de Saint-Julien, Vi.
— (Guillaume), 282.
Proeter (terra) apud Veaucorp, 309. C^{ne} de Saint-Pierre-des-Eglises, c^{on} de Chauvigny, Vi.
Prulhiacum, Prulliacus, villa, 321, 343. Preuilly, Indre-et-Loire.
Pruygns (Ludovicus de), canonicus Rotomagensis, 212.
Pualère (la), 289.
Pue Marin (le), 147.
Puteo (Guillelmus de), 357.
— (Hodoninus de), domicellus, 304, 305.
— (Odo de), domicellus, 358.
— de Petra (terra de), 54.
Puy-Bruillart, 262. Puy-Belliart. c^{ne} de Bonnes, c^{on} de Saint-Julien, Vi.
Puy-Chevrer, 261. Puy-Chevrier, c^{ne} de Bonneuil-Matours, c^{on} de Vouneuil, Vi?
Puya (Helias), 309.
Puye (la), al. la Poue, 268. La Puye, c^{on} de Pleumartin, Vi. V. Podia.
Pyn (lo), 300. Le Pin, c^{ne} de Saint-Pierre-des-Eglises, c^{on} de Chauvigny, Vi.
Pindrayo (Symo de). V. Pindrayo.
Pyorcino (Hugo de), clericus, 74, 77.

Q

Quarta (Johannes de), 354.
Quarte (vignes de la), 272, 287.
Quelle, al. Queylle (clos de la), 286.
Queminau, 288.
Queus (nemus aus), 322.
Quincianus, episcopus Pictavensis, 382.

R

R. archiepiscopus Remensis, 241.
Racheas (P), 56.
Radulphus, decanus ecclesiæ Pictavensis, 41, 60.
Raginaldus, subdecanus ecclesiæ Pictavensis, 60.
Raguignon (Aimeri), prieur d'Angle, 243.
Raina (dicta), 322.
Raincec, 353. Rinsac, c^{ne} de Saint-Pierre-de-Maillé, c^{on} de Saint-Savin, Vi.
Rains (Symon de Cramaud, cardinal de), 241, 243.
Raleau (Aymericus), 53, 54.
— (Johannes), 53.

Ralinis (Johannes), presbyter, 4.
Rannous de la Rannossère, 325.
Ranoffère (la), 324. *La Renonfère, c^ne de Prissac, c^on de Saint-Benoît-du Sault, Indre.*
Ranulphi (Petrus), 308, 359.
Raos, al. Radulphi(Phelippon),297.
— (Symon), 297.
Raoulelli(Johannes), clericus, publicus auctoritate imperiali notarius, 181.
Rateas (dictus), 317.
Ravardi (Aymericus), 56, 57.
Raymont (Hugo), 357.
— (Johan), 296.
— (Philippus), 54.
Raymundus, 55.
Rayn (Pierre), 152.
Raynbaut, 172.
Rebours (Johannes), canonicus Sancti Hilarii, 255.
Rebuffa (Stephanus), archidiaconus Pictavensis, 43, 106, 128.
Rechisyaco (Johannes de), 194.
Reelis (le), locus, 321. *Le Râlis, c^ne de Mérigny, c^on de Tournon, Indre.*
Regali (abbas de), 381. *La Reau, c^ne de Saint-Martin-l'Ars, c^on d'Availles, Vi.*
Regia Villa, 80.
Regis (Aymericus), 53.
— (Guillelmus), 142.
Rejacia (prioratus de), 173. *La Rejasse, c^on de Moncoutant, D.-S.*
Remensis archiepiscopus. V. Juhellus, Trousselli (P.). *Reims, Marne.*
— cardinalis. V. Rains.
Renaut (Guyon), 287.
Remensse (la), dicta la, 300.
Renol (Pierre), 278.
Renoussère, 289. *La Renousière, c^ne de Bonnes, c^on de Saint-Julien, Vi.*
Resset, 296.
Revelli (Guillelmus), auditor domini Arnaldi, presbyteri cardinalis, 129, 130.
Revol (Pierre), 286.
Rez (le), 54. *C^ne de Pouzioux, c^on de Chauvigny, Vi.*
Rezan (Méry de), 247.
Ribatea (les hers), 261.
Ribaudère (herbergamentum de), 57. *La Ribaudière, c^ne de Chasseneuil, c^on de Saint-Georges, Vi.*

Ribotea (vallis), 61.
Ricardi (Raymundus), clericus, 139.
Richart (Guillaume) d'Espinasse, 270.
Richer (Gauffredus), 55.
— (Petrus), 55, 56, 58.
Ridea (Matheas), 318.
Ride-Pière, 276. *Rudepierre, c^ne de Vouneuil-sur-Vienne, Vi.*
Rigné, 148. *Rigny, c^ne de Thurageau, c^on de Mirebeau, Vi.*
Rigon (pré), 295.
Rinhacum, parochia, 135, 136, 137, 138. *Reignac, c^ne de Saint-Cyprien, Dordogne.*
Ripis (dominus de), 322.
Ris (Guillelmus de), 340.
Rivali (Petrus de), 154.
— (Bartholomeus), 176, 177.
Rivallo (Aimericus de), 305.
— (Guillelmus de), miles, 39, 40, 41, 362.
— (Guydo de), 362.
— (Johannes de), valetus, 359.
— (Monachus, miles de), 40.
— (Petrus de), 340.
Rivallum, 365. *Le Rivet, c^ne de Curzay, c^on de Lusignan, Vi.*
Rivau (le), 156.
— (Aimeri do), valet, 267, 269.
— (Johan do), valet, 266.
Rivaudi (magister Petrus), 217.
Rives, 275. *Ribes, c^ne de Vouneuil-sur-Vienne, Vi.*
Rivère (Hélion de la), 273,
— (Thebaut de la), valet, 150.
Roardère (la), 22.
Robert (Guillaume), 334.
— (Jean), 247.
— (Mérigot), 247.
Roberti (Raginaldus), rector de Pugnie, 173.
— Robertus, archipresbyter Albuciensis, 139.
Robichon de Podiabuzin, 372.
Rocelli (Guido), valetus, 353.
Rocha(molendinum de), in riparia de Saleron, 347, 348, 350. *La Roche, c^ne de Journet, c^on de la Trimouille, Vi.*
— (Guido de), miles, 55.
— (Michael de), 355.
— (Petroninus de), 353.
— (Philippus de), 170.
— Aubetons, 347.

Rocha aus Bocans, 353. *La Roche-au-Baussan*, c^{ne} *de Pindray, c^{on} de Montmorillon, Vi.*

Rocha de Margnec, de Maingné, feodum, 170, 171, 172, 377. *La Roche, c^{ne} de Marigny-Chemerault, c^{on} de Vivonne, Vi.*

Rochaforti (vinea de), 361. *Rochefort, c^{ne} de Bonnes, c^{on} de Saint-Julien, Vi.* V. Rupe Forti.

Rocha Pouzaii, Pozaii, 342, 343. *La Roche-Pozay, c^{on} de Pleumartin, Vi.*

— S. Bartholomei prioratus, 313.

Rochardere (borderia de la), 371, 372. *La Richardière, c^{ne} de Vautebis, c^{on} de Menigoute, D.-S.*

Rochars, 354.

Roche, 316.

— (Johan de la), 147.

Roche-Boursaut (la), 269. *Maison à Chauvigny, Vi.*

Rochechouart (Aimery de), sire de Mortemar, 196.

Rocher (Hugo), 55.

— (Philippus), 54, 55.

Rochereau (le Frère do), 295.

Rochereou (molendinum de), 361, 362. *Le Rochereau, à Chauvigny, Vi.*

Roche-Ruffin (s^{gr} de la), 215. *C^{ne} de Pamproux, c^{on} de la Mothe-Saint-Héraye, D.-S.*

Roches (costalla do), 311.

Rodis (Guillelmus de), domicellus, 139.

Roffiacum, 174, 175. *Ruffec, Char.*

Roffiacensis archipresbyter, 14.

Roilinhaco (Guillelmus de), canonicus Aurelianensis, 95, 114.

Roger (Aymericus), 53.

Rogeronne (Johanna), 342.

Rogoynno (Nicholaus de), burgensis Niorti, 116.

Roigne (N.), 216.

Roil (Hugo), 54.

Roilh de Ispania, 353.

Rolhec, 176, 177. *Rouillé, c^{on} de Lusignan, Vi.*

Roma, Sancta Maria Major, 64. *Rome, Italie.*

— cardinaux. V. Arnaldus, Hostensis, Hugo, Petrus, Sanctæ Susannæ, Prenestrinus; Sabinensis, Saluciarum, Sancti Laurencii in Lucina.

Rome, papes. V. Alexander IV, Clément V, Clément VII, Innocent III, Innocentius IV, Johannes XXII, Lucius III, Martinus V, Nicolaus III, Urbanus IV, Urbanus V.

Romangne (ecclesia de), 178, 179. *Romagne, c^{on} de Couhé, Vi.*

Romenuyl, Romenuel (Guillaume de), valet, 334, 337.

Romio (Johannes Baldoyni, archipresbyter de), 376. *Rom, c^{on} de Lezay, D.-S.*

Romonolium, 329. *Remeneuil, c^{ne} d'Usseau, c^{on} de Leigné-sur-Usseau, Vi.*

Ronde (Phelippon de la), 324.

Rorgo (Willelmus), 3.

Roseas le Aniers, 56.

Rosers (Raginaldus de), 54.

Roseriis (Johannes de), presbyter, 217, 223.

Rotomagensis canonicus. *Rouen, Seine-Inférieure.* Voy. Pruygns (L. de).

Rotya (Guillelmus), 171.

Rouceas (Johannes), 348.

Roucelli (Ilayretus), 340.

— (Johannes), clericus, 179.

Rousse (la), 325.

Rousseau (Aymeri), 338.

— (Hugue), 337.

Rousset (Guillelmus), 340.

— (Johan), 261.

— (Stephanus), 317.

Rousseteau (Guillelmus), 318.

Roussetère (la), 317, 318. *La Roustière, c^{ne} de Saint-Pierre-de-Maillé, c^{on} de Saint-Savin, Vi.*

Roux (Symo), 359.

Roy (Perrot et Regnaut), 243.

— (Jehan le), secrétaire du roi, 101, 189.

Roya (Petrus), 307.

Roygnon, territoire, 270. *Rougné, c^{ne} de Liniers, c^{on} de Saint-Julien, Vi.*

Ruciaus (Petrus de), miles, 38.

Ruffaus (Petrus et Simon), 180, 181.

Rupe Choardi (Guydo de), 364.

Rupe Forti (closum de) prope Calvigniacum, 309. *Est-ce Rochefort, c^{ne} de Bonnes ?* V. Rochaforti.

— (Guydo de), 21.

— 418 —

Ry (Radulphus de), miles, 375.
Ry (le), fief, 277. C^{ne} de Pousioux, c^{on} de Chauvigny, Vi.

Rymelle (moulin de), 245. Remerle, c^{ne} d'Angle, c^{on} de Saint-Savin, Vi.

S

Sabinensis cardinalis, 240.
Saborin, 263, 264, 265.
Saborinus, 373.
Saerria (Guillelmus de), 367.
Saint-Cerdre, 275. Saint-Cyr, c^{on} de Saint-Georges, Vi.
Saint-Cyprien (l'abbé de), 2. Saint-Cyprien, à Poitiers, Vi. V. Sanctus Cyprianus.
Saint-Flour (Geffroy de), 276.
Saint-Flovier (Heudes de), 276.
— (Venan de), valet, 276.
Saint-Germain (s^{gr} de), 196.
Saint-Martin-de-la-Rivière, paroisse, 277, 284, 301. Saint-Martin-la-Rivière, c^{on} de Chauvigny, Vi.
— prior, 302.
Saint-Morilhec (Guillelmus de), 343.
Saint-Savin (l'abbé de), 259. Saint-Savin, Vi.
— (Johan de), 265, 286.
Saint-Sire, 333. Saint-Cyr, c^{ne} de Thuré, c^{on} de Châtellerault, Vi.
Salatiel (Petrus), monachus Monasterii Novi Pictavensis, 8.
Salemonde (la), 57.
Saleron (riparia de), 347. Le Saleron, affluent de l'Anglin.
Salmuriensis (Michael, abbas), 10. Saumur, Maine-et-Loire.
Saluciarum cardinalis, 240.
Salvitas Sancti Aviti, 104. Saint-Avit de Moiron, c^{ne} de Gardone, c^{on} de Sigoulès, Dordogne.
Salvin, 260.
Sany, al. Sarven, archidiaconus, 95, 114. Cernès, diocèse de Bordeaux.
Samages, locus, 34.
Sancerre (Jean, comte de), 192.
Sancta Barba, al. Barbara, 155, 156.
Sanctæ Crucis monasterium, 128. Sainte Croix, à Poitiers, Vi.
— abbatissa. V. Esabellis.
Sancta Flavia (parochia de), 50, 66. Sainte-Flaive, c^{on} de La Mothe-Achard, Ve.
Sanctæ Mariæ Majoris Pictavensis ecclesia, 31, 106, 182. Notre-Dame-la-Grande, à Poitiers, Vi.
Sanctæ Mariæ Majoris Pictavensis, abbas. V. Prepositi (P.).
— canonici. V. Amici (M.), Chales (G.), Gras (J.).
Sancta Neomadia, 201. Sainte-Néomaye, c^{on} sud de Saint-Maixent, D.-S.
Sancta Pecinna, Piscina, Pesana, Pexina, 116, 168, 169, 170, 369, 370. Sainte-Fezenne, 1er c^{on} de Niort, D.-S.
Sancta Radegundis in Gastina, parochia, 348. Sainte-Radegonde-en-Gâtine, c^{on} de Chauvigny, Vi.
Sanctæ Radegundis Pictavensis ecclesia, 129, 130, 378. Sainte-Radegonde, à Poitiers, Vi.
— canonici. V. Amici (M.), Auxio (G. de), Barbini (A.), Hugo, Mailli (de), Manille (de), Mercator (P.), Sancto Galterio (J. de), Veylaygne (G.).
— priores. V. Mantrole (J.), Vigerii (R.).
Sancto Vazio (Johannes de), 370.
Sanctus Alperianus, 61. Saint-Auprien, c^{ne} de Lignac, c^{on} de Belâbre, Indre.
Sanctus Aredius, 201. La Mothe-Saint-Héraye, D.-S.
Sanctus Christophorus in archipresbyteratu Fayæ, 29. 361, 367, 368, 378. Saint-Christophe, c^{on} de Leigné-sur-Usseau, Vi.
Sancti Citronini, parochia, 381. Saint-Citroine, c^{ne} de Vezières, c^{on} des Trois-Moutiers, Vi.
Sanctus Ciprianus, prioratus, 135, 136, 137, 138, 139. Saint-Cyprien, Dordogne.
Sancto Cypriano (Ab. de), domicellus, 139.
Sancti Cypriani Pictavis, abbas, 380. Saint-Cyprien, à Poitiers, Vi.
Sanctus-Cyricus, 21. Saint-Cyr, c^{on} de Saint-Georges, Vi.

Sancto Eumacio (Raymundus de), miles, 139.
— Flodoveo (Gaufridus de), miles, 360.
— Galterio (Johannes de), canonicus S. Radegundis, 69, 71.
Sanctus Germanus in Laya, 75. Saint-Germain-en-Laye, Seine-et-Oise.
Sancti Hilarii ecclesia, 45, 177, 179, 254, 379. Saint-Hilaire-le-Grand, à Poitiers, Vi.
— cantor. V. Tefanelli (J.).
— canonici. V. Berlant (J.), Bureau, Gascoignolle (de), Jarrye (dominus de), Rebourg (J.), Tephanelli (J.).
— capitulum, 360.
Sancti Johannis Angeliacensis capellania, 379. Saint-Jean-d'Angéli, Charente-Inférieure.
Sanctus Junianus, 74, 77, 207. Saint-Junien, Haute-Vienne.
Sancti Laurentii in Lucina presbiter cardinalis, 241.
— Leodegarii (A. abbas), 7. Saint-Liguaire, 2ᵉ c^{on} de Niort, D.-S.
Sancto Machario (parochia de), 377, 378. Saint-Macaire, c^{on} de Montreuil-Bellay, Maine-et-L.
Sancti Martini juxta Nyortum prior, 370. Saint-Martin, c^{ne} de Sainte-Pezenne, 1ᵉʳ c^{on} de Niort, D.-S.
Sanctus Martinus de Bosco, monasterium, 254. Saint-Martin-aux-Bois, Oise.
— Martinus de Sanzayo, 201. Saint-Martin-de-Sanzais, c^{on} de Thouars, D.-S.
— Martinus Lars, 201, 380. Saint-Martin-Lars, c^{on} d'Availles-Limousine, Vi.
Sancti Mauricii de Gensayo, parochia, 375. Saint-Maurice, c^{on} de Gençay, Vi.
Sancto Mauricio (domus de), 326. Saint-Maurice, à Yzeures, c^{on} de Preuilly, Indre-et-Loire.
— (Guillelmus de), 326.
— (Symon de), 326.
Sanctus Maxentius, 366, 372. Saint-Maixent, D.-S.
Sanctus Michaelis prope Thoarcium, 377. Saint-Michel, c^{ne} des Hameaux, c^{on} de Thouars, D.-S.

Sanctus Michael Clausus, 6. Saint-Michel-le-Cloucq, c^{on} de Saint-Hilaire-des-Loges, Ve.
Sanctus Moricius, 6. Saint-Maurice, c^{ne} d'Aiffre, c^{on} de Prahecq, D.-S.
Sancti Papuli diocesis, 167. Saint-Papoul, Aude.
— Petri pratum, 313.
Sancto Postano (Hamo de). V. Sancto Porciano (Hamo de).
Sancto Porciano (Hamo de), 303, 305.
Sancti Remigii prior, 370. Saint-Rémy, 1ᵉʳ c^{on} de Niort, D.-S.
Sanctus Remigius prope castrum Haiam, prioratus, 6. Saint-Remy-sur-Creuse, c^{on} de Dangé, Vi.
— Savinus, 345, 349, 351, 352, 355. Saint-Savin, Vi.
— monasterium, 356.
— castellania, 301.
— territorium, 303.
Sanctus Segundinus, 201. Saint-Secondin, c^{on} de Gençay, Vi.
Sancti Severini abbas, 362. V. Aymericus. Saint-Severin, c^{on} de Loulay, Charente-Inférieure.
Sancto Sigiranno (Petrus de), 62.
Sansayo (Petrus, archipresbyter de), Sanxay, c^{on} de Lusignan, Vi.
Sarrazin (Pierre), 336.
Saules (les), 147, 148. C^{ne} de Vendeuvre, c^{on} de Neuville, Vi.
Sauneron (Pierre), 330.
Savari (Philippain), 247.
Savellis (dominus de), 369.
Savigné, 275, 276. Savigny, c^{ne} de Vouneuil-sur-Vienne, Vi.
Savigniacum Episcopale, 66, 74, 77, 166. Savigny-l'Evécault, c^{on} de Saint-Julien-Lars, Vi.
Savigniaco (archipresbyter de), 178. Savigné, c^{on} de Civray, Vi.
Sayes feodum, 48. Sais, à Vivonne, Vi.
Saynera, al. Saynète (la), 293.
Sazina (territorium de), 366, 371. La Saisine, forêt, c^{nes} de Chantecors, Clavé et Vautebis, D.-S.
Scelleos (vigne de), 271.
Scolastica, domina de Joco, 340.
Sechau (Herbertus), valetus, 358.
Segelons, in parochia de Pozeouz, 300.

— 420 —

Seguinus, dominus de Podio Geraldi, 342.
Selines, al. Jalines, 293.
Senconio (feodum de). V. Xenconio.
Senescalli (Guydo), 363, 364.
— (Herbertus), dominus de Diene, 358.
- Sengler (Perrot et Simon), 245.
Senillec, 366.
Senon (rector ecclesiæ de), 142. Cenon, c^{on} de Vouneuil, Vi.
— (Guillelmus de), miles, 18, 19, 20.
Serayrazons (nemus deou), 374.
Serena, la Serène, 325, 352. La Serenne, c^{ne} de Vicq, c^{on} de Pleumartin, Vi.
Serene (la), fief. V. Serena.
Serol, 349.
Serrin (dictus), 62.
Servèse, al. Servose, Servouze, (vignes de), 263, 272. Servouse, c^{ne} de Jardres, c^{on} de Saint-Julien, Vi.
— (Hugue de), 273.
Serviens (Johannes), presbyter, 75.
Servon (le puy de), 298. Servon, c^{ne} de Leigne, c^{on} de Chauvigny, Vi.
Servouze. V. Servèse.
Si, camerarius abbatie Malleacensis, prior de Larmenaut, 7.
Siec, 168, 169. Siecq, 1er c^{on} de Niort, D.-S.
Siety, Syeti (Johannes), canonicus ecclesiæ Pictavensis, 212, 254.
Sigibrannus, episcopus Pictavensis, 383.

Sigismundus, rex Romanorum et Hungariæ, 228, 236.
Simon, al. Symon, episcopus Pictavensis, 185, 188, 193, 197, 200, 202, 203, 204, 219, 247, 253.
— patriarcha Alexandrinus, 208, 213.
Sive Passe (vignes de), 273.
Sivraico, al. Sivrayo (castrum de), 14, 15, 32, 49, 72, Civray, Vi.
— castellania, 339, 380, 381.
Sivratère (la), 289.
So (le chesne), 298.
Soliers, 348. Soulier, c^{ne} de Journet, c^{on} de la Trimouille, Vi.
Sossayum, 329, 335. Sossais, c^{on} de Lencloitre, Vi.
Soti (Johan), 336.
Souron (Petrus), clericus publicus auctoritate apostolica notarius, 193.
Sousy (le), territoire, 287. C^{ne} de Sainte-Radegonde, c^{on} de Chauvigny, Vi.
Sovion (Jamet), notaire, 218, 219.
Stella (ecclesia beatæ Mariæ de), 16, 17, 18, 20. L'Etoile, c^{ne} d'Archigny, c^{on} de Vouneuil, Vi.
— abbas, 55, 265. V. Willelmus.
Suyrim, 370. Surin, c^{on} de Champdenier, D.-S.
Sybilla, uxor Guydonis de Rupe Choardi, 364.
Syeti (Johannes), canonicus ecclesiæ Pictavensis. V. Siety.
Symon, gener Johannis Baudi, 53.
— (Gaufridus), 53, 54.
— (Petrus), 54.

T

Tahe, 343.
Tahec (dominus de), 313.
Tailler (Etienne), 336.
Talebast (Jehan), chevalier, 219, 221, 252.
Talebastière (s^{grie} de la), 221, 252, 258, 259, 261, 265. La Talbatière, c^{ne} de Saint-Pierre-des-Eglises, c^{on} de Chauvigny, Vi.
— (Jean de la), 263, 268, 273.
Talemont, 263, 273. Talmont, c^{ne} de Bonnes, c^{on} de Saint-Julien, Vi.

Talemundi abbatia, 51. Talmont, Ve.
Tardi (Guillelmus), valetus, 352.
— (Johannes), 339.
Targevayre (Gaufridus), 340.
— (Johan), valetus, 352.
Targis (Johannes de), 340.
— (Petrus), 320.
Tarrascon, 215. Tarascon, Bouches-du-Rhône.
Tauxon (magister P.), 21.
Taveau (Guillaume), maire de Poitiers, 197.

— 421 —

Tavelli (Nicholaus), subdecanus ecclesiæ Pictavensis, 254.
Taysec, Taysset, Teyssec, Tesset, 262, 286, 287, 305. *Tessec, c^{ne} de Saint-Martial, c^{on} de Chauvigny, Vi.*
Taysson in clauso de Clarec, 310.
Tebaut (Guillelmus de), valetus, 305.
Tefanelli (Johannes), cantor S. Hilarii Pictavensis, 43.
Teil (herbergement de), 221. *Le Teil, c^{ne} de Bonnes, c^{on} de Chauvigny, Vi.*
Templi hospitale, 360; — magister et fratres, 362, 363.
Tephanelli (Johannes), archidiaconus Thoarcensis, 106.
Tephenelli (Johannes), canonicus S. Hilarii, 69.
Tertre Fraiat (poy do), 284.
Tessec, Tesset. V. Taysec.
Textoris (Thomas), 177.
Teyley (Guillelmus de), 56.
Thalebast, Thalebastière. V. Talebaat, Talebastière.
Theandi (Guillelmus), serviens regius, 179.
Thee penes la Brassardère, 321.
Theobaldi (Guillelmus), 353.
Thoarcium, 378, 379, 381. *Thouars, D.-S.*
— archidiaconus. V. Pressaco (G. de), Tephanelli (J.).
— decanatus, 378.
Thomas, abbas de Englia, 64, 66.
— (Johan), 330.
Thomassia, 21.
— filia Thomæ Joquin, 293.
— relicta defuncti Philippi Jogrion, 316, 340.
— uxor Aymerici Leterii, 352.
— uxor Hugonis Pellislupi, 345.
Thomasse, femme de Saborin, 264.
Thorignec, 204. *Thorigné, c^{on} de Celles, D.-S.*
Thuré, 208. *C^{on} de Châtellerault, Vi.*
Tiers, 333. *Les Tiers, c^{ne} de Dissay, c^{on} de Saint-Georges, Vi.*
Tiors, 330. *Thiours, c^{ne} de Thuré, c^{on} de Châtellerault, Vi.*
Tisec, 295. *Terrages en la paroisse de Saint-Martial de Chauvigny, Vi.*
Tolosana, ecclesia sancti Severini, 108, 167. *Toulouse, Haute-Garonne.*

Tolosanna senescallia, 163.
Tolosanus senescallus, 157, 158, 159, 160, 162.
— comes. V. Alphonsus.
— diocesis, 128, 130, 187.
Tombe (clos de la), 148. *C^{ne} de Thurageau, c^{on} de Mirebeau, Vi.*
Tondu (Guillaume), 195, 196.
Torea, valetus, 323.
Tornon (parochia S. Petri et S. Martini de), 321. *Tournon, Indre.*
Tornuil, 289. *Tourneuil, c^{ne} de Lavoux, c^{on} de Saint-Julien, Vi.*
Torsay (Jean de), chevalier, sénéchal de Poitou, 215.
Torssœ (Michea de), 334.
Touche (la), 263. *C^{ne} de Bonnes, c^{on} de Saint-Julien-l'Ars, Vi.*
— (la), 338.
— (bois de la), 334.
— (Aymeri de la), valet, 335.
— (Johan de la), 335, 359.
Toulon, paroisse, 284. *C^{ne} de Salles-en-Toulon, c^{on} de Lussac, Vi.*
Tour (Perrot de la), 324.
Tremat (Denis), 247.
Tremolhia, castellania, 344. *La Trimouille, Vi.*
— parochia, 348, 350, 354, 355, 356.
— (Guillelmus de), 354.
— (Guido de), 60, 61, 62, 340, 341, 342.
Tremolia. V. Tremolhia.
Tremollia (Johannes de), administrator perpetuus episcopatus Pictavensis, 254.
Tronella (Maria), domicella, 340.
Tronerc (Hugo de la), valetus, 372.
Turé, Tureyum, 329, 330, 335, 337, 367.
Trousselli (P.), archiepiscopus Remensis, 241.
Truter (dictus), 317.
Tucione seu Tussonio (ecclesia de), 13, 14. *Tusson, c^{on} d'Aigre, Charente.*
Tupianus, episcopus Pictavensis, 382.
Turonensis ballivus, 121, 122, 131, 132, 133, 143. *Tours, Indre-et-Loire.*
— diocesis, 166.
— ecclesia, 197.
Turonensis monasterii (frater G. abbas). *Tiron, Eure-et-Loir.*
Turpini (Hugo), 361.

Turre (Guarvenus de), valetus, 356.
— (Guillelmus de), 344, 347.
Tuscha prepositi, 314.
Tyfonelere (la), 365. *La Tiffannelière, c^{ne} de Celle-l'Evécault, c^{on} de Lusignan, Vi.*

Tylia, alias Tylhia (prior de), 35, 363. *Le Teil-aux-Moines, c^{ne} de la Chapelle-Viviers, c^{on} de Chauvigny, Vi.*
Tyso (Petrus), 369.

U

Ulmi crux, 56.
Ulmus de Aure, al. de Auriaco al. de Oyre, 11, 12, 39, 40, 41. *Peut-être la Tour-d'Oiré, c^{ne} d'Availles, c^{on} de Vouneuil, Vi.*
Ulmus de Daosses, 68. *Dousse, c^{nes} de Vicq et Angles, Vi.*

Ulmus Doyre, 365, 366.
Ungevie (Joceaume), 325.
Urbanus papa IV, 44, 45.
— papa V, 180, 182.
Urdunala (Helias), domicellus, 139.

V

Valeia (Gaufridus de), clericus, 75, 76.
Valesia, 156.
Valle (Payn de), 294.
Vallecoloris (prioratus de), 378. *Vaucouleurs, c^{ne} de Massay, c^{on} d'Argenton-Château, D.-S.*
Valle Dei (prior de), 370. *La Vau-Dieu, c^{ne} de Saint-Hilaire-de-Benaise, Indre.*
Vallendelli (Johannes), 185.
Valle Tobis (parochia de), 366. *Vautebis, c^{on} de Menigoute, D.-S.*
Vallibus (pasturagia de) in parochia de Mailhe, 349. *Les Vaux, c^{ne} de Saint-Pierre-de-Maillé, c^{on} de Saint-Savin, Vi.*
Vallis Chaton, 365. *Vauchetan, c^{ne} de Celle-l'Evécault, c^{on} de Lusignan, Vi.*
Vallis Tobie, alias Thobie, 371. *Vautebis, c^{on} de Menigoute, D.-S.*
Vallis Viridis, 83.
Vanguille, Vanguylhe, 263, 265, 275, 297. *Vangueil, c^{ne} d'Archigny, c^{on} de Vouneuil, Vi.*
Varaz, 61. *Varrat, c^{ne} de Lignac, c^{on} de Belabre, Indre.*
Varena (vinæ de). V. la Varenne.
— (Dyonisius de), 358.

Varenne (la), Varenæ, 37, 278, 286, 315, 320, 321. *C^{ne} de Saint-Pierre-des-Eglises, c^{on} de Chauvigny, Vi.*
Vasatensis archidiaconus, 83. *Bazas, Gironde.*
Vassal (Pierre), sous-doyen du chapitre cathédral de Poitiers, 192, 212.
Vassalli (Petrus), subdecanus ecclesiæ Pictavensis. V. Vassal.
Vau (la), 324.
— (maison de la), 275. *C^{ne} de de Bonnes, c^{on} de Vouneuil, Vi.*
— (Aymeri do), 336.
— de la garde (la), bois, 325.
— (Petronilla de la), 342.
Vaubuti (Guillelmus), 168.
Vauchevine (la), 277.
Vaube (Thomas), valetus, 368.
Vaulx (Thomassin de), 150.
Vaux (queroet de), 297.
Vavre (village), 324. *C^{ne} d'Yzeure, c^{on} de Preuilly, Indre-et-Loire.*
Vaxserville (la dame de), 276.
Vayres (molendinum de), 362, 368. *C^{ne} de Saint-Georges-les-Baillargeaux, Vi.*
Veaucorp, 309. *Vaucour, c^{ne} de Saint-Pierre-des-Eglises, c^{on} de Chauvigny, Vi.*

— 423 —

Veillon, in parochia de Poline, 68, 70.
Velheit (Petrus), prior claustralis monasterii de Niolio super Altitiam, 164, 165.
Velon (dictus), 369.
Veluet (Estienne), 247.
Venayo (castellania de), 370. Benet, c^{on} de Maillezais, Ve.
Vendovrium, Vendovria, Vendovre, Venduevre, 30, 38, 148, 149, 150, 330, 368; 376. Vendeuvre, c^{on} de Neuville, Vi.
Ventador (Eblo de), miles, 29, 39, 40, 366.
Vergnec (Guillelmus de), 177, 178, 179.
— (Hugo de), 178, 179.
Verilhe (prioratus de), 378.
Vérone. 3. *Véronne, Italie.*
Ververs (les), 352.
Vevien (Johannes), 319.
Veylaygne (Guillelmus), canonicus beatæ Radegundis, 69, 71.
Vic, Vic sur Creuse, Vicus, 68, 69, 70, 244, 245, 315, 348, 349, 352, 353, 354. *Vicq, c^{on} de Pleumartin, Vi.*
— molendinum, 355.
Vicinni (Petrus), burgensis Niorti, 116.
Vienne (la), rivière, 257, 259, 269, 270, 275, 284. *Affluent de la Loire.*
Vigano (parochia de), 380, 381. *Le Vigean, c^{on} de l'Isle-Jourdain, Vi.*
Vigennia (prioratus de), 380.
Vigerii (Ranulphus), prior beatæ Radegundis Pictavensis, 129.
Vilamondi (Petrus), 340.
Vignandraldum, *al.* Vinandraldum, 139, 141. *Villandraut, Gironde.*
Vignau (le), herbergamentum, 371. *La Vignaudrie, c^{ne} de Vautebis, c^{on} de Menigoute, D.-S.*
Vignaudi (Johannes), præpositus ecclesiæ Pictavensis, 254.
Vignault (Jehan), juge de la cour temporelle à Chauvigny, 249.
Vigneau (le). terres, 287, 288.
Vilefeignen. V. Villa Faignem.
Villa Faignem, *al.* Villa Faygnem, Vilefeignen, 45, 46, 47, 48, 369. *Villefagnan, Charente.*
Villain (Johannes), 307.

Villaine (la bonne), 260.
Villa Lutosa, 114, 115, 348, 350, 356, 368, 369. *Villiers-le-Roux, c^{on} de Villefagnan, Charente.*
Villanova (Arnaldus de), archidiaconus Sarven in ecclesia Burdegalensi, 95, 114.
— (Jolivet de). V. Jolivet.
— (Johannes de), 303.
Villareto (ecclesia de), 380. *Villaret, c^{ne} de Blanzay, c^{on} de Civray, Vi.*
Villenes, 297. *Vilaine, c^{ne} d'Archigny, c^{on} de Vouneuil, Vi.*
Villedon (Hugo de), 364.
Ville-Neuve, fief, 298, 299. *C^{ne} de Saint-Pierre-des-Eglises, c^{on} de Chauvigny, Vi.*
— (Jolivet de), 298. V. Jolivet.
Villers (terres de), 260, 262, 276, 326.
Villotelli (Johannes), rector Sancti Martini de P., 14.
Vindocinensis abbatia, 10. *Vendôme, Loir-et-Cher.*
— abbas. V. Hamelinus.
Vineta de Cella Episcopali, 364.
Viridarium, 346.
— massum, 352.
Vitalis (Arnaldus), canonicus Xanctonensis, 43, 106, 119, 120, 130.
Vivien (Aymeri), 336.
— (Henri), 336.
Vivonia, Vivonna, 174, 196, 224. *Vivonne, Vi.*
— (dominus de), 364.
— (Aymericus de), miles, 33.
— (Hugo de), miles, 33.
Vizay (Petrus de), 367.
Viziliaco (prioratus de) apud Mirabellum, 24. *La Madeleine, faubourg de Mirebeau, Vi.*
Vlez (bois des), 271. *Les Velès, c^{ne} de Bonnes, c^{on} de Saint-Julien, Vi.*
Vo (Petrus de), 307.
Voaceys, Voazeis, 324.
Voce (Perrotus), 347.
Voec, Vohec, Vuhec, 324, 351. *Vohet, c^{ne} de Dunet, c^{on} de Saint-Benoit-du-Sault, Indre.*
Voilhe Loerez, 377, 378. *Bouillé-Loret, c^{on} d'Argenton-Château, D.-S.*
Volvento (prioratus de), 6. *Vou*

vant, c^on de la Châteigneraie, Ve.
Vonuyl, paroisse, 275, 276. Vouneuil-sur-Vienne, Vi.
Vouhec (Philippus de), præposi- tus ecclesiæ Pictavensis, 106.
Vouhec (dominus de), 340.
Vyconio (Gaufridus de), 370.
Vyona (Petrus de), 350.

W

W. archidiaconus Briocensis, 7.
— prior abbatie Malleacensis, 7.
— prior de Xancton, 7.
— prior Legudiaci, 7.

Willelmus, abbas de Stella, 16, 17.
— episcopus Pictavensis. V. Guillelmus.
— prior de Basogiis, 7.

X

Xanton (prioratus de), 6. 7. Xanton, c^on de Saint-Hilaire-des-Loges, Ve. V. Xenconio.
Xanctonensis, civitas et diocesis, 110. Saintes, Charente-Inférieure.
— episcopus, 110.
— senescalia, 163.
— senescalus, 121, 122, 131, 132,
133, 144, 157, 158, 159, 160, 161, 162.
Xanctonensis canonicus. V. Vitalis (A.).
Xenconio (feodum de), 370. V. Xanton.
Xirolium, 379. Exireuil, c^on de Saint-Maixent, D.-S.

Y

Ymbert (Johan), 295.
Ymberton (Guillaume), 244.
Ynodio, al. Yvodio (Johannes de), clericus, publicus apostolica et imperiali auctoritate notarius, 106, 128, 130, 166.
Yoihous (le boutet), 325.
Ysabellis relicta Petri Borsaudi, 372, 374.

Yterius, episcopus Pictavensis, 208.
Yvré l'évesque, 208. C^on de Pontvallain, Sarthe.
Yzoré (Jehan), chevalier, 197.
Yzoire, Yzorium, Ysorium, 64, 66, 316, 326, 349, 350, 355. Yzeures, c^on de Preuilly, Indre-et-Loire.

TABLE GÉNÉRALE

DES DIX PREMIERS VOLUMES

DES ARCHIVES HISTORIQUES DU POITOU

I. — DOCUMENTS PRINCIPAUX [1].

Chartes poitevines de l'abbaye de Saint-Florent, près Saumur. (833-1160).   II, 1.
Cartulaire de l'abbaye de Saint-Cyprien de Poitiers. (888-1155).   III.
Extraits des archives historiques de la ville de Fontenay-le-Comte. (XIe siècle-1678).   I, 117.
Cartulaire du prieuré de Saint-Nicolas de Poitiers. (Vers 1050-1108).   I, 1.
Cartulaire de l'abbaye d'Orbestier. (1107-1454).   VI.
Cartulaire de la commanderie de Coudrie. (Vers 1120-1254).   II, 149.
Cartulaire du prieuré de Libaud, en Bas-Poitou. (1137 ou 1139-Vers 1260).   I, 53.
Cartulaire de l'évêché de Poitiers ou Grand-Gauthier. (1185-1506).   X.
Dons d'hommes en Bas-Poitou. (Vers 1200-1294).   XI, 79.
Cartulaire de la Chatille. (1234-1339).   VI, 1.
Comptes et enquêtes d'Alphonse, comte de Poitou. (1243-1269).   IV, 1 ; VII, 149 ; VIII, 1.
Etat du domaine du comte de Poitou, à Chizé. (XIIIe siècle).   VII, 73.

---

1. Voir pour la table analytique de ces documents, les volumes dans lesquels ils sont insérés.

Apurement des comptes de la monnaie d'or fabriquée à Angers de 1331 à 1333, et à Montreuil-Bonnin de 1337 à 1346. IV, 235.

Procès des frères Plusqualec. (1442). II, 217.

Mémoires présentés au roi Charles VII par les délégués de la ville de Poitiers, pour le détourner d'établir la gabelle en Poitou et en Saintonge. (Vers 1451). II, 253.

Lettres des rois de France, princes et grands personnages à la commune de Poitiers [1]. (1453-1559). I, 145 ; IV, 275.

Documents pour servir à l'histoire de la coutume en Poitou et en Anjou. (XVIe siècle). VIII, 371.

Lettres adressées à MM. Chastaigner d'Abain et de la Roche-Posay. (1533-1661). VII, 273.

Registre de l'amirauté de Guyenne, au siège de la Rochelle. (1569 et 1570). VII, 191.

Lettres de Charlotte-Flandrine de Nassau, abbesse de Sainte-Croix de Poitiers, à Charlotte-Brabantine de Nassau, duchesse de la Trémoille, sa sœur. (1598-1630). I, 203.

Lettres de Jean Besly. (1612-1647). IX.

Actes de l'assemblée générale des églises réformées de France et souveraineté de Béarn. (1620-1622). V.

Documents relatifs à l'assemblée de la Rochelle. (1620-1622). VIII, 161.

Eloge funèbre de Charlotte-Flandrine de Nassau, par Catherine de la Trémoille, qui lui succéda dans la dignité d'abbesse de Sainte-Croix. (1640). IV, 341.

Lettres d'Eléonore Desmier d'Olbreuse, duchesse de Brunswick-Zell. (1664-1729). IV, 361.

II. — MISCELLANÉES.

Epigraphie romaine et gallo-romaine, sigles figulins trouvés à Poitiers. I, 333.

Ve siècle. — Inscription tumulaire chrétienne : *Nestor in pace*. I, 297.

Xe siècle. — Sceau d'Alboin, évêque de Poitiers. I, 299.

Xe siècle (fin du). — Inscription funéraire de Gunther. I, 300 ; II, 362.

---

1. La table analytique de ces Lettres se trouve à la suite de la présente table.

Dernier tiers du xe siècle ou commencement du xie. — Inscription tumulaire d'Hecfred, abbé de Luçon.   i, 119.

Charte d'Aimeri, vicomte de Châtellerault, portant concession de libertés et franchises à l'église de Vaux.   vii, 346.

1190, 6 mai. — Charte de fondation du petit monastère de Saint-André des Gourfailles, près Fontenay, par Richard Cœur-de-Lion.   i, 120.

1201. — Accord entre le prieur de Vaux et Raoul de Faye.   vii, 348.

1207. — Confirmation par Philippe-Auguste du don de la charge de prévôt et sénéchal héréditaire de Fontenay et du fief du Pâtis à Gérard de la Pérate.   i, 122.

1228, mars. — Requête adressée à Odon, abbé de Saint-Denis, par Geoffroy de Lusignan, vicomte de Châtellerault, concernant le prieuré de Vaux.   vii, 348.

1239. — Cinq pièces concernant le prieuré de Vaux. vii, 349.

1240. — Lettres de Jean IV, évêque de Poitiers, concernant le prieuré de Vaux.   vii, 356.

1242, 26 mai. — Charte par laquelle saint Louis donne à Maurice Gallerant le château de Mervent et la terre des Oulières, confisqués sur Geoffroy de Lusignan.   i, 123.

1245, 6 avril. — Engagements pris envers l'abbaye de l'Absie, par Guillaume Pailler, bourgeois de la Forêt-sur-Sèvre.   i, 305.

Vers 1255. — Plainte des bourgeois de Niort, au sujet du déplacement des foires et marchés de cette ville.   ii, 285.

1267, janvier. — Fondation de messes par les religieux de Saint-Savin en faveur d'Alphonse, comte de Poitou.   ii, 287.

1284 (1285), 20 février. — Vente par Jean Florent et sa femme à Guillaume Bocher, chevalier, de tous les soustres ou résidus des blés battus dans l'aire des vendeurs (en fr.).   iv, 401.

1307. — Ordonnance du sénéchal de Poitou, fixant le prix de la main-d'œuvre, des denrées et des marchandises les plus usuelles pour le temps du séjour de Clément V et de Philippe le Bel à Poitiers.   viii, 403.

1310, 10 mai. — Cession par Aimeri Caifart à Aimeri Bocher, valet, de tout ce qu'il possédait dans les paroisses de Beaulieu et de Martinet, moyennant une rente de 50 sous (en fr.).   iv, 403.

1312, 3 juillet. — Donation faite à l'aumônerie de Saint-Michel, près Thouars (en fr.).   vii, 361.

1313 (1314), 5 janvier. — Dons faits à Catherine, fille de feu Guillaume Girard, valet, par sa mère et son frère, en faveur de son mariage avec Jean Bocher, clerc (en fr.).   iv, 405.

1316, 28 octobre. — Echange entre l'aumônerie de Saint-Michel, près Thouars, et Moricet Roucea (en fr.).   vii, 362.

1321 (1322), 31 janvier. — Acte par lequel les moines de Saint-

Denis reconnaissent devoir à Jean d'Harcourt, vicomte de Châtellerault, la somme de cent livres, au sujet de la justice haute et basse en plusieurs lieux dépendant du prieuré de Vaux.
VII, 358.

1329 (1330), 28 février. — Visite des monastères de l'ordre de Cluni situés dans la province de Poitou. IV, 407.

1342 (1343), 12 mars. — Visite des monastères de l'ordre de Cluni situés dans la province de Poitou. IV, 413.

1353, 6 août — *Monstre* de la compagnie de Miles de Thouars, sire de Pousauges, chevalier banneret, faite à Surgères. VIII, 412.

1371, 5 septembre. — Mandement d'Olivier de Clisson, pour le paiement des gens de guerre qui devaient secourir la forteresse de Moncontour, assiégée par les Anglais. I, 307.

1372, 24 décembre. — Mandement de Charles V, accordant à Bertrand du Guesclin la somme de trois mille francs d'or à prendre sur les recettes des châtellenies de Montreuil-Bonnin, Niort et Fontenay, pour la solde de gens de guerre. I, 124.

1373. — Huit pièces relatives à du Guesclin et à la délivrance de Mortagne-sur-Sèvre. VIII, 413.

1372 (1373), 18 février. — Mandement d'Edouard III, roi d'Angleterre, à Thomas de Felton, sénéchal de Guyenne, et autres, de juger le procès de Jean Chaudrier, bourgeois de la Rochelle, avec Aimeri, seigneur de Craon, au sujet de la succession de Guy de Thouars, seigneur de Mauléon. II, 289.

1373, 12 mai. — Lettres de Charles V, donnant Fontenay à Bertrand du Guesclin, comme gage de la somme d'onze mille francs d'or. I, 125.

1382, 13 avril. — Promesse faite par Jean Galéas Visconti, comte de Vertus et de Milan, à Guy de la Trémoille, chevalier, d'une pension de mille florins d'or, à la condition de lui prêter hommage. I, 308.

1383, 6 juillet. — Vidimus des lettres de Jean de Berry, donnant Fontenay à Olivier de Clisson, comme garantie d'un emprunt de dix mille francs d'or qu'il lui avait fait. I, 125.

1391, 23 décembre. — Quittance finale d'un prêt dont Fontenay constituait la garantie, donnée par Jean Lemaingre, dit Boucicaut, à Jean de Berry. I, 126.

1396 (1397), 17 janvier. — Concession de la seigneurie du Peux de Cissé, par Louis, duc d'Anjou, à Jean de Faye, écuyer.
I, 312.

1422, 16 septembre. — Mandement du dauphin régent au gouverneur de la Rochelle et à Jean de Villebrême de se faire remettre et de lui apporter les papiers et l'or que Guillaume Boucher, prisonnier des Anglais, avait envoyés à la Rochelle.
I, 291.

1422, 22 septembre. — Procès-verbal de la remise faite à Jean de Villebrême des papiers et de l'or dont il est question dans les lettres du 16 septembre précédent. II, 293.

1422, 20 octobre. — Lettres du régent donnant décharge à Jean de Villebrême d'un fleuron de la couronne de France et d'une partie de l'or qui devaient servir à lever une armée en Ecosse et qui, après la déroute de la flotte, avaient été apportés à Niort et à la Rochelle. II, 294.

1424, 31 juillet. — Inventaire des joyaux du roi de France. II, 298.

1434, 15 octobre. — Lettres du roi Charles VII, accordant à Jean Rabateau la permission de faire réparer et fortifier la tour d'Auzance. VII, 364.

1470, 5 mai. — Montre et revue des 96 hommes d'armes et 190 archers de M. de Crussol, sénéchal de Poitou. II, 300.

1472, 10 novembre. — Vente des terres d'Auzance et de Sigon par Thomas de Vivonne, chevalier et seigneur de Fors, à Jean Mérichon, écuyer, gouverneur de la Rochelle. VII, 366.

1472, 29 novembre. — Lettres de Louis XI faisant don et remise à Jean Mérichon des ventes et honneurs dus par ce dernier à raison de l'acquisition des châtel et seigneurie d'Auzance. VII, 370.

1472, 5 décembre. — Lettres de l'hommage fait au roi par Jean Mérichon, à raison du châtel et forteresse d'Auzance, et des eaux et pêcheries de la rivière du même nom. VII, 372.

1482, 26 mars. — Inscription commémorative du don d'une croix d'or à la chapelle du couvent des Jacobins de Fontenay, par Isabeau Acharie, femme de Jean Brugière, seigneur de Chaix. I, 127.

Entre 1489 et 1494. — Mandement du gouverneur de Guyenne, pour la garde des châteaux de Royan, Mornac et Rochefort. I, 314.

1503, 2 août. — Hommage fait au roi par Hardouin, seigneur de la Tour, chevalier, héritier en partie d'André, seigneur de Chauvigny et de Châteauroux, à raison de la vicomté de Brosse, de la seigneurie de la Châtre-au-Vicomte et du droit seigneurial et féodal sur la terre et seigneurie de Chauvigny, appartenant à l'évêque de Poitiers. IV, 425.

1515, 17 mai. — Hommage rendu à René du Bellay, baron de la Forest, par Louis Ronsard, chevalier, seigneur de la Possonnière, pour l'hôtel de Noireterre, à cause de Jeanne Chaudrier, sa femme. II, 311.

Juin 1523. — Lettres patentes de François Ier, portant permission de fortifier la ville de Montmorillon. VIII, 427.

1525, 2 mai. — Inventaire des calices, joyaux et ornements de l'église de la Maison-Dieu de Montmorillon. II, 313.

1528, 31 mars. — Acte par lequel Jean de Viron et René de la Rochefoucault, seigneur de Bayers, sont nommés tuteurs de Jacques du Fouilloux. IV, 429.

1531, 15 décembre. — Certificat de *quinquennium* en droit canon, délivré par la faculté de droit de Poitiers à Prégent de Coëtivy. I, 317.

1537, 28 juin. — Inventaire du trésor de Notre-Dame de Fontenay. I, 128.

1560, 3 avril. — Vente par Jacques du Fouilloux à François Jouslard, élu à Niort, de deux maisons sises en cette ville. IV, 435.

1564, 21 juin. — Procuration donnée par Jacques Beatoun, archevêque de Glascow, ambassadeur de Marie-Stuart en France, à Jean Chasteau et François Viète, pour recevoir au nom de ladite reine la somme de 160 écus sols, qui lui revenaient pour sa part d'un trésor trouvé au moulin du château de Fontenay. I, 131.

1565, 14 septembre. — Lettre de Marie-Stuart au comte du Lude, pour lui demander de faire rentrer au plus vite les revenus de son domaine du Poitou. I, 133.

1565, 8 novembre. — Commission de garde des chasses royales du Bas-Poitou, donnée à Jacques Buor, seigneur de la Mothe-Freslon, par Jacques du Fouilloux, garde général des forêts de la province. I, 134.

Vers 1566. — Arrentement par Jacques du Fouilloux à Jean Goybault et Antoine Masson, de biens, sis en divers lieux. IV, 437.

1569, 29 janvier. — Lettre adressée par l'amiral de Coligny au capitaine du château de Fontenay, à l'occasion du meurtre du capitaine la Mothe-Bonnet. I, 135.

1569? 9 avril. — Lettres de Jeanne d'Albret, reine de Navarre, d'Henri, prince de Navarre, et d'Henri de Bourbon, prince de Condé, déclarant de bonne prise les armes capturées pendant les troubles de 1568 par Jean de Sainte-Hermine, commandant à la Rochelle. II, 317.

1571, 26 août. — Lettres de Charles IX, qui prépose Jacques du Fouilloux à la garde de ses chasses dans les forêts et bois du Poitou. IV, 440.

1573, 29 octobre. — Vente par Jacques du Fouilloux à François Chabot, seigneur de la Pimpelière, de l'hôtel de la Mothe-Saint-Denis-de-Mairé. IV, 443.

1576, 5 mai. — Réponse du corps de ville de la Rochelle aux envoyés du prince de Condé et des princes allemands, sur leur demande d'une contribution de cent mille écus. II, 323.

1576, 19 juin. — Articles et conditions proposés au roi de Navarre par les maire, échevins et pairs de la Rochelle, s'il voulait, sans différer, faire son entrée en cette ville. II, 324.

1577, 23 janvier. — Articles accordés par le prince de Condé aux habitants de la Rochelle. II, 326.

1577, 6 juin. — Traité entre le corps de ville de la Rochelle et le prince de Condé pour la levée d'une armée navale en Flandre, suivi des instructions données par les Rochelais à deux pairs de ladite ville pour la négociation de cette affaire. II, 331, 333.

1580, 3 août. — Testament de Jacques du Fouilloux. IV, 447.

1587, 11 août. — Lettre de Philippe Desportes au duc de Joyeuse, l'avertissant de ce qui se passe à la cour, tandis qu'il tient en échec l'armée du roi de Navarre et cherche à l'éloigner du Poitou. II, 336.

1589, 6 mai. — Lettre d'Henri III à M. de la Couture, par laquelle il l'informe de la révocation du vicomte de la Guierche, gouverneur de la Marche, etc. I, 318.

1600, 26 juin. — Privilège accordé par Henri IV à Jean Mettayer pour imprimer et éditer les œuvres mathématiques de François Viète. I, 135.

1610. — Lettre du chapitre et des habitants de Luçon à M. de Parabère, gouverneur du Poitou, suivie de leur serment de fidélité au roi. I, 320.

1619, 25 mai. — Testament fait par Benjamin de Rohan, seigneur de Soubize, avant la prise d'armes qui devait avoir lieu en 1619. I, 138.

1619, 26 mai. — Quittance de 450 écus, donnée par Th. Agr. d'Aubigné à Henri de Rohan, pour prix d'armes qu'il lui avait vendues. I, 323.

1630, 22 avril. — Bulle d'Urbain VIII, qui transfère à Fontenay-le-Comte le siège épiscopal de Maillezais. II, 345.

1630, 25 décembre. — Inventaire des livres et manuscrits de du Plessis-Mornay. II, 351.

1678, 22 août. — Lettre de John Locke à M. de Juigné-Locé, pour lui demander des renseignements sur le trajet d'Angers à la Rochelle, en passant par Thouars, Fontenay et Marans. I, 140.

Après 1726. — Requête de l'Université de Poitiers au procureur général du parlement de Paris, contre les officiers de la sénéchaussée de Civray, qui contestaient à ses messagers le droit de plaider devant les juges conservateurs de ses privilèges. I, 324.

1777 et 1790. — Cinq documents concernant la basoche de Poitiers. VII, 373.

Statuts et organisation de la Société des archives.   i, IV.
Extraits des procès-verbaux des séances de la Société pendant l'année 1881.   x, IX.
Notice sur M. Rédet.   x, XI.

TABLE ANALYTIQUE

DES LETTRES DES ROIS DE FRANCE ET AUTRES GRANDS PERSONNAGES

A LA COMMUNE DE POITIERS, 1453-1569 (vol. I et IV).

PREMIÈRE SÉRIE

1. Lettre de Charles VII à la ville de Poitiers, du 28 octobre 1453, annonçant, et racontant la prise de Bordeaux sur les Anglais.
I, 145.

2. Lettres de Louis XI, du 22 mars 1462, ordonnant des réjouissances pour la naissance d'une fille du roi de Castille. I, 148.

3. — Du 14 juin 1463, recommandant la candidature à la mairie de Poitiers de Michel Dauron, receveur en Poitou. I, 148.

4. — Du 14 mai 1464, recommandant la nomination de Jean de Moulins, son notaire et secrétaire, en remplacement d'Etienne Jamin, l'un des cent bourgeois de la ville, qui avait résigné cette charge municipale en sa faveur. I, 149.

5. — Du 12 juin 1464, demandant aux bourgeois d'élire Jean de Moulins, maire pour l'année présente. I, 150.

6. — Du 16 mars 1465, ordonnant de prendre des informations sur les agissements du comte de la Marche, Jacques d'Armagnac, qui aurait envoyé de ses gens jusqu'à Montmorillon, et de prendre contre lui toutes les précautions nécessaires. I, 151.

7. — Du 22 mars 1465, remerciant les bourgeois de leur loyauté, et leur recommandant d'écouter ce que Jean de Janoilhac leur dira de sa part. I, 152.

8. — Du 4 avril 1465, ordonnant de surveiller et arrêter les émissaires des ducs de Berry, de Bretagne et de Bourbon. I, 152.

9. Lettre de Charles, comte du Maine, à la ville de Poitiers, du 19 juillet 1465, annonçant l'arrivée à Paris du roi et de son armée, et l'envoi à Poitiers du capitaine de Lusignan, pour s'entendre de sa part avec les bourgeois. I, 153.

10. Lettres de Louis XI, du 26 juillet 1465, annonçant la victoire de Montlhéry, et ordonnant aux bourgeois de résister aux troupes des ducs de Berry, de Bourgogne et de Bretagne, si elles se dirigeaient vers leur pays. I, 154.

11. — Du 27 juillet 1465, racontant l'expédition du comte de Charollais et du comte de Saint-Paul, autour de Paris, la bataille de Montlhéry, et les armements qu'il fait contre ses ennemis. I, 155.

12. — Du 29 juillet 1465, ordonnant aux bourgeois de ne pas recevoir en leur ville le duc de Nemours qui s'est réuni au duc de Bourbon, au comte d'Armagnac et autres rebelles. I, 156.

13. — Du dernier jour de juillet 1465, remerciant les bourgeois de ce qu'ils avaient repris le château de leur ville sur les prisonniers du Bourbonnais qui s'en étaient emparé. I, 157.

14. — Du 16 avril 1466, recommandant l'élection de Pierre Laigneau, son valet de chambre, à la première place vacante de l'échevinage. I, 158.

15. — Du 29 juin 1466, ordonnant aux bourgeois de lui envoyer ceux d'entre eux qui sont allés conférer avec le comte du Maine, et leur demandant le nom du maire qu'ils comptent élire cette année. I, 159.

16. Lettre du même à l'évêque et aux bourgeois de Poitiers, du 25 juillet 1466, leur ordonnant de s'adjoindre des notables des trois Etats du pays, pour rechercher les abus existant dans l'administration de la justice, des finances et des gens de guerre, et en envoyer la constatation par écrit aux commissaires réunis à Paris pour la réforme du royaume. I, 159.

17. Lettre du grand conseil du roi à la ville de Poitiers, du 31 juillet 1466, relative à l'audition en conseil de Nicolas Boilesve, envoyé naguère par les bourgeois de cette ville auprès du comte du Maine. Le roi mécontent ne veut plus que ledit Boilesve demeure procureur de la ville, et fait savoir aux bourgeois son désir qu'André de Conzay ne soit pas maintenu maire pour cette année. I, 160.

18. Lettre de Louis XI, du 8 octobre 1466, recommandant aux bourgeois, après informations favorables, de maintenir André de Conzay, comme maire de leur ville. I, 162.

19. — Du 15 octobre 1466, exposant que les lettres obtenues par André de Conzay pour son maintien dans la charge de maire sont subreptices, et leur enjoignant de lui enlever les clefs de la ville et de les remettre au maire de l'année précédente. I, 162.

20. Lettre de Crussol, sénéchal de Poitou, aux bourgeois de Poitiers, du 1er décembre 1466, portant créance pour Réty et Garnier, envoyés par eux près de lui. I, 163.

21. Lettres de Louis XI, du 18 juin 1467, recommandant l'élection à la mairie de Colas Mouraut, l'un des vingt-cinq échevins. I, 164.

22. — Du 24 juin 1467, annonçant l'entrevue qu'il a eue à Rouen avec le comte de Warvich, ambassadeur du roi d'Angleterre, pour la prolongation des trêves et la conclusion d'un traité de paix ; il fait savoir, en outre, qu'il a envoyé à son tour une ambassade en Angleterre pour continuer ces négociations et aussi pour traverser les pourparlers du comte de Charolais avec le roi d'Angleterre, relatifs à son mariage avec la sœur dudit monarque. I, 165.

23. — Du 29 août 1467, portant créance pour Josselin Dubois, envoyé par lui en mission près des bourgeois de Poitiers. I, 167.

24. Lettre d'Yvon du Fou, capitaine de Lusignan, du 31 août 1467, faisant connaître aux bourgeois les craintes du roi sur certaines entreprises ourdies par son frère Charles sur la ville de Poitiers, et leur recommandant d'écrire au roi, afin de dissiper ses soupçons mal fondés. I. 167.

25. Lettre de Louis XI à tous les habitants de Poitiers, du 26 février 1468, leur annonçant qu'il a convoqué les Etats généraux à Tours pour le 1er avril prochain, et leur mandant d'y envoyer quatre députés, un d'église et trois laïcs. I, 168.

26. Lettre de Crussol, sénéchal de Poitou, du 9 juillet 1468, remerciant les bourgeois d'avoir nommé maire son lieutenant Jean Chambon, et leur promettant de défendre leurs privilèges auprès du roi, à l'occasion de brouilleries causées par cette élection. I, 170.

27. Lettre de Louis XI aux habitants de Poitiers, du 14 octobre 1468, racontant l'entrevue et le traité de Péronne avec le duc de Bourgogne, et annonçant la part qu'il va prendre avec ledit duc à l'expédition contre Liège. I, 171.

28. Lettre de Crussol, sénéchal de Poitou, du 16 octobre 1468, recommandant aux bourgeois de Poitiers de bien garder leur ville pendant l'absence du roi qui va partir de Péronne avec le duc de Bourgogne. I, 172.

29. Lettre de Louis XI, du 12 mars 1473, demandant à la ville de Poitiers une contribution de trois mille écus d'or pour coopérer aux réparations des fortifications d'Amiens, Beauvais, Compiègne, Noyon et autres des frontières de Picardie. I, 173.

30. Lettre du même, du 20 mars 1473, annonçant aux bourgeois qu'il leur envoie le cadet d'Albret, arrêté par ses ordres, et leur recommandant de le garder avec soin en prison au château, pendant le cours de son procès. I, 174.

31. Lettre de Crussol, sénéchal de Poitou, au maire de Poitiers, du 21 mars 1473, lui annonçant l'envoi par le roi d'un prisonnier au château. I, 175.

32. Lettre de Louis XI, du 24 avril 1475, annonçant aux habitants de Poitiers l'envoi de Dunois en qualité de lieutenant général en Poitou, Anjou, Touraine et Maine. I, 176.

33. Lettre du comte de Dunois, du 1er mai 1475, annonçant aux mêmes sa nomination de lieutenant général, et les priant de lui fournir tout ce dont il pourrait avoir besoin pour la défense du pays. I, 176.

34. Lettre de Jacques de Baumont, sr de Bressuire, du 13 juillet 1475, mandant aux mêmes d'envoyer, malgré leurs privilèges, des hommes et de l'artillerie sur la côte des Sables-d'Olonne, pour la défendre contre la descente des Anglais. I, 177.

35. Lettres de Louis XI aux mêmes, du 4 septembre 1475, par laquelle il leur fait savoir que, malgré leurs privilèges et à cause de la nécessité, ils ont été taxés au paiement de 2,000 livres dans l'imposition répartie sur l'élection de Poitiers, pour faire face aux grandes dépenses que lui imposent le traité passé avec le roi d'Angleterre et les armements qu'il est obligé d'entretenir contre le duc de Bourgogne. I, 178.

36. — Du 5 septembre 1475, leur ordonnant de publier la paix signée avec le roi d'Angleterre. I, 180.

37. — Du 10 février 1476, leur mandant de lui envoyer deux ou trois notables pour conférer avec lui. I, 180.

38. Lettre du comte de Dunois, du 11 mars 1476, annonçant aux bourgeois de Poitiers la défaite du duc de Bourgogne par les Suisses à Granson, et le voyage du roi au Puy. I, 181.

39. Lettres de Louis XI aux mêmes, du 9 janvier 1477, annonçant et racontant l'assassinat du duc de Milan. I, 181.

40. — Du 12 janvier 1477, ordonnant des réjouissances pour la mort des ducs de Milan et de Bourgogne, ses ennemis. I, 182.

41. — Du 27 mars 1479, annonçant au maire l'envoi de l'évêque de Lombès au-devant des ambassadeurs du roi et de la reine de Castille et Léon, et lui prescrivant de bien recevoir ces ambassadeurs dans la ville. I, 183.

42. — Du 31 mars 1479, ordonnant aux bourgeois d'observer et faire mieux observer les dernières ordonnances sur le cours des monnaies royales et étrangères. I, 184.

43. Lettre de l'évêque de Lombès aux échevins de Poitiers, du 15 juin 1479, leur annonçant l'arrivée des ambassadeurs de Castille dans leur ville pour le lendemain.   I, 185.

44. Lettre de Louis XI aux mêmes, du 7 janvier 1480, annonçant l'envoi à l'abbaye de Charroux de six lampes d'argent, et leur mandant d'envoyer deux échevins pour faire engager l'abbé de Charroux à ne jamais aliéner lesdites lampes.   I, 185.

45. Lettres de Louis XII aux bourgeois de Poitiers, du 10 décembre 1501, par laquelle il les prie, en considération des charges qui pèsent sur ses finances, de vouloir bien le tenir quitte de la somme de 1,500 livres qu'ils lui avaient prêtée l'année précédente.   I, 186.

46. — Du 12 décembre 1501, leur annonçant le passage prochain, par leur ville, de l'archiduc et de l'archiduchesse, et leur mandant de les bien recevoir.   I, 188.

47. — A M. de Montfort, du 21 décembre 1501, lui mandant de prier Mme de Taillebourg de venir le trouver.   I, 189.

48. Lettre de François de Pons, s^r de Montfort, du 7 janvier 1502, mandant aux mêmes, de la part du roi, de bien recevoir Mme de Taillebourg, à son passage dans leur ville.   I, 188.

49. Lettres de Louis XII aux bourgeois de Poitiers, du 7 septembre 1506, par laquelle il leur mande de prêter la main à ses officiers pour l'arrestation d'un écolier milanais, résidant en leur Université, nommé Fabri, qui y avait causé des désordres violents.   I, 190.

50. — Du 25 septembre 1506, mandant de bailler à Jacques de Beaune, conseiller général des finances, les effets de Fabri, banni du royaume, afin de les lui restituer.   I, 191.

51. Lettre de Jacques de Beaune de Samblançay aux mêmes, du 27 septembre 1506, les priant de lui envoyer les livres et effets de Fabri.   I, 191.

52. Lettres de Louis XII, du 7 janvier 1506 (1507), ordonnant aux échevins de faire cesser le service des postes du prince de Castille, et d'arrêter tous les courriers allant en Espagne.   I, 192.

53. — Du 14 avril 1512, invitant les bourgeois à prier les religieuses de Sainte-Croix de demander pour abbesse la sœur du duc de Valois, abbesse de Saint-Auzone d'Angoulême.   I, 193.

54. Lettre d'André de Vivône au maire de Poitiers, du 11 mai 1512, relative à l'arrière-ban.   I, 419.

55. Lettres de Louis XII, du 14 mai 1512, faisant savoir aux bourgeois qu'ils ne seront tenus qu'à la garde de leur ville, selon leurs privilèges, et qu'il a ordonné la réparation de leurs murailles; il les invite, à cause du bruit de guerre avec les Anglais, à s'armer et à faire fabriquer de l'artillerie.   I, 194.

56. — Du 4 septembre 1512, leur demandant de lui accorder un don ou subvention de 5,000 livres pour faire face aux grandes dépenses de ses armées.   I, 195.

57. Lettre de Jacques de Beaune de Samblançay aux échevins de Poitiers, du 6 octobre 1512, par laquelle il leur fait savoir qu'il a en vain demandé de leur part la modération de la contribution requise de leur ville par le roi, laquelle est définitivement fixée à 4,000 livres; il les requiert de lever de suite et verser au trésorier des guerres la somme de 3,000 livres.   I, 197.

58. Lettres de Louis XII, du 14 octobre 1512, mandant aux mêmes de verser très promptement la subvention qu'il leur a demandée, afin de pourvoir aux dépenses de l'armée de Guyenne.   I, 198.

59. — Du 18 octobre 1512, insistant pour qu'ils versent leur subvention de 4,000 livres à Morlet Demureau, trésorier de l'extraordinaire des guerres. I, 199.

60. — Du 15 mai 1513, leur mandant qu'il leur envoie des commissaires pour les prier de lui accorder encore une subvention égale à la précédente, sans préjudice de leurs privilèges, afin d'entretenir les armées nécessaires pour résister aux entreprises des ennemis, et notamment des Anglais. I, 199.

61. Lettre de Jacques de Beaune, du 27 juin 1513, par laquelle il engage les échevins à accorder au roi la somme qu'il leur demande, et de laquelle il a réclamé en vain la réduction. I, 201.

DEUXIÈME SÉRIE

1. Lettres de François Ier aux échevins de Poitiers, du 5 juillet 1515, leur demandant les comptes exacts des recettes et dépenses des deniers communs perçus en leur ville depuis six ans en vertu d'octrois royaux. IV, 277.

2. — Du 24 avril 1516, demandant aux mêmes de lui accorder un don de 2,500 livres, en considération des armements considérables qu'il est obligé de faire contre l'Empereur. IV, 278.

3. — Au sénéchal de Poitou, du 27 juillet 1517, lui mandant de ne pas faire loger à Poitiers la compagnie du duc de Lorraine, en considération de l'Université. IV, 280.

4. — Aux échevins de Poitiers, du 5 décembre 1517, leur ordonnant de se départir de l'opposition qu'ils ont faite à l'Université d'Angoulême, récemment érigée par son ordre. IV, 281.

5. — Du dernier jour de février 1518, annonçant aux mêmes la naissance de son fils et prescrivant des réjouissances. IV, 282.

6. — Du 31 octobre 1522, leur mandant de faire réparer un chemin par lequel passent les courriers royaux, et de faire ouvrir à ceux-ci pendant la nuit les portes de la ville. IV, 283.

7. — Au maitre de poste de Poitiers, du 26 janvier 1523, lui ordonnant de sortir de la ville et de résider à Biart ou au faubourg Saint-Ladre, pour donner plus de rapidité au service de la poste. IV, 284.

8. — Aux bourgeois de Poitiers, du 20 juin 1523, les invitant à lui indiquer les personnes les plus propres à être pourvues d'office au parlement récemment érigé en leur ville, et les engageant à continuer leur maire en sa charge. IV, 285.

9. — Du 19 juillet 1523, annonçant aux mêmes qu'il écrit au sénéchal de Poitou et autres seigneurs, pour faire disperser les troupes de vagabonds et brigands qui infestent le pays autour de leur ville. IV, 286.

10. — Du 3 août 1523, leur annonçant sa détermination d'aller en Italie conquérir le Milanais, et exposant les motifs qui l'y poussent; il leur fait savoir en même temps qu'il a nommé la reine sa mère comme régente du royaume durant son absence. IV, 287.

11. — Du 15 juillet 1536, leur recommandant de mettre leurs fortifications en bon état pour se défendre contre les vagabonds et de se pourvoir d'armes en se cotisant entre eux. IV, 290.

12. — Du 10 novembre 1539, leur mandant de recevoir avec de grands honneurs l'empereur Charles-Quint, qui doit passer bientôt par leur ville. IV, 291.

13. Lettres des maire et échevins de Poitiers à Henri II, du 15 août 1548, lui annonçant que les rebelles qui se sont soulevés à l'occasion de la gabelle en Saintonge et Angoumois s'approchent du Poitou, et lui demandant de prompts secours. IV, 293.

14. — Au conseil privé, du 16 août 1548, pour le même objet. IV, 295.

15. — A M. le chancelier, du 16 août 1548, pour le même objet. IV, 296.

16. — A l'évêque de Coutances, grand aumônier, du 16 août 1548, pour le même objet. IV, 298.

17. Lettre de M. du Lude aux maire et échevins de Poitiers, du 16 août 1548, par laquelle il leur annonce qu'il réunit des forces contre les rebelles, qu'il va partir pour Niort, où M. de Loubes, son lieutenant, a convoqué des gendarmes; il les engage à prendre leurs précautions sans s'effrayer, et les charge de convoquer l'arrière-ban. IV, 299.

18. Lettre des maire et échevins de Poitiers à ceux de Tours, du 17 août 1548, leur demandant de la poudre et de l'artillerie pour se défendre contre les rebelles de Guyenne qui ont déjà sommé Civray et menacent de venir les attaquer. IV, 300.

19. Lettre de M. du Lude aux maire et échevins de Poitiers, du 19 août 1548, les engageant à ne pas trop s'effrayer, tout en se mettant en défense contre les rebelles, sur lesquels il a eu des informations par M. de Loubes. IV, 302.

20. Lettre de Henri II aux mêmes, du 19 août 1548, les remerciant de leur attitude dévouée en face de la révolte, et leur envoyant M. de Brisambourg pour leur faire connaître les mesures qu'il a prises. IV, 303.

21. Lettre de M. du Lude à M. Doyneau, lieutenant général de la sénéchaussée, du 20 août 1548, par laquelle il lui annonce qu'il a envoyé M. de Loubes avec 120 chevaux à Angoulême, où le chef de la révolte vient d'être mis en prison ; il lui recommande de faire tenir prêt l'arrière-ban, mais sans le réunir. IV, 303.

22. Lettre du receveur de Poitiers, aux maire et échevins, du 20 août 1548, leur annonçant l'envoi de Tours de six caques de poudre et l'arrivée prochaine de deux canonniers. IV, 305.

23. Lettre des maire et échevins de Tours à ceux de Poitiers, du 20 août 1548, leur annonçant l'envoi de sept caques de poudre, de deux canonniers et de deux aides. IV, 306.

24. Lettre du cardinal de Lorraine aux mêmes, du 21 août 1548, annonçant que le roi a ordonné la levée de mille hommes d'armes et douze mille hommes de pied qu'il met sous les ordres de M. du Lude, gouverneur de Poitou, pour combattre la rébellion, et les engage à se tenir sur leurs gardes. IV, 307.

25. Lettre de M. du Lude aux mêmes, du 31 août 1548, regrettant qu'ils n'aient pu réunir 12,000 écus qu'il voulait emprunter sur ses biens pour le service du roi et de la province; il les engage à différer l'assemblée des villes pour la question de la gabelle. IV, 308.

26. Lettre des maire et échevins de Poitiers, à M. du Lude, du 3 septembre 1548, lui demandant s'il est vrai, comme il en est bruit, que le roi ait supprimé la gabelle en Guyenne. IV, 309.

27. Lettres de Henri II aux bourgeois de Poitiers du 6 septembre 1548, les remerciant de leur fidélité en présence de la révolte actuelle, et leur annonçant l'envoi de troupes en Poitou et en Languedoc pour dompter les rebelles. IV, 310.

28. — Du 10 septembre 1548, leur faisant connaître le bon témoignage qu'il a reçu de leur fidélité par lettre de M. du Lude, les en remerçiant et les louant de leur conduite, si différente de celle des Bordelais. IV, 311.

29. — Du 14 septembre 1548, leur annonçant qu'il leur envoie le duc d'Aumale à la tête d'une armée et les priant de lui obéir. IV, 312.

30. Lettre des maire et échevins de Poitiers à M. du Lude, du 19 septembre 1548, le remerciant de sa bonne volonté pour la ville.
IV, 313.

31. Lettres du duc d'Aumale aux mêmes, du 26 septembre 1548, leur ordonnant de préparer à Auzance et Croutelle du pain, du vin et de la viande pour quatre mille hommes. IV, 313.

32. — Du 4 octobre 1548, leur ordonnant d'obéir à M. de la Roche-Posay, en l'absence de M. du Lude. IV, 314.

33. Lettre du roi de Navarre, Henri d'Albret, aux sénéchal, officiers du roi et maires de la sénéchaussée de Poitou, du 25 mars 1549, leur mandant d'envoyer deux députés à Tarbes à l'assemblée des députés des provinces de son gouvernement. IV, 314.

34. Lettre de Henri II aux bourgeois de Poitiers, du 26 mars 1557, leur faisant savoir qu'il ne peut tenir compte des remontrances basées sur les privilèges de noblesse de leur échevinage qu'ils ont adressées à ses commissaires pour ne pas contribuer aux emprunts qu'il fait lever sur la généralité de Poitiers. IV, 315.

35. Lettre du surintendant des deniers communs, Yves du Lion, aux mêmes, du 15 avril 1557, par laque le il leur demande, de la part du conseil du roi, un compte détaillé de l'emploi qu'ils ont fait du produit de l'octroi de six deniers pour livre, accordé par le roi à leur ville, pour les réparations des chemins du ressort de ladite ville, depuis l'origine de cet octroi. IV, 317.

36. Lettre de M. de Pardaillan à son frère, du 16 juillet 1557, pour le prier, de la part des échevins de Poitiers, de ne pas faire passer ses troupes par leur ville, mais par Vouillé et la Tricherie, qui est le plus court chemin de Lusignan à Châtellerault. IV, 318.

37. Lettre de M. d'Estissac aux échevins de Poitiers, du 20 août 1557, par laquelle il leur mande, de la part du roi de Navarre, gouverneur de Guyenne, de lever 400 hommes de service dans leur ville et environs, qui seront conduits à la Rochelle par le sieur de Salles.
IV. 319.

38. Lettre de Henri II, du 3 avril 1559, prescrivant aux mêmes des actions de grâces solennelles à Dieu, pour la paix conclue avec le roi d'Espagne, et annonçant qu'il veut maintenant travailler aux réformes de l'administration. IV, 320.

39. Lettre de la ville de Poitiers au roi Henri II, du mois d'avril 1559, lui faisant savoir que les prières publiques qu'il a prescrites ont été faites par tous, avec ordre et solennité, et lui faisant part des désordres suscités, le lundi de Pâques, au couvent des Frères-Prêcheurs de Poitiers, par quelques adeptes de la nouvelle religion qui ont été saisis et punis. IV, 321.

40. Lettre de Henri II aux échevins de Poitiers, du 8 avril 1559, les remerciant du secours qu'ils ont prêté à la justice pour la répression du scandale des Jacobins. IV, 323.

41. Lettre du roi de Navarre, Antoine de Bourbon, du 12 mai 1559, faisant part aux mêmes de la peine que lui ont causée les derniers troubles arrivés en leur ville, et les exhortant à veiller soigneusement au maintien de l'ordre. IV, 323.

42. Lettre de François II, du 17 mars 1560, leur faisant connaître l'avortement de la conjuration dite d'Amboise, leur prescrivant de réunir les officiers, bourgeois et habitants de leur ville à la maison commune, pour prendre des mesures de sûreté publique, et de faire publier dans tout le ressort le pardon accordé à tous les conjurés qui viendront, dans huit jours, avouer leur faute ou faire des révélations. IV, 324.

43. Lettre de Charles IX du 26 avril 1562, par laquelle il les charge de veiller à la garde des finances qui sont ou pourront être entre les mains du receveur général de la généralité de Poitiers, lesquelles pourraient courir quelque danger par suite des troubles actuels. IV, 327.

44. Lettre du receveur général des finances, sr d'Esprunes, aux échevins et bourgeois de Poitiers, du 12 mai 1562, par laquelle il repousse les calomnies dont il a été l'objet à l'occasion de la prise de possession du château où il a fait entrer le receveur général avec les deniers du roi, après plusieurs démarches inutiles auprès du maire, dans le but de s'entendre avec la ville à ce sujet; il les adjure ensuite de placer au château une garde de 15 à 20 bourgeois, et des armes et munitions en quantité suffisante pour sa défense, et fait suivre sa lettre de l'état des vivres, armes et munitions considérés comme indispensables. IV, 328.

45. Lettre du prince de Condé aux mêmes, du 20 mai 1562, les priant de recevoir le sr de Sainte-Gemme comme gouverneur et de lui obéir. IV, 334.

46. Lettre de Charles IX, du 23 mai 1562, leur mandant d'approvisionner le château où il a fait mettre en sûreté le receveur général et ses deniers. IV, 335.

47. Lettre des maire et échevins de Poitiers au comte du Lude, du 24 mai 1562, lui racontant les mesures de précaution prises en commun le 16 mai pour la tranquillité de la ville et l'arrivée de Sainte-Gemme, envoyé comme gouverneur par le prince de Condé, auquel ils avaient répondu qu'ils ne reconnaissaient que le comte du Lude; ils lui demandent sa volonté à cet égard. IV, 336.

48. Lettre de Condé aux échevins de Poitiers, du 28 mai 1562, les priant d'obéir au sr de Sainte-Gemme, qu'il leur a envoyé comme gouverneur. IV, 337.

49. Lettres du comte du Lude, du 20 janvier 1568, annonçant aux mêmes qu'il leur envoie deux compagnies de soldats, et les priant de veiller à la sécurité intérieure de leur ville. IV, 338.

50. — Du vendredi saint 1569, pressant le maire de Poitiers de faire lever, par contrainte, les deniers imposés sur les habitants de la ville de la religion prétendue réformée, afin de pourvoir aux réparations des murailles. IV, 339.

TABLE DES MATIÈRES

CONTENUES DANS CE VOLUME

	Pages
Liste des membres de la Société des Archives historiques du Poitou....................	v
Extrait des procès-verbaux des séances de la Société pendant l'année 1881...................	ix
Notice sur M. Rédet....................	xi
Cartulaire de l'Évêché de Poitiers ou Grand-Gauthier..	
Introduction....................	xxv
Texte du Cartulaire....................	1
Table des noms de personnes et de lieux..........	385
Table générale des dix premiers volumes des Archives historiques du Poitou...............	425
Table analytique des Lettres des rois de France et autres grands personnages à la commune de Poitiers, 1453-1569 (vol. i et iv.)....................	433

www.ingramcontent.com/pod-product-compliance
Lightning Source LLC
Chambersburg PA
CBHW070204240426
43671CB00007B/538